中国特色社会主义“五位一体”的制度建设丛书项目
获得国家出版基金资助

国家新闻出版广电总局深入学习宣传贯彻党的十八大精神重点出版物
中国特色社会主义“五位一体”的制度建设丛书
丛书主编 程恩富

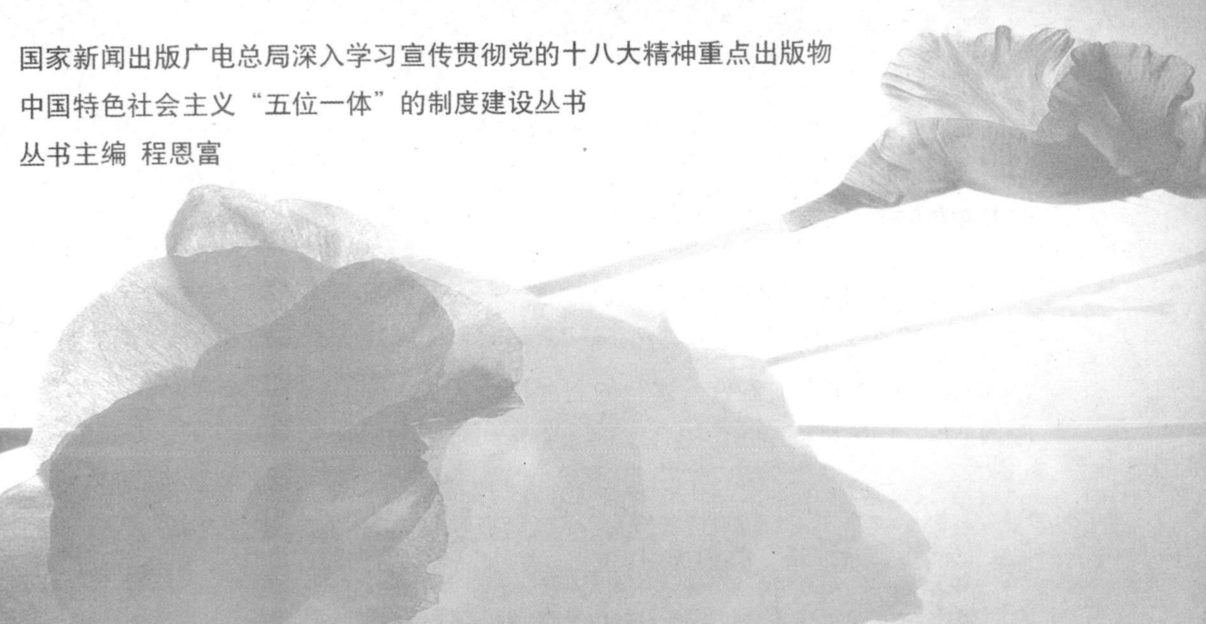

中国特色社会主义文化制度研究

ZHONGGUO TESE SHEHUIZHUYI WENHUA ZHIDU YANJIU

冯颜利 任映红 张小平 著

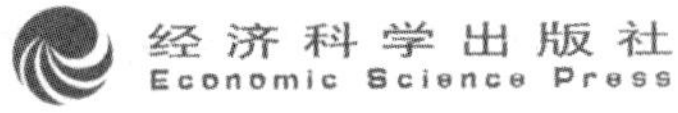

经济科学出版社
Economic Science Press

图书在版编目（CIP）数据

中国特色社会主义文化制度研究/冯颜利等著.
—北京：经济科学出版社，2013.10
（中国特色社会主义“五位一体”的制度建设丛书）
ISBN 978-7-5141-3881-8

Ⅰ.①中… Ⅱ.①冯… Ⅲ.①中国特色社会主义—文化事业—建设—研究 Ⅳ.①D12

中国版本图书馆 CIP 数据核字（2013）第 241404 号

责任编辑：范　莹
责任校对：杨晓莹
责任印制：李　鹏

中国特色社会主义文化制度研究
冯颜利　任映红　张小平　著
经济科学出版社出版、发行　新华书店经销
社址：北京市海淀区阜成路甲 28 号　邮编：100142
总编部电话：010-88191217　发行部电话：010-88191522
网址：www.esp.com.cn
电子邮件：esp@esp.com.cn
天猫网店：经济科学出版社旗舰店
网址：http://jjkxcbs.tmall.com
北京欣舒印务有限公司印装
710×1000　16 开　23 印张　370000 字
2013 年 10 月第 1 版　2013 年 10 月第 1 次印刷
ISBN 978-7-5141-3881-8　　定价：58.00 元
（图书出现印装问题，本社负责调换。电话：010-88191502）

总序

程恩富

科学社会主义的理论创新，总是来源于实践并指导着实践。中国特色社会主义理论是马克思主义中国化在当代的重大成果，是我国社会主义现代化建设事业不断前进的指南。这一重大成果的现实形式，就是中国特色社会主义制度体系的逐步形成。中国特色社会主义制度不断丰富和完善的过程，是理论和实践、主观和客观有机统一的历史过程，是中国经济社会发展的历史规律性与中国共产党创造性相结合的产物。党的十八大报告进一步指出："全面建成小康社会，必须以更大的政治勇气和智慧，不失时机深化重要领域改革，坚决破除一切妨碍科学发展的思想观念和体制机制弊端，构建系统完备、科学规范、运行有效的制度体系，使各方面制度更加成熟更加定型。"整个报告丰富和发展了中国特色社会主义理论体系和制度体系，从整体上更加鲜明地反映新时期我国社会主义建设的内在规律和时代要求。

"中国特色社会主义'五位一体'的制度建设丛书"依据党的十八大精神，全面阐述经济、政治、文化、社会和生态文明五个领域的制度建设，并在理论和现实两个层面对其进行深入探讨和研究。在这里，我们着重提炼和论述与制度体系建设相关的三个问题。

一、坚持中国特色社会主义理论体系与制度体系的统一

中国特色社会主义理论是我国在建设社会主义道路上反复探索的历史经验的结晶。在社会主义制度基本确立后如何在社会主义市场经济条件下发展和完善社会主义，对于共产党人来说是一个新的课题。改革开放以来，我国对"什么是社会主义、怎样建设社会主义"等重大问题进行了积极探索，形成了中国特色社会主义理论并确立了与之相应的一系列制度。但正如恩格斯所说，

“社会主义社会不是一种一成不变的东西，而应当和任何其他社会制度一样，把它看成是经常变化和改革的社会。”我国社会主义制度建立以后的实践表明，在国内外不同的背景和条件下完善社会主义制度需要一个长期的历史过程。

对于这一问题，我国的认识是明确的并且日益深化。邓小平在20世纪90年代初曾指出：“恐怕再有30年的时间，我们才会在各方面形成一整套更加成熟、更加定型的制度。在这个制度下的方针、政策，也将更加定型化”。1992年10月召开的中国共产党第十四次全国代表大会通过的报告提出：“再经过三十年的努力，到建党一百周年的时候，我们将在各方面形成一整套更加成熟更加定型的制度。”江泽民2000年10月11日在中共十五届五中全会上的讲话也指出：“我们进行改革的根本目的，就是要使生产关系适应生产力的发展，使上层建筑适应经济基础的发展，使我国社会主义社会的各个方面都形成比较成熟、比较定型的制度。”目前，随着我国经济社会发展新格局的形成，随着邓小平理论、“三个代表”重要思想、科学发展观等内容的丰富和完善，加快形成和完善中国特色社会主义制度体系已经成为新时期的重大历史使命。

中国特色社会主义制度的确立，一个重要的前提是要以马列主义及其中国化理论为指导思想和行动指南。科学的理论是实践的先导，从中国革命和建设的历史经验来看，以毛泽东为主要代表的中国共产党人创造性地将马列主义与中国革命和建设的具体实践相结合，成功地探索了在落后国家建立社会主义制度的道路，尽管有失误，但“党在社会主义建设中取得的独创性理论成果和巨大成就，为新的历史时期开创中国特色社会主义提供了宝贵经验、理论准备、物质基础”。邓小平针对社会主义社会生产力相对落后的现实国情，提出了建设有中国特色社会主义理论，为当代中国的繁荣和发展奠定了基础。在改革开放的进程中，又提出“三个代表”重要思想和“科学发展观”的新思维，丰富了中国特色社会主义理论体系，极大地推进了我国经济社会的快速发展。可见，只有在实践中探索社会主义基本理论和基本路线，不断总结建设社会主义的基本经验，不断完善社会主义的具体制度和政策，才能保证劳动人民当家作主的权利、参与政治和文化生活的权利，广泛而充分地调动劳动者的积极性。只有使中国特色社会主义制度在政治、经济、文化、社会和生态文明等方面体现其优越性，才能为经济发展创造出有利的稳定的制度环境，为经济社会快速发展奠定前提。

中国特色社会主义制度体系的形成和完善，是中国特色社会主义理论体系最终形成的现实标志。建设有中国特色社会主义理论是适应于社会主义初级阶段的理论创新，在总结实践经验后已经成为一个比较完整的理论体系，而中国特色社会主义制度同样需要随着实践的发展加以完善并走向成熟。中国特色社会主义制度体系的要义在于“社会主义”，而不是借与国际接轨的名义改变我国社会主义的社会性质。邓小平曾指出：“我们建立的社会主义制度是个好制度，必须坚持。”这里所说的坚持，不仅局限于公有制为主体、按劳分配为主体等主要经济制度，也包括我国的人民代表大会、中国共产党领导的多党合作和政治协商制度，以社会主义核心价值体系为标志等文化制度。这些都是社会主义理论体系中的核心内容，构成了中国特色社会主义制度体系中的精髓。

但是，在探索中国特色社会主义道路的过程中，我国各项具体制度（包括法律、规章等）和政策层面经历了复杂的演变历程，分别适应了不同时期或不同领域的现实情况，还面临着一些新的难题。由于我国经济、政治、文化和社会等领域发展的不平衡，各项制度的整体衔接尚不足以应对经济社会全面协调发展的要求。目前来看，还没有一整套完善的、严密的、相互协调的具体制度体系加以规范，容易导致不同具体制度间的摩擦，不利于统筹兼顾各方权益，也不利于为实现社会主义共同富裕提供制度保障。譬如，体现基本经济制度、财富和收入分配制度、社会保障制度的具体体制机制或规章制度之间如果衔接不好，将不利于维护和促进社会公平正义，实现全体人民共同富裕，也不利于调动广大人民群众和社会各方面的积极性、主动性、创造性；各项文化管理、社会管理的具体规章制度出现失误和缺位，便容易导致文化和社会领域矛盾尖锐化，难以推动经济社会全面发展；不理顺体现经济制度和政治制度关系的具体体制机制和政策，便会导致经济基础与上层建筑之间形成矛盾和冲突，无法协调和有效地应对前进道路上的各种风险挑战；等等。因此，形成和完善社会主义基本和具体的一整套制度体系，是坚持社会主义道路并从根本上化解当前面临各种矛盾的必然途径。

二、科学把握中国特色社会主义制度体系的内在要求

中国特色社会主义制度体系的最终形成，标志着中国特色社会主义理论成果的具体化，迫切要求社会主义初级阶段各项制度实现科学的系统化和定型

化。所谓系统化，就是以社会主义的经济、政治、社会、文化和生态文明领域为重点，实现“五位一体”的制度的内在有机统一；所谓定型化，就是保持各项制度的相对稳定性。

首先，中国特色社会主义制度体系的形成和完善，需要扩大制度调节经济社会生活的范围，全面涵盖经济、政治（含党的建设）、文化和社会等各领域。在马克思主义看来，社会是一个有机的统一体，经济基础对上层建筑、社会存在对社会意识起着原生性和初始性的决定性作用，但后者对前者也存在程度不同的反作用，甚至是派生性的决定性反作用。显而易见，政治建设滞后会影响经济建设，精神文明建设的滞后会对社会发展带来巨大的负面影响，法律制度的缺陷会导致经济社会生活失序。因此，按照中国特色社会主义事业的总体要求，近几年将中国特色社会主义制度总体布局由经济、政治、文化建设三大方面，扩展为经济、政治、文化和社会建设四位一体，党的十八大又扩展为涵盖生态文明建设在内的五大建设。其实，在物质文明、政治文明、精神文明、社会文明和生态文明的基础上，还应确立体现生产关系或经济制度的经济文明、体现军事建设和国防制度的军事文明等意识和概念，这些均可反映我国对中国特色社会主义建设规律认识的深化。相应地，社会主义市场经济制度、民主政治制度、先进文化制度、和谐社会制度等，均应成为中国特色社会主义制度体系的重要组成部分。

其次，中国特色社会主义制度体系的形成和完善，需要加强基本制度和一般制度的衔接，发挥好制度体系的总体作用。按照马克思主义的观点，生产资料的所有制最终决定着一个社会的制度属性，也直接决定着社会分配关系。因此，社会主义政治制度的完善，需要以中国特色社会主义基本经济制度为基础。比如，在中国特色社会主义经济制度中，财富和收入分配制度的调整需要以所有制为基础。多种所有制共同发展、促进社会分配公平的制度和政策，需要以市场型的公有制和按劳分配为主体与前提。又如，在中国特色社会主义政治制度建设中，坚持党的领导、人民当家做主、依法治国的有机统一，并将人民当家做主作为中国特色社会主义政治制度的本质，落实《宪法》“一切权力属于人民；人民是国家的主人，拥有广泛而真实的民主权利；要保证人民管理国家，管理社会事务”的规定。再如，在中国特色社会主义文化制度建设中，要处理好社会主义核心价值体系与包容多样性内在统一的文化传播制度。在中国特色社会主义社会制度建设中，要处理好以国家调节为主导、以各方统筹协调为特点的城乡群众权益维护制度体系。

最后，在中国特色社会主义制度体系中，注重发挥社会主义各项制度的优势。制度的优劣归根到底要取决于其能否符合现实社会的客观规律。社会主义制度的优势在经济、政治、文化和社会等各层面均有体现。比如，邓小平谈到社会主义思想文化建设时曾指出："过去我们党无论怎样弱小，无论遇到什么困难，一直有强大的战斗力，因为我们有马克思主义和共产主义的信念。有了共同的理想，也就有了铁的纪律。无论过去、现在和将来，这都是我们的真正优势。"又如，在谈到政治体制时他指出："社会主义同资本主义比较，它的优越性就在于能做到全国一盘棋。"这样，在经济领域就可以集中力量办大的、好的事，从而能适应发展社会化大生产、经济全球化和提高国民经济整体效益的经济规律。在政治领域就可以更高效地发挥民主集中制的潜能。因此，中国特色社会主义制度体系的不断完善，要从根本上符合社会主义各种矛盾运动发展的内在规律，使制度和机制体系的实施，能够又好又快地推动发展民生经济、健全民主法治、弘扬先进文化和促进社会和谐。

三、全面认识中国特色社会主义制度体系的内涵和特点

依据党的十八大文件精神，从坚持邓小平关于社会主义本质的重要思想和中国特色社会主义现代化建设事业的客观要求看，中国特色社会主义制度体系的主要内涵和特点，可以从几个方面进行归纳。

（一）"一个目标、四层框架"的中国特色社会主义经济制度。经济制度是社会主义制度的基石。从改革开放以来的实践看，就是要贯彻邓小平关于社会主义本质是解放生产力，发展生产力，消灭剥削，消除两极分化，实现共同富裕的总体方向，在逐步实现共同富裕这个经济发展总目标的基础上，中国特色社会主义经济制度已经初步确立了"四主型"经济制度。它包含着四个层面的界定：首先，在产权制度上确立和完善公有主体型的多种类产权制度。即在公有制为主体的前提下（包含资产在质上和量上的优势），发展中外私有制经济，具体则通过就业结构、资本结构、GDP 结构、税收结构、外贸结构等体现出来。在这种产权结构动态发展中，从量的方面看不同经济成分呈现出"主体－辅体"的结构特征。公有制经济占主要地位，而中外私有制经济则处于辅体的重要地位。其次，在分配制度上确立和完善劳动主体型的多要素分配

制度。即以市场型按劳分配为主体，多要素所有者可凭产权参与分配，使经济公平与经济效率呈现交互同向和并重关系。要进一步保障劳动者合法权益，提高劳动占比，限制资本收入趋高的现象，调节国有企业、国有事业和公务员三类人员的收入差距，完善各类社会保障，扩大中等收入者人群，促进财富和收入分配的和谐。再其次，在市场制度上确立和完善国家主导型的多结构市场制度，即多结构地发展市场体系，发挥市场的基础性配置资源的作用，同时，在廉洁、廉价、民主和高效的基础上发挥国家调节的主导型作用。最后，在对外经济制度上确立和完善自力主导型的多方位开放制度，即处理好引进国外技术和资本同自力更生的发展自主知识产权和高效利用本国资本关系，实行内需为主并与外需相结合的国内外经济交往关系，促进追求引进数量的粗放型开放模式向追求引进效益的质量型开发模式转变，从而尽快完成从贸易大国向贸易强国和经济大国向经济强国的转型。

（二）“三者统一、四层框架”的中国特色社会主义政治制度。坚持中国特色的政治发展之路，促进“坚持党的领导、人民当家做主、依法治国”的有机统一，真正体现人民民主专政这一社会主义国家的国体。通过加强和改善共产党的领导，确保中国特色社会主义政治发展的正确方向、科学架构、高效运行和有序参与。通过完善人民当家做主的社会主义民主政治制度，保障人民群众管理国家重大事务、选举政府官员、监督国家工作人员的权力。通过将无产阶级的意志上升为国家法律并加以实施，体现党在宪法和法律的范围内活动的基本思想，实现人民当家做主的本质性和有序性。

注重政治制度的统一性和协调性，在四个层面完善我国的政治制度。一是巩固社会主义国家的政体和根本政治制度，坚持和完善人民代表大会制度。确保人民通过全国人民代表大会和地方各级人民代表大会，行使国家权力。二是坚持具有中国特色的社会主义政党制度，完善中国共产党领导的多党合作和政治协商制度。积极促进民主参与，广泛集中各民主党派、各人民团体和各界人士的智慧，实现执政党和各级政府决策的科学化和民主化，统筹兼顾各方面群众的利益要求，体现民主集中制的优势。同时，防范一党领导可能产生的缺乏监督的弊端，避免多党纷争可能带来的政治混乱。三是维护国家统一和中华民族大团结，坚持和完善民族区域自治和“一国两制”制度。保障少数民族依法管理本民族事务，民主参与国家和社会事务的管理，维护台港澳地区的稳定，促进国家统一，反对分裂国家，保证我国长治久安。四是坚持和完善基层群众自治制度。积极扩大基层民主，以农村村民委员会、城市居民委员会和企事业职工代表大会为载体，保障广大人民在城乡基层群众性自治组织中，依法行使民主选举、民主决策、民主管理和民主监督的权利。同时，在健全基层党组织领导的充满活力的基层群众自治机制基础上，扩大基层群众自治范围，以管理有序、服务完善、文明祥和为目标，将城乡社区建设成社会生活新型共同体。

（三）“一个体系、五层框架”的中国特色社会主义文化制度。党的十六大以来，我国将文化建设作为中国特色社会主义事业总体布局的重要组成部分，明确了社会主义文化制度建设的方向。按照中国特色社会主义事业发展的要求看，我国文化发展的方向是建立社会主义先进文化，文化制度建设的核心在于弘扬社会主义核心价值体系和核心价值观，满足人民精神需要。社会主义核心价值体系和核心价值观是中国特色社会主义制度思想基础和文化母体，是中国特色社会主义制度内在精神的体现形式。这一核心价值体系，以马克思主义为指导思想，包含着中国特色社会主义的共同理想、以爱国主义为核心的民族精神、以改革创新为核心的时代精神和“八荣八耻”为主要内容的公民道德等丰富内涵。党的十八大报告强调指出：“大力弘扬民族精神和时代精神，深入开展爱国主义、集体主义、社会主义教育，丰富人民精神世界，增强人民精神力量。倡导富强、民主、文明、和谐，倡导自由、平等、公正、法治，倡导爱国、敬业、诚信、友善，积极培育和践行社会主义核心价值观。”“建设社会主义文化强国，必须走中国特色社会主义文化发展道路，坚持为人民服务、为社会主义服务的方向”，“坚持教育为社会主义现代化建设服务、为人民服务”，“为人民服务是党的根本宗旨”。可见，需要重塑以为人民服务为宗旨的社会主义核心价值观。

从中国特色社会主义文化制度的具体内容和特征来分析，它应包含着“五个主体”即五个层面的制度：一是以社会主义核心价值体系为主体、包容多样性的文化传播制度；二是以公有制为主体、多种所有制共同发展的文化产权制度；三是以文化产业为主体、发展公益性文化事业的文化企事业制度；四是以民族文化为主体、吸收外来有益文化的文化开放制度；五是以党政责任为主体、发挥市场积极作用的文化调控制度。这五层制度互为一体，成为中国特色社会主义文化制度的管理和运作形式。

（四）“四个机制、五层框架”的中国特色社会主义社会制度。社会制度是维系和谐社会关系和社会稳定的制度保障。我国改革开放以来取得了巨大的历史成就，但随着人口加速流动和社会结构的急剧变化，我国在治安防控、社会保障、权益维护、户籍管理和基本公共服务等管理制度方面的滞后，使社会管理难度和风险逐渐加大。同时，传统的以维系社会秩序、保持社会稳定的社会管理方式，因情况变化而不利于激发整个社会的活力。从秩序和活力并重的现代社会管理理念看，中国特色社会主义社会制度在制度设计上应实现三个方面的互动，即在党的领导下，使社会管理网络实现政府调控机制同社会协调机制互联、政府行政功能同社会自治功能互补、政府管理力量同社会调节力量互动，形成科学有效的利益协调机制、诉求表达机制、矛盾调处机制、权益保障机制。

依据党的十八大报告，新的社会制度在内容上主要应建立和完善五个方面的具体制度：一是加快形成党委领导、政府负责、社会协同、公众参与、法治保障的社会管理体制；二是加快形成政府主导、覆盖城乡、可持续的基本公共服务体系；三是加快形成政社分开、权责明确、依法自治的现代社会组织体制；四是加快形成源头治理、动态管理、应急处置相结合的社会管理机制。其中，建立健全广覆盖、多层次和可持续的社会保障制度，也是重要内容之一。简言之，通过确立“四个机制、五层框架”的制度，确保社会既充满活力又和谐有序，使社会管理工作适应新时期的总要求。

（五）“一种形态，三层含义”的中国特色社会主义生态文明制度。党的十六大报告率先提出“推动整个社会走上生产发展、生活富裕、生态良好的文明发展道路”的设想。党的十七大报告把“建设生态文明”作为实现全面建设小康社会奋斗目标的新要求之一。党的十八大报告以“四个第一次”的方式强调生态文明建设的重要性。所谓“四个第一”，即第一次在党的报告中用一个单设篇来阐述生态文明建设；第一次把生态文明建设与经济、政治、文化、社会四大建设并列；第一次把生态文明建设作为中国特色社会主义“五位一体”总布局之一；第一次把生态文明建设写入了新修改的党章中。

生态文明是继原始文明、古代文明、近代文明之后的一种新的文明形态。从人类史前史和真正的人类史的视角看，“文明”是以人类为本体、以人类活动为本源、以实现人类预期目的为主题的物质活动与非物质活动的过程及其结果，是人类特有的自我开化、自我启蒙、自我觉悟的社会实践过程及其历史效应。从大时间尺度看，文明包括“史前文明”即人类形成过程中的文明；“真正的人类文明”即人作为社会主体创造的文明及其不同历史阶段的文明，如古代、近代、现代、后现代等形态。从地域空间角度看，没有“统一的”文明形态，只有千姿百态的“特色文明”形态，如两河流域、美洲、亚洲、欧洲等文明。从人文历史角度看，文明是照耀人类走出黑暗、愚昧、野蛮，走向光明、智慧、幸福的灯塔，是以宗教、风俗、习惯、文化、科学、精神等形态影响人类发展趋势的力量。

生态文明是以“生态”为特征，高度重视生命系统与非生命系统之间的交互作用、人文活动与自然活动之间的交错运动、科技效应与制度效应之间耦合效应的文明形态。它在本质上根本不同于“以物为本”“以资为本”的文明形态。它以生命特别是“以人的生命为本”，充分尊重生命的个体差异性、群体多样性、整体（群落）复杂性，深刻理解这三者之间的辩证关系，以及与生命系统相关的自然环境系统和社会环境系统，并把这种文明理念融入整个社会制度体系的设计和构建之中。因此，生态文明建设，不仅是把生态文明理念灌输到中国特色社会主义的经济建设、政治建设、文化建设、社会建设等方面及其全过程中的行动，而且是要把中国特色社会主义制度体系的构建作为生态文明“落地”的现实途径，即借助制度体系把生态文明转化为物质力量的行动。

生态文明制度建设，既涉及资源系统与环境系统的重新耦合，还涉及经济制度、政治制度、文化制度和社会制度的重新构建。因此，它既要求重新认识与协调文明制度建设与其他制度建设之间的关系，又要求启蒙与推进其他制度建设向生态化方向的变革，还要求以法律制度体系的方式促进生态文明行动方案的实施。显然，比起其他制度建设来说，生态文明制度建设更具复杂性、艰巨性、创新性、探索性。从结果角度看，生态文明制度建设与科学社会主义理论一脉相承，也与人类文明演进趋势息息相关；最重要的是，它把人类文明史上唯一持续了 5000 多年的中华文明与当代文明和未来文明对接起来，并使之成为推动中国特色社会主义永续发展最重要的文明力量，因此，它必定是中国特色社会主义理论体系和制度建设的一个最重要的组成部分。

“中国特色社会主义‘五位一体’的制度建设丛书”共分五个单册。由于生态文明建设在党的十八大报告中新提出与经济、政治、文化、社会四大建设并列，因此，生态文明制度建设仍处于研究阶段，《中国特色社会主义生态文明制度研究》一书的写作框架与其他四本也有所差异。

2013 年 8 月

前言

文化是民族的血脉，是人民的精神家园。当今时代，文化越来越成为民族凝聚力和创造力的重要源泉，越来越成为综合国力竞争的重要因素，越来越成为经济社会发展的重要支撑，丰富精神文化生活越来越成为中国人民的热切愿望。

中国是一个拥有五千年文明历史的文化大国，传统文化源远流长，异彩纷呈而又博大精深，给人们提供了丰富的精神食粮，哺育了一代又一代国人的成长。党的十八大报告指出："社会主义核心价值体系建设深入开展，文化体制改革全面推进，公共文化服务体系建设取得重大进展，文化产业快速发展，文化创作生产更加繁荣，人民精神文化生活更加丰富多彩。"① 但总体来看，中国的文化发展基本处于自发状态，而非进行自觉的文化建设。这不仅使得中国文化繁荣发展缓慢，而且使其影响有限。悠悠文明仅在中华大地生息蔓延，但国外对此知之甚少，特别是对新中国的了解更少；改革开放以来，中国逐渐走出了一条中国特色社会主义道路，形成了较为完善的中国特色社会主义经济、政治和文化的理论与制度，中国的文化发展从此进入了制度化、系统化和开放化的自觉建设阶段，中华文明在自我传承、服务人民、造福社会和走向世界等方面都获得了长足发展。

中国特色社会主义文化制度是马克思主义文化理论与中国具体实际相结合的产物，是改革开放以来中国特色社会主义文化建设实践经验的集中体现，深入回答了文化建设中带有方向性、根本性、战略性的重大问题，指明了文化建

---

① 胡锦涛：《坚定不移沿着中国特色社会主义道路前进　为全面建成小康社会而奋斗》，发表于《人民日报》，2012 年 11 月 18 日。

设的前进方向和发展路径，体现了对中国特色社会主义文化建设的规律性认识，是发展繁荣中国特色社会主义文化自觉、自信与自强的体现。中国特色社会主义文化制度主要包括文化生产制度、文化传播制度和文化调控制度等。具体来看，涉及的内容十分广泛，主要包括坚持马克思主义在意识形态领域的指导地位、加强思想道德建设、繁荣发展哲学社会科学事业、发展科学文化体育卫生事业、加强文化人才培养以及文化产品创作生产、传播流通、评价激励、规划管理、人员机构等方面的一系列制度和体制。

《中国特色社会主义文化制度研究》旨在总结改革开放以来中国特色社会主义文化建设的基本制度和基本经验，明确中国在文化建设过程中面临的困难和问题，并探讨进一步促进中国特色社会主义文化制度建设的方向、路径和具体对策。其写作逻辑是：第一章先从总体上探讨文化制度的本质内涵与文化制度改革的现状；第二至第六章按照文化生产、文化传播、文化调控的逻辑顺序展开；第七章即最后一章，从总体上探讨进一步发展完善文化制度的相关问题。

中国特色社会主义文化制度建设以马克思主义理论为根本指导，以中国优秀传统文化为基本渊源，以国外优秀文化作重要参照，体现了先进文化建设的基本规律和基本要求。它有利于进一步弘扬中华文化，推动社会主义文化大发展大繁荣；有利于提高全民族的思想道德素质和科学文化素质，培养高度的文化自觉、自信与自强意识；有利于增强国家文化软实力，建设社会主义文化强国。也必将为人类文明进步作出更大贡献。

2013 年 4 月

目录

第一章

文化制度的相关概念与现状

中国是一个拥有五千年悠久历史的文明古国，中华文化源远流长、博大精深，它为中华民族生生不息提供了丰富的营养，为国家的繁荣发展提供了不竭的动力，也为全人类的文明进步做出了卓越贡献。但是，我们却不得不面对这样一个现实：中国只是一个文明古国，还不是一个文化大国，更不是一个文化强国。英国前首相撒切尔夫人那句“一个只能出口电视机而不是思想观念的国家，成不了世界大国”的断言仍然刺痛着每一位中国人的心。因此，推进文化制度建设，实现文化大发展大繁荣理所当然成了当前中国的一项重要任务。“中国特色社会主义制度是根本保障”①，加强文化制度建设，首先必须牢牢把握文化制度建设的本质内涵，深刻总结中国文化改革发展的丰富实践和宝贵经验以及面临的新情况新问题，准确把握下一步继续深化改革的走向，这样才能为中华民族的发展壮大提供更加强大的精神力量，进一步兴起社会主义文化建设新高潮，推动社会主义文化大发展大繁荣，不断开创中国特色社会主义事业的新局面，夺取全面建设小康社会新胜利，实现中华民族的伟大复兴。

第一节　内涵与内容：文化制度及其本质

加强中国特色社会主义文化制度建设，首先要深刻认识文化制度的核心内涵和基本内容，深入了解中国特色社会主义文化制度的内涵及先进性，这样才能做到从国家层面规范文化活动，调整文化领域的法律法规，并通过法律法规调整社会意识形态，凝聚文化共识，形成文化自觉，推动经济社会全面发展。

---

① 胡锦涛：《坚定不移沿着中国特色社会主义道路前进　为全面建成小康社会而奋斗》，载于《人民日报》，2012年11月18日。

一、文化制度的核心内涵

文化发展从根本上来说是在经济社会发展的推动下实现的，而文化制度是文化发展的深层选择。文化制度影响着人们的价值选择，是中国特色社会主义文化得以真正贯彻的保证。加强中国特色社会主义文化制度建设，必须深刻把握文化制度的核心内涵。要立足于分清文化与制度的本质及其基本关系，深入了解文化制度与中国特色社会主义文化制度的核心内涵。

（一）文化与制度解析

文化来自何方，去往何处？制度现在如何，未来怎样？探究文化制度的核心内涵，必须深入挖掘和提炼文化与制度的内涵，探究两者之间的关系，才能在厚重的历史中找到文化原点，传承文明，凝聚精神力量。

1. 文化的本质内涵

西方“文化”一词来源于拉丁文字 cultura，本意为土地耕耘和作物培育，可见文化起源于人类劳动和生产活动。后来用于人类自身的心灵、心理、智慧、情操、道德、思想的培育和教化等一切精神活动乃至日常社会生活内容的价值凝练。英国著名的人类学家泰勒从理论上对文化进行了阐述：“从广泛的民族学的意义上说，文化或者文明就是由作为社会成员的人所获得的，包括知识、信念、艺术、道德法则、法律、风俗以及其他能力和习惯的复杂整体。”① 在他看来，文化是以知识为基础，以价值取向为核心的，是人作为社会人所获得的知识、能力及行为方式的综合、演进和积淀。

“文化”中的“文”，在中国指各色交错的纹理；“化”，本义为改易、生成、造化，指事物形态或性质的改变，同时又引申为教行迁善之义。西汉以后，“文”与“化”方合成一个整词，如《说苑·指武》载“圣人之治天下也，先文德而后武力。凡武之兴，为不服也。文化不改，然后加诛”。《文选·补之诗》：“文化内辑，武功外悠。”综合来看，“文化”的本义就是“以文教化”，人文化成的形态便是文化。它表示对人的性情的陶冶，品德的教养。

① 哈里斯：《文化·人·自然》，浙江人民出版社 1988 年版，第 136 页。

文化的内涵是多方面的，主要分为三个层面：从物质层面看，生产力和生产关系、劳动者和劳动工具甚至整个生产过程所产生的一切物质成果，都可以被看做物质层面的文化。从制度层面看，文化体现在一系列社会规范和准则中，正是由于有这些规范和准则，社会才能平稳有序运行，社会公平正义才能得到有效保障。① 从观念层面看，文化指的是存在于人们日常生活之中的风俗习惯、伦理道德、价值观念等。文化蕴含一定程度的理性，但并非理性选择的结果，而是经过社会演化逐渐形成的。

文化是民族的血脉，是民族最基本的象征，是人民的精神家园，是维系民族的精神纽带。历史长河里流淌着生生不息的文化血液，文化血液里孕育着民族的基因。正是由于共同的文化，一个民族才有强大的凝聚力和向心力。文化的力量深深熔铸在每个民族成员的思想、意识、性格、情感和行为之中，具有物质力量难以匹敌的穿透力和持久力。胡锦涛同志指出：文化是民族凝聚力和创造力的重要源泉，是综合国力竞争的重要因素，是经济社会发展的重要支撑。②

2. 制度的本质内涵

关于制度，美国制度学派的先驱之一凡勃伦认为，制度是“由社会和团体认可的风俗习惯，在体制上，制度就是惯例”。③“制度实质上就是个人或社会对有关的某些关系或某些作用的一般思想习惯”；④ 康芒斯把制度解释为“集体行动控制个体行动”；⑤ 新制度经济学家道格拉斯·诺斯认为：“制度是为规范人们相互关系而人为设定的一些制约，是一种规范个人行为的准则。”⑥

在中国古语中，“制度”一词就已出现，一般是指在一定历史条件下形成的法令、礼俗等规范。《易·节》：“天地节，而四时成。节以制度，不伤财，不害民。”宋王安石的《取材》：“所谓诸生者，不独取训习句读而已，必也习典礼，明制度。”《东周列国志》第七十八回：“既至夹谷，齐景公先在，设立

---

① 田仟：《把握内涵要求　建设和谐文化》，载于《人民日报》，2012 年 5 月 17 日。

② 胡锦涛：《在十七届中共中央政治局第 22 次集体学习时的讲话》，载于《人民日报》，2010 年 7 月 24 日。

③ 刘易斯·A·科瑟：《社会学思想启蒙》，中国社会科学出版社 1990 年版，第 288 页。

④ 凡勃伦：《有闲阶级论》，蔡受白译，商务印书馆 1964 年版，第 139 页。

⑤ 康芒斯：《制度经济学》，商务印书馆 1962 年版，第 86 页。

⑥ 道格拉斯·诺斯：《制度、制度变迁和经济绩效》，三联书店 1994 年版，第 5 页。

坛位，为土阶三层，制度简略。”

总的来说，制度是国家机关、社会团体、企事业单位为了维护正常的劳动、工作、学习和生活秩序，保证国家各项政策的顺利执行以及各项工作的正常开展，依照法律、法规、法令、政策而制定的具有法规性或指导性与约束力的应用文，是各种行政法规、章程、制度、公约的总称。制度不仅仅指“社会形态”意义上的宏观社会基本制度，还指微观意义上的各种规则体系，即正式规则、非正式规则和这些规则的实施机制。

制度是人们在长期的历史过程中，在交往和博弈的过程中形成的约束人们行为的一种规则。制度不会静止不变，变迁是制度存在的绝对形式。制度之所以会发生变迁，是因为：一方面，制度作为调节人们行为的规则系统，为评价人们活动的合理性程度提供判断依据和衡量尺度。制度的规范性赋予制度调节、引导、规定、约束人的行为的作用，但同时也造成了自身的僵化保守和停滞不前。另一方面，任何一种制度都不是完美的。制度的发展同世界上任何其他事物一样，有不断发展、趋向完美的本能和倾向。制度自身的不完美以及趋于完美的特性决定了不断发生变迁是制度存在的常态。

3. 文化与制度的关系

文化主要强调价值观、理想信念和道德法则的力量，强调内在的自信、自觉与自律，是“文化高境界”。制度更多地强调外在监督、管理与控制，是“文化底限”。分析文化与制度的相互关系，不能简单地作决定与被决定的论断，否则将会陷入循环论证之中。需要从两个层面分别来探讨：一是就人类历史的总体发展进程而言；二是就历史发展的某一阶段、某一环节而言。

文化与制度的演进方式不同。文化的演进是一种“渐进式”的发展，而制度的演进则是“跳跃式”的进步，二者同处于一个过程之中。从制度到文化，再到建立新制度，再到倡导新文化，二者交互上升。文化与制度的表现形态不同。文化是无形的，是一种精神状态，往往通过有形的事物或活动反映和表达出来；制度是有形的，往往以政策、规章、纪律、条例、标准、责任制等具体形式表现出来。文化与制度对人的调节方式不同。文化强调心理认同，强调人的自主意识和主观能动性，也就是通过启发人的自觉意识达到内在的文化自律；制度主要是外在的强制性的规范和管理，是一种硬性的约束。

文化与制度永远是并存的。任何一种制度的形成都无法脱离文化，文化对制度的形成具有重大影响。制度的形成是人类在长期适应环境挑战的过程中形成的应付困难、解决问题、走出困境的各种办法。这些办法之所以有效，是因为它们深深地植根于文化土壤之中，与文化要素长期磨合并形成一个整体。无论制度是从文化传统中自然演进形成的，或者是领导者与领导机构以文化观念为导向而建构起来的，它的形成都有其深厚的文化历史底蕴。从某种意义上讲，离开文化，制度便是无源之水、无本之木；离开文化，制度的公信力和有效性也将无从获得。

文化与制度是互动的。倡导一种新文化，可以通过培养典型，也可以通过开展宣传教育活动的形式来进行传播和推广。如果要把倡导的新文化变成人们的自觉行动，那么制度则是最好的载体之一。人们对一种新文化的普遍认同与接受可能需要较长时间，把文化“装进”制度，则会加速认同与接受的过程。同样，制度一旦形成对文化也具有反作用。制度通过鼓励、压制、奖励和惩罚等方式向人们传达行为信息，影响和改变人们的文化观念。久而久之，制度传达的行为信息便内化为人们的心理，积淀为人们的文化观念，进而成为文化的一个组成部分。

（二）文化制度的本质内涵

所谓文化制度，就是国家制定和认可的规范有关文化活动、调整文化领域社会关系的法律、法规和政策的总和，也指一个国家通过宪法和法律调整以社会意识形态为核心的各种基本关系的规则、原则和政策的综合。文化制度本身是精神文明的重要内容和组成部分，精神文明是文化制度的价值取向和基本追求，指导着文化制度的发展方向。文化制度主要包括文化产业与产权制度、文化企事业制度、文化传播制度、文化开放制度和文化调节制度等。

文化制度与文化密切相关，是制度形态文化的具体表现。任何社会，既有自己特定的经济结构、政治和社会结构，又有相应的文化形态。文化的功能主要体现在作为文化凝结和表征的文化制度中。文化制度是先进文化中制度形态文化的具体体现，也包括其他文化形态的制度化。文化制度一方面体现在相对持久的、定型化的、具有一定规则的、物化了的文化及社会行为的制度规范上，同时又特指社会文化当中与主导意识形态、教育科技和医疗卫生等有关的内容。

无论是先进文化抑或是落后文化，其作用主要通过文化制度的功能得以体现。文化制度的作用是先进文化作用的再现，它对社会正面的、积极的推动作用体现在多个方面。先进文化有利于统一思想，改造落后文化。它在立国兴国强国、实现社会公平、满足人民精神文明需求、适应市场经济的要求和促进人的自由而全面的发展、缓解各种社会利益矛盾和冲突以及使整个国家和社会处于和谐健康发展状态等一系列过程中，作用非常显著。

文化制度具有四个特点：第一，文化制度是上层建筑的重要组成部分。一方面经济基础决定文化制度的性质、产生和发展；另一方面文化制度具有相对独立性，反作用于经济基础。第二，文化制度具有鲜明的阶级性。文化制度充分体现了统治阶级的文化价值观，立足于建立有利于统治阶级的文化秩序，以不同的方式维护着统治阶级的利益。第三，文化制度具有历史性。文化作为一种社会历史现象，它的产生和发展是一个历史过程。作为规范文化活动和调整文化社会关系的文化制度因此也具有历史性的特点。第四，文化制度具有民族性。文化是人类智慧、思想、情感凝聚成的社会财富，不同民族都有着自身特殊的智慧、思想和情感，因而各种文化现象都具有很强的民族特色。文化制度的民族性在宗教制度、精神文明建设制度和教育制度中表现得尤为鲜明。

（三）中国特色社会主义文化制度的本质内涵

人类文明的方向是先进文化前进的方向，而先进文化前进的方向就是社会发展规律表明的方向。马克思主义深刻揭示了人类社会历史发展的客观规律，是当代最文明、最科学、最先进、最革命的理论，它既以先进文化为基础，又是一切先进文化的旗帜。中国特色社会主义文化制度牢牢把握住了先进文化的前进方向，坚持和巩固马克思列宁主义、毛泽东思想、邓小平理论、“三个代表”重要思想和科学发展观在意识形态领域的指导地位，是当代中国的马克思主义，是中国人民进行社会主义革命和建设的指导思想，也是当代中国先进文化的宝贵结晶。中国特色的社会主义文化制度是中国共产党长期学习、研究、吸收这些先进思想而创立的先进文化制度，是带有中国特色同时又能屹立于世界先进文化之中的文化制度。

《宪法》对中国特色的社会主义文化制度作了规定，主要表现在：第一，文化建设是中国社会主义现代化建设的重要内容。《宪法修正案》第十二条指出：国家的根本任务是沿着建设有中国特色社会主义的道路，集中力量进行社会主义现代化建设。而文化现代化是社会主义现代化的一项重要内容。第二，国家发展教育事业。《宪法》第十九条规定：国家发展社会主义教育事业，提高全国人民的科学文化水平。第三，国家发展科学事业。《宪法》第二十条规定：国家发展自然科学和社会科学事业。第四，国家发展医疗卫生体育事业。《宪法》第二十一条规定：国家发展医疗卫生事业，发展现代医疗和中国传统医疗。国家发展体育事业，开展群众性的体育活动，增强人民体质。第五，国家发展文学艺术及其他文化事业。《宪法》第二十二条规定：国家发展为人民服务、为社会主义服务的文学艺术事业、新闻广播电视事业、出版发行事业、图书馆博物馆文化馆和其他文化事业，开展群众性的文化活动。第六，加强思想道德建设。《宪法》第二十四条规定：国家通过普及理想教育、道德教育、文化教育、纪律和法制教育，通过在城乡不同范围的群众中制定和执行各种守则、公约，加强社会主义精神文明的建设。

中国特色社会主义文化制度是中国共产党夯实执政基础、巩固执政地位、实现执政使命的核心内容。同时也是一个既能保留自身优秀文化传统，又能被现代人所接受并产生强烈认同感的先进文化制度。只有准确把握先进文化发展的客观规律，不断在执政实践中提高发展先进文化的本领和能力，才能增强综合国力，提高国际竞争力，才能满足人民群众对先进文化的需求。同时，中国特色社会主义文化制度也为中国的经济发展和社会全面进步提供强大的精神动力，使全社会形成共同的理想信念和精神支柱，激励人们团结一致，克服困难，争取各项事业取得更大胜利。

二、文化制度的主要内容

文化制度作为国家通过宪法和法律调整以社会意识形态为核心的各种基本关系的原则、规则和政策，主要包括文化传播制度、文化产业与产权制度、文化企事业制度、文化交流制度和文化管理制度等。完善的文化制度有利于促进文化大发展、大繁荣，满足人民的精神文化需求。

（一）文化产业与产权制度界说

联合国教科文组织把文化产业定义为符合四个基本特征的产品及其相关服

务，即系列化、标准化、生产过程分工精细化和消费的大众化。文化产业是指从事文化产品生产和提供文化服务的经营性行业，区别于国家具有意识形态性的文化事业。文化产业是社会生产力发展的必然产物，是伴随市场经济的逐步完善和现代生产方式的不断进步而发展起来的新兴产业。文化产业的特征表现在以下几个方面：第一，以文化的意义生产和“符号”生产、流通、消费与服务为内容的文化经济生产关系；第二，技术进步对于文化产业的发展有着巨大的推动作用；第三，创意是文化产业振兴的关键；第四，文化产业不仅仅要遵循市场规律，也需要满足国家、社会和公众意识形态的文化安全属性；第五，制度是文化产业发展的基础条件。

产权是经济所有制关系的法律表现形式。它包括财产的所有权、占有权、支配权、使用权、收益权和处置权。在市场经济条件下，文化产权的属性主要表现在三个方面，即产权具有经济实体性，文化产权具有可分离性，文化产权流动具有独立性。文化产权对于文化的发展具有激励功能、约束功能、资源配置功能、协调功能。

文化产业制度是文化产业发展的一系列规则，这些规则构成了文化产业发展的约束条件，经济活动的主体将在制度约束下进行成本——收益分析，进而决定采取何种行为。完善的文化产业制度能够为文化产业发展提供激励和约束机制，有助于提高文化创新能力，为文化产业持续发展奠定基础。文化产权制度是将各种相应安排制度化，既是文化产权概念融于制度后的安排，也是制度制约因素中的文化产权作用。文化产权制度主要调节对象涉及了社会经济活动中文化产权主体的地位、主体之间发生经济关系的规则、文化产权转移、交易的规则等。文化产权制度是文化产权的法律依据，是对各种文化经济关系抽象化的法律表示。

（二）文化企事业制度界说

企业制度是指在一定的历史条件下所形成的企业经济关系，包括企业经济运行和发展中的一些重要规定、规程和行动准则。文化企业制度是关于文化企业组织、运营、管理等一系列行为的规范和模式的总称。文化企业制度以建立现代企业制度为重点，加快推进经营性文化单位改革，培育合格市场主体，科学界定文化单位的性质和功能，加快公司股份制改造，完善法人治理结构，形成符合现代企业制度要求、体现文化企业特点的资产组织形式和经营管理模式。在较为具体的层面，文化企业制度大致包括五个方面的内容：第一，文化企业资产具有明确的实物边界和价值边界；第二，文化企业实行公司制度；第三，文化企业以生产经营为主要职能，有明确的盈利目的；第四，文化企业具有合理的组织结构、内部管理制度和机制；第五，文化企业与其他企业相比，承担着更多的社会责任。

文化事业是指某一集团或个人对自己想要表达的思想进行规划与设计，然后通过物质载体或者声像载体向某一群体或者所有人进行传播，对他们形成影响，谋求达到规划与设计意图的一项社会事业。它是由文化行政部门领导的、以公益性文化建设为主要内容的社会工作。其最简单的解释就是向民众输送经过规划和设计的文化服务和文化产品，满足民众的精神需求。文化事业制度是指政府针对文化布局、文化结构、文化资源配置方面，着眼于突出公益属性、强化文化服务功能、增强发展活力，按照公益性、基本性、均等性、便利性的要求，加强文化基础设施建设，完善公共文化服务网络，全面推进文化事业单位人事、收入分配、社会保障制度改革，明确服务规范，加强绩效评估考核，创新公共文化服务设施运行机制，让群众广泛享有免费或优惠的基本公共文化服务的制度。文化事业的发展规范着人们的行为，使得社会安定团结。而且文化事业给国家带来的经济收入也是不容小觑的。所以，国家必须制定完善的文化事业管理制度，努力做到政府对文化事业的庄严承诺。

（三）文化传播制度界说

文化传播是指思想观念、经验技艺和其他文化特质从一个社会传到另一个社会，从一个地方传到另一个地方的过程，又称文化扩散。文化传播也指人类文化由文化发源地向外辐射，或者由一个社会群体向另一个社会群体的散布过程。文化传播分为直接传播和间接传播。直接传播通常由具备文化的人们通过商业贸易、战争入侵、友好交流等途径传播某种精神或物质方面的文化内容，如宗教观念和发明创造等；间接传播主要指某一社会群体利用外来文化特征中的特性和原理，进行文明创造活动的一种传播方式，比如欧洲最终发明瓷器是在知道中国瓷器大约200年之后。文化传播制度是指国家机关、企业、事业单位促进文化从一个社会传到另一个社会，从一地传到另一地而建立或自然形成的组织制度。

当代社会全球化进程不断加快，文化冲突也相应增多，主要表现在：一元文化与多元文化的冲突，普遍文化与特殊文化的冲突，霸权文化与民族文化的冲突，大众文化与精英文化的冲突等。就文化传播来看，以直接传播为主的文化传播方式速度在加快，范围和影响在不断扩大。通过间接传播的文化也在相互渗透，相互影响，在潜移默化中不知不觉地改变着人们的生活方式和思想价值观念。由于交通和通信手段变得更加快速发达，文化传播的媒介增多，世界范围内的文化传播正在通过各种途径，以前所未有的规模和速度进行着，各种各样的文化，包括好的和不好的、适合的和不适合的，都蜂拥而至，由此导致世界文化的同质性日益增强。随着世界各国的文化相互渗透，使人们感受到了文化的多样性，但与此同时，也带来很多矛盾和冲突。这就要求我们要通过一个合理、健全的文化传播制度来建立优秀的文化体系，有批判地吸收和采纳外来文化来实行社会改革，以便于在继承自身优秀传统文化的同时更好更积极地吸纳其他优秀文化，促进文化发展的多样性。

（四）文化交流制度界说

文化交流发生于两个或者多个文化源差异显著的关系之间。没有文化差异，没有因文化差异产生的势差，就不会有广泛的文化交流，先进文化与落后文化之间是最容易产生文化交流的。文化交流的前提条件是各文化主体之间必须有很强的文化生产力，必须有自己独特的文化，必须有文化自主权，而且交流一般只发生在互相尊重对方的前提条件下，文化入侵现象与强势文化压制弱势文化现象都不是文化交流的表现，文化交流必须有起始点和机会的平等。

文化交流制度是指政府开展多渠道、多形式、多层次对外文化交流，广泛参与世界文明对话，促进文化相互借鉴，增强自身文化在世界上的感召力和影响力，共同维护文化多样性的制度。具体包括四个方面的内容：第一，对外宣传方式方法。增强国际话语权，妥善回应外部关切，增进国际社会对自身基本国情、价值观念、发展道路、内外政策的了解。第二，开拓国际文化市场。大力开展文化走出去工程，完善支持文化产品和服务走出去的政策措施。第三，文化交流机制。政府交流和民间交流相结合，全方位多层次推进文化交流。第四，平等主义原则。任何文化都有其独特的价值，都应得到平等对待，文化交流以寻求理解与和谐共处为目的。完善的文化交流制度应该是反对任何文化专制主义，对文化霸权主义加以否定，对激进保守的对立关系加以消解，对各种文化话语的偏颇、误区和盲点加以克服，在公正平等和谐发展的原则指导下，以宽容的胸怀，民主的精神，多元的价值观，在人类面临的共同问题上展开深层次的对话。①

文化交流是世界文化进步的一个重要条件，也是推动文化全球化和多样性的内在要求。在现代这个经济全球化和区域集团化日益加深的时代，文化交流越来越多，文化差异、分歧和矛盾也越来越多。面对文化差异我们要承认差异，尊重并维护差异的存在，坚持宽容原则。面对分歧，我们要坚持互相承认并理解分歧的原则。面对矛盾要善于发掘不同文化中所存在的相近或相似的观念，辩证批判地看待，取其精华，去其糟粕。

（五）文化调控制度界说

文化调控制度分市场调节和政府调节。前者通过市场力量运行；后者是指国家对于文化艺术发展所制定的大政方针，关于文化艺术方面的法律、法令，国家文化行政部门对于文化艺术事业发展所制定的具体政策、文件、措施，国家对于文化艺术工作者的方针政策。归结起来，政府调控文化就是国家权力对文化发展的干预制度。

文化调控制度不是一套单一的制度，具体可分为精神文化的调节制度、物质文化的调节制度、行为文化的调节制度和制度文化的调节制度。精神文化的调节是文化调节制度的核心，强调用先进的精神文化对公民的价值引领和导向作用并以此来规范人们的行为，是文化的根基所在。物质文化的调节制度是指在精神文化调节的基础上确立相应的与物质文化相关的文化调节制度。对物质文化的调节主要是通过各种物质文化设施来保证文化在大众中的传播，通过制定各种制度来保障物质文化能够切实地在社会中建立起来，为人民大众营造一种丰富的物质文化氛围。行为文化是指人们在生活和工作之中所贡献的、有价值的，促进文明、文化以及人类社会发展的经验及创造性活动。行为文化的调节制度的重点在于通过相关制度鼓励人们向健康的行为文化方向前进。制度文

① 彭正银：《和而不同：多元文化共处的终极原则》，载于《吉首大学学报》，2003 年第 1 期。

化是人类为了自身生存、社会发展的需要而主动创造出来的有组织的规范体系，主要包括国家的行政管理体制、人才培养选拔制度、法律制度和民间的礼仪、风俗和规范等内容。

国家权力对于文化发展的干预将产生三种后果：当它顺应文化发展的客观规律时，文化就繁荣昌盛；当它偏离文化发展的客观规律时，文化的发展则缓慢；当它违背文化发展的客观规律时，文化的发展则停滞或遭到破坏。因此，有必要推行正确的文化调节制度。文化调节制度的顺利实施，首先，以法律为保障，加快文化立法，制定和完善公共文化服务保障、文化产业振兴、文化市场管理等方面法律法规，提高文化建设法制化水平；其次，必须以人为本，要保证文化调节的权利为人民大众所享有，真正让人民大众成为文化管理的主人翁；最后，必须顺应时代发展的潮流，即文化调节制度还必须与时俱进。

第二节　阶段与成果：文化制度改革的过程

文化引领时代风气之先，是最需要创新的领域。文化制度改革是推动文化建设与时俱进、创新发展的根本之道，是实现文化大发展大繁荣的动力之源。文化制度改革不是简单否定既有的制度和成绩，也不是隔断原有制度发展的历史进程。改革开放以来，中国文化赖以生存和发展的经济基础、体制环境和社会生活都发生了深刻转型，中国共产党在坚持社会主义文化基本制度的前提下，不失时机地对文化生产关系中的体制机制进行了调整，充分表明党在文化建设和文化制度改革中的自觉性。① 自从改革开放以来，这项事业一直没有停止过。这些宝贵探索取得了很多成绩，也是以后进一步推进文化制度改革、创新和发展的基础。

一、文化制度改革的起步阶段

回溯历史，新中国成立之时，中国执行了一个较为适合那个时代的社会主义文化体制机制，在“文化大革命”前取得很大成就，在当时而言，没有进

① 李成保：《深层次的文化体制改革势在必行》，载于《理论导报》，2012 年第 3 期。

一步改革的迫切需求。“文化大革命”对原有的文化体制造成了严重破坏，随着“文化大革命”的结束，新的文化制度改革应运而生。

（一）中国文化走出“雾霾”

1978 年 12 月 18 日，中国共产党召开具有重大历史意义的十一届三中全会，开启了改革开放历史新时期。十一届三中全会是新中国成立以来我党历史上具有深远意义的历史转折。全会结束了 1976 年 10 月以来党的工作在徘徊中前进的局面，开始全面认真地纠正“文化大革命”中及其以前的“左”倾观念。全会批评了“两个凡是”的方针，重新确立解放思想、实事求是的指导思想，实现了思想路线的拨乱反正，高度评价了关于真理标准问题的讨论；审查和解决历史上遗留的一批重大问题和一些重要领导人的功过是非问题，开始了系统清理重大历史是非的拨乱反正，并着重指出了伟大领袖毛泽东同志在中国长期革命斗争中的巨大作用；恢复党的民主集中制的优良传统，提出使民主制度化、法律化的重要任务；确定了解放思想、开动脑筋、实事求是、团结一致向前看的指导方针。重新确立了马克思主义的政治路线。全会果断地停止使用“以阶级斗争为纲”的口号，作出了把工作重点转移到社会主义现代化建设上来的战略决策，开始了从“以阶级斗争为纲”到以经济建设为中心、从僵化半僵化到全面改革、从封闭半封闭到对外开放的历史性转变。

随着党的工作重心在十一届三中全会后由“以阶级斗争为纲”向“以经济建设为中心”的转移，经济社会生活开始发生深刻变化和转型，新时期对文化体制进行调整和改革的要求就应运而生。随着在文化战线和知识分子政策上我们党实现了拨乱反正，文化体制开始恢复到“文化大革命”前的正常轨道。与此同时原有文化体制的弊端也日益暴露出来，越来越不适应新时期经济体制改革的形势，越来越不适应文化事业发展的要求。在总体布局上，与行政管理体制相对应，层层建立专业文艺团体，重复设置，人财物浪费；在结构上，单一公有制，全部文艺团体由国家财政包起来；在分配上，严重平均主义“大锅饭”；在人事制度上，没有正常的人员流动和淘汰机制，机构臃肿，冗员过多，行政化，机关化，文化工作者的积极性很难发挥等等。[①] 在这种情况下，改革文化制度就成为推动文化事业繁荣发展的一项重要任务。从此以后，中国共产党人和中国人民以一往无前的进取精神和波澜壮阔的创新实践，逐渐打开了文化制度改革的新局面，中国的社会主义文化建设也随之发生历史性的新变化。

（二）文化建设的春天

从党的十一届三中全会的召开到党的十四大，这一阶段中国在文化制度改革方面逐渐开始了探索和实践，改革的主要内容是施行新的知识分子政策、重新认识文化领导制度、改革艺术表演团体的体制和管理制度，以及逐步建立文化市场管理体系等。尽管改革的力度不是很大，但是中国的文化建设仍然出现了一番新的景象。

1. 实行新的知识分子政策

知识分子是解放和发展文化生产力的关键所在，特别是在社会主义初级阶段经济文化水平相对落后的历史条件下，如何看待知识分子的性质和作用非常重要。在“文化大革命”10 年里，很多文艺作品被禁锢，很多文艺工作者也受到了诬陷和迫害，严重阻碍了中国的文化建设。因此，在知识分子政策上进行拨乱反正就成了关键。

1979 年 10 月，邓小平在中国文学艺术工作者第四次全国代表大会上的讲话中指出：所谓“黑线专政”完全是林彪、“四人帮”的诬蔑。在林彪、“四人帮”猖獗作乱的 10 年里，大批优秀作品遭到禁锢，广大文艺工作者受到诬陷和迫害。在那个时期，文艺界的许多同志和朋友，正气凛然地对他们进行了抵制和斗争。在我们党和人民战胜林彪、“四人帮”的斗争中，文艺工作者作出了令人钦佩的、不可磨灭的贡献。[②] 邓小平同志还指出，经过民主革命和社会主义革命的考验，中国知识分子绝大多数已经是工人阶级和劳动人民自己的知识分子，因此也可以说，已经是工人阶级自己的一部分，他们与体力劳动者

---

① 《中国文化体制改革历程》，载于《今日海南》，2006 年第 10 期。

② 邓小平：《在中国文学艺术工作者第四次全国代表大会上的祝辞》，见《邓小平文选》第二卷，人民出版社 1994 年版，第 207 页。

的区别只是社会分工的不同。从事体力劳动的，从事脑力劳动的，都是社会主义社会的劳动者。[①]“知识分子是工人阶级自己的一部分”的科学论断，使中国的广大知识分子在政治上彻底翻了身，获得了与工人、农民同等的政治地位，成为社会主义事业的依靠力量，从而焕发出极大的积极性和主动性。

1979年国务院《政府工作报告》指出：中国科学技术人才和经营管理人才本来就不足，由于林彪、“四人帮”的长期破坏，目前更出现了青黄不接的严重状况。我们必须在加快经济建设的同时，相应地加快科学、教育、文化事业的发展。1981年国务院《政府工作报告》强调：我们教育的基本方针是明确的，这就是使受教育者在德育、智育、体育几方面都得到发展，成为有社会主义觉悟的有文化的劳动者和又红又专的人才，坚持脑力劳动与体力劳动相结合，知识分子与工人农民相结合。1984年国务院《政府工作报告》提出要充分发挥知识分子在社会主义现代化建设中的作用，合理使用各种人才。要大胆地、大量地选拔中青年科技人才到科技工作的重要岗位上来。特别强调要进一步清除“左”的思想影响，认真落实知识分子政策。1986年9月党的十二届六中全会通过的《中共中央关于社会主义精神文明建设指导方针的决议》指出：尊重知识、尊重人才，并在我们各方面实际工作中仍是有待进一步解决的重大课题。知识分子地位的真正提高和作用的充分发挥，工人农民知识分子的亲密团结和共同奋斗，是现代化建设必定成功的可靠保证。1988年国务院《政府工作报告》指出：奋战在科技、教育战线和其他战线上的广大知识分子，是社会主义现代化建设大军的一支骨干力量。我们一定要进一步形成尊重知识、尊重人才的社会风尚，继续改善知识分子特别是广大教师和在农村或边远地区工作的科技人员的生活条件。1990年国务院《政府工作报告》强调，无论是发展科学技术和教育事业，还是在整个社会主义现代化建设中，都必须充分发挥知识分子的重要作用。

2. 重新认识文化制度建设

1979年10月，邓小平同志在中国文学艺术工作者第四次全国代表大会上的讲话中指出：“党对文艺工作的领导，不是发号施令，不是要求文学艺术从

---

① 邓小平：《在全国科学大会开幕式上的讲话》，见《邓小平文选》第二卷，人民出版社1994年版，第89页。

属于临时的、具体的、直接的政治任务，而是根据文学艺术的特征和发展规律，帮助文艺工作者获得条件来不断繁荣文学艺术事业，提高文学艺术水平，创作出无愧于我们伟大人民、伟大时代的优秀的文学艺术作品和表演艺术成果。”① “我们提倡领导者同文艺工作者平等地交换意见，党员作家应当以自己的创作成就起模范作用，团结和吸引广大文艺工作者一道前进。衙门作风必须抛弃。在文艺创作、文艺批评领域的行政命令必须废止。”②并进一步指出：“文艺这种复杂的精神劳动，非常需要文艺家发挥个人的创造精神。写什么和怎样写，只能由文艺家在艺术实践中去探索和逐步求得解决。在这些方面，不要横加干涉。”③

1983 年国务院《政府工作报告》指出：为了保证精神产品的质量，各级思想文化领导部门，必须尊重艺术规律，尊重作家、艺术家的创造性劳动。文艺体制需要有领导有步骤地进行改革。改革是为了促进社会主义文艺的繁荣，提高作家、艺术家的思想艺术素质，提高作品的思想艺术质量。1983 年 10 月 12 日，邓小平同志在中国共产党第十二届中央委员会第二次全体会议上的讲话指出：“从中央到地方，各级党委的主要负责人一定要重视理论界文艺界以及整个思想战线的情况、问题和工作”。④ 1987 年国务院《政府工作报告》指出：在社会主义精神文明建设中，必须进一步努力促进各项文化事业的发展和繁荣。党和政府领导的报纸、时事政治刊物、广播、电视等传播工具，要按照各自的特点，完整地、正确地宣传党和政府的方针政策，充分反映人民群众的创造、贡献和奋发团结的精神。要通过各种不同的渠道发表或反映各方面人们对党和政府工作提出的负责任的建议、意见和批评。1989 年 2 月 17 日，中共中央发出的《关于进一步繁荣文艺的若干意见》指出：党对文艺事业的领导是政治原则、政治方向的领导。党的领导机关要充分尊重文艺的特点和规律，对具体的文艺作品和学术问题，要少干预、少介入。领导者要努力探索和研究在新的历史条件下领导好文艺工作的方式和方法。

---

①②③ 邓小平：《在中国文学艺术工作者第四次代表大会上的祝词》，见《邓小平文选》第二卷，人民出版社 1994 年版，第 213 页。

④ 邓小平：《党在组织战线和思想战线上的迫切任务》，见《邓小平文选》第三卷，人民出版社 1993 年版，第 45 页。

3. 改革艺术表演团体的体制和机制

1980年2月召开的全国文化局局长会议认为：艺术表演团体的体制和管理制度方面的问题很多，严重地影响了表演艺术的发展和提高，需要进行合理的改革。会议明确提出：坚决地有步骤地改革文化事业体制，改革经营管理制度。

这一阶段的改革在实践中主要有以下进展：第一，调整艺术部门和艺术团体的布局。1985年中央办公厅、国务院办公厅批转了文化部《关于艺术表演团体的改革意见》，要求改革全国专业艺术表演团体数量过多、布局不合理的状况，在大中城市，专业艺术表演团体要精简，重复设置的院团要合并或撤销，对市县专业文艺团体设置也提出了调整的要求。第二，在文化单位推行以承包经营责任制为主要内容的改革，以解决统得过死和“吃大锅饭”等体制弊端。同时实行了以文补文、多业助文等改革措施，以解决文化单位出现的经济困境。第三，实行“双轨制”改革。在1988年国务院批转文化部《关于加快和深化艺术表演团体体制改革的意见》和1989年中共中央《关于进一步繁荣文艺的若干意见》中，提出了实行“双轨制”的具体改革意见，即“一轨”为国家扶持的少数全民所有制院团；另“一轨”为多种所有制的艺术团体。国家主办的全民所有制艺术表演团体要少而精，这些院团应当是代表国家和民族艺术水平的，或带有实验性的，或具有特殊的历史保留价值的，或是少数民族地区的；大多数艺术表演团体实行多种所有制形式，由社会各种力量主办。第四，改革文艺管理体制。中央《关于进一步繁荣文艺的若干意见》指出：首先要理顺党、政府和群众文艺团体之间的关系，明确它们各自的职能。在文艺管理体制上，要扩大各文艺事业单位的自主权，引入竞争机制，促进人才流动，以增强文艺事业单位的生机和活力，建立和完善社会主义文化市场，正确引导群众的文化消费。还提出：精神产品的生产不同于物质产品的生产，国家对文艺事业要在税收上给予优惠，在价格政策上适当放活。对文艺事业比较落后的老、少、边、穷地区，国家要更多地给予扶持和帮助。

4. 逐步建立文化市场调节体系

在计划经济体制下，没有也不需要文化市场，即使有也不合法而且不被承认。随着经济体制改革的深入，文化功能日趋多样化，文化的产业属性逐步显现出来，以营业性舞会和音乐茶座为发端的文化市场日益活跃。1982 年 6 月文化部发出《关于图书发行体制改革工作的通知》，提出建立以国营书店为主体、多种流通渠道、多种经济成分、多种购销形式、少流通环节的发行体制，即“一主三多一少”的发行格局。这标志着文化体制开始了全面的改革探索。1985 年中共中央办公厅、国务院办公厅批转了文化部《关于艺术表演团体的改革意见》，要求改革全国专业艺术表演团体数量过多、布局不合理的状况，承包责任制也在这时被引入，这实际是在打破文化体制内的大锅饭，建立新的文化体制的代谢机制。文化体制改革促使了“文化市场”的出现，1988 年文化部、国家工商行政管理局发布《关于加强文化市场管理工作的通知》，正式提出“文化市场”的概念，明确了“文化市场”的管理范围、任务、原则和方针，同时也结束了文化市场无法可循的局面，这标志着中国“文化市场”的地位正式得到承认。1989 年国务院批准在文化部设置文化市场管理局，全国文化市场管理体系开始建立。1991 年国务院批转《文化部关于文化事业若干经济政策意见的报告》，正式提出“文化经济”的概念。“文化市场”的建立、文化市场管理局的设置及“文化经济”的提出是解放和发展文化生产力的又一个重要事件，中国由此开始了以文化市场为基础进行资源和要素配置的新时期。

（三）文化制度体系得到重生

随着改革的推进，中国在科学教育文化方面取得了很多成绩。1979 年国务院《政府工作报告》指出：全国科学大会的召开和《1978－1985 年全国科学技术发展规划纲要（草案）》的制定，推动了广大科技界和全国广大人民、广大青年钻研科学技术的热潮，并且取得了一些初步成果。高等学校招生制度的改革，对于“文化大革命”前 17 年教育工作的所谓“两个估计”的批判，带动了整个教育工作的整顿，迅速扭转了林彪、“四人帮”造成的严重混乱局面，基本上树立了正常的秩序，调动了亿万学生和广大教师的积极性。随着对于所谓“文艺黑线专政”论的否定，一大批遭到林彪、“四人帮”长期禁锢的优秀电影、戏曲和其他中外作品重新和群众见面了，各种文艺创作逐步活跃，出现了一批受到群众欢迎的好作品，整个文艺园地百花齐放的繁荣前景已经在望。社会科学研究围绕历史经验的总结和社会主义现代化建设问题的探讨，正在百家争鸣方针的指引下日益走向兴盛，广大群众对理论问题的极大关心达到了新中国成立以来的高潮。

1983 年国务院《政府工作报告》总结到：长期存在的轻视知识和歧视知识分子的错误倾向逐步得到纠正，教育科学文化事业有了新的发展。1978 ~ 1982 年，中国普通高等学校已由 598 所增加到 715 所，在校学生从 85.6 万人增加到 115.4 万人。文化艺术战线的思想活跃，创作繁荣，作品质量逐步提高。这几年，共有 2400 多件文学艺术作品在全国性的评奖或会演活动中得奖。5 年出版图书 11 万种，共印 239 亿册（张）。

1984 年国务院《政府工作报告》在关于教育科学文化事业的成绩中总结到：文学艺术、新闻出版、广播电视、社会科学研究等部门，为加强社会主义精神文明建设，丰富人民的文化生活，做了大量工作，出现了一批深刻反映社会主义现代化建设和人民创造性生活的优秀作品和成果。1986 年国务院报告指出：在过去的 5 年中，中国科技、教育、文化事业重新出现了繁荣兴旺的局面。“六五”期间，国家财政用于这些方面的经费共为 1172 亿元，比“五五”时期的 577 亿元增长 1 倍。高等教育发展迅速，普通高等学校在校学生由 1980 年的 114 万人增加到 1985 年的 170 万人。中等教育的结构调整开始取得成效，职业技术教育发展很快，普及初等教育的工作有了进展，各种形式的成人教育以前所未有的广度在全国展开。文学艺术、新闻出版、广播电影电视等各项文化事业和卫生、体育事业，都有了新的发展。

中国共产党第十三次全国代表大会报告中总结到：社会主义精神文明建设有重要进展。理想教育、道德教育和法制教育，在全社会范围内广泛展开。教育、科学、文化、艺术、新闻、出版、卫生、体育事业欣欣向荣。九年制义务教育正在逐步实施。

二、文化制度改革的突破阶段

党的十一届三中全会以来，文化制度建设取得了一定的成绩，但是仍然存在很多问题。与此同时，苏东剧变及国外敌对势力的渗透给中国意识形态带来了很大的冲击，文化安全问题越来越凸显，文化的作用也越来越重要。党的十四大确立了社会主义市场经济体制改革的目标，为进一步推进文化制度建设奠定了良好的基础。

（一）世界背景下的中国文化制度改革

苏东剧变和“八九风波”后，面对西方一些国家在政治、经济、文化、外交等方面的所谓“制裁”，以及国际共产主义运动遭受严重挫折的巨大冲击，党内一些同志和一部分干部群众中对一些重大问题，比如对农村实行联产承包制、创办经济特区、发展非公有制经济，以及对什么是社会主义、如何建设社会主义、社会主义的前途命运等问题，产生了一些不正确的认识，甚至出现了姓“资”姓“社”的争论。这些实际上都涉及要不要坚持以经济建设为中心的党的“一个中心、两个基本点”的基本路线，中国走什么道路的问题。再加上经济全球化所带来的一系列国家经济、政治、文化和社会安全的问题，凸显了文化对经济、政治和社会越来越重要的作用，促使我们进一步从生产力的决定性作用来认识文化。

1992 年 1 月 18 日 ~2 月 21 日，已经从领导岗位上退下来的邓小平同志，怀着对党和社会主义事业高度的历史责任感，在中国改革开放和现代化建设的关键时刻，视察了南方的武昌、深圳、珠海和上海等地，并发表重要谈话，分析当前的国际国内形势，总结十一届三中全会以来改革开放和现代化建设的基本经验，回答实践中出现的经常困扰和束缚人们思想的许多重大认识问题。邓小平同志的南方谈话如春风吹遍中华大地，极大地鼓舞了全党全军和全国人民，各个方面的积极性空前高涨，随即出现的新一轮思想解放和改革开放的浪潮。1992 年中国共产党第十四次代表大会确立了建立社会主义市场经济的经济体制改革目标，标志着中国改革开放和现代化建设进入了一个新阶段。深化改革，扩大开放，发展社会主义市场经济，既为文化发展奠定了基础、注入了活力，同时也促进了文化自身的体制改革。

（二）文化产业的制度化建设

从党的十四大到党的十六大，这一阶段属于中国的文化制度改革的突破阶段。改革的主要内容包括明确提出文化具有产业属性、深化文化单位内部改革、努力培育文化市场及其主体，规范市场秩序、增加对文化事业的投入等。在党和政府的坚强领导下，文化领域的改革取得突破性的进展，实现了自改革开放以来新的历史性突破，打开了中国文化发展的崭新局面。

1. 明确提出文化具有产业属性

1992 年出版的国务院办公厅编著的《重大战略决策——加快发展第三产业》一书中，第一次在政府部门使用“文化产业”概念。1993 年 12 月 8 日，《中国文化报》整篇刊发文化部领导讲话，其中提出“在改革开放中发展文化产业”，这是文化部首次全面阐述文化产业的政策性意见。从此，文化产业逐渐被人们熟识。1996 年党的十四届六中全会通过的《中共中央关于加强社会主义精神文明建设若干重要问题的决议》，继续肯定“改革文化体制是文化事业繁荣和发展的根本出路”，第一次明确提出“文化是生产力”。2000 年 10 月，党的十五届五中全会通过了《中共中央关于制定国民经济和社会发展第十个五年计划的建议》，第一次在中央正式文件里提出了“文化产业”这一概念，要求完善文化产业政策，加强文化市场建设和管理，推动有关文化产业发展。

文化产业概念的提出，标志着党在文化建设问题上完全突破了意识形态的束缚，标志着中国对文化产业的承认和对其地位的认可，承认在市场经济条件下，文化具有产业属性的一面。把文化产业和文化事业看作解放和发展文化生产力的手段，改变了以前对文化单一僵化的认识，对于深化文化体制改革具有重要意义。文化产业概念的提出和地位的确认，丰富了文化制度改革的内容，明确了解放和发展文化生产力的动力机制和判断标准，使文化生产力对综合国力提高的强劲作用得到社会的认同，文化也开始按照自身发展的客观规律进行自觉自主的运行。

2. 深化文化单位内部改革

1992 年党的十四大召开以来，文化单位内部改革进一步开展，建立健全了以人事、劳动、分配三项制度为重点的激励竞争机制。1993 年国务院《政府工作报告》提出，要下决心采取重大政策和措施，积极改善知识分子的工作、学习和生活条件，解决知识分子收入偏低的问题。继续对有突出贡献的知识分子给予特殊津贴和奖励。改革人事管理制度，促进人才合理流动。1995 年国务院《政府工作报告》强调深化文化管理体制改革，完善文化经济政策，增强艺术表演团体和其他文化企事业单位的活力。1996 年 10 月十四届六中全会通过的《中共中央关于加强社会主义精神文明建设若干重要问题的决议》

指出：改革文化体制是文化事业繁荣和发展的根本出路。改革的目的在于增强文化事业的活力，充分调动文化工作者的积极性，多出优秀作品，多出优秀人才。改革要符合精神文明建设的要求，遵循文化发展的内在规律，发挥市场机制的积极作用。要坚持把社会效益放在首位，力求实现社会效益和经济效益的最佳结合。文化企事业单位要深化改革，加强管理，建立健全既有竞争激励又有责任约束的机制。2000 年国务院《政府工作报告》提出改革和完善优秀人才的收入分配制度，形成激励机制。2000 年 10 月十五届五中全会通过了《中共中央关于制定国民经济和社会发展第十个五年计划的建议》，强调坚持把社会效益放在首位、社会效益和经济效益相统一的原则，深化文化体制改革，建立科学合理、灵活高效的管理体制和文化产品生产经营机制。

3. 努力培育文化市场及其主体，规范市场秩序

这一时期，我们对文化发展规律的认识进一步深化，指导思想上由对文化的直接管理向间接管理、由办文化向调节文化的思想转变。在经营体制上，努力培育文化市场及其主体，规范市场秩序。1992 年国务院《政府工作报告》强调，要进一步加强文化市场管理和文化设施建设，积极促进各项文化事业的繁荣兴旺。1993 年国务院《政府工作报告》指出：深化文化管理体制改革，鼓励社会办文化，培育和发展健康的文化市场；对需要扶持的文化艺术门类，国家要给予必要资助。制定文化发展政策，既要适应市场经济发展的要求，又要根据精神产品的特点注重社会效益，正确处理经济效益和社会效益的关系。1994 年国务院《政府工作报告》强调依法加强文化市场管理，用丰富多彩、内容健康的精神产品繁荣文化市场，反对和抵制有害于人民团结、社会进步和青少年身心健康成长的坏作品。1995 年国务院《政府工作报告》强调对文化事业要坚持一手抓繁荣，一手抓管理，坚持不懈地开展“扫黄”斗争，打击盗版、走私等非法文化经营活动。

《中共中央关于加强社会主义精神文明建设若干重要问题的决议》指出：文化市场是社会主义精神文明建设的重要阵地，绝不允许成为腐朽思想文化滋生蔓延的场所。要积极培育和完善文化市场，大力扶持健康的文化产品，倡导适合广大群众消费水平的有益文化娱乐活动，更好地活跃和丰富文化生活。要维护合法经营，保护知识产权，调节好文化产品的引进。坚持不懈地开展扫除黄色出版物、打击非法出版活动的斗争。抓紧制定和完善有关法规，加大执法力度，健全管理体制，发挥群众监督作用。

2000 年 10 月党的十五届五中全会通过了《中共中央关于制定国民经济和社会发展第十个五年计划的建议》，强调完善文化产业政策，加强文化市场建设和管理，推动有关文化产业发展。到 2002 年，全国共组建 70 多家文化产业集团，极大地加快了市场机构调整的步伐。

4. 增加对文化事业的投入

随着经济发展和财政收入的增长，国家逐步增加对文化事业的资金投入，继续实行财税优惠政策。1995 年国务院《政府工作报告》提出增加对图书馆、博物馆、文化馆（站）、科技馆（站）等文化事业的投入。1996 年国务院《政府工作报告》指出：各级政府要把精神文明建设纳入社会发展的总体规划，增加投入，给予物质保障。任何时候都不能以牺牲精神文明为代价，换取经济的一时发展。1996 年国务院《关于进一步完善文化经济政策的若干规定》强调继续实行财税优惠政策。“九五”期间，财政部、国家税务总局联合制定了《关于继续对宣传文化单位实行财税优惠政策的规定》。

《中共中央关于加强社会主义精神文明建设若干重要问题的决议》指出：建设社会主义精神文明要有物质保障。没有必要的物质保障，精神文明建设的许多任务就难以落实。要从社会主义现代化建设的全局出发，把精神文明建设纳入经济和社会发展的总体规划，保证必需的资金。要适应社会主义市场经济的要求，建立规范有效的筹资机制，逐渐形成对精神文明建设多渠道投入的体制。切实解决目前宣传文化事业投入总量偏少、比例偏低的问题。认真落实国务院《关于进一步完善文化经济政策的若干规定》。中央和地方财政对宣传文化事业的投入，要随着经济的发展逐年增加，增加幅度不低于财政收入的增长幅度。健全宣传文化事业的财政专项资金制度。运用税收、贷款、价格等经济手段支持宣传文化事业。进一步完善宣传文化事业的财税优惠政策。鼓励社会力量资助宣传文化事业。对中西部欠发达地区和少数民族地区的文化事业，要采取有效措施增加投入。对政府兴办的图书馆、博物馆、科技馆、文化馆、革命历史纪念馆等公益性事业单位，应给予经费保证。对反映国家和民族学术、艺术水平的精神产品，代表国家水平的艺术院校、表演团体和国家重点文物保护单位，有代表性的地方、民族特色艺术团体，要加大扶持力度。

1997 年国务院《政府工作报告》强调重视文化馆、图书馆、博物馆、科技馆、档案馆等公共文化设施的建设，充分发挥它们的作用。1998 年国务院《政府工作报告》提出加强文化基础设施建设，进一步解决边远和民族地区看电视、听广播的问题。2000 年 10 月党的十五届五中全会通过了《中共中央关于制定国民经济和社会发展第十个五年计划的建议》，强调要继续实行支持文化事业发展的有关政策，增加对重要新闻媒体和公益文化事业的投入。

（三）文化发展有了新局面

党的十四大确立社会主义市场经济体制的改革目标以来，改革开放和现代化建设进入新的阶段，实现了改革开放新的历史性突破，打开了中国经济、政治和文化发展的崭新局面。1992 年政府部门第一次使用文化产业的概念后，文化产业的属性和地位逐渐被认可，文化产业政策也不断完善，大大推进了文化产业的发展，带来了良好的经济效益和社会效益。文化单位内部改革进一步开展，逐步建立起有利于调动文化工作者积极性，推动文化创新，多出精品、多出人才的文化管理体制和运行机制，大大增强了文化单位的活力和竞争力，带动了文化事业的进步。在这一时期，国家坚持一手抓繁荣、一手抓管理的方针，不断健全文化市场体系，完善文化市场管理机制，为繁荣社会主义文化创造出了良好的社会环境，为文化大发展大繁荣奠定了坚实的基础。同时，国家增加了对文化事业的投入，大力构建公共服务体系，支持和保障文化公益事业，大力扶持国家重要新闻媒体和社会科学研究机构，扶持体现民族特色和国家水准的重大文化项目和艺术院团，扶持对重要文化遗产和优秀民间艺术的保护工作，扶持老少边穷地区和中西部地区的文化发展，加强文化基础设施建设，发展各类群众文化等，大大满足了人民的精神文化需求。党的十六大报告总结到：科技、教育、文化、卫生、体育和计划生育等事业全面进步。宣传舆论工作和思想道德建设不断加强，群众精神文化生活日益丰富。

三、文化制度改革的长足发展阶段

随着文化制度建设的快速推进，中国的文化事业和文化产业呈现出繁荣的景象。但是还不能满足人民日益增长的精神文化需要，不能满足人民多层次、多方面、多样化文化需求的期待。自进入 21 世纪以来，综合国力竞争中文化因素的作用日益突出，提高国家文化软实力已经上升到一个国家的战略层面。从2003年中央召开文化体制改革试点工作会议到中共中央十七届六中全会通过《中共中央关于深化文化体制改革推动社会主义文化大发展大繁荣若干重大问题的决定》，中国的文化制度改革进入了一个长足进步阶段，取得了令人欣喜的成绩。

（一）加快文化制度改革的步伐

进入21世纪，中国经济社会发展呈现出一系列重要的阶段性特征，其中一个值得高度重视的问题，就是随着经济社会持续快速发展，随着人民生活水平不断提高，中国进入了文化消费的快速增长期，人们精神文化需要更加旺盛，文化已经成为衡量社会文明程度和人民生活质量的显著标志。这种快速增长的文化需求，不仅体现在人民群众对于其基本文化权益的日益重视上，也体现在对于社会更好地满足其多层次、多方面、多样化文化需求的期待上。满足人民群众日益增长的精神文化需求，是文化建设的根本任务。在“丰富精神文化生活越来越成为中国人民的热切愿望”的背景下，中国文化发展的相对滞后性也就愈发体现出来；同时，随着经济基础、社会条件、利益格局、思想观念的深刻变化，新技术手段的广泛运用，人们思想活动的独立性、选择性、多变性、差异性明显增强，对我们发展社会主义先进文化提出了更高要求。面对着各种思想文化的相互渗透、相互激荡以及愈演愈烈的知识经济浪潮，加强文化制度建设，不断提高全民族的思想道德素质和科学文化素质，使改革开放和现代化建设始终具有坚强的思想保证，使亿万人民始终具有强大的精神支柱，使经济建设和社会进步始终具有强大的智力支持，已经成为关乎中国现代化建设成败的一个全局性问题。

当今时代，综合国力竞争的一个显著特点，就是文化的地位和作用更加凸显，经济较量中的文化因素日益突出，越来越多的国家把提高文化软实力作为重要发展战略。“谁占据了文化发展的制高点，谁就能够更好地在激烈的国际竞争中掌握主动权。”① 而随着数字技术的应用和互联网的普及，文化的传播

① 胡锦涛：《在中国文联第八次全国代表大会、中国作协第七次全国代表大会上的讲话》，《十六大以来重要文献选编》（下），中央文献出版社2008年版，第752页。

手段也发生了重大变革，思想文化交流呈现出分散性、便捷性、跨国界等特点，中国面临的国际文化竞争更加激烈。从维护国家战略安全角度来看，加快文化建设刻不容缓。在这一历史背景下，解放和发展文化生产力，实现文化事业全面繁荣和文化产业快速发展，极大满足人民群众的文化需求并提高国家的软实力，显得至关重要，迫切需要深化文化体制改革。而旗帜鲜明地强调文化自觉，自然是顺理成章。2002 年 11 月，党的十六大依据国内外形势的发展变化和中国“全面建设小康社会”的总体战略目标，提出了文化生产力是综合国力的重要标志，发展文化产业是在市场经济条件下实现文化发展繁荣、满足人民群众日益增长的精神文化需求的重要途径的论断，提出要解放思想，实事求是，解放和发展文化生产力，推动中国文化市场的发展和繁荣。2003 年 6 月，中央召开文化体制改革试点工作会议，决定选择北京、上海、浙江、广东、深圳、丽江、重庆、西安、沈阳 9 个省市和 35 家国有文化单位进行文化体制改革试点。一些省市也相继选择了若干地区和国有文化单位进行改革试点，中国文化体制改革的序幕由此正式拉开。

（二）文化产业向多元化发展下的文化制度改革

从党的十六大到党的十七届六中全会，这一时期属于中国的文化制度改革的长足进步阶段。改革的主要内容包括转变政府文化领导和管理职能、推动经营性文化单位转企改制、逐步建立文化产业多元投资融资机制、完善文化市场体系、大力构建公共文化服务体系、积极开展国际文化交流与合作等。可以说，党的十六大以来，中央文化制度改革思想主要围绕着改革的指导思想、基本原则、目标任务以及实践路径等形成了一个比较完整的思想体系，从更宽广的视野上确立了文化制度改革在中国社会主义事业全局中的重要战略地位，标志着中国的文化制度改革进入了一个新的历史阶段。

1. 转变政府的文化领导和管理职能

转变职能，加强和改进文化管理。通过大力推进政企分开、政事分开和管办分离，文化行政管理部门正在由办文化向管文化转变，由主要管理直属单位向社会管理转变。党的十六大报告强调把深化改革同调整结构和促进发展结合起来，理顺政府和文化企事业单位的关系，加强文化法制建设，加强宏观管理，深化文化企事业单位内部改革，逐步建立有利于调动文化工作者积极性，推动文化创新，多出精品、多出人才的文化管理体制和运行机制。

2003 年 10 月召开的党的十六届三中全会指出，文化体制改革的目标是按照社会主义精神文明建设规律，适应社会主义市场经济发展的要求，建立“党委领导、政府管理、行业自律和企事业文化单位依法经营”的文化管理体制。党的十六届三中全会通过的《完善社会主义市场经济体制若干问题的决定》强调，按照社会主义精神文明建设的特点和规律，适应社会主义市场经济发展的要求，转变文化行政管理部门的职能，促进文化事业和文化产业协调发展。2006 年年初，中共中央、国务院发出了《关于深化文化体制改革的若干意见》，强调加强和改进文化领域宏观管理，加快转变政府职能，明确文化行政管理部门职责，理顺文化行政管理部门与所属文化企事业单位的关系。2006 年《国家“十一五”时期文化发展规划纲要》明确要求积极推进政府职能转变，实行政企分开、政事分开、政资分开和管办分离，切实把政府的职能由主要办文化转到社会管理和公共服务上来。

胡锦涛同志在十七届中共中央政治局第 22 次集体学习时的讲话中，要求各级党委和政府要把文化体制改革和文化建设摆在全局工作的重要位置，纳入经济社会发展总体规划，纳入科学发展考核评价体系，建立健全领导体制和工作机制，坚持一手抓繁荣、一手抓管理，牢牢把握发展主动权。2011 年 10 月党的十七届六中全会通过的《中共中央关于深化文化体制改革推动社会主义文化大发展大繁荣若干重大问题的决定》提出创新文化管理体制，深化文化行政管理体制改革，加快政府职能转变，强化政策调节、市场监管、社会管理、公共服务职能，推动政企分开、政事分开，理顺政府和文化企事业单位关系。

为了适应文化产业融合化的发展趋势，按照中央指示，文化体制改革试点地区尝试将文化、新闻出版、广电三个政府主管部门合并办公，综合行使文化管理职能。同时将工商、税务和各文化部门的执法队伍整合为综合执法机构。这两项措施，为解决文化行政管理体制方面的政出多门、职能交叉、条块分割，以及市场监管中的“越位”和“缺位”问题，起到了积极的作用，同时也为未来国家和省级政府文化行政管理和市场监管体制的改革积累了经验。

2. 推动经营性文化单位转企改制

党的十六大召开以来，文化体制改革不断深化，按照“创新体制、转换机制、面向市场、增强活力”的分类改革要求，2003 年 12 月国务院办公厅印发了《关于文化体制改革试点中支持文化产业发展和经营性文化事业单位转制为企业的两个规定的通知》（以下简称《通知》），各试点地区按照《通知》精神积极推动演出、报刊和出版发行、印刷、广电、广告、影视节目制作与发行、影院建设与经营等文化行业的国有经营性文化事业单位转企改制，进行产业化运营。为顺利实现转企改制，首先，明确转企改制范围，把文化单位分成公益性和经营性两大类，出版、发行、影视、演艺、广电网络、新闻网站、非时政类报刊等经营性文化单位，逐步转制为企业。其次，完善改革的配套政策，特别是针对国有艺术表演团体大多历史包袱重、适应市场条件差的实际，在改革中出台了许多特殊政策措施，“扶上马、送一程”。这些举措大大解放了文化生产力，明显提高了文化产品的数量与质量，让文化产业飞速崛起。按照对文化事业和文化产业进行“分类指导”的改革方针，国有经营性文化事业单位在转企改制，重塑市场主体方面迈出了重要步伐。

《中共中央关于深化文化体制改革推动社会主义文化大发展大繁荣若干重大问题的决定》强调，以建立现代企业制度为重点，加快推进经营性文化单位改革，培育合格市场主体。科学界定文化单位性质和功能，区别对待、分类指导，循序渐进、逐步推开，推进一般国有文艺院团、非时政类报刊社、新闻网站转企改制，拓展出版、发行、影视企业改革成果，加快公司制股份制改造，完善法人治理结构，形成符合现代企业制度要求、体现文化企业特点的资产组织形式和经营管理模式。推动党报党刊、电台电视台进一步完善管理和运行机制。推动一般时政类报刊社、公益性出版社、代表民族特色和国家水准的文艺院团等事业单位实行企业化管理，增强面向市场、面向群众提供服务的能力。

在改制的实践中主要有三种情况：一是分离改制，即将广告、印刷、发行、电视剧等一般节目制作部分分离出来，转制为企业，面向市场搞好经营；二是整体改制为企业，如中国对外演出公司和中国对外展览公司改制为中国对外文化集团；三是一步到位，直接进行股份制改造，建立现代企业制度。

3. 逐步建立文化产业多元投资融资机制

长期以来，中国文化投融资过分依赖政府，投资主体单一，民间资本与外资投资渠道不畅，影响了社会资本进入文化产业。党的十六大以后，陆续出台了多项政策措施，开放文化市场投资准入门槛，取消限制，鼓励民营企业投资文化领域，发展民营和混合文化市场主体，调动全社会参与文化建设方面取得了突破性的进展。

2003 年党的十六届三中全会关于《完善社会主义市场经济体制若干问题的决定》强调完善文化产业政策，鼓励多渠道资金投入，促进了各类文化产业共同发展，形成了一批大型文化企业集团，增强了文化产业的整体实力和国际竞争力。2003 年 6 月全国文化体制改革试点开始后，文化部、新闻出版总署、广电总局等有关部门相继发布了一系列文件，对非公有制资本开放了演出、报刊和出版发行、影视节目制作与发行、影院建设与经营、非新闻类广播电视节目制作等投资领域。2005 年 3 月财政部、海关总署、国家税务总局发布《关于文化体制改革试点中支持文化产业发展若干税收问题的通知》。2005 年 4 月国务院颁发了《关于非公有资本进入文化产业的若干决定》，明确和规范了鼓励、允许、限制和禁止非公有制资本进入文化产业若干领域的界限。2005 年 8 月文化部等五部委发布了《关于文化领域引进外资的若干意见》，对外资进入中国文化市场的范围和持股比例也进行了规范。2006 年 10 月党的十六届六中全会通过的《中共中央关于构建社会主义和谐社会若干重大问题的决定》提出完善文化产业政策，培育国有和国有控股骨干文化企业，鼓励非公有资本依法进入文化产业，以重大文化产业项目带动发展，推动集约化经营，提供价格合理、形式多样的文化产品和服务，增强文化产品国际竞争力。2007 年 10 月国家发改委、商务部联合发布《外商投资产业指导目录（2007 年修订)》，进一步明确了鼓励、限制、禁止外商投资的行业和领域，这有利于中国有效利用外资发展文化产业，同时规范了外商的投资行为，切实保障中国的文化主权和文化信息安全。2009 年 7 月国务院审议通过《文化产业振兴规划》，提出振兴文化产业一要降低准入门槛，二要加大政府投入，三要落实税收政策，四要加大金融支持。

《中共中央关于深化文化体制改革推动社会主义文化大发展大繁荣若干重大问题的决定》明确指出，在国家许可范围内引导社会资本以多种形式投资文化产业，参与国有经营性文化单位转企改制，参与重大文化产业项目实施和文化产业园区建设，在投资核准、信用贷款、土地使用、税收优惠、上市融资、发行债券、对外贸易和申请专项资金等方面给予支持，营造公平参与市场竞争、同等受到法律保护的体制和法制环境。

4. 不断完善文化市场体系

2006 年《国家“十一五”时期文化发展规划纲要》强调培育文化市场主体。着力重塑文化市场主体，提高国有文化企业竞争力，形成以公有制为主体、多种所有制共同发展的文化产业格局。第一，推进经营性文化事业单位转制。规范国有文化事业单位的转制，加强对文化事业单位剥离企业的监管，建立资产经营责任制。第二，加快国有文化企业公司制改造。按照现代企业制度的要求，加快国有文化企业的公司制改造，完善法人治理结构。第三，培育文化产业战略投资者。推动国有文化资本向市场前景好、综合实力强、社会效益高的领域集中，充分发挥国有文化资本的控制力、影响力和带动力。

《国家“十一五”时期文化发展规划纲要》强调健全各类文化市场，充分发挥市场配置资源的基础性作用，建立健全门类齐全的文化市场，促进文化产品和生产要素合理流动。第一，发展文化产品市场。鼓励发展城镇中小型特色书店、专业书店、社区书店和网络书店。第二，完善文化要素市场。充分利用国内外资本市场，拓展文化产业投融资渠道。第三，培育农村文化市场。运用市场准入、价格调节、财税优惠等政策，积极开发农村文化市场。第四，健全文化行业组织。各类文化行业组织要依照法律和章程，认真履行市场协调、行业自律、监督服务与维权等职能，促进行业健康发展。第五，鼓励和引导文化消费。适应城乡居民消费结构变化的趋势，创新文化产品和服务，培育消费热点，拓展消费领域，引导社会公众的文化消费。

2009 年 9 月国务院发布《文化产业振兴规划》，要求建设现代文化市场体系。建立健全门类齐全的文化产品市场和文化要素市场，促进文化产品和生产要素的合理流动。重点建设传输快捷、覆盖广泛的文化传播渠道。《中共中央关于深化文化体制改革推动社会主义文化大发展大繁荣若干重大问题的决定》强调健全现代文化市场体系。重点发展图书报刊、电子音像制品、演出娱乐、影视剧、动漫游戏等产品市场，进一步完善中国国际文化产业博览交易会等综合交易平台。发展连锁经营、物流配送、电子商务等现代流通组织和流通形式，加快建设大型文化流通企业和文化产品物流基地，构建以大城市为中心、中小城市相配套、贯通城乡的文化产品流通网络。加快培育产权、版权、技术、信息等要素市场，办好重点文化产权交易所，规范文化资产和艺术品交易。加强行业组织建设，健全中介机构。

5. 大力构建公共文化服务体系

2005 年 4 月国务院颁发了《关于 2005 年深化经济体制改革的意见》，首次提出“要加快公共文化服务体系建设”。2005 年 10 月党的十六届五中全会通过的《中共中央关于制定国民经济和社会发展第十一个五年规划的建议》明确了“要加大对文化事业的投入，逐步形成覆盖全社会的比较完备的公共文化服务体系”的目标要求。国家广电总局明确提出要构建广播电视公共服务体系，并确定 2005 年为“对农服务年”，基本实现农村边远地区广播电视“村村通”。文化部和国家发改委联合实施县级图书馆、文化馆的两馆建设项目，2002 ~ 2005 年，国家财政投入 4.8 亿元，对全国 1078 个有馆无舍或设施落后的县级图书馆、文化馆进行新建、改建和扩建，解决县级两馆设施空白点和设施落后问题，为改善农村地区公共文化服务事业的落后状态发挥了重要作用。

《中共中央关于构建社会主义和谐社会若干重大问题的决定》强调加强公益性文化设施建设，鼓励社会力量捐助和兴办公益性文化事业，加快建立覆盖全社会的公共文化服务体系。优先安排关系群众切身利益的文化建设项目，突出抓好广播电视村村通工程、社区和乡镇综合文化站（室）工程、全国文化信息资源共享工程。《国家“十一五”时期文化发展规划纲要》强调抓好基层文化建设，加大力度改善农村及中西部地区公共文化基础设施条件，完善公共文化服务体系，保障农民和城市低收入群体的基本文化权益。首先是加强公共文化基础设施建设，其次创新公共文化服务方式，再其次是健全公共文化服务组织体制和运行机制。2007 年 3 月国家新闻出版总署等八部委联合发布《“农家书屋”工程实施意见》，提出按照“政府组织建设、鼓励社会捐助、农民自主管理、创新机制发展”的思路，“十一五”期间，在全国建立 20 万个“农家书屋”，到 2015 年基本覆盖全国的行政村。2007 年 10 月国家发展和改革委员会与文化部共同发布《“十一五”全国乡镇综合文化站建设规划》，提出到 2010 年，实现全国所有乡镇建立具备综合服务功能的文化站、具有较高专业素质的文化站工作队伍，合理有效的农村乡镇文化管理体制的目标。2007 年 10 月，党的十七大报告要求把发展公益性文化事业作为保障人民基本文化权益的主要途径，加大投入力度，加强社区和乡村文化设施建设。

《中共中央关于深化文化体制改革推动社会主义文化大发展大繁荣若干重

大问题的决定》明确指出，要构建公共文化服务体系。要以公共财政为支撑，以公益性文化单位为骨干，以全体人民为服务对象，以保障人民群众看电视、听广播、读书看报、进行公共文化鉴赏、参与公共文化活动等基本文化权益为主要内容，完善覆盖城乡、结构合理、功能健全、实用高效的公共文化服务体系。

6. 积极开展国际文化交流与合作

中国文化“走出去”步伐日益加快，对外合作交流的文化活动日益增加，文化产品和服务出口规模不断扩大。2004 年 9 月党的十六届四中全会通过的《中共中央关于加强党的执政能力建设的决定》强调要推动中华文化更好地走向世界，提高国际影响力。2005 年 10 月党的十六届五中全会通过的《中共中央关于制定国民经济和社会发展第十一个五年规划的建议》提出积极开拓国际文化市场，推动中华文化走向世界。《国家“十一五”时期文化发展规划纲要》强调抓好文化“走出去”重大工程、项目的实施，充分利用国际国内两个市场、两种资源，主动参与国际合作和竞争，加强对外文化交流，扩大对外文化贸易，拓展文化发展空间，初步改变中国文化产品贸易逆差较大的被动局面，形成以民族文化为主体、吸收外来有益文化、推动中华文化走向世界的文化开放格局。2007 年党的十七大报告提出加强对外文化交流，吸收各国优秀文明成果，增强中华文化国际影响力。2009 年《文化产业振兴规划》明确提出扩大对外文化贸易，落实国家鼓励和支持文化产品和服务出口的优惠政策，在市场开拓、技术创新、海关通关等方面给予支持。制定《2009 ~ 2010 年度国家文化出口重点企业和项目目录》，形成鼓励、支持文化产品和服务出口的长效机制。

《中共中央关于深化文化体制改革推动社会主义文化大发展大繁荣若干重大问题的决定》提出，要推动中华文化走向世界。开展多渠道多形式多层次对外文化交流，广泛参与世界文明对话，促进文化相互借鉴，增强中华文化在世界上的感召力和影响力，共同维护文化多样性。创新对外宣传方式方法，增强国际话语权。实施文化走出去工程，完善支持文化产品和服务走出去政策措施，开拓国际文化市场。加强海外中国文化中心和孔子学院建设。构建人文交流机制，把政府交流和民间交流结合起来。建立面向外国青年的文化交流机制，设立中华文化国际传播贡献奖和国际性文化奖项。积极吸收借鉴国外优秀文化成果，加强文化领域智力、人才、技术引进工作，开展知识产权保护国际合作。2011 年 11 月，国家对外文化贸易基地揭牌，它是国内首家国家级对外文化贸易基地，前身是上海国际文化服务贸易平台，成立于 2007 年 9 月，由上海市委宣传部和浦东新区人民政府共同发起组建。平台采用“政府推动、企业运作”的运营模式，利用外高桥保税区“境内关外”的特殊区域优势，开展文化展示交流、境外文化资产保税仓储、国际艺术品展示交易、文化设备保税租赁、文化进出口代理等服务。2012 年 5 月 29 日，国家对外文化贸易基地发布了其 3 年行动计划，力争到 2014 年直接服务的入驻企业数超过 200 家，贸易总额超过 100 亿元；提供服务的企业超过 2000 家，贸易总额超过 1000 亿元。

（三）文化体制改革促进中国文化产业的高速发展

党的十六大以来，中国文化体制改革全面启动展开，进入攻坚阶段，经营性文化单位转企改制，公共文化服务体系加快构建，文化企业如雨后春笋，文化管理体制加快改革，文化产品创作层出不穷。转变发展方式、提升发展质量、增进民生幸福、促进社会和谐，文化成为重要的内容和衡量指标。

改革大大解放了文化生产力，明显提高了文化产品的数量与质量，让文化产业飞速崛起，那些“大锅饭”、“铁饭碗”式的文化单位纷纷转企改制。截至目前，全国绝大多数出版社、国有电影制片厂、电影公司、省市文艺院团完成转企改制。同时借鉴国有企业改革的经验，在干部人事制度改革、收入分配制度改革、社会保障体制改革、国有文化资产管理体制改革等方面进行了积极探索，普遍推行了岗位责任制、上岗竞争制、效益工资制、资产经营目标制等。

改革不但推动了文化产业的繁荣，也提升了公共文化的服务水平，广播电视村村通工程、农村电影放映工程、文化信息资源共享工程、农家书屋工程等一系列文化惠民措施全力推进。各地各有关部门按照公益性、基本性、均等性和便利性的原则要求，坚持以政府为主导、以公共财政为支撑、以基层特别是农村为重点，大力发展公益性文化事业，构建公共文化服务体系取得了积极进展。“十一五”期间，各级财政对文化的投入大幅度增加，全国文化事业费累计超过 1200 亿元，“十一五”期间年均增长率为 19.3%。其中，国家对城市和农村地区文化建设的投入5年间增幅分别达到110.6%和226.1%，均已实现“翻一番”。现在，3000多家博物馆遍布各地，县县有图书馆、乡乡有综合文化站的实现，文化基础设施得到全面改善，形成了6级公共文化服务体系。

通过改革，激发了社会资本对文化产业的投资热情，文化产业吸引了各类产业如房地产、能源、矿山、服务业等领域企业的投资，大批民营资本纷纷参与挖掘文化产业的投资机会，更多的民营资本涉足文化产业领域的投资。文化产业多元投融资机制的形成，使近年来文化产业投融资呈加速发展趋势。据文化部提供的数据，在文化部门管理的文化产业中，非公资本创造的文化产业增加值已占到全部文化产业增加值的一半以上，就业人数占到2/3，由社会资本和外资参与拍摄的电影占总产量的80%以上。以公有制为主体、社会资本和外资广泛参与的文化产业发展格局初步形成，促进了中国文化产业的快速、健康和有序发展。

第三节　现状与趋势：文化制度改革的深层解析

自改革开放以来，中国的文化制度建设已历经了30多年。回顾这30多年的改革历程，中国的文化制度建设取得了历史性成就，文化领域正在发生广泛而深刻的变革。同时，随着当前世情、国情、党情出现的新变化，推动文化大发展大繁荣具备的许多有利条件和宝贵机遇，同样也面临种种新挑战。要进一步推进文化制度改革，实现文化大发展大繁荣，就必须对以往的改革历程进行深刻总结，总结取得的成绩，分析面临的问题，深刻认识文化制度改革的现实性和必要性，明确文化制度改革的未来走向。只有这样，才能进一步增强责任感和紧迫感，以改革创新精神积极应对当前文化制度建设面临的矛盾、问题和挑战，更加奋发有为、更加积极主动，为把中国建设成为社会主义文化强国而奋斗。

一、文化制度改革的现实性和必要性

改革开放以来，我们党始终把文化建设放在党和国家全局工作的重要战略地位，不断推进文化制度改革，取得了优异的成绩，为继续改革奠定了现实基

础。同时，当前国际国内文化领域出现的新情况新变化也给文化制度改革带来了机遇。继续大力推进文化制度改革，有利于不断提升中国的综合国力和文化话语权，更有利于满足人民日益增长的精神文化需要，因此这是非常必要的。

（一）文化制度改革已经取得的成绩为继续改革奠定了现实基础

中国共产党高度重视运用文化引领前进方向、凝聚奋斗力量，团结带领全国各族人民不断以思想文化新觉醒、理论创造新成果、文化建设新成就推动党和人民事业向前发展，文化工作在革命、建设、改革各个历史时期都发挥了不可替代的重大作用。

改革开放特别是党的十六大以来，我们党始终把文化建设放在党和国家全局工作的重要战略地位，坚持解放思想、实事求是、与时俱进，不断推进马克思主义中国化、时代化、大众化，形成和发展了中国特色社会主义理论体系，为开辟和拓展中国特色社会主义道路、确立和完善中国特色社会主义制度提供了科学理论指导；坚持推进社会主义核心价值体系建设，用马克思主义中国化最新成果武装全党、教育人民；坚持为人民服务、为社会主义服务的方向和百花齐放、百家争鸣的方针，发扬广大人民群众和文化工作者的创造精神，推动优秀文化产品大量涌现，丰富了人民精神文化生活；坚持推进文化体制改革，创新文化发展理念，解放和发展文化生产力，推动文化事业全面繁荣、文化产业健康发展，大幅度提高了人民基本文化权益保障水平，大幅度提高了文化在经济社会发展中的地位和作用；坚持发展多层次、宽领域对外文化交流格局，借鉴吸收人类优秀文明成果，实施文化走出去战略，不断增强中华文化国际影响力，向世界展示了中国改革开放的崭新形象和中国人民昂扬向上的精神风貌。中国文化改革发展，显著提高了全民族思想道德素质和科学文化素质、促进了人的全面发展，显著增强了国家文化软实力，为坚持和发展中国特色社会主义提供了强大的精神力量。

改革开放 30 多年来，我们党坚持物质文明和精神文明两手抓，实行依法治国和以德治国相结合，促进文化事业和文化产业共同发展，推动文化建设不断取得新成就。2002 年 11 月党的十六大作出战略部署：根据社会主义精神文明建设的特点和规律，适应社会主义市场经济发展的要求，推进文化体制改革。2005 年 1 月党中央、国务院出台《关于深化文化体制改革的若干意见》。

2006年，新中国第一个专门部署文化建设的五年发展规划——《国家“十一五”时期文化发展规划纲要》公布。2009年，中国第一部文化产业专项规划——《文化产业振兴规划》实施。2010年10月党的十七届五中全会通过《中共中央关于制定国民经济和社会发展第十二个五年规划的建议》，对“十二五”时期文化改革发展作出部署……这一切使得文化创造活力竞相迸发，让文化创造源泉充分涌流，极大地丰富了亿万人民的精神文化生活，显著提高了全民族思想道德素质和科学文化素质，极大地促进了人的全面发展，显著增强了国家文化软实力，为坚持和发展中国特色社会主义提供了强大精神力量，为推进文化制度继续改革打下了坚实的基础。

（二）当前文化制度改革正面临重要的战略机遇期

党的十六大报告指出，21世纪前20年是中国必须紧紧抓住并且可以大有作为的重要战略机遇期。党的十七大报告对战略机遇期问题作了至关重要的重申和发挥。党的十七届五中全会科学分析了“十二五”时期中国面临的国内外形势，强调中国发展仍处于可以大有作为的重要战略机遇期。《中共中央关于深化文化体制改革推动社会主义文化大发展大繁荣若干重大问题的决定》科学判断了当前国内国际两个大局，再次向国人和世人昭示：在21世纪第二个10年，中国文化发展同经济社会发展一样，正处在重要战略机遇期，要求我们必须抓住中国发展的重要战略机遇期，在坚持以经济建设为中心的同时，自觉把文化大繁荣大发展作为坚持发展是硬道理、发展是党执政兴国第一要务的重要内容，作为深入贯彻落实科学发展观的一个基本要求，进一步推动文化建设与经济建设、政治建设、社会建设以及生态文明建设协调发展。①

抓住和利用好中国发展的重要战略机遇期，是我们赢得主动、赢得优势、赢得现在、赢得未来的关键所在。只要我们增强抢抓机遇的发展意识和忧患意识，科学把握发展规律，满怀信心地进行文化创造，就一定能开创出全民族文化创造活力持续迸发、社会文化生活更加丰富多彩、人民基本文化权益得到更好保障、人民思想道德素质和科学文化素质全面提高的新局面，就一定能建设好中华民族共有精神家园，为人类文明进步作出更大贡献。

---

① 施芝鸿：《准确把握文化改革发展面临的机遇和挑战》，载于《求是》，2011年第21期。

新中国成立60多年特别是改革开放30多年来，党中央在20世纪80年代、90年代和21世纪初期先后3次召开全会，对社会主义精神文明建设和文化建设进行专题研究和重点部署。1986年9月党的十二届六中全会审议通过了《中共中央关于社会主义精神文明建设指导方针的决议》；1996年10月党的十四届六中全会审议通过了《中共中央关于加强社会主义精神文明建设若干重要问题的决议》；2011年10月，党的十七届六中全会重点研究了深化文化体制改革、推动社会主义文化大发展大繁荣问题并作出决定。这3次全会对中国社会主义文化建设和文化改革发展发挥了并将继续发挥至关重要的指导作用，产生了并将继续产生至关重要的深远影响。特别是党的十七届六中全会强调“社会主义先进文化是马克思主义政党思想精神上的旗帜，文化建设是中国特色社会主义事业总体布局的重要组成部分”；“加强和改进党对文化工作的领导，是推进文化改革发展的根本保证，也是加强党的执政能力建设和先进性建设的内在要求。”毫无疑问，这是当前和今后一个时期推动中国社会主义文化大发展大繁荣面临的有利条件和宝贵机遇。

（三）加强文化制度改革有助于提升综合国力，维护国家文化安全

当今世界正处在大发展大变革大调整时期，世界多极化、经济全球化深入发展，科学技术日新月异，文化在综合国力竞争中的地位和作用更加凸显。人类文明进步的历史充分表明，没有先进文化的积极引领，没有人民精神世界的极大丰富，没有全民族创造精神的充分发挥，一个国家、一个民族不可能屹立于世界先进民族之林。①

随着新技术革命和知识经济的崛起，经济与文化日益融合，信息产业、文化产业等新兴产业迅速发展，成为美、英、日、德、法等西方大国的支柱产业。不仅成为其创造高额利润和巨大财富的重要来源，而且也是实现其产业全球扩张的利器。文化市场作为全球竞争的新领域，由于文化所具有的巨大影响力和穿透力，深刻地影响着全球的政治经济格局和人类文明发展的进程。中国作为世界上最大的发展中国家，由于传统文化体制的封闭状态，还基本上没有参与到这一进程中去，以至于中国的文化产业规模比较小，竞争力不够强，而

① 任仲平：《文化强国的“中国道路”》，发表于《人民日报》，2011年10月15日。

文化服务贸易长期以来也一直存在着巨大的逆差，这与中国作为政治强国、经济大国和文化资源大国的地位很不相称。在当前世界文化格局中，西方文化处于明显的主导和统治地位，它们已经占领了制定规则的制高点，仍然想重复经济全球化时代惯用的手段，期待用其雄厚的资本力量与成熟的商业运作将我们的文化生产压制到全球链条的最低端。

在文化的交流、交融和交锋的过程中，文化渗透不可避免地伴随着由此而来。从苏东剧变到中亚“颜色革命”，再到西亚北非局势动荡，都同西方敌对势力的思想文化渗透密不可分。中国是在改革开放中发展起来的社会主义国家，那些处心积虑要遏制中国和平崛起的国际敌对势力，认识到单纯依靠硬实力遏制中国的发展已经越来越不可能，所以加大了对中国意识形态渗透的力度。他们对中国进行的渗透和攻击，很大程度上是利用各类文化载体进行的，是通过各种文化形式出现的，其影响是不言而喻的，后果也是很严重的。特别应当看到，随着互联网技术的快速发展、普及、更新，以及新兴网络传播手段的不断涌现，网络成为意识形态较量的重要平台，成为国内外敌对势力对中国进行思想文化渗透、威胁中国文化安全和国家安全的重要载体。因此，文化在维护国家文化安全方面的任务更加艰巨，增强国家文化软实力、中华文化国际影响力的要求更加紧迫。我们要在吸收外来有益文化成果的同时，注意防范民族优秀文化空间被挤压、舞台和阵地被占领、主流影响被削弱。要切实维护国家文化安全，就要不断增强文化自觉和文化自信，展现中国文明、民主、开放、进步的形象，不断壮大中国文化实力，增强国际话语权。①

（四）加强文化制度改革有利于推动精神文明建设，满足民众文化需求

物质匮乏不是社会主义，精神空虚也不是社会主义。现代化的社会主义中国不仅要让人民过上殷实富足的物质生活，更要让人民享有健康丰富的文化生活。随着中国经济的发展，人民群众收入水平的提高，在物质需求得到更多满足的基础上，丰富精神文化生活越来越成为人民群众的热切愿望，人民群众对精神文化生活需求更广泛、更深化、更多种多样。正如李君如教授所指出的：

---

① 施芝鸿：《准确把握文化改革发展面临的机遇和挑战》，载于《求是》，2011年第21期。

当前，人民群众的精神文化需求日趋旺盛，人们思想活动的独立性、选择性、多变性、差异性明显增强，对发展社会主义新文化提出了更高要求。①

当前，中国文化发展同经济社会发展和人民日益增长的精神文化需求还不完全适应，突出矛盾和问题主要是：一些地方和单位对文化建设的重要性、必要性、紧迫性认识不够，文化在推动全民族文明素质提高中的作用亟待加强；一些领域道德失范、诚信缺失；一些社会成员人生观、价值观扭曲；舆论引导能力需要提高，网络建设和管理亟待加强和改进；有影响的精品力作还不够多，文化产品创作生产引导力度需要加大；公共文化服务体系不健全，城乡、区域文化发展不平衡；束缚和制约文化产业发展的体制、政策性的因素尚未得到解决；文化在引领风尚、教育群众、服务社会、推动发展等方面的作用尚未得到充分发挥。推进文化改革发展，必须抓紧解决这些矛盾和问题。

胡锦涛同志指出，在新的历史阶段上，中国经济社会发展也呈现出一系列重要的阶段性特征，其中一个值得高度重视的问题，就是随着经济社会持续快速发展，特别是随着人民生活水平不断提高，中国进入了文化消费的快速增长期，人们精神文化需要更加旺盛，文化已经成为衡量社会文明程度和人民生活质量的显著标志。满足人民群众日益增长的精神文化需求，是文化建设的根本任务。在“丰富精神文化生活越来越成为中国人民的热切愿望”的背景下，中国文化发展的相对滞后性也就愈发体现出来，加强文化建设、推进社会主义文化的大发展大繁荣日益成为“新形势下满足人民群众日益增长的精神文化需求的必然要求”；随着经济基础、社会条件、利益格局、思想观念的深刻变化，新技术手段的广泛运用，对我们发展社会主义先进文化提出了更高要求。面对着各种思想文化的相互渗透、相互激荡以及愈演愈烈的知识经济浪潮，加强文化建设，不断提高全民族的思想道德素质和科学文化素质，使改革开放和现代化建设始终具有坚强的思想保证，使亿万人民始终具有强大的精神支柱，使经济建设和社会进步始终具有强大的智力支持，已经成为关乎中国现代化建设成败的一个全局性问题。②

---

① 李君如：《从文化古国、文化大国到文化强国》，发表于《北京日报》，2011 年 11 月 7 日。

② 郭如才：《十六大以来中央文化体制改革思想脉络》，载于《瞭望新闻周刊》，2011 年 10 月。

二、文化制度改革取得的成果

改革开放特别是党的十六大以来，我们党始终把文化建设放在党和国家全局工作的重要战略地位，坚持物质文明和精神文明两手抓，实行依法治国和以德治国相结合，促进文化事业和文化产业共同发展，推动文化建设不断取得新成就，走出了中国特色社会主义文化发展道路。中国文化改革发展，显著提高了全民族思想道德素质和科学文化素质、促进了人的全面发展，显著增强了国家文化软实力，为坚持和发展中国特色社会主义提供了强大精神力量。

（一）文化制度改革的理论成果

党中央集中全党和全国人民的智慧，提出了分类改革、文化建设三个创新、党的文化执政能力、和谐文化观、新的文化发展观等一系列新的思想理论和指导方针，为新时期中国文化体制改革指明了方向。

1. 分类推进文化事业单位改革

2011 年《中共中央国务院关于分类推进事业单位改革指导意见》指出：中国正处于全面建设小康社会的关键时期，加快发展社会事业、满足人民群众公益服务需求的任务更加艰巨。面对新形势、新要求，中国部分社会事业发展相对滞后，一些事业单位功能定位不清，政事不分、事企不分，机制不活；公益服务供给总量不足，供给方式单一，资源配置不合理，质量和效率不高；支持公益服务的政策措施还不够完善，监督管理薄弱。这些问题影响了公益事业的健康发展，迫切需要通过分类推进事业单位改革加以解决。分类推进事业单位改革，是深入贯彻落实科学发展观、构建社会主义和谐社会的必然要求，是推进政府职能转变、建设服务型政府的重要举措，是提高事业单位公益服务水平、加快各项社会事业发展的客观需要。

具体到文化事业单位改革方面，强调要抓住关键环节，突出工作重点，着力推进国有文艺院团和非时政类报刊改革，不断完善转制企业运营机制，为文化长远发展、持续发展奠定坚实基础。根据现有文化事业单位的性质和功能，充分考虑经济文化发展的总体水平和地区之间、城乡之间的差异，区别对待，分类指导，对不同类型的单位明确不同的改革要求。

按照中央统一部署，分类推进事业单位改革的总体目标是，到2020年建立起功能明确、治理完善、运行高效、监管有力的管理体制和运行机制，形成基本服务优先、供给水平适度、布局结构合理、服务公平公正的中国特色公益服务体系。要认真落实改革的重点任务，包括清理规范现有事业单位，推进从事生产经营活动事业单位和从事公益服务事业单位的改革等。在改革过程中，要加强组织领导，突出工作重点，保证质量和进度，进一步提高责任意识，严肃工作纪律，更加注重公平和公正，充分保障广大干部职工的切身利益和基本权益。①

2. 文化建设的三个创新

深化文化体制改革，进一步解放和发展文化生产力，加快文化事业、文化产业发展，推动中国向文化强国迈进，必须突出重点、突破难点，努力在关键环节和重要领域迈出实质性步伐。当前和今后一个时期，文化建设的重要任务是坚持三个创新。

第一，坚持体制创新。体制创新是文化改革的重点，是文化发展的前提。体制问题不解决，文化发展就没有出路。因此，增强文化单位的发展活力和动力，解放和发展文化生产力，必须从改革体制、创新机制入手，尽快取得实质性进展和重大突破。一要大力推进经营性文化单位转企改制；二要进一步深化文化事业单位内部改革；三要加快调整文化领域的所有制结构。

第二，坚持艺术创新。艺术的生命力来自创新，艺术创新是文化发展的源泉。推动文化事业、文化产业发展，就要把文化体制改革与艺术创新紧密结合起来，以改革促创新，把创新贯穿到文化发展的全过程，贯穿到文化创作、生产和服务全过程。② 一要大力推进艺术内容创新；二要大力推进艺术形式创新；三要大力推进艺术业态创新。

第三，坚持运行创新。文化的发展特别是文化产业的发展，需要建立一套科学合理、灵活高效、富有活力的运行机制。没有这样一种机制，再多的资源、再好的条件也不可能创造出丰富多彩的文化成果，产生良好的社会效益和经济效益。③一要建立市场化的文化运行机制；二要建立产业化的文化运行机

---

① 《文化部部署直属事业单位分类改革工作》，发表于《中国文化报》，2011年9月21日。

②③ 徐光春：《坚持三个创新 实现三大突破——推动河南由文化资源大省向文化强省的跨越式发展》，载于《求是》，2006年第12期。

制；三要建立品牌化的文化运行机制。

3. 加强党的文化领导能力

一个社会的发展，应该是包含经济、政治和文化等在内的全面发展。所以，中国共产党不仅应该代表中国先进生产力的发展要求，走在生产力发展的前列，而且应该代表中国先进文化的前进方向，走在文化发展的前列。党的十六届四中全会强调：党要带领人民推进中国特色社会主义伟大事业，必须大力发展社会主义文化，不断巩固全党全国人民团结奋斗的共同思想基础。因此，加强党的执政能力建设的第三个任务是：坚持马克思主义在意识形态领域的指导地位，不断提高建设社会主义先进文化的能力。60 多年来党执政的主要经验就是要坚持马克思主义在意识形态领域的指导地位，不断提高建设社会主义先进文化的能力。党要带领人民推进中国特色社会主义伟大事业，必须大力发展社会主义文化，不断巩固全党全国人民团结奋斗的共同思想基础。加强党的文化执政能力建设，要努力做到以下几点：第一，积极推进理论创新，加强马克思主义理论研究和建设；第二，深化文化体制改革，解放和发展文化生产力；第三，牢牢把握舆论导向，正确引导社会舆论；第四，努力探索新方式新方法，加强和改进思想政治工作；第五，优先发展教育和科学事业，提高全民族的科学文化素质。

文化生产力在当代不仅已经成为综合国力的构成要素之一，而且也是衡量一个国家综合竞争力的重要标志，文化生产力已深深熔铸在民族的生命力、创造力和凝聚力之中。在经济全球化的今天，解放和发展文化生产力，对于加强党的执政能力建设、促进经济社会全面发展具有重要意义。① 由于文化发展在经济政治社会发展和在构建社会主义和谐社会方面的重要地位，引导、驾驭、推进社会主义先进文化建设的能力成为衡量党的执政能力的一个重要标尺。提高建设社会主义先进文化的能力，既是实现党的执政目标的需要，也是增强党的执政能力的重要手段，在加强党的执政能力建设中具有全局性、先导性意义。

4. 和谐文化观

和谐文化是指一种以和谐为思想内核和价值取向，以倡导、研究、阐释、

---

① 祁家能、方罗来：《论文化生产力》，载于《合肥工业大学学报（哲学社会科学版）》，2006 年第 3 期。

传播、实施、奉行和谐理念为主要内容的文化形态、文化现象和文化性状。它包括思想观念、价值体系、行为规范、文化产品、社会风尚、制度体制等多种存在方式。和谐文化，最核心的内容，是崇尚和谐理念，体现和谐精神，大力倡导社会和谐的理想信念，坚持和实行互助、合作、团结、稳定、有序的社会准则。和谐文化是以和谐的内涵为理论基础的文化体系，是当今世界最先进的思想文化，是创建和谐社会与创建和谐世界的前提条件。只有在和谐文化的引导下，才能创造出和谐的政治与和谐的经济，只有用和谐文化培养出来的人，才能自觉地去创建和谐社会与和谐世界。

和谐文化观强调在以人为本的原则下实现人的全面发展，强调从公平正义的文化权益出发最大限度地满足广大人民群众日益增长的文化需要，强调与世界各国文化的交流、对话、竞争并在消除文化逆差后充分显示中国的文化实力，强调民族凝聚力与亲和力进而形成缓解日常矛盾冲突的文化氛围、文化机制、文化精神，强调对创新精神的激活。要使所有这些价值诉求能够实现，必须深刻认识和谐文化观乃是科学发展观的文化陈述，深刻认识文化建设与经济建设、政治建设、社会建设的同步协调性，深刻认识现实基本文化关系中还存在着诸如需求与供给、普及与提高、民族与世界、继承与创新、农村与城市等或隐或显的结构矛盾性，深刻认识文化滞后必然最终从根本上制约和谐社会进程的危机性，深刻认识社会主义文化建设的繁重性、复杂性和长期性①。

中国文化发展战略作为一个国家性命题，从一开始就是构建社会主义和谐社会以及发展社会主义和谐文化的重要组成部分。以和谐文化观引领中国文化发展战略，就是要在实施中国文化发展战略过程中坚定不移地贯彻科学发展观，就是要自觉而理性地遵循人类文化生存的普遍规律和社会主义文化建设的客观逻辑，就是要实事求是、量力而行以及摒弃不切实际的煽情炒作和形式主义运作模式，就是要以国家、民族和广大人民群众的根本文化利益作为战略出发点和根本价值取向，就是要既有利于内部文化矛盾的缓释同时又有利于外部文化冲突的化解，就是要在文化建设中坚持发展才是硬道理。②

5. 新的文化发展观

社会主义新文化发展观主要指我们党对文化性质的基本划分、推动文化发

①② 王烈生：《和谐文化观与中国文化发展战略》，发表于《人民日报》，2006 年 11 月 9 日。

展的基本原则、文化发展的基本思路、文化发展的动力途径以及文化发展的目标要求等方面内容。它区别于资本主义文化发展观和其他非社会主义文化发展观，对于引领文化发展方向、规范文化发展内容、推动文化发展势头、提升文化发展境界至关重要。① 社会主义新文化发展观是中国特色社会主义理论的重要组成部分，对创造和发展先进文化的方式和途径做出了卓有成效的拓展和创新；是我们党在长期的社会主义文化建设中形成的经验总结，是指导社会主义文化发展的理论支撑，是中国共产党对先进文化的理解和要求，是马克思主义文化发展观与中国具体国情相结合的产物，是中国化的马克思主义。新的文化发展观要求我们不能就文化论文化，而应进一步围绕“发展”这个中国改革开放的主题来看文化。始终坚持把文化建设与发展的主题紧密联结起来，自觉树立用文化看发展、从发展看文化的时代眼光正是当代中国新的文化发展观的核心。②

中共中央国务院《关于深化文化体制改革的若干意见》提出的文化体制改革的原则要求之一，是坚持勇于实践、大胆创新，树立新的文化发展观。党的十六大以来，以胡锦涛同志为总书记的党中央坚持解放思想、实事求是、与时俱进的思想路线，在科学判断国际国内形势、全面把握当今世界文化发展趋势和深刻分析中国基本国情与战略任务的基础上，就如何发展社会主义先进文化问题形成了一系列新观点新论断。这表明我们党对社会主义市场经济条件下文化建设规律的认识达到了新的高度。当前，要深化文化体制改革，解放和发展文化生产力，繁荣和发展社会主义先进文化，牢固树立新的文化发展观。新的文化发展观，强调必须不断深化对文化地位和作用的认识，始终坚持社会主义先进文化的前进方向；不断深化对文化发展动力的认识，不断深化对文化发展思路的认识，不断深化对文化发展格局的认识，必须不断深化对文化发展目的的认识，坚持以人为本，努力创造出更多更好的精神文化产品，满足人民群众日益增长的精神文化需要。

（二）文化制度改革的创新成果

文化制度改革以来，在经营性文化事业单位转企改制、公益性文化事业单

---

① 王海洋：《浅析社会主义新文化发展观》，载于《思想政治工作研究》，2008 年第 5 期。

② 汪俊昌：《自觉树立新的文化发展观》，发表于《浙江日报》，2010 年 9 月 29 日。

位转换机制、文化投融资体制改革、文化市场体系的改革和建设、构建公共文化服务体系、政府宏观管理和市场监管体制改革等诸多方面取得了积极的进展，在文化市场开放、引入社会资本和出版传媒企业整体上市融资等方面取得了突破性的进展。

1. 经营性文化事业单位转企改制

为推动文化体制改革工作在面上推开、向纵深发展，进一步加大政策支持力度，2008 年相关部门对文化体制改革配套政策进行了延期和修订，仍以国务院办公厅名义下发，即国办发［2008］114 号文件，包括《文化体制改革中经营性文化事业单位转制为企业的规定》和《文化体制改革中支持文化企业发展的规定》。为落实文化体制改革的税收优惠政策，财政部、海关总署和国家税务总局又联合下发了《关于文化体制改革中经营性文化事业单位转制为企业的若干税收政策问题的通知》和《关于支持文化企业发展若干税收政策问题的通知》，执行期限为 2009 年 1 月 1 日至 2013 年 12 月 31 日。这些优惠政策的出台，为正在深入开展的文化体制改革提供了新的政策保障，对于激励经营性文化事业单位转制，支持文化企业发展和技术创新，鼓励文化企业大踏步“走出去”等诸多方面，都产生了积极的推动作用。

在改革实践中，按照“创新体制、转换机制、面向市场、壮大实力”的要求，积极推进经营性文化单位转企改制，国有文化单位市场主体缺失的状况得到明显改善。目前，全国共注销经营性文化事业单位 4000 多家，核销事业编制 18 万个以上。出版发行、影视制作等领域改革任务基本完成，国有文艺院团、非时政类报刊社的改革取得积极进展。一些地区将转企改制与资源重组结合起来，纷纷组建演艺集团公司，积极打造区域性龙头演艺企业，演艺企业规模不断扩大、实力不断增强、产业链不断延伸、市场开拓能力不断提升。这不仅扩大了国有文艺院团的市场占有率，而且为演艺产业健康有序地发展起到了引领和示范作用。

2. 公益性文化事业单位转换机制

图书馆、博物馆、文化馆等公益性文化事业单位是中国社会主义文化建设的重要力量，长期以来，为促进中国文化事业的发展、满足人民群众基本文化需求做出了重要的贡献。但是，中国的文化事业发展仍然相对滞后，广大群众的基本文化需求同公共文化服务能力不足之间的矛盾仍然比较严重，迫切需要通过改革加以解决。

改革深入推进以来，中国正确区分了公益性文化事业和经营性文化产业，明确了一手抓公益性文化事业，一手抓经营性文化产业。我们深刻认识到，发展公益性文化事业，加强公共文化服务，构建覆盖全社会的公共文化服务体系，是维护公民基本文化权益的重要保障，是推动文化大发展大繁荣的必然要求，也是政府义不容辞的责任。通过积极探索文化事业单位改革，不断创新公共文化服务运行机制，公共文化服务质量和水平明显提高。一是投入不断增加。中央财政对地方各项文化工程资金投入增多。二是重大文化惠民工程加快推进。乡镇综合文化站建设工程、全国文化信息资源共享工程推进快。三是公益性文化事业单位内部机制改革不断深化。文化馆、博物馆、图书馆等完成劳动人事、收入分配、社会保障等制度改革。四是吸引社会力量参与文化事业取得初步成效。国家出台了一系列的税收优惠政策，用于鼓励社会力量赞助文化事业。五是政策法规体系进一步完善。国家制定出台了《公共文化体育设施管理条例》等公共文化方面的法规规章40余部。

3. 文化投融资体制改革

文化投融资体制改革在探索中取得了显著的成绩。改革实施以来，中央和国务院各主管部门、综合部门先后制定了一系列支持改革试点和产业发展的政策措施。一是税收优惠政策。试点地区转企改制企业给予3年的所得税免税政策，试点地区新开办文化企业给予3年所得税免税的优惠政策，文化产品出口给予出口退税的优惠政策等。二是财政支持政策。国家财政相继出资设立了宣传文化发展专项资金、优秀剧（节）目创作演出专项资金、国家电影事业发展专项资金、电影精品专项资金、出版发展专项资金等，以增量投资的方式强化对公共文化事业和原创精品文化产品的支持力度。通过与国家发改委、文化部、国家广电总局联合实施国家舞台艺术精品工程、中国民族民间文化保护工程、全国文化信息资源共享工程、中华再造善本工程、清史编纂工程、广播电视村村通工程、西新工程、农村电影放映工程等重大文化建设项目，推动了农村和中西部地区的公共文化建设，以及文化遗产保护和文化内容建设，同时也促进了国家财政的公共化进程和投资机制的转变。三是探索市场化的文化投融资机制。探索以国有资本为主体，广泛吸纳社会资本，打造混合经济结构的文化市场战略投资者，促进文化产业快速成长的途径和方式。

4. 文化市场体系的改革和建设

文化市场流通体系的改革和建设取得了重要成果。为培育市场流通主体，破除长期以来中国文化市场存在的国有经济垄断、政府管理条块分割的弊端，促进文化资源和要素的自由流动和优化组合，各试点地区在对民营和外资开放市场准入门槛的同时，积极推动文化市场流通体系改革，着力发展连锁、物流等新型文化流通组织业态。目前全国各省、市、自治区的新华书店已基本完成组建企业集团和转企改制的工作。与此同时，文化部、国家新闻出版总署、国家广电总局等国务院主管部门与地方政府合作，先后创办深圳国际文化产业交易博览会、北京国际文化创意产业交易博览会，东北、中部、西部三个区域性的文化产业博览会，形成集文化产品交易博览、论坛、版权交易和投融资于一体的大型文化产品流通和要素配置的平台。此外，北京书市、上海国际电影节、杭州国际动漫节、广州国际音像博览会、成都广播影视博览会等大型专业化的文化产品交易平台也各具特色。对于发展和完善中国的文化产品和要素市场，促进文化产业发展起到了积极的推动作用。

5. 政府宏观管理和市场监管体制改革

随着文化行政管理和市场监管体制改革的推进，文化立法工作逐步加强。为适应文化产业融合化的发展趋势，按照中央指示，试点地区尝试将文化、新闻出版、广电三个政府主管部门合并办公，综合行使文化管理职能。同时将工商、税务和各文化部门的执法队伍整合为综合执法机构。这两项措施，为解决文化行政管理体制方面的政出多门、职能交叉、条块分割，以及市场监管中的“越位”和“缺位”问题，起到了积极的作用，同时也为未来国家和省级政府文化行政管理和市场监管体制的改革积累了经验。与此同时，经修订后的《著作权法》和《电影管理条例》、《出版管理条例》、《营业性演出管理条例》等一系列法规和部门规章的颁布，推动了中国文化立法工作的进程，使中国文化市场管理逐步进入法制化的轨道。

6. 开放文化市场

中国在开放文化市场投资准入门槛，发展民营和混合文化市场主体，调动全社会参与文化建设方面取得了突破性的进展。2003 年 6 月文化体制改革试点以来，文化部、新闻出版总署、广电总局等有关部门相继发布了一系列文件，对非公有制资本开放了演出、报刊和出版发行、影视节目制作与发行、影院建设与经营、非新闻类广播电视节目制作等投资领域。2005 年 3 月财政部、海关总署、国家税务总局发布《关于文化体制改革试点中支持文化产业发展若干税收问题的通知》，2005 年 4 月国务院颁发《关于非公有资本进入文化产业的若干决定》，明确和规范了鼓励、允许、限制和禁止非公有制资本进入文化产业若干领域的界限。2005 年 8 月文化部等五部委发布了《关于文化领域引进外资的若干意见》，对外资进入中国文化市场的范围和持股比例也进行了规范，上述一系列政策措施，调动了社会资本进入文化产业的积极性。据文化部提供的数据，在文化部门管理的文化产业中，非公有资本创造的文化产业增加值已占到全部文化产业增加值的一半以上，就业人数占到 2/3，由社会资本和外资参与拍摄的电影占总产量的 80% 以上。以公有制为主体、社会资本和外资广泛参与的文化产业发展格局初步形成，促进了中国文化产业的快速、健康和有序发展。

（三）文化制度改革所取得的社会效益和经济成果

改革促进了中国文化市场的发展和繁荣，文化产业对国民经济的贡献日益提高，公共文化建设成果显著。一个文化建设的新高潮正在全国各地蓬勃兴起，文化建设在促进经济发展，增强民族自信心和社会凝聚力，构建和谐社会与和谐世界的进程中发挥着越来越重要的作用。

1. 公共文化建设成果显著

国有公益性文化事业单位进行改革探索和构建公共文化服务体系取得了积极进展。按照对公益性文化事业单位“增加投入、转换机制、增强活力、改善服务”的分类改革要求，文化事业试点单位，在推进干部人事制度改革、收入分配制度改革，引入市场竞争机制，提高公共服务的数量和质量等方面进行了有益探索，取得了显著的成果。试点地区普遍增加了对公共文化服务事业的投入，深圳、杭州、北京等地还进行了公共文化产品面向社会实行政府采购、政府补贴的探索，收到了良好的效果。2005 年 4 月国务院颁发《关于 2005 年深化经济体制改革的意见》，首次提出“要加快公共文化服务体系建设”。2005 年 10 月，在党的十六届五中全会通过的《中共中央关于制定国民经济和社会发展第十一个五年规划的建议》中，明确了“要加大对文化事业的投入，逐步形成覆盖全社会的比较完备的公共文化服务体系”的目标要求。国家广电总局明确提出要构建广播电视公共服务体系，并确定2005年为“对农服务年”，基本实现农村边远地区广播电视“村村通”。文化部和国家发改委联合实施县级图书馆、文化馆的两馆建设项目。2007年3月国家新闻出版总署等八部委联合发布《“农家书屋”工程实施意见》，提出按照“政府组织建设、鼓励社会捐助、农民自主管理、创新机制发展”的思路，“十一五”期间，在全国建立20万个“农家书屋”，到2015年基本覆盖全国的行政村。2007年10月国家发改委会同文化部发布《“十一五”全国乡镇综合文化站建设规划》，提出要按照“统一规划、分级负责；突出重点、分步实施；整合资源、填平补齐；深化改革、配套推进；改善服务、加强管理”的原则，改扩建农村乡镇文化站2.4万多个，其标准不低于300平方米，到2010年，实现全国所有乡镇建立具备综合服务功能的文化站、具有较高专业素质的文化站工作队伍，合理有效的农村乡镇文化管理体制的目标。这几项改革和规划措施，扭转了长期以来中国农村基层公共文化服务设施的落后状态，建立了基本覆盖全社会的公共文化服务体系。

2. 文化产业发展加快

文化体制改革的深化促进了中国文化产业的快速发展和产业结构、区域结构的不断优化。各地各部门认真贯彻中央推动文化产业成为支柱性产业的精神，并取得了显著的成效。第一，各地各部门发展文化产业的热情空前高涨，由政府主导的文化产业投资公司纷纷成立，文化产业园区的数量和规模迅速扩大；第二，文化事业单位转企改制的工作快速推进，一些行业基本完成改制任务；第三，数字媒体文化产业快速发展，网络广告业的增长格外突出；第四，文化艺术品投资领域迅速发展；第五，社会资本大举进军文化产业，逐渐形成公有制为主体、多种所有制共同发展的文化产业格局。

党的十六大以来，中国文化产业成长迅速、健康发展，文化产业逐渐增值，保持了两位数以上的年增长率，对GDP增长的贡献率提高，同时大大促进了社会就业，成为新的经济增长点，大幅度提高了在经济社会发展中的地位和作用。在持续深化文化体制改革、推动文化产业发展的重要时期，党的十七届五中全会提出了推动文化产业成为国民经济支柱性产业的目标，党的十七届中央委员会第六次全体会议提出了实现“文化强国”的目标，并把文化产业作为实现文化强国的重要途径之一。党的十七届六中全会的《决定》中还提出了“推动文化产业跨越式发展”的新要求，对今后文化产业发展做出了重要指示。2012 年 2 月文化部发布了《“十二五”时期文化产业倍增计划》，提出要在“十二五”期间，文化部门管理的文化产业增加值年平均现价增长速度高于 20%，2015 年比 2010 年至少翻一番，实现倍增。再经过若干年的努力，我们完全有能力实现文化产业成为国民经济支柱性产业的目标。

三、文化制度改革存在的问题

文化制度改革是一项非常复杂、艰巨的系统工程，需要有诸多的配套条件，与经济体制改革、政治体制改革和社会体制改革相互衔接，统筹安排。文化制度改革起步较晚，改革的思想理论和工作准备不足，市场在文化资源和要素配置中的基础性作用也没有完全发挥，传统体制还没有完全退出历史舞台，管办不分、政企不分、政事不分、政资不分，影响着文化生产力的发展。经过几十年的改革，文化制度建设取得了很多成果，同时也面临一系列新情况新问题。

第一，经营性文化单位转企改制缺乏动力。近几年来，中国文化事业和文化产业的快速发展在很大程度上得益于文化市场开放的“体制性松绑”和政策推动的效应。总体来看，中国文化建设与经济建设仍存在着明显的落差。就文化领域而言，民营文化经济的快速发展和国有文化经济的平稳增长存在着明显的落差，说明国有文化单位的体制改革还比较滞后。国有经营性文化事业单位转企改制缺乏动力，配套政策不够完善，改革难度大。

第二，文化市场体系改革和发育相对迟缓。随着文化事业和文化产业的快速发展，文化市场体系改革和发育相对迟缓、对文化建设的制约因素日益凸显。目前，文化市场条块分割、区域壁垒和行政干预的问题虽然有所改观，但还没有从根本上得到扭转，与全国统一的产品市场尤其是要素市场尚未全面接轨，二者之间存在着明显的落差。这也是中国文化市场上缺乏战略投资者，国有文化产业集团难以通过资本市场的投融资平台进行跨地区、跨行业经营，迅速发展壮大的主要原因。

第三，公益性文化事业与经营性文化产业界定不够清晰。公益性文化事业与经营性文化产业的界定不够清晰，传媒行业的深化改革和体制安排面临困惑。集中表现为传媒文化产业集团“事业体制、产业化运营”的二元体制结构缺乏法律依据，在财务管理、对外融资等方面存在着诸多难点，以建立现代企业制度为目标的改革战略与其事业性质的体制特征存在着内在矛盾，如果不加调整，其改革目标存在着落空的可能。要使文化事业和文化产业实现协调发展，就必须根据文化事业和文化产业的不同特点，提出不同要求，制定不同政策。

第四，国家文化宏观管理和监管体制改革进展缓慢。这方面的改革涉及党政关系、政企关系、政事关系等诸多方面，与政治体制改革密切相关。目前，党政关系仍未理顺，一些地方以党代政，对文化市场微观主体经营活动干预过多的问题仍较普遍；政府职能方面的“缺位”和“越位”并存，管办不分、政企不分、政事不分、职能交叉、行政管理成本过高的问题依然突出。从而不仅导致了市场微观主体的交易成本过高，而且依靠以专项资金为主要手段和行政推进为主要方式的发展模式，在一定程度上强化了政府文化主管部门配置资源的传统体制，存在着管办不分、资助覆盖面窄、监管缺失等弊端，抑制了以市场配置资源为主要发展模式的市场微观主体的内生增长动力，影响了中国文化竞争力的提高。

第五，国有经营性文化资产管理、监督和运营体制改革尚未迈出实质性步伐。目前，文化事业单位的国有资产如何管理，已有 2006 年 7 月财政部发布的《事业单位国有资产管理暂行办法》加以规范，而国有经营性文化资产的管理、监督和运营体制如何改革，还存在着不同看法和做法。中国经营性国有文化资产具有巨大的运营和增值潜力，但由于体制安排不尽合理，这种潜力还远远没有发挥出来。

第六，投入保障机制还不够健全完善的投入保障机制，应该是坚持政府主导，逐步建立健全同财力相匹配、人民群众文化需求相适应的政府投入保障机制。目前对农村基层、革命老区和边疆民族地区文化发展的财政投入还相对较少。财政投入方式单一，财政投入绩效评价机制尚未建立。投入渠道较窄，社会资金投入文化建设的力度还不大。

四、文化制度改革的未来走向

从改革的路径选择看，中国文化制度改革充分借鉴了经济体制改革的经验，采取了先试点、再推广，逐步推进的方式，具有渐进式改革的显著特点，这是完全符合中国国情的做法。为此，我们要充分考虑文化的特殊发展规律，认识到文化发展与市场经济的有机结合是一个长期的探索过程，需要付出很多艰苦的努力。随着文化制度改革进入深水区，由于传统体制的束缚，中国文化生产力进一步发展的内生动力不足，中国文化建设与经济建设、文化体制与经济体制之间存在较大落差，因此我们需要进一步解放思想，不断创新，突破目前改革面临的若干问题和难点。正如胡锦涛同志在党的十七大报告中所说："在时代的高起点上，推动文化内容形式创新、体制机制创新、传播方式创新，是文化发展的必由之路。"

（一）加快公共文化服务体系建设，保障人民群众的基本文化权益

以人为本、满足人民基本文化需求是社会主义文化建设的基本任务和根本目的。第一要建构以政府为主导，以公共财政为支撑，以公益性文化事业单位为骨干，以基层特别是农村为重点，鼓励全社会积极参与的公共文化服务机制，加强城乡基层公共文化设施建设、使用和管理，推进公共文化资源和服务体系向基层延伸。第二要加强和完善公共文化服务网络建设，扩宽文化服务渠道，提高文化服务质量，创新文化服务方式，引入市场竞争机制，形成健全、实用、便捷、高效的公共文化服务网络，提高公共文化服务供给能力，满足群众基本的精神文化需求，真正实现文化利民和文化惠民。第三要切实改善和保障文化民生，大力实施公共文化服务工程，加快构建覆盖城乡、结构合理、比较完备、惠及全民的公共文化服务体系，建立健全政府主办、社会参与、功能互补、运转协调的公共文化服务组织体制和责任明确、行为规范、科学合理、富有效率的公共文化服务运行机制，不断加强公共文化服务平台建设，努力增强供给保障能力，建立健全文化民生保障体系，让人民群众共享文化发展成果。第四要通过引入市场竞争机制，形成以政府投入为主、社会广泛参与的格局，引导和鼓励社会力量通过兴办实体、资助项目、赞助活动、提供设施等形

式参与公共文化服务。第五要在目前国家不断加大投入、以财政专项资金强化公共文化建设的基础上，进一步探索和推广政府采购、财政补贴、贴息、委托经营等面向全社会的市场化机制。第六要借鉴国际经验，完善配套政策，积极培育非政府、非营利性的社会组织，使之成为中国公共文化服务体系的重要组成部分。第七要统筹规划和建设基层公共文化服务设施，坚持项目建设和运行管理并重，实现资源整合、共建共享。

（二）加快构建现代文化产业体系，推动文化产业成为国民经济支柱性产业

当今时代，文化独特的属性与现代经济的特征相呼应相融合，产生的影响力和辐射力大为增强。推动文化大发展大繁荣，必须借助于发展文化产业这一有效载体来实现。推动文化产业发展，必须坚持把社会效益放在首位、社会效益和经济效益相统一。

发展文化产业，必须坚持社会主义先进文化前进方向，按照全面协调可持续的要求，推动文化产业跨越式发展，使之成为新的经济增长点、经济结构战略性调整的重要支点、转变经济发展方式的重要着力点。[①]

一要构建现代文化产业体系。构建结构合理、门类齐全、科技含量高、富有创意、竞争力强的现代文化产业体系。要加快发展新兴文化产业、优化文化产业布局、加大对拥有自主知识产权和弘扬民族优秀文化的产业支持力度、发展特色文化产业、延伸文化产业链以提高附加值。

二要形成公有制为主体、多种所有制共同发展的文化产业格局。必须毫不动摇地支持和壮大国有或国有控股文化企业，鼓励和引导各种非公有制文化企业健康发展。培育一批具有核心竞争力的国有或国有控股大型文化企业或企业集团，在发展产业和繁荣市场方面发挥主导作用。要引导社会资本以多种形式投资文化产业，参与国有经营性文化单位转企改制。同时，引导他们自觉履行社会责任。

三要推进文化科技创新。要发挥文化和科技相互促进的作用，深入实施科技带动战略，增强自主创新能力。加快科技创新成果转化，健全以企业为主

---

① 李宇宁：《推动文化产业跨越式发展》，发表于《广西日报》，2012年6月5日。

体、市场为导向、产学研相结合的文化技术创新体系，培育一批特色鲜明、创新能力强的文化科技企业。

四要扩大文化消费。增加文化消费总量，提高文化消费水平，是文化产业发展的内生动力。要创新商业模式，拓展大众文化消费市场，开发特色文化消费，扩大文化服务消费，提供个性化、大众化的文化产品和服务，培育新的文化消费增长点。提高基层文化消费水平，兴建适合群众需求的文化消费场所。

（三）注重对外文化交流，推动中华文化走向世界

要推动文化大发展大繁荣，就必须推动中华文化走向世界。开展多渠道、多形式、多层次的对外文化交流，广泛参与世界文明对话，有利于增强中华文化在世界上的感召力和影响力，共同维护文化多样性。我们要创新对外宣传方式方法，增强国际话语权，妥善处理外部关系，增进国际社会对中国基本国情、价值理想、发展道路、内外政策的了解和认识，展现中国文明、民主、开放、进步、和谐的形象。要实施文化走出去工程，完善支持文化产品和服务走出去政策措施，支持重点主流媒体在海外设立分支机构，培育一批具有国际竞争力的文化企业和中介机构，开拓国际文化市场。加强海外中国文化中心和孔子学院建设，鼓励代表国家水平的各类学术团体、艺术机构在相应国际组织中发挥建设性作用，组织对外翻译优秀学术成果和文化精品。构建人文交流机制，把政府交流和民间交流结合起来，发挥非公有制文化企业、文化非营利机构在对外文化交流中的积极作用。

在文化交流过程中，要积极吸收借鉴国外优秀文化成果，坚持以我为主、为我所用，学习借鉴一切有利于加强中国社会主义文化建设的有益经验、一切有利于丰富中国人民文化生活的积极成果、一切有利于发展中国文化事业和文化产业的经营管理理念和机制。①

中华民族伟大复兴的过程必然是国家文化软实力提升的过程，也必然是中华文化国际影响力不断增强的过程。文化的影响不仅取决于内容是否具有独特魅力，还取决于是否具有先进的传播方法、传播手段和强大的传播能力。健全的传播机制、先进的传播手段和强大的传播能力是扩大国家文化软实力影响的

---

① 《加强文化体制的改革与创新》，发表于《光明日报》，2011 年 10 月 25 日。

重要因素。要提高文化传播力，首先，推动文化与科技创新互相融合、相互促进、互为支撑、协力前行。其次，进一步拓展传播渠道，提高传播效率，丰富传播手段。最后，高度重视互联网、手机等新兴媒体建设、运用、管理，大力实施文化“走出去”战略。

（四）注重培养文化人才，造就一支优秀的文化人才队伍

深化文化体制改革，推动文化大发展大繁荣，队伍是基础，人才是关键。要大力实施人才强国战略，坚持人才优先、以用为本、高端引领、优化开发的原则，加强文化人才队伍建设。要全面贯彻党管人才的原则，努力培养和造就规模宏大、结构合理、素质优良、富有活力的文化人才队伍，形成人才辈出、人尽其才的良好局面。要继续实施“四个一批”人才培养工程和文化名家工程，建立重大文化项目首席专家制度，切实抓好高端人才的培养、引进和使用，重点培育造就一批文化领域的领军型人物，一批懂经营、善管理的高层次经营管理人才，一批掌握关键技术、拥有自主知识产权的高层次专业技术人才，一批熟悉市场运营、掌握现代传播技术的高层次市场中介服务人才，造就高层次领军人物和高素质文化人才队伍。

加强基层文化人才队伍建设。基层文化人才队伍是文化改革发展的基础力量。要制定实施基层文化人才队伍建设规划，完善机构编制、学习培训、待遇保障等方面的政策措施，吸引优秀文化人才服务基层。配好、配齐乡镇、街道党委宣传委员、宣传干事和乡镇综合文化站专职人员。重视发现和培养扎根基层的乡土文化能人、民族民间文化传承人，特别是非物质文化遗产项目代表性传承人。鼓励和扶持群众中涌现出的各类文化人才和文化活动积极分子，促进他们健康成长、发挥其作用。鼓励专业文化工作者和社会各界人士参与基层文化建设和群众文化活动，形成专兼结合的基层文化工作队伍。

健全和完善文化人才培育、引进、使用、考核机制和竞争、激励机制，建立工资报酬与贡献挂钩的分配机制，鼓励知识、技术、管理等要素参与分配，营造平等公开和竞争择优的制度环境，促进优秀文化人才脱颖而出，为建设社会主义文化强国提供强有力的智力支持和人才保障。

（五）加强文化管理创新，营造良好的文化发展环境

当前，要进一步加强党对文化工作的领导，不断完善文化领域的宏观管

理，建立健全党委领导、政府管理、行业自律、企事业单位依法运营的文化管理体制和富有活力的文化产品生产经营体制机制，增强宏观管理和调控的针对性、灵活性、协调性和有效性。要加快转变政府职能，强化政府在政策调节、市场监管、社会管理和公共服务等方面的职能，不断推进政企分开、政资分开、政事分开、政府与市场中介组织分开，提高文化管理的服务效能，实现文化管理的制度化和规范化。

第一，推动文化宏观管理体制改革，转变政府职能。一是要理顺党政关系，要坚持党对文化的领导地位，但又不能以党代政；二是整合国务院有关文化主管部门，切实解决政府文化管理部门政出多门、职能交叉的问题；三是要进一步推动行政审批制度改革，简化办事程序，加强文化市场监管和行政执法。

第二，加强文化领域领导班子和党组织建设。坚持德才兼备、以德为先用人标准，在文化领域选拔好、配备强各级领导班子，把政治立场坚定、思想理论水平高、熟悉文化工作、善于驾驭意识形态领域复杂局面的干部充实到领导岗位上来，把文化领域各级领导班子建设成为坚强有力的领导集体。重视文化领域党的组织建设，注重在文化领域的优秀人才、先进青年、业务骨干中发展党员。

第三，健全共同推进文化建设工作机制。要建立健全党委统一领导、党政齐抓共管、宣传部门组织协调、有关部门分工负责、社会力量积极参与的工作体制和工作格局，形成文化建设强大合力。

第四，发挥人民群众文化创造积极性。要牢固树立马克思主义群众观点，自觉贯彻党的群众路线，为广大群众成为社会主义文化建设者提供广阔舞台，在全社会营造鼓励文化创造的良好氛围，让蕴藏于人民中的文化创造活力得到充分发挥。

（六）加紧完善文化产业立法，为文化产业良性发展提供法律保障

文化发展离不开法治保障。党的十七届六中全会强调，加快文化立法，制定和完善公共文化服务保障、文化产业振兴、文化市场管理等方面法律法规，提高文化建设法制化水平。现阶段中国的文化产业立法总体上还不健全，尚未形成一个完整的法律体系，文化产业发展仍主要依靠规范性文件与政策性规定

来保障。这就需要加紧完善文化产业立法，为文化产业良性发展提供法律保障，从而促进社会主义文化大发展大繁荣。

根据中国文化产业发展的客观需要，把握中国文化产业的现状与发展总体趋势，制定和完善文化产业基本法律法规。针对一些濒危门类的民族民间文化，制定保护标准和具体保护措施。大力推动文化领域知识产权保护工作，实行文化产品研究、创作、开发、生产和销售全过程的知识产权保护。文化企业经营的文化产品和提供的文化服务在进入市场前，应及时进行专利申请、商标注册、作品和软件登记，以获得法律保护并依法正确使用。打破当前文化产业中存在的行业、地区、所有制界限，启动文化企业并购重组立法工作，不断完善文化企业法人治理结构。文化产权交易市场的初步形成要求在法律层面形成相关配套制度，使文化产权交易有法可依、有章可循，形成依法经营、公平交易、诚实守信的市场秩序。应进一步规范文化产权交易的价值评估制度，为文化产权交易提供法律标准，并大力发展介于政府和市场之间的专业中介评估机构。制定文化产权交易挂牌管理办法。建立文化产权交易的履约监督制度。

（七）加快文化市场体系改革，发挥市场在文化资源配置中的基础性作用

在建设社会主义文化强国的过程中，市场要大有作为。一个发达的文化消费市场，对于文化大发展大繁荣和对于经济社会发展的促进作用是巨大的。因此，政府必须把培育需求旺盛、体系健全、运转健康的文化市场，作为推动文化强国建设的一个重要着力点抓紧抓好。一要在积极推进市场流通组织改革，发展连锁、物流等新型业态和文化产品市场的基础上，加快发展人才市场、版权市场等文化要素市场。二要重点发展图书报刊、电子音像制品、演出娱乐、影视剧、动漫游戏等产品市场，进一步完善中国国际文化产业博览交易会等综合交易平台。三要加快建设大型文化流通企业和文化产品物流基地，构建以大城市为中心、中小城市相配套、贯通城乡的文化产品流通网络。四要加快培育产权、版权、技术、信息等要素市场，办好重点文化产权交易所，规范文化资产和艺术品交易。五要改革现有的行业协会，实现政府与行业协会分开。同时依据文化事业和文化产业的特点，发展一批自愿结合、自治管理的文化行业组织，使之在提供行业信息、咨询服务、人才培训、行业自律等方面发挥重要作用。六要加快发展法律、会计、服务代理等文化市场的中介机构。七要结合政

府行政管理体制改革，打破条块分割的市场壁垒，促进文化资源和要素的合理流动与优化组合，为文化发展创造良好的市场环境。

（八）积极推进文化投融资体制改革，形成完善的文化投融资体系

促进文化大发展大繁荣，必须构建有利于文化企业融资的体制机制。由于资金结构特殊、风险承受能力较弱，文化企业在融资方面仍然比较困难，因此需要完善对文化产业的金融扶持措施。一是创新贷款模式。鼓励金融机构通过研究文化企业的经营特征和盈利模式，积极为文化企业量身定做贷款产品。二是拓展融资服务。建立包括信息披露、登记托管、资金结算、无形资产评估在内的服务体系，促进文化产业和金融业对接。三是设立专项基金。通过设立文化产业发展专项基金，吸引和鼓励民营资本、社会资本积极参与文化产业发展，提升文化企业的信用等级，增强企业的自主融资能力。四是建立融资担保机构。鼓励社会各方参与建立文化企业融资担保机构，开拓多元化担保业务，逐步拓宽文化企业的融资渠道。五是创新财政投入方式。建议在继续发展和完善专项资金的同时，借鉴国际经验，设立国家文化发展基金，按照“政府出资、专家管理、社会监督、面向全社会、间接资助”的原则，对文化内容创新和民族文化传承给予支持，逐渐形成国家财政对文化发展资助的完整体系。六是在文化产业利用资本市场方面取得新进展。要积极推动一批具有竞争力的文化企业通过股份制改造进入资本市场上市融资；同时利用资本市场的投融资和结构调整功能，培育文化市场上的战略投资者，促其在跨地区和跨行业的投资兼并、结构调整中发展重要作用，实现中国文化产业结构、区域结构的不断优化。七是加快发展多元化、社会化的文化投融资机制。如创业投资、风险投资、产业投资基金、私募股权投资、组合投资等。

第二章

文化产业与产权制度

当今世界，文化与经济、政治相互交融，在综合国力竞争中的地位和作用越来越突出。在全面建设小康社会、实现中华民族伟大复兴的历史进程中，繁荣和发展社会主义先进文化具有全局性、战略性的地位和作用。深化文化产业与产权制度改革，加快文化事业和文化产业发展，是加快社会主义现代化建设、全面建设小康社会的内在要求，是增强综合国力的迫切需要，是实现经济、政治、文化和社会协调发展，构建社会主义和谐社会的重要内容。因此，分析中国文化产业与产权制度改革历史，分析其存在的问题，在此基础上分析中国文化产业与产权制度改革的路径，对于促进中国文化的大发展大繁荣无疑具有重要的意义。

第一节 知识与创意：文化产业与产权制度的多维审视

一、文化产业与产权制度的基本理论阐释

党的十八大明确要求“推动文化产业快速发展”，而要推动文化产业又好又快发展，首先必须明确其内涵与特征。

（一）何谓文化产业

文化产业的概念源于阿多诺和霍克海默在其《启蒙的辩证法》（1947）中

提到的“文化工业”概念，但是这一概念是对文化产业的否定性批判。[①] 本杰明（Walter Benjamin）从艺术和技术进步为民主和解放提供机会的前提出发对文化产业持认同态度。1998 年，英国政府提出“创意产业”（creativeindustries）概念，特指从个体的创造性、个体技艺和才能中获取发展动力的企业，以及那些通过对知识产权的开发可创造潜在财富和就业机会的活动。[②] 霍金斯（2001）将创意产业定义为其产品都在知识产权法的保护范围内的经济部门，即专利、版权、商标和设计的每一类都产生于保护不同种类的创造性产品的愿望，而且这四种工业组成了创造性产业和创造性经济。[③] 托斯（Towse，2002）则认为，文化产业包括音乐、唱片、电视、旅游、电影等视觉形式的艺术表现，文化内容的创造、发展、保存和传播，以及为促进和推动上述各项活动而开展的相关创造性活动。[④]

在中国，理论界对文化产业的讨论开始于 20 世纪 90 年代中期。1996 年“首都文化发展战略研讨会”上第一次提出了“文化产业”这一概念。那么，什么是文化产业？简单地讲，所谓文化产业就是把文化的内容进行产业化的生产、交换和消费。不过，就文化产业的内涵和外延而言，目前学术界仍然存在着一些分歧。概括起来，大致包括以下几个方面的观点：

第一，“精神产品和服务”说。“精神产品和服务”说主要从产品的性质来定义文化产业，把文化产业理解为“向消费者提供精神产品或服务的行业”。[⑤] 这种定义既强调了文化产业的精神性和意识形态属性，同时也强调了文化产业的经济性。就其经济性而言，文化产业可以被定义为“按照工业标准生产、再生产、储存以及分配文化产品和服务的一系列活动”。认为现代文化产业实际上是一个奠基于大规模复制技术之上的巨大产业群，履行着最广泛传播的功能，经商业动机的刺激和经济链条的中介，向传统文化艺术的“原

① Adorno，T. W，M. Horkheimer：The cultural industry：Enlightenment as mass deception. London：Edward Arnold，1977：139.

② DCMS. Creative Industries Task Force Mapping Documents. background. 2001：56.

③ Howkins，The Creative Economic：How people make money from ideas. London：Allen Lane，2001：150.

④ Towse，The Industries Plans in Tasmanin States. Tasmania Together，2002. 转引自解学芳：《文化产业制度：一个全新的学术研究领域——关于文化产业制度研究的理论述评》，载于《中共四川省委省级机关党校学报》，2007 年第 3 期。

⑤ 张晓明、胡惠林、章建刚：《迎接中国文化产业发展的新时代》，江蓝生、谢绳武主编《2001～2002 年中国文化产业蓝皮书》，社会科学文献出版社 2002 年版，第 2 页。

创”和“保存”两个基本环节渗透，将原创变成资源开发，将保存变成展示，并将整个过程奠定在现代知识产权之上。

第二，“意义内容”说。该主张认为，文化产业是“生产文化意义内容的商品和服务产业”。它所强调的基本内涵是“在社会高度工业化、技术化和商品化条件下，文化领域中出现的使文化产品具有鲜明的技术性、复制性、批量性、商品性的文化产出方式”。[①] 依据这一概念，我们可以将文化产业的概念分为三个层次：一是最狭义的概念，即文化创作业，包括从文化艺术作品的创作、销售、展示到接受等各种活动；二是扩展性的概念，即文化制作与传播业；三是最一般的概念，即以文化意义为基础的产业，包括所有具有文化标记的产品，从古老的服装业到具有现代商标的一切产品。

第三，“版权产业核心”说。“版权产业核心”说认为，文化产业的本质是版权产业，因为版权是精神产品和服务的核心部分。“从本质上讲，文化产业是以版权产业为核心的提供精神产品的生产和服务的产业，包括出版发行业、新闻业、广播影视业、网络服务业、广告业、计算机软件业、信息及数据服务业等，以及与以上产业类型紧密相关的艺术创作业、艺术品制作业、演出业、娱乐业、文物业、教育业、体育业、旅游业等。在知识经济时代，文化产业日益成为最重要的支柱产业之一。”[②]

第四，“文化娱乐集合”说。其代表性的提法是国家统计局的《文化及相关产业分类》（2004）。它将文化产业界定为为社会公众提供文化、娱乐产品和服务的活动，以及与这些活动有关联的活动的集合，并将文化产业划分为核心层、外围层和相关层。核心层包括书报刊、音像制品、电子出版物、广播、电影、文艺表演、文物及文化保护、博物馆、文化社团等，外围层包括互联网、旅行社服务、景区文化服务、网吧、文化产品租赁和拍卖、广告、会展服务等，相关层包括提供文化、娱乐产品所必需的设备、材料的生产和销售活动。

从以上国内外对文化产业的内涵界定来看，国内外对文化产业的理解未形成统一、权威的认同，它会因研究主体偏好不同而异。我们认为，“文化娱乐

① 唐任伍、赵莉：《文化产业：21 世纪的潜能产业》，贵州人民出版社 2004 年版，第 7 页。

② 周冰：《大力发展文化产业》，发表于《光明日报》，2005 年 6 月 7 日。

集合”说，对文化产业的内涵和外延有更为清楚的界定，对于我们理解现代文化产业的形体形态，统计文化产业的相关数据更为清晰便捷、方便和实用。但不管如何定义，实际上文化产业作为生产文化产品和提供文化服务的行业，是以满足人们精神需求为目标的产业属性和文化属性的统一体。其产业性是指文化产品和服务是通过对文化符号的大量复制而生产出来的，并通过市场营销来进行文化传播；而文化属性是指文化产业要担负文化传播和文化发展的功能。它具有产品的精神性、消费的娱乐性和产业的依附性等特征。

（二）文化产业的主要特征

第一，产品的精神性。文化产业的特殊性，首先表现在其产品的精神性，是人类的精神构成了产品的基本内核。尽管文化产品也有一定的物质形态，如书籍的纸张、DVD 的碟片、音乐的音箱等物质形式，但它们只是一定精神文化内容的载体，精神的内容才是文化产品的本质。正由于文化产业的产品具有精神性的特征，它具有意识形态性。精神性的产品必然会打上精神内容生产者的主观印记和内容生产者的观念、判断和感受，因此他的政治思想、道德观念和审美情趣等主观因素，都会自觉或不自觉地物化在产品中。人们在消费文化产品的同时，也就或隐或显地受其影响。所以，文化产品在发挥自己商品功能的同时，也不可避免地发挥着意识形态的功能，如政治舆论功能，教育功能，凝聚社会精神功能，培养国民素质功能等。一个国家的文化产业不仅能带来丰厚的利润，促进国民经济的增长，同时还塑造着人们的精神面貌。一个国家在出口文化产品的同时，也在输出特定的生活方式和价值观念。文化产业的这种意识形态性，使它可以成为宣扬或抵制其他意识形态的工具。

第二，消费的娱乐性。在消费形式上，文化产业提供的价值主要是娱乐功能，我们把文化产业的这种特性称为消费的娱乐性。人们消费文化产品的主要和直接的原因，就在于它具有娱乐功能。文化产品的精神性，使人们在文化消费的时候，能得到教育价值、认识价值和娱乐价值，但对于一般大众文化消费而言，娱乐价值是文化产品价值的主要和基础的价值，其他两种价值都是以娱乐价值为基础，并通过娱乐价值起作用的。如果没有娱乐价值，文化产品的教育意义再大，认识作用再深，也难以发挥广泛的影响。因此，人们的喜闻乐见，就成为文化产品的首要要求和价值判断的主要标准。

第三，产业的依附性。产业的依附性，是指相对于其他产业而言，文化产业对物质生产力水平和政策、制度环境有更大的附属性和依赖性。首先，文化产业的发展高度依赖于社会的物质生产力水平。文化产业的迅速发展，只有在一定的社会物质生产力发展水平的基础上才有可能。在物质生产力不发达、人民物质生活水平低下的条件下，文化消费只能是少数人的特权，不可能成为广大人民现实的社会需求。这是因为文化的需求是一种基本物质生活需要得到满足之后才会出现的高级精神需求。在物质生活水平普遍低下的历史阶段，难以形成有效的、具有可支付能力的文化消费需求，文化产业的发展也就没有了市场基础。其次，文化产业的发展高度依赖于政策制度环境。由于文化产业的精神性和意识形态功能，其发展不可避免地要与一个国家和社会的普遍意识形态状况和政治环境发生直接的联系。当文化产业的发展顺应了国家的政策制度环境时，就能得到快速发展；而当其与一定的政策制度环境不相适应时，发展就会减缓，甚至停滞。这一规律提示我们，如果要发展文化产业，一定要多研究国家的政策制度环境，尊重文化市场所在国家的法律、法规和风俗习惯。另一方面，从国家管理者的角度来考虑，则应该尽可能地创造宽松的政治环境，为发展文化产业创造良好的政策制度条件。

（三）文化产业与产权制度改革的内涵与内容

当前，文化产业在世界发达国家如火如荼发展时，在“十一五”规划中中国正式把文化产业作为调整经济结构的重要举措，并于2009年出台了“文化产业发展规划”，2010年的政府工作报告中更是提出：“要继续推进文化体制改革，扶持公益性文化事业，发展文化产业，鼓励文化创新，培育骨干文化企业……”显然，文化产业已被上升到战略高度。同时，也深刻阐明需要通过体制改革来促进产业发展，必然要用制度创新来为文化产业发展护航。由此可见，文化产业制度是文化产业深入发展的内在要求和应对全球化挑战的必然选择。文化产业的规范、有序发展，客观上需要文化产业制度的引导、管理、扶持。简言之，文化产业制度就是保障和引导文化产业规范、有序发展的一系列制度总称。

产权，即法人财产权，包括物权、债权、股权和知识产权等各种财产权。它是对经济主体财产行为权利的法律界定，是由法人制度的建立而产生的以所有权为核心的一组权利；不仅包括占有权、使用权、收益权和处置权，而且还包括从所有权衍生出来的一系列其他权利，如管理权、剩余索取权、重新获得权等权利。

产权制度涉及所有权和所有制的问题。在中国发展文化产业过程中，如同整个经济体制改革的情况一样，必涉及一系列关于产权、所有权、所有制的问题。我们的改革，这里特别强调关于发展文化产业的改革，其取向是：要以公有制为主体，多种文化所有制共同协调发展，并在市场经济中实行一系列涉及产权方面的分离。

第一，法律上的所有权与经济上的所有权分离。依据马克思的论述，资本可以分离为法律上的所有权与经济上的所有权。在资本主义社会突出过这种分离，在社会主义社会也要实行这种分离。这是社会主义市场经济对企业提出的一种客观要求。在社会主义市场经济条件下从事生产经营活动的企业，要有独立的产权，即经济上的所有权。企业有经济上的所有权，才能以自己的财产自负盈亏，承担风险，从而才能有真正意义上的市场经济。所以，要把国有资产在经济上的所有权分离出来交给企业行使，这种分离就是法律上的所有权与经济上的所有权相分离。我们进行文化体制改革，发展文化产业，也面临着这个问题。实现产权关系的这种改革，才能使企业可以适应社会主义市场经济的要求而成为真正的市场主体。

第二，出资者最终所有权与企业法人财产权相分离。现在中国的国有企业实行公司制改造，建立现代企业制度，出资者要向企业投资入股，投入企业的资本，形成企业的法人财产。这样，就出现了出资者最终所有权与企业法人财产权相分离，企业由出资者形成的法人财产，在企业终止时，清偿债务后，最终仍归出资者（股东）所有。企业拥有法人财产权，这是企业日常经营活动的基础，是自负盈亏的财产保证。出资者最终所有权与企业法人财产权相分离，是现代企业制度的法人制度核心，是最重要的两权分离。在文化体制改革及发展文化产业的过程中，也要建设关于文化产业的现代企业制度，这就要求在改革中实现这种分离。

第三，所有权与经营权分离。所有权是企业所有者对企业财产的最终所有的权利，表明生产资料由谁所有的归属关系，并在法律上得到确认。经营权是所有权若干权能中从使用权独立出来而形成的，这是经营者能够得以具体实施经济运作的保证。就中国国有的即以前所说的“全民”企业而言，各种改革都是对国有企业若干“权能”形成新的组合，实现一系列形式的分离，这种分离是承包经营的根据。在中国原来高度集中的管理体制下，文化生产的所有权与经营权都集中于国家和主管部门。在文化体制改革和发展文化产业过程中，一定要尽快改变这种情况，这才能实现文化产业的多样性发展。

当然，关于文化产权制度的改革，突出涉及的是关于文化的“知识产权”问题。文化产业中的知识产权突出涉及这一领域中基于智力活动而产生的权利组成，它是由例如，关于版权及文学艺术和科学作品的著作权或署名权、关于表演艺术家演出的权益、关于录音录像和播出节目等等的一系列权利组成。而这里有特殊性的是，知识产权作为一种无形财产，它与作为有形财产所有权客体的生产资料和生活资料不同，难以直接用数量与金钱来比较其价值。其作为人们脑力劳动创造的智力成果，与其他智力成果一样可以表现在一定的有形物质载体上。但它与占据一定空间的有形财产不同，它是无形的并具有非直接物质的属性，它可以同时被很多人占有和使用。关于以上此类问题，需要结合中国的实际对之逐步作出明确界定，以在制度上，包括法律上、政治上有保障措施。

总之，文化产权制度变革是以文化产权为依托，对文化产权关系进行组合、调解的一系列制度变革。文化产权制度变革，一方面要实现所有制结构创新，形成有效地激励约束机制，建立起实质意义上的法人治理结构和现代企业制度；另一方面要进一步完善与社会主义市场经济体系相适应的法律法规体系，实现对文化产权的保护，通过创新文化产业产权制度来推动产业可持续发展也是一条必由之路。

在中国国民经济的“十一五”规划中已经对经营性文化事业单位转制提出了具体的政策要求，以创新体制、转换机制、面向市场、壮大实力为重点，按照现代企业制度的要求，加快国有文化企业公司制改造，完善法人治理结构，推进产权制度改革。实行投资主体多元化是产权制度的创新，或者文化产业与产权制度的变革包括以下内容。

第一，理顺党和政府与文化企事业单位的关系。长期以来，党对文化工作实施的是全过程、大一统的管理，政府的文化管理职能虚置，造成党政不分、政企政事不分、管办不分，党政部门机构重叠，环节繁多，效率低下。这个问题不解决，文化体制改革就难以突破“瓶颈”。党的十六届三中全会的决定提出“逐步建立党委领导、政府管理、行业自律、企事业单位依法运营的文化管理体制”，为理顺这种关系作出了明确的规定。

第二，建立文化国有资产管理新体制。中国过去使用国有资产的企业称为“国营企业”，强调的是国家所有和国家经营，结果造成行政干预过大。后来将使用国有资产的企业称为“国有企业”，即只强调国家所有，不再强调国家经营，从而淡化了政府行政干预。党的十六大后，强调政府只是作为国有资产的出资人存在，而不是作为企业的管理者存在，这样企业就成为具有完整独立法人地位的主体。从强调“国营企业”到强调“国有企业”，再到强调“国有资产”，这是巨大的历史进步，每一次进步都标志着政府对企业行政干预的淡化。党的十六届三中全会提出“坚持政府公共管理职能和国有资产出资人职能分开”，其意义正在于此。

第三，建立新的文化宏观调控机制。在文化体制改革中，企业应该听命于市场，接受法律、经济政策和市场规则的约束，而不是听命于政府。政府应主动确定自己的活动边界，创新对文化企业的管理方式，从行政控制型向依法行政型转变。在这里，关键是要建立新的有效的宏观调控机制，使原来的上级约束、行政约束、外部约束变成法律约束、经济约束、内部约束。在市场经济条件下，政策将取代行政指令而成为对文化进行宏观调控的基本手段。

第四，确立真正的市场主体。确立文化企业的市场主体地位是文化体制改革的核心，文化产业部门应该在国家法律法规和政策的范围内自主经营、自负盈亏。没有自主经营、自负盈亏的市场主体，市场经济就不可能存在，文化产业就不可能发展。文化产业单位应该明晰产权，使之成为面向市场的独立主体，并在此基础上建立现代文化企业制度，建立健全法人治理结构。

第五，建立文化事业运作新模式。传统的国有文化事业单位长期实行国有资本单一投资的事业体制，文化体制改革需要建立“政事分开”的新模式，即将政府从一个公共物品和公共服务的单一提供者变成一个竞争生产的组织者，逐步淡化文化事业单位的行政隶属关系，实施国家、社会和个人多元办公共文化事业的新政策，实现文化事业的社会化——包括文化公共物品、公共服务供应的社会化和公共文化事业的管理、运作的社会化。政府在加大对博物馆、图书馆、文化馆等公益性非营利文化部门的资金投入的同时，也鼓励社会兴办和支持公共文化事业，或委托专业化的管理公司进行公共文化事业的管理和运作。

第六，培育和规范市场体系。传统体制在市场职能上有两大弊端：一是用行政系统排斥市场竞争，用行政干预替代资源配置，造成资源配置的不合理和低效率；二是条块分割，各自为政，行政性壁垒林立，妨碍公平竞争市场体系的形成。市场的功能是通过竞争来提供能反映资源稀缺程度及供求关系的价格信号，从而使企业能按照社会的要求来生产和营销文化产品。文化体制改革就是要用市场的功能来培育文化市场，规范市场体系，以建立规范有序的竞争性市场体系，使文化企业的市场行为符合经济合理性和公众的社会利益。

二、文化产业与产权制度改革的深层探索

中国文化产业是伴随着中国改革开放的进程而逐步兴起、发展和壮大的。中华人民共和国成立后很长时间里，文化活动严格按照计划来配置资源，进行有计划的生产和有组织的欣赏观看。文化单位是事业单位，不是以创造产值为目的的企业。文化生产、流通和消费不是独立的、能够盈利的产业经济活动。改革开放以后，这种局面率先为娱乐业的兴起所打破。1979 年，广州东方宾馆开设了国内第一家音乐茶座，这是中国文化市场兴起的标志，也被公认为中华人民共和国成立后中国文化产业发展的起点。从此，营业性舞会等娱乐业风靡大江南北，突破了传统的国家投资和部门管理等体制的桎梏，开启了社会办文化的新航程。

从改革开放以来，中国社会经济发展和文化产业制度与产权变革的轨迹来看，我们大体上可以将其划分为三个阶段。

（一）文化产业与产权制度变革的萌芽阶段

20 世纪 70 年代末到 80 年代中期，这是文化产业的萌芽阶段，它以文化的流通领域的发展为标志，特别是娱乐业从无到有的起步，有力地冲击着既有的文化观念，刺激了全社会文化消费的滋长。

随着“文化大革命”的结束，随着改革开放政策的确立和社会主义市场经济的发展。社会公众的文化消费需求也得到了复苏。在此宏观社会背景下，

这一时期中国的文化产业领域也取得了一定程度的恢复性发展，尤其是娱乐业逐渐地从无到有开始起步。比如，70 年代末，国外盒式录音带和录音机开始涌入中国，这一新兴录音设备和制品，由于使用方便而深受消费者的欢迎。从 80 年代中期开始，国家又逐步实施对文化事业单位进行不同程度的财政拨款方式的改变，对文化单位采取了“以文养文”、“多业助文”等一些新的政策措施，实际上是在尝试把文化事业单位推向市场。同时，这一时期中国开始建立录音制品出版社，与此同时海外录像机和录像带大量传入中国。1983 年，上海市和广州市在全国城市中首先进行录像的生产和经营，自此开始，音像业在中国城市中迅速地得以发展。1984 年出现了第一家营业性的卡拉 OK 厅，以后又出现了第一家音乐茶座、第一家营业性舞厅等，建立了最早的文化演出公司，恢复了外国音乐的广播节目，使群众的文化消费市场逐步得到恢复。

1985 年中国发布的《关于建立第三产业的统计报告》，开始把文化艺术列入第三产业范围，从而确立了文化经济在国民经济中的地位。1987 年文化部发布的《文化事业单位开展有偿服务和多种经营活动的暂行办法》，允许文化事业单位在完成国家下达的无偿向社会提供文化服务项目之外，积极扩大文化经营领域，向社会有偿提供文化产品和文化服务发展，通过开展多种经营增加收入，增强了文化事业单位适应社会需要的能力、动力和活力。这种市场与文化的结合，繁荣了文化，一定程度上满足了人民群众的文化需求。

就这一时期从文化产业所产生的影响来看，尽管由于当时文化生产和流通的机制还没有完全从计划经济体制的束缚中解放出来，文化商品无论在数量上和质量上，都远远不能满足人们的需求，基本处于求大于供的状态，但这一时期中国文化领域的实践，无疑有力地冲击了中国社会公众原有的价值观念。比如，伴随着 80 年代大众传媒的发展以及西方传播学进入中国，尤其是进入科研机构和大学课堂，不仅引发了中国新闻界的一场大论辩，而且也使中国的传媒界发生了巨大的变化。由此产生了一批文化制造业、文化服务业和文化消费场所，以雨后春笋般涌现的广告公司和演艺公司为标志，出现了各种形态的文化企业。据不完全统计，1978 年中国已有图书出版社 200 多家，出版图书品种 1.5 万种，总印数 33.74 亿册。到 1986 年，出版社增加到 446 家，比 1978 年增长 1 倍以上，出书品种 5.2 万种，总印数 52.03 亿册，与 1978 年相比均有了大幅度的增长。1991 年，国务院批转《文化部关于文化事业若干经济政策意见的报告》，正式提出了“文化经济”的概念。1992年，在党的十四大报告中明确提出要“完善文化经济政策”。同年出版的国务院办公厅综合司编著的《重大战略决策——加快发展第三产业》一书，明确起用了“文化产业”一词，这是中国政府主管部门第一次使用“文化产业”概念。

（二）文化产业与产权制度改革的启动

以中国共产党十四大确立社会主义市场经济体制为标志，这一时期，中国文化产业化与产权制度改革进程开始加快。表现在文化管理体制、经营机制、投资体制等方面均有较大变革，国家也适时出台了一些相关政策，总体上文化事业开始逐步向文化产业转变。

1992年以后是中国文化产业的全面扩张阶段。这一时期，我党确立了建立市场经济体制的改革目标。同时，文化事业单位作为一个庞大的群体，国家财政已难以全部负担，文化发展中的许多问题也相伴而来。在这个宏观背景下，中国文化体制改革的步伐明显加快，开始从“直接管理”向“间接管理”、从“办文化”向“管文化”、从“小文化”向“大文化”等转变。如天津市对直属艺术表演团体采取了“三个层次”的管理模式：第一层次是对少数重点剧团规定艺术生产指标，经费由国家拨款予以重点扶持；第二层次，对多数剧团实行“定额补助，一次包死，超支自负，盈余归己”；第三层次，推行多种形式的经营承包责任制。上海市在1997～2000年的新一轮改革中，根据国际化大都市发展的要求，对市属艺术院团布局结构和管理模式进行重新定位，把它们分为政府重点投入院团、政府部分资助院团、社会办团、民间职业剧团4个层面，在文化生态上形成自上而下的金字塔状结构。并在确保重点院团的前提下，鼓励社会办团，规范并发展民间职业剧团。1996年，广东省在全国率先组建报业集团，先后成立了《南方报业》、《广州日报》、《羊城晚报》和《深圳特区报》4家报业集团，文化产业浪潮从多种所有制企业向国有骨干企业延伸，从较小规模的事业单位向大的文化企业扩展，文化产业在国民经济中的比重以及它对整个社会的影响力都在增强。

与此同时，文化产业制度的改革也在80年代的文艺院团体制改革中拉开了序幕。在文化管理体制改革中，事业单位转企改制、国有文化企业股份制改造加快了步伐。在探索城市文化经济宏观管理新路子的同时，一些城市也大刀阔斧地对文化机构及其队伍进行“消肿”。如上海、哈尔滨、沈阳、天津等城市通过合并、撤销等方式对多余的剧团进行了精简。上海市文化局原有剧团18个，经过重新布局后，到1998年还有15个市文化局直属艺术团体。为了“消肿”，上海市文化局从1992年开始在各艺术院团实行全员聘任制的改革，即在对全体演职人员进行全面考核的基础上，确定各个工作岗位，自主安排演职人员上岗、待岗或下岗。自1997年以来，上海市文化局又开始新一轮的艺术剧团体制改革，中心内容是实施全员聘任合同制，改国家用工为单位用工，改固定用工为合同制用工。这一改革是全员聘任制的发展，为解决人员能进能出问题迈出了坚实的一步。

这一时期，在文化体制改革的有力刺激下，社会力量和外资参与中国文化经济发展的新格局也已开始形成。这尤其集中地体现在社会各界对文化产业的大量投入上。以文化艺术、娱乐、音像书刊发展为例，1997年国有文化部门创办的文化经营单位只占整个文化经营单位的10%左右，而非国有文化部门创办的已占88.6%。在北京，“民营国营同台竞争”，甚至成为一大新景观。

在上述诸因素的作用下，1992年以来，中国文化产业的格局发生了根本性的变化。据1999年5月北京市统计局统计，文化行业与旅游行业所创造的增加值约为281.2亿元，占全市GDP的14%。1996年，分布于中国各大中城市的报纸共2202种，与1978年相比，增长近12倍。适应居民消费性的、多样化的文化需求，报纸的种类也大大地增加了，由原来以党委机关报为主发展到多种报纸并存，出现了经济类、国际时事类、文化类、休闲类、生活服务类、法制类、文摘类、观点类、学习类等报纸，出现了《周末报》、《体育报》、《星期刊》、《都市早报》、《都市晚报》、《都市快报》等。报业的经济利润也十分可观。1996年，全国报业广告总收入为77.6亿元，占全国广告营业额的21.2%，其中《广州日报》、《新民晚报》、《羊城晚报》等的广告收入高居榜首，均超过5.5亿元。

1998年，中国政府职能部门不再直接办刊办报，退出出版经营领域，切断了新闻出版单位与各个政府机构的传统依附关系；2000余家报纸和8000余家刊物被“逼”上产业化运行的轨道，1999年开始了传媒集团和多传媒文化产业集团的组建。

2000年10月，在党的十五届五中全会《关于第十个五年计划的建议》这一党的重要文献中首次使用了“文化产业”一词，由此文化产业进入国家发展战略视野。同年，2000 年，“传媒概念”走红股市，开始尝试传媒集团与资本市场的结合。文化产业的体制改革后浪推前浪，从分行业的、局部的改革，逐步进入整体性改革的阶段。

(三) 文化产业与产权制度变革的进一步深化

以中国加入世界贸易组织为标志，这一阶段，文化产业发展的重点是调整现有的文化产业格局和文化产业政策，完善文化市场，培育具有国际竞争力的文化企业，提升中国文化产业的整体实力和国际竞争力。中国文化产业迎来了难得的大发展的战略机遇期。

加入世界贸易组织后，中国文化产业的发展面对严峻的形势。随着整个国家对市场准入政策的调整，随着国家对外贸易和对外文化交流法规的完善，西方发达国家的文化资本、文化产品开始以前所未有的规模和速度进入中国文化产业领域。事实上，我们的文化市场已首当其冲。在此背景下，2002 年 11 月，党的十六大报告第一次把“文化事业”和“文化产业”作为并重的两个概念提出来。这在文化产业理论上是一个重大突破，是我们党在文化建设问题上思想认识的飞跃。同时，党的十六大报告还明确提出要积极发展文化产业，要坚持“一手抓繁荣、一手抓管理的方针，健全文化市场体系，完善文化市场管理机制，为繁荣社会主义文化创造良好的社会环境”，发展各类文化事业和文化产业都要贯彻发展先进文化的要求，始终把社会效益放在首位。国家支持和保障文化公益事业，并鼓励它们增强自身发展活力。坚持和完善支持文化公益事业发展的政策措施，扶持党和国家重要的新闻媒体和社会科学研究机构，扶持体现民族特色和国家水准的重大文化项目和艺术院团，扶持对重要文化遗产和优秀民间艺术的保护工作，扶持老少边穷地区和中西部地区的文化发展，不断加强其文化基础设施建设。

2003 年，党的十六届三中全会通过的《完善社会主义市场经济体制若干问题的决定》又将文化体制改革的目标进一步深化和明确。第一，以人为本，全面、协调、可持续的科学发展观的提出，更加突出了文化建设在三个文明协调发展中的基础性和战略性地位，将文化的地位和作用大大提升，文化建设既是落实科学发展观的重要方面，又是实现科学发展观的文化保证。这就为在新的背景下研究和实施文化体制改革创造了良好的机遇和条件。第二，具体明确提出了文化体制改革的总目标是按照社会主义精神文明建设的特点和规律，适应社会主义市场经济发展的要求，逐步建立党委领导、政府管理、行业自律、企事业单位依法运营的文化管理体制。第三，分别提出了文化事业和文化产业的改革方向和目标：公益性文化事业单位要深化劳动人事、收入分配和社会保障制度改革，加大国家投入，增强活力，改善服务；经营性文化单位要创新体制，转换机制，面向市场，壮大实力。第四，提出了其他方面改革的要求。要求健全文化市场体系，建立富有活力的文化产品生产经营体制。鼓励多渠道资金投入，促进各类文化产业共同发展，形成一批大型文化企业集团，增强文化产业的整体实力和国际竞争力。在一些文化企事业单位专业技术人才、经营管理人才缺乏的情况下，面向社会公开招聘。分配制度改革上，除实行绩效工资制、拉开分配差距外，允许资本、知识、技术、管理等要素按贡献取得报酬。对职称评聘制度进行改革，革除论资排辈的弊端，实行按能力评聘职称，鼓励优秀人才脱颖而出。转换内部运作和管理方式，各类文化单位按照社会效益第一，社会效益与经济效益有机统一的原则，制定经营、管理目标，建立科学的投入、产出机制，把“两个效益”统一于市场竞争中，统一于通过市场来满足广大群众的文化需求上。通过深化内部改革，建立起既能够保证文化发展的正确方向，又富有发展活力的运行机制。2003 年 6 月，包括北京、重庆、广东、深圳、沈阳、西安、丽江在内的 9 个省市和 39 个宣传文化单位参与的文化体制改革试点工作，试点地区和单位积极培育市场主体、深化内部改革、转变政府职能、建立市场体系，为全国性的文化体制改革作了重要的铺垫。

2004 年 3 月召开的党的十届全国人大二次会议《政府工作报告》又提出“积极推动文化体制改革和机制创新，加大对公益性文化事业扶持力度，完善文化产业政策，发挥市场机制作用，促进文化事业和文化产业共同发展”，再次突出强调了文化体制改革和文化建设的极端重要性，这些都对中国的文化体制改革和文化产业发展奠定了基础，并指明了方向。同年 9 月，党的十六届四中全会第一次提出了“解放和发展文化生产力”的积极主张，阐述了中国文化建设和文化产业发展的时代要求，把文化产业发展对于经济社会整体发展的重要作用提到了一个与物质生产力并列的新高度。

2005 年，国务院下发《关于鼓励、支持和引导个体私营等非公有制经济发展的若干意见》，明确了公有制为主体、多种经济共同发展是中国社会主义初级阶段的基本经济制度，提出了放宽非公有制经济市场准入的范围；随后又下发了《关于非公有资本进入文化产业的若干规定》，提出进一步引导和规范非公有资本进入文化产业，逐步形成以公有制为主体、多种所有制经济共同发展的文化产业格局。同年，文化部、财政部、人事部和国家税务总局联合下发了《关于鼓励发展民营文艺表演团体的意见》。这样，文化产业国有单一所有制的格局被打破，文化产业的多种所有制结构得以建立。

2006 年发布的《国家“十一五”时期文化发展规划纲要》更是对未来的文化发展做了科学规划和具体部署，明确了文化体制改革和文化产业发展的指导思想、方针原则和发展目标。随后，中国文化产业规模迅速壮大，文化及相关产业的增加值占国内生产总值的比重不断提高。据国家统计局的报告，2008 年，中国文化产业增加值达到 7630 亿元，比 2004 年增加了 4190 亿元；文化产业增加值相当于同期 GDP 的 2.43%，比 2004 年提高了近 0.3 个百分点。2009 年 7 月，中国第一部文化产业专项规划——《文化产业振兴规划》由国务院常务会议审议通过。这是继钢铁、汽车、纺织等十大产业振兴规划后出台的又一重要产业振兴规划，标志着文化产业已上升为国家战略性产业。

2011 年党的第十七届中央委员会第六次全体会专门通过了《中共中央关于深化文化体制改革的决定》，进一步提出了文化产业与产权制度变革的具体要求，主要表现在两方面：第一，构建现代文化产业体系。加快发展文化产业，必须构建结构合理、门类齐全、科技含量高、富有创意、竞争力强的现代文化产业体系。要在重点领域实施一批重大项目，推进文化产业结构调整，发展壮大出版发行、影视制作、印刷、广告、演艺、娱乐、会展等传统文化产业，加快发展文化创意、数字出版、移动多媒体、动漫游戏等新兴文化产业。鼓励有实力的文化企业跨地区、跨行业、跨所有制兼并重组，培育文化产业领域战略投资者。优化文化产业布局，发挥东中西部地区各自优势，加强文化产业基地规划和建设，发展文化产业集群，提高文化产业规模化、集约化、专业化水平。加大对拥有自主知识产权、弘扬民族优秀文化的产业支持力度，打造知名品牌。发掘城市文化资源，发展特色文化产业，建设特色文化城市。发挥首都全国文化中心示范作用。规划建设各具特色的文化创业创意园区，支持中小文化企业发展。推动文化产业与旅游、体育、信息、物流、建筑等产业融合发展，增加相关产业文化含量，延伸文化产业链，提高附加值。第二，形成公有制为主体、多种所有制共同发展的文化产业格局。加快发展文化产业，必须毫不动摇地支持和壮大国有或国有控股文化企业，毫不动摇地鼓励和引导各种非公有制文化企业健康发展。要培育一批核心竞争力强的国有或国有控股大型文化企业或企业集团，在发展产业和繁荣市场方面发挥主导作用。在国家许可范围内，引导社会资本以多种形式投资文化产业，参与国有经营性文化单位转企改制，参与重大文化产业项目实施和文化产业园区建设，在投资核准、信用贷款、土地使用、税收优惠、上市融资、发行债券、对外贸易和申请专项资金等方面给予支持，营造公平参与市场竞争、同等受到法律保护的体制和法制环境。加强和改进对非公有制文化企业的服务和管理，引导他们自觉履行社会责任。

第二节　成就与困难：文化产业与产权制度建设的现状分析

文化产业作为中国市场经济的重要组成部分，其制度体系的构建自然是建立在社会主义市场经济基本制度的基础之上。文化产业的生产、流通、交换的各个环节，都必须遵守市场经济原则。而文化产业的投资、经营以及盈利或亏损，都是独立的市场行为。虽然政府在文化产业发展过程中起着重要的引导和促进作用，但政府的作用不能取代市场“看不见的手”，而且政府本身也要受到市场规则的制约。只有如此，才能真正推进中国文化管理体制的改革，真正实现基于市场的文化产业的健康发展。改革开放以来，我们在文化产业与产权制度的改革方面进行了较多的探索，并取得了重大成就；但建立与社会主义市场经济相适应的文化产业与产权制度还面临着诸多的问题。

一、文化产业与产权制度建设取得的主要成就

（一）文化产业政策逐步完善

根据中国加入世界贸易组织所作出的承诺，中国政府相继出台了一系列有关推动文化产业发展的文件，如《国务院关于进一步完善文化经济政策的若

干规定》、《国务院关于支持文化事业发展若干经济政策的通知》，国家新闻出版总署颁发的《出版物市场管理规定》、《文化部关于支持和促进文化产业发展的若干意见》，广电总局下发的《电影制片、发行、放映经营资格准入暂行规定》，国务院颁发的《文化体制改革试点中支持文化产业发展的规定》、《文化体制改革试点中经营性文化事业单位转制为企业的规定》等。2003 年 10 月中共中央十六届三中全会对发展文化产业作出了具体部署。2004 年 3 月 29 日，国家统计局出台了《文化及相关产业分类》，首次从统计学意义上对文化产业概念和范围作出权威界定，为建立科学、系统、可行的文化产业统计制度奠定了基础。2005 年 8 月，中宣部、文化部、广电总局、新闻出版总署、商务部、海关总署六部委联合下发了《关于加强文化产品进口管理的办法》，文化部等五部委联合制定了《关于文化领域引进外资的若干意见》，同年 8 月 8 日又颁布了《国务院关于非公有资本进入文化产业的若干决定》等，这些方针政策的出台，为发展中国文化产业提供了政策支持，有助于促进以国有文化企业为主导、多种所有制经济共同参与、投资主体多元化、融资渠道社会化、投资方式多样化、项目建设市场化的文化产业发展新格局的形成。

（二）出现了一批文化产业集团

形成了许多有市场竞争力的文化产业链、文化产业园和文化产业集群，文化企业逐步走向规模化经营。经过多年的发展，许多文化事业单位完成了产业化改制和改组，历经文化市场的优胜劣汰，形成了一些有市场竞争力的文化产业集团。北京、上海、广州、深圳等城市，云南、山西、湖南、江苏、浙江、四川、辽宁等许多省份，都实施了文化产业园区建设，形成了一些有特色的文化产业链。这些文化产业链打造创新模式，以创意为龙头，以内容为核心，驱动产品的制造，拉动批发和营销，带动后续产品开发，形成上下联动、左右衔接、一次投入、多次产出的链条，使延长的文化产业链产生巨大的效益。截至 2008 年年底，中国文化产业现有法人单位 46.08 万个，从业人员总数达 1182 万人；实现增加值 7630 亿元，相当于同期国内生产总值的 2.43%。其中，2008 年全国文化产业增加值超过 500 亿元的省份有 5 个，分别是广东、山东、江苏、北京和浙江。文化产业增加值之和为 4012 亿元，占全国文化产业增加值的 52.58%。假如 2012 年按平均 15% 速度增长，这 5 个省市的文化产业增加将超过5000亿元。“十二五”时期，如果这5个省市能够实现翻两番的目标，到2015年年末，文化产业增加值的总量就是2万亿元，其余地区的文化产业增加值只要每个省份达到385亿元（相当于上海2008年的水平），全国文化产业增加值就能够到达3万亿元，占GDP的比重就可能达到5%。

（三）经营性文化单位转企改制取得重大成就

经营性文化单位转企改制作为文化体制改革的中心环节，是衡量改革是否取得实质性进展的重要标志。在改革实践中，按照“创新体制、转换机制、面向市场、壮大实力”的要求，积极推进经营性文化单位转企改制，国有文化单位市场主体缺失的状况得到明显改善。2011年上半年，全国共注销经营性文化事业单位4000多家，核销事业编制18万个以上。出版发行、影视制作等领域改革任务基本完成，应转制的419家地方出版单位已完成402家，应转制的2412家发行单位全面完成改革任务；29家电影制片厂已完成转制27家，地方362家电影公司已完成转制327家，460家电影院已完成转制411家，广电系统内需转制的57家电视剧制作机构已完成52家，38家省级党报党刊发行机构已完成转制32家。此外，国有文艺院团、非时政类报刊社改革取得积极进展，2118家国有文艺院团中已有590家完成转制，地方3000多家非时政类报刊出版单位已有595家完成转制。

（四）影视企业塑造市场主体积极上市融资

影视制作领域不断深化改革，以塑造新型市场主体为目标，大力推进经营性事业单位转企改制。如长春电影制片厂积极推进股份制改造，16个车间和经营单位组建了产权多元的有限公司，自负盈亏、独立经营，焕发了新的活力。长影参照世界最先进的电影工业模式，确立了“立足主体产业、发展相关产业，建设‘一厂三区’（老区、景区、新区）”的战略部署，以电影创作为龙头，拉动旅游、电视等相关产业发展。在全国电影厂中第一个建设了中国独有、世界一流的电影主题公园，第一个建立了农村电影创作基地……今天的长影，已形成了电影、电视、洗印、旅游比翼齐飞的四大产业，形成了新的利润支撑点，年利润稳定在3000万元以上。江苏广播电视总台将影视制作部分剥离转制，于2005年组建成立了幸福蓝海影视文化集团股份有限公司。新体制带来了新的理念，也铸就了新的发展优势。成立6年多来，集团公司实现市场领域从江苏迈向全国、从国内迈向世界的“三级跳”，共投资拍摄、发行百余部影视产品，其中电影《南京！南京!》进入英国主流院线，《秋之白华》获华表奖优秀故事片奖，《十月围城》获香港电影金像奖8项大奖，电视剧《人间正道是沧桑》获第28届中国电视剧“飞天奖”长篇电视剧一等奖、全国“五个一工程”奖。2010年，集团公司产值近10亿元，年均增长30%以上，已发展成为国内知名的影视内容提供商和集成商。通过改革，涌现出一批新型影视市场主体，直接推动了中国电影产业的繁荣发展。2003年以前，国产电影年产量不到100部，2010年已经达到526部，成为世界第三大电影生产国，全国城市票房总收入突破100亿元，连续6年保持30%以上增长，共有13部国产电影票房过亿元，改变了进口大片主导中国电影市场的格局。

（五）国有文艺院团增强了内部活力和发展动力

通过体制机制创新，国有文艺院团增强了内部活力和发展动力，实现了社会效益与经济效益“双丰收”。河北大厂评剧歌舞团整体转制为国有独资有限责任公司，建立现代文化企业制度，促进了艺术生产力新的解放，固定资产达到1000万元；辽宁营口市艺术剧院有限责任公司挂牌后，4个月的演出收入比改革前全年总收入还多110%；江苏昆剧院转企转制后，新版昆剧《1699桃花扇》一炮打响，在全国巡回演出，备受年轻人的追捧，一场戏将昆曲变成了一座“流动的博物馆”。一些地区将转企改制与资源重组结合起来，纷纷组建演艺集团公司，积极打造区域性龙头演艺企业。目前，全国已组建50多家演艺集团公司，演艺企业规模不断扩大、实力不断增强、产业链不断延伸、市场开拓能力不断提升。这不仅扩大了国有文艺院团的市场占有率，而且为演艺产业健康有序地发展起到了引领和示范作用。同时，为切实推动国有文艺院团改革，一些地方加大了对转制院团的财政投入和政策扶持力度。北京、河北、山西、辽宁、四川、江苏、安徽、重庆、陕西、云南等省市分别出台扶持院团改革发展的保障政策。江苏省级财政每年安排1000万元专项资金，用于解决省直属院团转制后的退休人员“事转企”待遇差问题。河北省级财政每年拨款1000万元用作艺术精品生产专项基金，通过演出补贴、政府采购等形式扶持院团走向市场。一大批民营院团，紧紧抓住文化体制改革机遇，不断发展壮大，焕发出蓬勃生机。天津市刘荣升京剧团挖掘整理优秀传统剧目，坚持在中小剧场低票价演出，在服务基层、服务群众中迸发新的生机；山西清徐嫦娥文化艺术有限公司坚持面向农村、服务农民，年演出1500余场，年收入近千万元；河南小皇后豫剧团成立18年来，演出近万场，观众达数千万人次。

二、文化产业与产权制度建设面临的主要困难

（一）文化产业立法滞后

从法律体系来看，中国文化立法包括文化活动和管理的宪法性文件，文化管理一般法、文化管理部门法。这是以宪法为核心，以文化管理一般法为基础，以各文化部类管理法规为主题构成的文化法律体系。文化活动与文化管理的宪法性规定，主要是在宪法中规定的国家关于发展文化事业的根本方针，文化事业发展的方向等等。文化管理一般法，是指适用于所有文化单位和文化活动的法律法规，如《著作权法》、《文化市场管理法》、《文化单位税收法》、《广告法》、《传统文化保护法》、《中外文化交流管理法》、《公益事业捐赠法》、《广告法》、《传统文化保护法》、《中外文化交流管理法》等。文化管理部门法主要是适用于某一文化门类的法律法规，如《文物保护法》、《娱乐场所管理法》、《音像市场管理法》、《广播电影电视业管理法》、《出版业管理法》、《互联网文化业管理法》、《新闻业管理法》、《旅游管理法》。

总的看来，目前，中国在文化领域已逐步形成一个较为完善的文化产业法规体系以及由这个系统建立起来的文化管理机制，可以说在调整社会文化关系和文化管理的一些重要方面，初步做到了“有法可依、有章可循”。但总体来说，中国文化产业法律法规还存在诸多需完善的地方，有关文化产业的法律法规尚未成为一个独立的法律部门，更没有像《刑法》、《民法通则》这样统一的法典作为发展文化产业的基本法，对于这方面的规定大多零散分布于各个不同的部门法或行政法规中，相互之间显得相对独立，难以相互补充，相互支持形成一个统一的法律体系。国家及地方性文化法律法规中存在着“二全”、“四少”的问题。所谓的“二全”主要指：一是文化管理方面的法律法规全。比如，有影视管理、出版印刷、娱乐场所、音像制版、文化馆、图书馆等管理方面的法规规定。二是保护名胜古迹、珍贵文物和其他主要历史文化遗产方面

的法规齐全。除国家有《文物保护法》外，各省市、自治区、地市、县市区都有具体的地方文化遗产、名胜古迹保护条例。“四少”主要指：一是公共文化事务和规范文化行为方面的法律法规少；二是宪法中规定的体现公民的文化权利、文化内容的内容少；三是涉外文化产品与文化服务贸易方面法律法规少；四是规范文化市场主体和保障文化消费者权益方面的法律法规少。文化产业发展非常需要的重要法律如《电影法》、《出版法》、《广播法》、《新闻法》、《电视法》、《演出法》、《图书馆法》、《电信网络法》等都没有出台。

不仅如此，由于没有统一的法典对有关文化产业的问题进行统一规定，很多不同的法律、法规都可以对同一个问题进行规定。由于不同法律、法规的制定者所考虑的侧重点，所维护的利益或立法能力等因素的不同，导致不同的规定对同一个问题的规定会有所不同，甚至不少地方法规和国家法律相矛盾，各规定之间缺少系统性和同一性，不能相互衔接和配合。加之中国文化产业管制部门众多，实行多头管理，在管理职责分工上又不够明确、清晰，导致各个主管部门对某些问题各自有不同的规定，相互之间纠缠不清，而对于某些问题又相互推托，相互之间踢皮球，不愿管理，造成无人管理的混乱状况。这都使得文化产业方面的制度变得更加的混乱和复杂。给执法或司法都带来了一定程度上的混乱或困难。

同时，随着近年来新兴文化产业的发展，法规滞后问题愈加突出。不少领域出现管理无政策依据，执法无法律准绳的困惑，政策的制定落后于产业发展的实践。比如数字出版，数字出版具有传统出版所不具备的优势，也是出版业发展的一个趋势。近几年来，中国数字出版发展很快，但也出现了管理混乱、版权保护不力的问题。主要原因是目前中国数字出版政策和法律建设滞后。目前中国的网络出版尚无相应的行政管理部门，对网络发表并没有作出明确规定，许多操作无章可循、无法可依，给行业的发展带来了不利的影响。再从电影政策和立法状况来看，目前电影产品的开发和保护也是中国电影产业链当中的一个薄弱环节。《电影管理条例》及相关法规政策对于电影产品开发过程中涉及的权益分配和保障问题并没有明确的界定，比如个人 DV 作品的流行、网络电影的兴起，这些电影的新生形态，在《电影管理条例》及相关政策、规章中没有涉及，对它们的管理也基本上是一个空白。

（二）文化产业管理体制不完善

文化产业管理体制，是指有关政府管理文化产业的职能和组织体系、方式，政府与文化单位之间的关系，合理规范文化单位之间与社会其他经济组织、团体之间关系的制度、准则和机制等。管理体制规定着文化产品生产、管理、传播等实践活动的特点，体现着文化产业主体从事实践活动的方式，制约着文化产品的生产效率，也制约着文化创造的状况和文化产品的价值取向。因此，文化产业管理体制是社会文化价值的一种体现和反映。不同的管理体制代表着不同的社会文化价值，文化产业管理体制的改变就意味着社会文化价值的改变，并折射社会文化的创新。

第一，管理缺位与越位并存。管理体制包括宏观管理体制和微观运行机制两个方面。宏观管理体制的主要问题是：政府对文化企业的经营管理干预过多，政府职能交叉、多头管理、缺位与越位并存等诸多问题严重。政府统管各项文化产业，直接控制文化产业的运行，文化企业成了政府部门的附属物，文化企业的目标任务、人员编制、活动经费、岗位设置、人事任免均由上级行政部门负责。把经营性文化产业同公益性的文化事业等同起来，习惯于用计划经济的手段管、办文化产业。文化产业管理体制游离于社会主义市场经济体制之外，缺乏活力和竞争力。微观运行机制的问题突出体现在：政府过多地干预文化市场的微观运行，而对文化产品的质量、价格、资本准入、市场执法等方面，政府监管不到位。劳动人事、分配和社会保障三项制度改革还很滞后；全员聘用制度尚不健全，竞争、激励和约束机制仍不完善；国有经营性文化产业的企业改制、实施公司制改造、完善法人治理结构、建立现代企业制度的工作还需继续展开；资产经营责任制仍需探索，资产授权经营还需试行。

第二，行业分割缺乏活力。中国文化管理体制改革起步较晚，文化市场条块分割、各自为政的问题仍然突出。首先是行业分割，文化、广电、新闻出版等行业主管部门的管理从宏观调控、市场监管、产业政策、项目审批等方面一直到文化企、事业单位的微观运行行业壁垒森严，仍然沿袭着计划经济的管理方式。其次是区域分割，文化资源和生产要素流动的区域壁垒很多，不利于资源和要素的合理流动与优化配置，制约着市场微观主体跨地区、跨行业经营，严重影响文化产业的健康发展。同时，文化企业的现代经营管理方式还没有完全建立起来，文化市场还没有建立起规范的准入和退出机制，也没有形成公平的市场竞争关系，参与改革的国有文化机构难以在真正的市场环境中学会生存之道。存在着经营机制不健全，经营目标模糊，经营约束软化等发展障碍。中国文化产业在宏观管理、产业布局、人事财务等方面的管理体制，在投入产出、市场营销、扩大再生产等方面的运行机制，与产业化的要求还相差很远，市场化和产业化程度还是太低，行政干预色彩还是过浓，离现代企业规范化的运作方式还有很大距离。

第三，事业化偏向导致文化产业发展动力不足。文化事业是公益性文化生产和文化服务事业，它为公众提供公共文化服务，在保障人们的文化权益、促进人的素质全面提高方面具有重要作用。即使在发达国家，文化生产也不是完全市场化的。中国文化事业和文化产业的界定比较模糊，推行的文化体制改革方案和扶持文化事业发展政策及管理规定只是粗线条的。中国的文化事业靠政府投入，越是文化名城，越是文化遗产资源多的地方，政府投入越大。中国是多民族国家，少数民族地区保留着许多优秀的文化遗产，但是那些地区的经济基本上还是处于欠发达水平，文化旅游资源待开放，政府收入偏低，难以做到对文化遗产的恢复和保护工作。政府在制定长期发展规划时，客观的经济状况很难让这些地方政府做出科学的可持续发展的战略。文化事业项目是以公益性的目的，社会效益可以达到极大化，但是经济效益几乎为零，企业是以经济效益最大化为目的，恰好与文化事业相反，所以文化事业无法吸引到社会资金投入。

从解放和发展文化生产力的现实需要看，中国文化体制改革还没有真正的达到目的。特别是改制的过程中对于原文化事业体制下人员分流和安置问题，尽可能地贯彻“和为贵”传统习惯，大部分地区采取老人老办法，新人新规定，事业性质企业化运作，导致政企不分，官办“大文化”现状仍然根深蒂固存在。南京市委、市政府 2010 年 9 月公布了南京市在全国率先完成文化体制改革工作，所有文化事业单位已经改制。从目前的改制情况看，尽管各事业单位已经改制，但是原事业性质下，管理和运营模式无法进行改变，从我们目前了解的情况看，这种形式体制改制未能够达到党中央提出的文化体制改革要求、难以实现文化产业大发展。

（三）文化产业传统资源配置机制与市场化之间存在着矛盾冲突

文化产业的运行是以组织系统为载体，以利益和竞争为推动力，通过市场的价格、供求和竞争等手段实现资源配置和结构调整。同时，国家通过财政政策、货币政策、产业政策和收入分配政策等重要手段实行宏观管理和调控，从而推动文化产业健康、协调、持续运行。文化产业系统的各个构成要素之间相互联系、相互作用、相互制约推动整个系统的运转。但从当前文化产业的运行机制来看，依然存在诸多的问题。

第一，资源配置机制不顺。中国文化产业的传统的资源配置机制与市场化要求相差甚远。文化产业的基础是市场，现代市场经济要求公开、公正和公平的竞争，反对各种形式的地方保护和垄断。而中国传统的文化事业单位是按“条块”（地方和行业一纵一横）分割的方式设立的，尽管已经在不同程度上开始与行政主管部门脱钩，实行“专业归口管理”，但是离真正的市场竞争还有相当的距离。甚至还有一些企业利用与行政机构的传统联系，利用企业特殊的社会公益性质和意识形态功能，垄断资源，操纵市场，谋取暴利。另一些文化企业在做大以后，要做跨行业跨地区的资产重组甚至兼并，却往往遇到阻力。根据 WTO 的运行框架，在国际性“传媒汇流”趋势的影响下，一些广电、报刊、出版企业在地方政府的协调下成立了集团公司，实现了“强强联合”和“资产重组”，甚至在当地从事了一些跨行业、跨媒体经营。这当然是一种进步，但我们也注意到，“媒体汇流”在西方是一种市场趋势，在中国则主要依靠政府行政手段撮合，如何将结构调整与体制转型结合起来，仍然是个问题。如此，文化产业的发展就与深层次改革问题相遇了：文化产业是一个特殊的产业，既具有一般的行业属性，又具有社会公益性质。其中的核心产业门类如传媒产业，既具有大众传媒的特点，又是党和国家的宣传渠道。如何基于这些特点做出制度性的安排，既按照市场经济的一般规律健康发展、创造收益，又保证先进文化的主导作用，这是一个全新的问题，需要我们以创新的精神大胆开拓。

第二，缺乏可持续发展保障机制。表现在以下三点：一是缺乏可持续发展规划。作为文化产业核心的新闻服务、出版发行版权服务、广播电视电影服务、文化艺术服务，旅游、体育事业及相关文化产业没有制定阶段发展规划。

由于缺乏统一协调的发展规划，文化产业发展存在各自为政、自生自灭现象，特色优势不突出，发展速度缓慢。二是保障机制还不健全。主要表现为对民营文化企业的优惠政策落实不到位，文化产业的投入缺乏保障，没有建立相应的助推文化产业发展的激励机制和政策措施，文化产业发展缺乏强劲动力。动漫创意、服务外包、软件开发、网络媒体等新兴文化产业项目刚刚起步，由于缺乏政府扶持政策的牵引动力，发展速度还是较慢。

（四）文化市场微观主体的“二元结构”问题

所谓文化市场微观主体的“二元结构”，是指国有文化企业和其他所有制的文化企业普遍缺乏产权联系的分离状态。其中，尤以文化产业的核心领域——新闻出版、广播电视行业的“二元结构”特征最为显著。国有文化单位，尤其是新闻出版、广播电视等垄断性文化行业的深层次改革还有待深入。目前，大量进入这一领域的社会资本，只能以“合作经营”的方式与具有“刊号”和“特许经营权”的国有文化单位进行项目合作，缺乏产权关系的连接。由于国有经济和非国有经济改革的不同步性，国有文化企业单一，国有投资主体政企不分、政事不分的传统体制还基本上没有得到实质性的触动，尤其是在新闻出版、广播电视等国有垄断性文化行业，对非国有资本存在“市场进入壁垒”的情况下，两者产权关系的分离，就不可避免地形成“两张皮”的“二元结构”企业体制形态。造成文化市场微观主体“二元结构”的主要原因：一是改革开放以来在文化领域中的“增量改革”，即非国有经济的发展已经取得了重要的进展，而“存量改革”，即国有文化单位的改革严重滞后，在缺乏配套政策解决国有文化单位的沉重历史负担的情况下，非国有文化企业就难以与国有文化企业单位实现有机的融合，发展为混合经济结构；二是在新闻出版、广播电视等国有文化行业，目前仍存在严格的“市场准入壁垒”，致使非国有资本难以进入这些行业，从而使“二元结构”在一些领域不仅依然如故，而且还有所强化。由此造成的不良影响有以下三个方面。

第一，严重制约非国有经济利用国有文化资源而发展壮大。非国有资本进入文化产业，必须掌握一定的文化资源才可能得以发展，而其获得文化资源的途径不外有两个方面：一是开发新的文化领域或从国外引进文化资源，利用

"增量"文化资源来发展自己；二是通过与国有文化单位合作，盘活国有闲置的"存粮"文化资源来实现自身发展。但由于长期以来国家作为文化领域单一投资主体的原因，中国文化资源主要掌握在国有文化单位手中，因而通过与国有文化单位合作，以盘活国有闲置的"存量"文化资源的方式来获取文化资源，就成为非国有资本发展的重要途径。然而，目前中国文化体制这种不合理的"二元结构"，使得非国有资本在与一些国有文化单位合作的过程中，往往遇到难以逾越的"市场进入壁垒"而却步不前，或者仅仅只能采取项目合作的非产权方式，而使自身的合法权益不能得到保证，从而难以充分有效地盘活国有闲置的"存量"文化资源，推动文化产业的快速发展。

第二，使国有资本错失与非国有资本携手发展而提高自身竞争力的大好机遇。由于文化产业作为新兴产业的良好发展前景，目前投资领域的一个重要动向，就是一些具有知识背景和专业技能的非国有资本纷纷寻求进入文化产业，已进入文化产业某一领域的非国有资本，则不断地通过增量投资来进行自身的结构调整和规模扩张。与此同时，大量的社会游资和个体投资者也对文化产业的投资情有独钟。这无疑给中国文化产业的发展提供了新的动力，也给国有资本通过股份制改造和利用资本市场的投资融资平台吸纳非国有资本，增强对全社会文化资源开发和文化产业发展的控制力、引导力，从而在文化产业的发展过程中发挥其主导作用提供了前所未有的机遇。然而，目前中国文化市场一些行业的"市场进入壁垒"及其微观主体不合理的"二元结构"，大大限制了国有资本的发展空间，使得国有资本在面临历史性的发展机遇面前无所作为。长此以往，不仅会造成国有资本在文化产业中的萎缩，而且也势必会影响中国文化产业的健康发展。

第三，不合理的"市场进入壁垒"和"二元结构"阻碍了投资主体的融资合作。不合理的"市场进入壁垒"和"二元结构"不利于中国各种所有制的投资主体通过相互参股控股、收购兼并等市场化的投融资方式融为一体，因此发展以国有资本为主体与主导的混合经济形态，最终形成各方"合作共赢"的格局还有很长的路要走。

第三节　国有与民营：文化产业与产权制度建设的主体架构

在计划经济年代，中国在文化领域实行高度集中统一管理体制，通过计划等确定每一个年度的文化商品供给数量、结构和内容。这一计划能在多大程度上反映出未来市场需求则无法确定，也没有一个确定标准。不仅如此，由于文化产业主要由国家予以扶持，国家投资的比重过大，利用外资和社会资本的比重则相对过小，由此制约了文化产业的发展。改革开放以来，对于外资和民营资本进入一些基础性的文化产业领域设置了较多条件上的限制，还没有形成投资主体的多元化局面。改革开放以来随着社会主义市场经济体制的建立，改变了原有的文化体制的经济基础。经济基础与上层建筑之间的基础性关系，必然要求文化体制朝着与市场经济体制相适应的方向改革。以公有经济为主体多种所有制并存，不仅是中国现在和将来的主要经济制度形态，而且也将是中国文化建设制度的主要特征。

但是如上所述，目前中国文化产业与产权制度改革依然面临着诸多的障碍，因此深化以公有制为主体、多种所有制共同发展的文化产业与产权制度改革，不仅是破解当下中国文化产业与产权制度改革面临障碍的方向所在，也是促进中国文化产业发展的必由之路。

一、文化产业与产权制度建设的总体思路

中国文化产业与产权制度改革的总体思路应是，进一步深化文化产业与产权制度改革，努力形成以公有制为主体、多种所有制共同协调发展的新格局。

（一）坚持国有文化产业的主体地位，深化国有文化单位自身改革

新中国成立以来，在中国文化建设“一穷二白”的历史条件下，以国家作为单一投资主体和行政性配置文化资源的国有文化体制，对于集中有限资源进行文化基础建设、文化队伍建设，以及文化产品的创作、生产和供给都曾经

发挥了积极的作用，中国绝大部分文化资源由此自然而然地掌握在国有文化单位手中。这些国有的“存量”文化资源是一笔十分宝贵的历史遗产，是21世纪中国发展社会主义先进文化和精神文明建设的主要物质基础。因此，在一定意义上可以说，国有文化单位担负着推动中国文化产业发展的主要职责，是中国文化产业的主导力量。搞好国有文化单位的改组、改制和改造，实现国有“存量”文化资源的优化配置和文化产品生产机制的转变，是加快中国文化产业发展和文化基础设施建设步伐的关键所在。

从现实来看，当前国有文化单位改革关键是加快国有文化单位与“事业体制”的分离。长期以来，中国国有文化单位基本上都是实行国家财政统包统揽的事业体制。文化市场微观主体再造的主要任务，就是要打破含混不清的所谓“事业体制”，按照“分类指导，先易后难”的原则，把一大批可以实行产业化经营的国有文化单位从“事业体制”中逐步分离出来，通过落实法人财产权，引入社会资本，建立现代文化企业制度，然后将其推向市场。为此，党的十六大报告提出了“公益性文化事业”和“经营性文化产业”两大类别，这对于积极推进文化体制改革，加快发展文化产业，无疑具有分类指导的重要意义。在此情况下，政府文化行政管理部门既要注重文化生产的意识形态属性，又要注重文化产品的产业属性。在坚持文化产品与服务的社会效益与经济效益相统一的前提下，对意识形态属性不是很强或较易管理的经营性文化单位乃至行业，普遍实行企业改制，推向市场，自主经营，自我发展。首先可以考虑把二类国有文化单位从“事业体制”中分离出来：一是演出、娱乐、会展、影视、音响、体育健身等竞争性文化行业中的国有文化单位；二是科技、财经、汽车、体育、时尚等非意识形态的国有垄断性行业的传媒单位。在文化事业单位转制过程中需要妥善处理好国有文化事业单位转制为企业时人员的安置与分流。

第一，要制定国有文化企事业单位转制、改制配套政策的具体规定。按照“老人老办法、新人新办法”的原则，让所有在编人员依法进入各类社会保障制度的调节范围，妥善解决转制、改制文化事业单位离退休人员的待遇、未聘人员转岗安置等，以解除他们的后顾之忧。

第二，妥善安置分流未聘人员。对文化事业单位在编的未聘人员，以单位内部消化为主。通过发展事业、兴办新的产业，向系统内和系统外流动等多种方式予以安置。对接近退休年龄和另谋职业的人员，根据组织人事部门的有关规定，可采取提前退休、一次性支付工龄补偿金等方式办理，并享受有关优惠政策，所涉及的各项费用由各级财政建立改革保障金予以解决。

第三，文化事业单位转制为文化企业的，要按照不同情况分别对原有工作人员待遇给予相应的明确规定。转制前已离退休的人员，原离退休金的计发办法不变，经费供给渠道不变，离退休金发放和日常管理工作由原单位负责；转制时提前离退休人员的有关费用问题，按照各地实际情况，保留国家和省规定的事业单位养老、医疗待遇，所需经费由原经费渠道安排或从改制企业的净资产及资产兑现中解决；事业单位转制为企业后继续在职的人员，由财政或企业视情一次性为其购买不同金额的补充保险，以补足今后养老金的差额。

（二）为非公有制文化产业发展创造条件

现阶段，单凭政府的力量无法解决长期困扰中国文化产业发展所需的资金、技术、人力和管理不足的问题。因此，要有效地克服这些困难，与对外全方位开放相适应，对内也要实施全方位开放政策，充分整合社会的积极参与意愿，把过去曾经在很长时期内一直认为，只有国家才能承担的责任和提供的服务转移给社会民营的力量去完成，从而完善以文化投资主体多元化为核心的文化产业政策体系。而要促进非公有制文化产业发展，最根本的就是要完善文化市场准入制度。市场准入是国家开放度的一个标志，同时也可看做是一个国家公民文化权利实现的程度性指标。在中国现在的条件下，在文化领域里实行市场准入，就意味着政府要把自己长期拥有的那一部分文化权利和文化利益让出来，还给社会，还给公民。因此，除了涉及国家文化安全的文化领域，被禁止任何社会资本的进入以外，我们一般不能规定哪些社会资本可以进入文化领域，哪些不能进入文化领域，因为这不符合国民待遇原则。通过完善市场准入制度，使符合资格条件的文化活动主体能依法进入文化市场，并充分保障其在文化市场活动中的合法权益，规范其在文化市场中的行为。为此，需要做到：一是要建立并完善文化市场分类准入制度，降低进入门槛，使多种经济成分有选择的自由和进入的空间。二是要同时要加大政策宣传，加强对政策落实情况的监督、检查，保证各项政策贯彻实施。三是创造服务环境，立足于为投资者服务，实行民办文化产业项目法人责任制，从筹划到建设、运行、还贷等各个环节都按照市场经济规律运作，一切由业主自负，责、权、利关系清晰。通过简政放权、政务公开，变审批制为登记制，提高服务质量和办事效率，让投资者和经营者放心，明明白白参与文化产业的建设。通过上述举措，使将原来属于国家控制的那一部分，有步骤、有计划地转让给社会的民间资本，也即把原来由国家掌握的那一部分文化权力还给公众。

二、文化产业与产权制度建设的具体路径

中国文化产业与产权制度改革的具体路径是股份制，这是推进公有制为主体、多种所有制共同发展文化产业与产权制度的必由之路。

股份制作为一种投资主体多元化的企业组织形式，是工业文明时代社会化大生产的必然产物，是人类社会管理知识和经验积累的结晶，其最大特点是可以在较短的时间内跨地区、跨行业，甚至于跨国界地积累大量的社会资本，实现资本、技术、人力资源等生产要素的优化配置和规模运营，从而推动社会生产力的迅速发展。

然而，由于在文化体制改革的探索进程中，国有文化单位改革的步伐相对滞后，普遍存在着投资主体和投融资渠道单一、体制僵化、机制不活、管理粗放、效益低下的体制弊端和富余人员众多、债务沉重、文化资源和人力资本大量闲置的问题。那么，怎样才能解决这些多年积累的难题，使国有文化单位在新形势下重新焕发青春，真正担负起中国文化产业发展进程中的主导作用呢？仅仅着眼于国有文化单位自身的改革，以政策推进来实现其内部管理体制和经营机制的转变是远远不够的。因为近年来非国有文化企业的迅速崛起，已经成为中国文化产业大军中一支重要力量，从根本上改变了中国文化领域单一的国有体制的既定格局。在这种情况下，衡量国有文化单位在中国文化产业发展进程中是否发挥主导作用，更重要的是要看它是否能够对国有文化单位进行以股份制为主要组织形式的产权改革，通过股份制和资本市场的投融资平台，以较少的国有资本调控更多的社会资本，从整体上提高中国文化产业的综合实力，使之真正担负起推动中国文化产业发展的应有责任。

（一）加快非意识形态国有传媒单位的股份制改革

近年来，随着文化产品需求的强劲拉动、民营经济的迅速发展投资准入制

度的逐步松动，一大批具有知识背景和专业技能的非国有资本以种种方式进入文化产业领域，为文化产业的发展注入了新的活力。然而，由于市场准入制度的限制，在科技、财经、汽车、体育、时尚等非意识形态的国有文化传媒领域，绝大多数非国有资本只能通过与拥有垄断性“刊号”和“特许经营权”资源的国有文化单位进行合作经营来开展业务。这种非规范的合作形式，使得合作双方既无法形成以产权为纽带的稳定合作关系，同时也造成在合作工程中难以避免的短期行为、行政干预和各种摩擦。随着文化体制改革的日益深化，非意识形态传媒产品的一般商品属性已被人们广泛认识，这一领域市场化发展的条件也日趋成熟。为此，对于非意识形态国有文化传媒单位，应当区别不同情况，在清产核资、资产评估、界定产权，从“事业体制”分离出来的基础上，按照规范的股份制改造和不断完善现代文化企业制度等方式尽快予以解决。

（二）着力推进一般竞争性文化行业的股份制改革

随着近年来演出、影视行业投资准入的开放，包括演出、娱乐、会展、影视、音响、体育健身等属于一般竞争性文化行业的性质已被社会各界广泛认同。因而，这些行业的国有文化单位应率先从“事业体制”中分离出来，在经过清产核资、界定产权、化解历史包袱，落实企业的法人财产权后，结合国有文化的战略性调整，通过以股份制为主要形式的体制改革而使其走向市场。从目前各地的改革创新实践看，具体的改革形式可以有以下几种类型：一是一般竞争性文化行业中少数具有龙头地位或国内外知名度较高的国有大型文化企业和企业集团（演出集团、影视集团等），应当在国有资本绝对控股或相对控股的前提下，通过引入社会资本的“增量”投资或转让部分国有“存粮”资本而实现股份制改造，从而有利于国有资本继续在这些行业发挥引导性作用。二是一般竞争性文化行业中的中小型国有文化企业，应根据不同情况，采取包括经营者和职工自愿投资入股的多元投资主体的股份制改造，或国有资本推出的方式，以及租赁、承包等非产权改革的方式搞好搞活；要鼓励各类优势文化企业采取跨地区、跨行业的收购、兼并、托管、联合等形式发展壮大；对于少数长期经营亏损、资不抵债，实际上已经失去经营能力的国有中小型“空壳”文化企业，应当按照法律程序，坚决实施政策性的破产关闭，以避免国有资本继续流失。①

三、文化产业与产权制度建设与培育文化市场

我们要通过积极培育文化产业市场，不断优化文化产业与产权制度改革的市场环境。

文化产业化，就是把部分文化产品按照商品生产的法则进行生产，文化产品以商品形式进入市场，它的生产、流通、交换按照市场规则进行。文化市场是文化产业发育、发展的土壤。文化市场发育的程度和水平，在相当程度上决定着文化产业的发展程度和水平。因此，繁荣大众消费文化，促进文化产业的发展，首先必须着眼于“统一、开放、竞争、有序”的建设目标，着力完善文化要素和产品市场，建立文化产业中介机构，发展现代流通组织和流通方式，培育有利于刺激文化消费的市场环境。

（一）完善文化要素市场和产品市场

政府应积极培育文化资金市场、文化版权市场等要素市场，改革财政投入方式，以出让经营收益权吸引社会资本投入文化基础设施建设。充分利用国内外资本市场，拓展文化产业投融资渠道。建立文化产业人才库、人才评价体系，促进人才合理配置和有序流动。重点培育音像制品、演出娱乐、影视剧、艺术品等文化产品市场，培育和规范以网络为载体的新兴文化市场，大力培育和开拓农村文化市场。

（二）建立文化产业中介机构

要尽快剥离国有文化中介机构与主管部门的行政隶属关系，积极创办综合性文化经纪公司、演出经纪公司、艺术品拍卖公司等文化经纪机构和代理机构，同时加快发展文化经纪人队伍，推广签约制、制作人制等现代文化市场组织形式，逐步形成充满活力的文化中介体制。发展文化经纪代理、评估鉴定、

① 王声平：《浙江省文化产业产权多元化改革路径及对策探析》，载于《新闻界》，2008 年第 4 期。

信息咨询等中介服务机构。加强执业培训，推行资格认证制度。制定和完善文化中介机构的管理办法，规范中介行为，提高服务质量。制定行业规范，发挥演出行业协会、音像行业协会、娱乐行业协会、网络文化行业协会、艺术品经营行业协会等行业组织在市场协调、行业自律、服务维权等方面的作用。

（三）发展现代流通组织和流通方式

要以建立起较完善的、适应社会主义市场经济体制要求的文化产业发展机制，以及全国统一的文化市场体系，形成以公有制为基础，多种所有制经济共同发展的局面，使市场机制在文化资源配置和文化经济活动调节中发挥基础性作用，就必须打破垄断，打破“进入壁垒”，允许文化服务企业实行跨地区、跨行业经营。建立以大城市为中心、中小城市相配套、贯通城乡的文化产品流通网络。同时，着力建设辐射全国的区域文化产品物流中心，鼓励跨越区域、管理规范、技术先进、服务优质的现代文化产品物流企业发展。积极发展面向消费者的文化电子商务模式，构建网络文化产品和文化生产要素交易平台，推进文化企业信息化建设，完善文化行业信息资源共享和在线交易信用机制。

（四）培育有利于刺激文化消费的市场环境

首先，要加强对消费者的引导，培养消费者良好的文化品位，不断提高其消费文化产品和服务的水准。其次，要建立有利于文化消费的市场拉动机制。尊重市场规律，让文化产品的价格由市场竞争形成，促进文化产品通过市场选择优胜劣汰。再其次，要整顿和规范文化市场秩序，保护知识产权，保护和激发文化原创精神。特别要打击那些宣扬封建迷信、色情、暴力、危害青少年健康成长的文化产品，打击盗版、侵犯知识产权和走私文物的活动。

市场作为组织的一种是人与人的合作系统，也是人与物的组合、配置系统，要合作成功、配置有效，必须靠一定的制度作保障。文化市场的制度供给包括自由竞争制度供给、信用制度供给和监管制度供给三方面内容。通过打破垄断和地方保护，打击不正当竞争，可以使市场竞争机制更完善，给企业形成“优胜劣汰”的外在压力，迫使企业加大创新投入，形成独特的竞争优势。信用是市场经济的基础，仅靠良心、道德，不可能有效约束债权人和债务人的经济行为，必须依靠法律力量，把一切信用活动纳入法制的轨道，才能维护和培育良好的信用秩序，为文化市场提供一个稳定的发展空间。完善文化市场管理机制，就要努力把市场繁荣和市场管理更好地结合起来。推进文化产品和服务的市场化进程，形成有利于提高经营质量和经营效益的企业经营机制，形成有利于企业公平竞争、资源优化配置的市场运行机制。

四、文化产业与产权制度建设与完善保障体系

文化产业与产权制度改革的保障是要不断完善公有制为主体、多种所有制共同发展的文化产业与产权制度改革配套措施。

推进以公有制为主体、多种所有制共同发展的文化产业与产权制度改革，不仅需要分别在建立现代企业制度、发展非公有制文化产业，以及培育市场体系上下工夫，同时以公有制为主体、多种所有制共同发展的文化产业与产权制度改革的顺利推进，还离不开相关保障体系的构建。

（一）健全法律法规保障

第一，加快文化立法步伐，加快文化产业立法体系的构建。推进公有制为主体、多种所有制共同发展文化产业与产权制度改革离不开良好的法制环境。作为文化产业发展的法律基础和依据的基本法是文化产业良好发展的必备条件之一。从世界各国文化产业发展的过程和经验来看，基本法无一例外都起到了很重要的指导作用，使各国调控文化产业的手段逐渐完善，文化市场体系更加完备和成熟。如韩国 1998 年正式提出“文化立国”战略后颁布的《国民政府的新文化政策》、《文化产业推进计划》，日本的《振兴文化艺术基本法》和《有关振兴文化艺术的基本方针》等，这些法律的出台，不仅明确了该国文化产业发展的基本方向和策略，更重要的规定了管理、调控文化产业发展的基本手段和方法，为该国文化产业的发展起到了巨大的推动作用。为此，加强文化立法，要立足中国国情，借鉴国外有益经验，及时总结文化领域改革发展的成功实践，做好有关法律法规的“立、改、废”工作，通过法定程序将党的文化政策逐步上升为法律法规，通过立法，切实维护各方面的利益：一是保障公民平等参与和享有文化的权利，保障公民的创作自由，加大知识产权的保护力度，保护艺术生产单位以及创作者、表演者的合法权益；二是保障和促进文化

管理体制改革，巩固改革成果；三是培育和规范文化市场；四是保护文物和民族民间文化遗产

同时要加强知识产权保护，建立健全知识产权保护体系。适应新形势的要求，加大知识产权的保护和宣传力度，落实有关保护措施，形成尊重创新、鼓励创新、保护创新的良好环境，进一步提高文化领域的知识产权保护水平。做好重要文化资源知识产权的挖掘、整理工作，建立国家重点文化知识产权保护目录，逐步构筑覆盖全国的知识产权服务网络，采取多种形式，及时宣传文化领域保护知识产权工作取得的成效，开展“拒绝盗版，从我做起”全民主题教育活动，增强全社会的知识产权意识。依法严厉打击侵犯知识产权的各种行为，加强统筹协调，形成条块结合、上下联动的工作机制。

第二，注重梳理相关法律法规，使其系统化和统一化。针对现阶段中国有关文化产业的法律法规和制度繁多、相互间缺少协调性、部分地方法规甚至和国家法律相违背的情况，在基本法尚未出台，文化产业立法体系尚未建立的情况下，应在加快基本法制定的同时，也要对现有的相关法律法规和制度进行系统的梳理，对相互矛盾、条款不明确、缺乏操作性、违背有关国际规则的法律法规，应采用“立、改、废”的措施，使之系统化和统一化。在梳理过程中，可以将文化法规分为六类：（1）为公共文化事务方面的法律法规，其目的是确定国家在发展公共文化事业方面的责任，并为社会提供参与公共文化事务所需要的条件和环境，包括各种优惠政策和法律保障等；（2）为了保障和规范文化市场主体（文化企业和个体经营者）的法律法规，看这些法律法规还需不需要进一步补充和修改；（3）为了维护文化市场秩序方面的法律法规，看这些法律法规是不是适用于中国文化开放条件下的文化市场；（4）政府对文化经济宏观调控方面的法律法规，看看这些法律法规在文化开放和市场经济条件下，能不能充分行使宏观调控职能；（5）涉外文化经济方面的法律法规，主要看看这些法律法规齐不齐全，已有的法律法规适不适用；（6）地方文化资源和物资资源保护及文化设施建设方面的法律法规。梳理上述文化法律法规，主要目的就是检查现有文化法规是不是适用，不适用的要修改补充。同时，按照立法要求，对目前缺乏的文化法律法规列出清单。

第三，加大执法力度，规范市场秩序，加强对文化市场的管理。以公有制为主体、多种所有制共同发展，文化产业与产权制度改革的推进，必然对市场

的规范性提出更高的要求。为此，需要整合现有文化、广播影视、新闻出版等有关行政执法队伍，组建文化市场综合执法机构，在公安、工商等部门的配合下，实行统一执法，加大执法力度，重点打击走私影片发行放映、音像制品走私、盗版、娱乐场所色情陪侍、非法文化产品经营等违法活动，加大对盗窃、走私文物的犯罪活动的打击力度。同时要开展文化执法人员培训，建设廉洁公正、作风优良、业务精通、素质过硬的执法队伍，提高文化市场监管能力和水平。努力实现文化工作的科学化、制度化、规范化。

（二）完善行政管理保障体制

在社会主义市场经济条件下，政府和市场是推动文化发展的两种主要力量，政府是市场规则的制定者，但不应该是市场竞争的参与者。这几年在文化体制改革中建立起来的国有文化产业集团不仅在行政级别上往往与政府文化行政主管部门同处一个行政级，而且这样的国有文化产业集团又往往隶属于党委宣传部门管理，国有文化产业集团与政府文化行政主管部门之间在一个地方形成两个权力中心，政府文化行政主管部门实际上处于对国有文化产业集团管理无能的状况。而之所以造成这样一个局面，一个重要的原因就是没有从根本上科学地解决“政府从办文化向管文化转变”这一国家文化管理理论的重大命题。因此，在中国当前的文化事业的建设和发展当中，政府和文化事业单位、企业单位的关系过于“暧昧”，阻碍了文化事业的良好发展。因此，我们应当积极面向社会，壮大文化产业发展的力量，充分调动民间参与文化产业发展的热情，努力形成以国有文化企业为主导、多种所有制文化企业共同发展的文化产业新格局，改革政府的宏观管理势在必行。

改进政府宏观管理，加快转变政府职能，就是要从经办文化事业的具体事务中解脱出来，把主要精力放到定政策、做规划、抓监管上来，转到依法行政、社会管理和公共事务上来，真正做到政企分开、政事分开，彻底结束政企不分、管办合一的管理模式。

第一，政府文化行政管理部门主要定位于管宏观、定政策、做规划、抓监管。理顺政府部门与文化企业、文化团体、文化市场中介机构之间的关系，落实政企分开与政事分开，政府职能由直接投资“办文化”，转变为综合运用经济、法律和必要的行政手段来“管文化”。政府相关部门作为政府购买公共文化服务的代表，同文化企事业单位或其他社会主体建立契约式管理模式。

第二，要在深化改革中，做好结构调整工作，实现资产重组、资源整合，同时进一步划清文化单位的性质，改善政府对文化的投入方式，该由政府给予资金保证的公益性文化单位，要加大投入；而通过市场经营求生存和发展的文化单位，要充分放开，制定并落实文化经济政策，支持其在市场竞争中发展壮大。总之，通过改革建立和完善科学合理、灵活高效的，能够充分调动文化企事业单位的积极性、创造性，能够充分发挥文化资产和资源优势的宏观管理体制。

第三，为切实解决文化管理体制不顺、职责不清、管理多头等问题，国家或地方政府有必要成立一个专门机构协调文化建设，也可就具体文化事业或产业的发展项目成立相应的管理和服务设施，也可就具体文化事业或产业的发展项目成立相应的管理和服务机构，以减少发展的成本，促进文化事业和文化产业的健康、快速发展。

第四，结合世界贸易组织的框架原则，特别是有关知识产权保护和服务贸易的基本原则进行改革，使中国的文化市场与文化产业的管理体制符合国际规则或惯例，为文化产业拓展国际空间奠定良好的基础。

（三）完善财税保障体制

第一，加大财政扶持力度。一方面，文化事业是靠政府来投入的，文化产业部分应该向市场要效益，但目前中国的文化产业还很弱小，需要国家在财政上予以支持；另一方面，中国的文化产业机构大多是由事业管理转变为产业经营的单位，转变过程中也离不开财政的支持。为此，在推进以公有制为主体、多种所有制共同发展的文化产业与产权制度改革过程中，要对提供公共文化产品和服务的公益性文化机构和特殊需要保护的文化事业单位，如图书馆、博物馆、文化馆等，国家继续给予经费保证；对准公益性文化事业单位，国家区别情况通过相应的财政补助予以扶持；文化产业单位，国家给予政策扶持和引导。同时，在逐步增加财政对文化投入的基础上，安排一定数量的财政预算资金、文化事业建设费作为加快发展文化产业的引导资金，逐步建立起符合社会主义市场经济规律的文化产业投资机制。

第二，落实并完善文化产业有关税费政策。推进以公有制为主体、多种所有制共同发展的文化产业与产权制度的改革，还需要在税收政策上有所举措，可根据对不同种类的文化事业和不同社会效益文化产品以及文化服务，实行不同的税率。差别税率以政府的文化导向为依据，如在文化产业结构上，对政府提倡和鼓励的高雅文化实行低税率，对低俗文化实行高税率；在文化产业布局和文化消费对象上，对政府倡导的扶持老少边穷地区、为少年儿童及农民服务的文化，则应给予税率上的优惠。对于营业性歌舞厅、卡拉 OK 厅、音乐茶座、夜总会、保龄球馆等高消费、高利润行业，为调控文化产业结构，引导资金流向，可按差别税率开征高消费娱乐税，用于支持民族文化和高雅文化的发展。

第三章

文化企事业制度

一手抓公益性文化事业，一手抓经营性文化产业，坚持文化事业和文化产业协调发展，是党的十六大以来中国在文化建设认识上的一个重大突破、文化改革发展实践上的一个重大创新。可以说，提出事业、产业两手抓，顺应了发展社会主义市场经济对文化建设的新要求，把握了文化建设的内在规律，是党在文化建设方面的一个里程碑式的飞跃。正是有了这个飞跃，对文化产品的意识形态属性和商品属性有了进一步认识，对人民群众的基本文化需求和多样化需求有了进一步界定，对经济效益和社会效益的关系有了进一步把握。在此基础上，科学定位了政府和市场在文化建设中的职责和功能，找到了解放和发展文化生产力的有效途径，形成了用不同的思路来推进事业、产业发展的办法，开创了文化建设的新局面。经过文化体制改革的实践探索，逐步形成了以文化产业为主体、发展公益性文化事业的文化企事业制度。

第一节 历史与现实：文化企事业制度改革的艰辛探索

新中国成立后，一直用“文化事业”来概括所有文化行业。文化事业被视为国家政治的一部分，是为意识形态服务的行业。人们只强调文化事业满足群众精神文化的需要和促进社会主义精神文明建设的作用，却忽略了它对社会经济的促进作用。这是与计划经济条件下忽视价值规律的作用，否定市场经济的理论及制度相一致的。由于只从社会公益事业的角度看待文化生产和文化服务，所以从事文化生产和提供文化服务的机构一直被看做是事业单位，只为国家的特定目标或特定政策服务，而不讲求经济效益，在管理体制上长期由国家财政承担事业经费。但随着社会主义市场经济的建立，传统文化事业管理制度的弊端不断凸显。目前，中国是文化产业与文化事业两个概念、两种管理模式同时并存，相互交叉，功能互补，这是中国文化管理的特点。这一特点既反映了中国市场经济发展的过程，同时也是中国社会主义文化发展的要求。

一、文化企事业制度改革的历程

文化企事业制度改革关系到整个文化事业的发展，涉及面宽，影响面广，主要经历了以下几个阶段。

（一）2000年后文化体制改革的逐步推进

20世纪80年代中期以来，随着国家对文化事业管理体制的改革，文化事业领域出现了新的变化，其中最为突出的是逐步形成了繁荣活跃的文化市场。2000年10月，中共十五届五中全会通过的《关于制定国民经济和社会发展第十个五年计划的建议》，提出要“完善文化产业政策，加强文化市场建设和管理，推动有关文化产业发展”。“文化产业”的正式提出表明我们对社会主义市场经济条件下文化发展的规律有了进一步的认识。按照法国对文化产业概念的定义：文化产业是“传统文化事业中特别具有可大量复制性的产业”①。但是，发展文化产业不是把文化完全交给市场，不是走“文化产业化”道路。为了避免这个误区，2002年，党的十六大将文化分成文化事业和文化产业两大类，明确指出“国家支持和保障文化公益事业”，同时强调“发展文化产业是市场经济条件下繁荣社会主义文化、满足人民群众精神文化需求的重要途径”。2007年，党的十七大进一步提出：“坚持把发展公益性文化事业作为保障人民基本文化权益的主要途径”，同时要“大力发展文化产业”，“增强国际竞争力”。2011年，中共十七届六中全会再次强调，一方面要“大力发展公益性文化事业，保障人民基本文化权益”，另一方面要“加快发展文化产业，推动文化产业成为国民经济支柱性产业”。至此，文化体制改革中文化事业与文化产业的均衡发展在理论和政策层面都已得到清晰的说明。文化事业与文化产业的

① 苑捷：《当代西方文化产业理论研究概述》，载于《马克思主义与现实》，2004年第1期。

划分，直接关系到国家对于这两部分文化发展的不同政策。在价值目标上，文化事业以满足人民大众的精神生活需要为宗旨，以实现国家的公共政策为目标，以社会效益为价值标准；文化产业以实现经济效益为价值标准，以市场需求为目标，遵循市场规律的调节原则。在组织机构性质上，文化事业单位属于公共事业机构，文化产业单位属于文化企业。在管理机制上，文化事业由政府以行政方式进行管理，以国家政策和社会效益为调控目标；文化产业以经济效益为其调控目标，国家通过对市场的调控实现其管理目标。文化事业与文化产业并不是截然分割的两个领域，实质上，两者是一个国家文化发展的一个整体的两个方面。以文化产业和文化事业协调发展的方式推动社会主义先进文化的发展，已经成为我们党和国家的一项基本国策。

（二）文化事业单位的分类改革

“事业单位是指国家为了社会公益目的，由国家机关兴办或其他组织利用国有资产兴办的，从事教育、科技、文化、卫生等活动的社会服务组织。”① 在计划经济时代，事业单位基本上可以被认定为一个清晰的概念，其组织类别的同质性很高，最初都是基于各自行业形成的组织。凡属于文化行业，由国家举办的，占用事业单位编制的机构，都是文化事业单位。但自改革开放以来，按照行业区分或者按照资金来源等方式对事业单位进行认定的模式出现了弊端，在多元主体举办、营利与非营利并举等新格局下不再适应。因此，按照职能标准对事业单位进行分类的趋势越来越得到多数人赞同。理论界和实务界一致认为，最符合中国现实情况的应是按事业单位在中国文化事业体系中的不同功能，将文化事业单位分为行政类、公益类和经营类。其中公益类是事业单位的主体，最符合事业单位的功能定位和自身性质；而行政类和经营类文化事业单位，则将在改革过程中回归政府和转化为企业。“事业单位改革从一开始就特别强调分类，这反映出政府对事业单位的多样性和复杂性有清楚的认识，并且强调这些多样性和复杂性对确定政府自身的角色有重要意义”。②

《中共中央国务院关于分类推进事业单位改革的指导意见》指出：面对新

---

① 《事业单位登记管理暂行条例》国务院（第252号）。

② 世界银行东亚和太平洋地区减贫与经济管理局编：《中国：深化事业单位改革改善公共服务》，原载世界银行网站：http：//www. worldbank. org. cn。

形势新要求，中国社会事业发展相对滞后，一些事业单位功能定位不清，政事不分、事企不分，机制不活；公益服务供给总量不足，供给方式单一，资源配置不合理，质量和效率不高；支持公益服务的政策措施还不够完善，监督管理薄弱。① 中国的事业单位，长期依附于政府而高度行政化。事业单位的行政化使事业单位成为政府的附属物，混淆了政府和事业单位的职能界限，降低了事业单位发展的内生动力，导致了“政事不分”和“事业单位行政化”的现象。“事业单位是政府为公众提供公共产品的载体，服务是其宗旨。但行政化的事业单位自觉不自觉地把自己当做政府机关或‘二政府’，按行政机关的方式运行，按政府管理的方式提供服务”。② 具体到文化领域，部分事业单位可能自觉不自觉地承担了文化宏观管理的部分职能是存在的事实。

2003 年 7 月，中央确定北京、上海、广东、浙江、重庆、深圳、沈阳、西安、丽江 9 个省市作为文化体制改革综合性试点地区，确定山东大众报业集团等 20 个新闻出版单位、国家图书馆等 6 个公益性文化事业单位和文艺创作演出单位、中国电影集团公司等 9 个文化企业单位，共 35 个单位作为改革试点单位。2005 年决定在全国范围内深化文化体制改革。2006 年 3 月中央新确定全国 89 个地区和 170 个单位作为文化体制改革试点。一是对经营性的文化事业单位实行改企转制，充分发挥市场在资源配置中的基础性作用，推动文化产业的发展；二是加强公益性文化事业单位的发展，加大投入，调整资源配置，完善运行机制，构建公共文化服务体系，保障群众基本文化需求；三是推动主辅分离，将新闻媒体中的广告、印刷、发行、传输网络部分，以及影视剧等节目制作、销售部门剥离出来转制为企业；四是深化出版发行体制改革，将出版发行单位转企改制，地方出版发行单位和高校出版社于 2009 年年底完成，中央各部门各单位出版社除保留 4 家公益性出版社外其余于 2010 年年底前完成。

据不完全统计，为保障文化体制改革工作的顺利进行，2003～2009 年，中央和国务院及有关部门先后出台了 25 个配套文件，明确了文化事业单位转制时在国有资产管理、收入分配、社会保障、人员安置、财政税收等多个方面的配套政策，为推动经营性事业单位转企改制和参与市场竞争、实现平稳过渡提供政策保障。

---

① 《中共中央国务院关于分类推进事业单位改革的指导意见》，发表于《人民日报》，2012 年 4 月 17 日。

② 丁茂战主编：《我国政府社会事业治理制度改革研究》，中国经济出版社 2006 年版，第 52 页。

二、文化企事业制度改革的基本思路

文化事业制度改革是一项十分复杂而又艰巨的工作，必须把握好改革的原则要求，确定正确的改革思路，从而确保改革取得实效。

（一）文化企事业制度改革的原则要求与根本途径

2005 年中共中央、国务院发出的《关于深化文化体制改革的若干意见》，明确提出了文化体制改革的原则要求。文化体制改革应坚持社会主义先进文化的前进方向；坚持马克思主义在意识形态领域的指导地位，确保国家文化安全；坚持把社会效益放在首位，努力实现社会效益和经济效益的统一；坚持遵循艺术生产和市场经济两个规律；坚持勇于实践、大胆创新，树立新的文化发展观；坚持文化事业和文化产业协调发展；坚持区别对待、分类指导，循序渐进、逐步推开；坚持一手抓繁荣、一手抓管理、坚持改革与发展统一的原则。并指出，在实际工作中，要坚持“六个结合”，即文化体制改革要与优化管理制度相结合、与发展文化公益事业相结合、与壮大文化产业相结合、与推进文化市场体系的建设相结合、与拓展健全文化投融资渠道相结合、与完善各种服务机制相结合。

文化企事业制度改革从几个方面展开：第一，以增加投入、增强活力、改善服务为重点，抓好公益性文化事业的改革和发展；第二，以创新体制、转换机制、面向市场、壮大实力为重点，抓好经营性文化企业的改革和发展；第三，健全文化市场体系，规范文化市场秩序；第四，逐步建立党委领导、政府管理、行业自律、企事业单位依法运营的文化管理体制。

中国文化企事业制度改革的根本途径是充分发挥市场体制对文化生产、管理、经营、传播活动的积极作用，为文化的生产和创新消除体制性障碍，作出能调动人的积极性、创造性、主动性的制度安排和制度创新，从而为文化创新和繁荣提供制度保障，为社会经济政治的发展提供精神动力和智力支持。具体的做法主要可概括为两点：其一，对国家政治文化事业、公共文化事业及其他各项国家重点文化事业的生产经营、管理、传播活动而言，建立和完善与中国社会主义市场经济体制和各项事业自身发展规律相适应的现代事业制度，使国家政治文化生产主体、公共文化生产主体和其他各项重点文化生产主体在市场经济条件下，在党的领导下，依法设立，依法经营，不以营利为目的，拥有独立资产，面向社会自主提供准公共产品；其二，将其他绝大多数国家文化事业单位逐步推向市场，使其实现企业化、产业化、民营化、社会化和市场化，使文化企业成为具有内部激励约束机制，权、责、利平衡的自主活动主体，成为富有积极性和创造性、富有生机活力地为社会提供文化产品服务的文化企业。

（二）党的十六大厘清了文化企事业制度改革的基本思路

党的十六大提出了公益性文化事业和经营性文化产业概念及分类改革的要求，相应地提出了发展文化事业和文化产业的任务。这是对现代文化认识上的一次思想解放和与时俱进，带来了文化领域的深刻变化。之后，中央迅速部署文化体制改革试点工作，选择了35家文化单位和9个地区先行先试，国务院出台了支持文化体制改革试点的优惠政策。经过两年多的努力，试点任务全面完成，一批自愿参与改革的文化单位和地区也取得不少突破。中央及时总结试点工作的经验，于2005年年底下发了《中共中央、国务院关于深化文化体制改革的若干意见》。这个文件的出台，标志着中国文化体制改革进入全面推进的新阶段。其后，中国文化企事业制度改革主要是从4个方面推进，并且取得了突破性进展。

1. 推进文化行政管理体制改革

在社会主义市场经济条件下，文化企业要“从国家保有向市场运作，从明显的政治调控转向经济调控”① 转变。改变政企不分、政事不分、管办不分的混乱局面，实现政企分开、政事分开，政府、企业、事业单位各自回归本位，各自承担自己的任务，各自履行自己的职责，把不该由政府管理的事项转移出去，把该由政府管理的事项切实管好。

加快政府职能转变，按照建设法治政府和服务型政府的要求，合理划分有关文化行政管理部门职能，减少和下放具体审批事项。文化行政管理部门要把更多的精力转到制定和执行战略规划、政策法规、标准规范上。强化依法行政

① 吉姆·麦奎根：《重新思考文化政策》，何道宽译，中国人民大学出版社2010年版，第23页。

和依法管理，面向基层群众做好公共文化服务。按照有利于促进文化繁荣发展、有利于加强文化市场管理、有利于提高公共文化服务能力的要求，科学设置综合文化行政部门的内设机构，确保履行有关行政职责。推动文化行政管理部门实现由主要管理直属单位向社会管理转变，由行政管理手段为主向综合运用法律、经济、行政、技术等多种管理手段转变，更好地履行政策调节、市场监管、社会管理、公共服务职能。探索建立符合中国国情和文化工作特点的宏观管理体制，努力形成职责明确、运转有序、统一高效的宏观调控体系。

2. 培育新型文化市场主体

由于计划经济体制的影响，中国文化单位是按照行政级次配备的，实为行政部门附属机构，没有独立经营能力。在市场经济体制下，文化市场主体缺位，显然难以发展文化。所以，中央把国有经营性文化事业单位转企改制作为文化体制改革的中心环节，紧抓不放。2003～2011 年先后完成了出版、发行、影视制作等行业转企改制任务，部分非时政类报刊、一般文艺院团、广电网络也完成了转企改制。转企改制有效地释放了文化生产力，转制后的文化企业迅速成长为新型文化市场主体，是文化大发展大繁荣的主力。转企改制不等于改革的完成，也不意味着成为合格的市场主体。所以，在经营性文化事业单位转制为企业的同时，包括国有控股企业和国有独资企业在内的所有已转制的各类文化企业应坚持国有资产管理体制改革的方向，尽快实现政企分开，一定要加快建立现代企业制度，完善公司法人治理结构，强化内部经营管理，尽快形成面向市场的体制机制，早日成为合格的市场主体。

3. 推动公益性文化单位改革

文化事业单位的改革可概括为：通过改革重新配置社会资源，解决由社会发展引发的现有社会公共事业越位、缺位和错位问题，精减财政供养人员，减轻财政负担；改善事业单位内部运行机制，提高事业单位和公共资源的使用效益。对于主要是面向社会、承担公共服务职能的图书馆、博物馆、文化馆、革命纪念馆等，完全变成公益单位，政府主导，向公众免费开放，创造社会效益。对于既是公共传播机构又有经营性产业的党报党刊、广播电视，实行“两分开”：编辑、出版、播发等新闻宣传业务，仍然实行事业体制；印刷、发行、广告、电视剧制作、网络传输等，则要剥离出来，转企改制，实行市场化运行。这两项改革取得了突破，加上实施文化惠民工程，公共文化服务体系建设得到加强，大大提升了公共文化服务能力。

4. 调整文化产业结构布局

在转企改制的同时，重视产业、企业、产品结构的调整，组建了一批新兴文化产业园区和集群，打造了一批文化企业集团，加快了文化创新与高科技的融合，转变了文化发展方式，文化竞争力有了显著提高。

用高新技术提升文化产业竞争力，推进高新技术成果与文化产业的结合，提高文化产品生产和文化服务手段的科技含量。用高新技术和适用技术改造传统文化产业，培植开发新兴文化产业。大力发展音像业和网络文化业等与高新技术密切结合的新兴文化产业，引导国内软件开发商、网络运营商、内容供应商等各类文化企业开发具有世界先进技术水平、自主知识产权和民族特色的高科技文化产品，尽快缩小与国外的差距。

（三）文化企事业制度改革目标要实现依法管理、依法运营

文化体制改革为文化企事业发展提供了制度保障。2011 年 10 月 15～18 日，中共十七届六中全会在北京召开。此次会议审议了中共中央《关于深化文化体制改革推动社会主义文化大发展大繁荣若干重大问题的决定》，总结文化体制改革的经验教训，制定文化体制改革和文化产业发展的政策措施。正是有了将近 10 年的文化体制改革的实践基础和改革发展给文化领域带来的深刻变化，才提出，“进一步深化改革开放，加快构建有利于文化繁荣发展的体制机制”。文化企事业单位要实现依法运营，就是企事业单位要成为独立的市场主体或事业法人，独立承担经济、法律或刑事、民事责任。

1. 加快推进经营性文化单位转企改制

培育合格市场主体，是文化体制改革的中心环节。《关于深化文化体制改革，推动社会主义文化大发展大繁荣若干重大问题的决定》要求，推进一般国有文艺院团、非时政类报刊社、新闻网站转企改制；拓展出版、发行、影视企业改革成果，加快公司制股份制改造，完善内部治理结构，形成符合现代企业制度要求、体现文化企业特点的资产组织形式和经营管理模式。要创新文化企业的经营管理机制和投融资体制，支持企业自主创新、自我发展，通过上

市、债券、股份制等多种方式面向资本市场融资，壮大国有文化企业的实力。比如，中国木偶艺术剧院有限责任公司，是由中国木偶艺术剧团改制后和民营企业北京永庄文化传媒有限公司强强联合、共同出资组建的。新公司在确保国有资产保值增值的基础上，实现了投资主体的多元化，真正成为自主经营、自负盈亏的法人主体和市场竞争主体。

2. 全面推进文化事业单位改革

担负公共文化服务责任的文化事业单位，主要是突出公益属性、强化服务功能、增强发展活力，全面推进人事、收入分配、社会保障制度改革。要推动党报党刊、电台电视台进一步完善管理和运行机制，推动一般时政类报刊社、公益性出版社、代表民族特色和国家水准的文艺院团等事业单位，实行企业化管理，增强面向市场、面向群众提供服务能力。要创新公共文化服务设施运行机制，变财政养人为财政养事，政府通过采购产品和服务的方式支持文化事业单位。凡是使用政府基金的文化单位都要有绩效评价考核办法。吸纳有代表性的社会人士、专业人士、基层群众参与公共文化服务设施管理，建立理事会，使公益事业更加公开透明。

三、文化企业与文化事业分开是文化体制改革的核心

政企分开、政事分开，把文化事业和文化企业分开是“中国文化发展实践上的一个重大创新”，“决定了文化体制改革的生死成败”，也是未来文化体制改革的核心。

（一）理顺政府与文化企事业单位的关系

长期以来，各级政府主要靠行政指令来实现对文化企事业单位的管理，而不是群众需求和市场导向，带有浓厚的计划色彩。结果是，公益性文化事业长期投入不足，缺乏为人民服务的动力和活力；经营性文化产业长期依赖政府，缺乏闯荡市场的实力和能力。把文化区分为文化事业和文化产业，首次以文化的双重属性，确定了发展的双重任务，理清了“公益性”与“经营性”、“事业”与“产业”、“政府”与“市场”的关系。这种“二分法”中心目标是理顺政府与文化企事业单位的关系，政府的归政府，市场的归市场。改革不是要

将所有文化都推向市场大潮，留归政府的，就要确保其“公益性”，由政府全力扶持文化事业。同时，不能再让所有文化都赖在政府怀里，推向市场的，就要明确其“经营性”，让市场优胜劣汰文化产业，自主经营、自负盈亏。文化管理部门开始从“办文化”转向“管文化”。按照政事分开的原则，事业单位和行政机关不得相互混岗。政企分开，实现“事业型”文化向“产业型”文化的根本转变，向现代企业制度转化。文化领域国有经济的控制力主要体现在“管”字上，国家要把“办”文化的人力、物力、财力转移到“管”文化上。

从实践的层面考察，进行文化体制改革，可以解放和发展文化生产力；创造和培育良好的文化发展体制和机制；提高政府效能、理顺文化行政管理部门与所属文化企事业单位的关系，真正做到政企分开、政事分开、依法管理、依法行政；满足人民群众日益增长的精神文化需求，让人民群众在生活实践中实现自己的文化权利。

（二）文化企业是最主要的市场主体

文化体制改革涉及方方面面，但重点是要进行体制机制创新，搞活微观主体。首要的是必须培育市场主体，确立文化生产的企业性质，致力于转换企业经营机制。独立的市场主体是文化产业发展的基石，是其微观基础。文化企业是最主要的市场主体，独立的文化企业应当拥有明确和独立的产权并受到法律的有效保护，有充分的决策权，能够根据市场信息的变化自主决策，同时企业对自己的决策和行为负民事责任。文化企业集团形成的关键是建立现代企业制度和现代产权制度。目前培育市场主体有两个主要途径：一是国有文化单位转企改制，以前的国有文化单位是事业单位，不是企业，因此不可能真正进入市场参与竞争。在文化体制改革中要积极推进一批国有文化事业单位转企改制，尽快建立现代企业制度，形成一批有实力、有创造力、有竞争力的大型文化企业和企业集团，成为参与市场竞争的主体。同时确保坚持正确导向和经营方向，确保国有文化资产保值增值。二是放宽文化市场准入条件，鼓励非公有制文化企业发展。

明确转企改制范围，把文化单位分成公益性和经营性两大类，出版、发行、影视、演艺、广电网络、新闻网站、非时政类报刊等经营性文化单位，逐步转制为企业。到2011年10月，全国共注销经营性文化事业单位4000多家，核销事业编制18万个以上。出版发行、影视制作等领域改革任务基本完成，应转制的419家地方出版单位已完成402家，应转制的2412家发行单位全面完成改革任务；29家电影制片厂已完成27家，地方362家电影公司已完成327家，460家电影院已完成411家，广电系统内需转制的57家电视剧制作机构已完成52家，38家省级党报党刊发行机构已完成32家。此外，国有文艺院团、非时政类报刊社改革取得积极进展，2118家国有文艺院团中已有590家完成转制，地方3000多家非时政类报刊出版单位已有595家完成转制①。2010年年底，中央各部门各单位出版社转企改制工作全部完成。改革实践表明，新体制新机制让文化单位与市场贴得更近，和消费者贴得更紧，逐步实现了社会效益和经济效益的有机统一。出版发行体制改革一直走在文化体制改革的前列，无论是转企改制、上市融资，还是跨地区、跨行业、跨媒体联合重组……中国出版行业正经历着一场波澜壮阔的深刻变革，转企改制后的出版社步入了发展快车道。把刚刚下水的"小舢板"变成实力强大的"航空母舰"，是经营性新闻出版单位转企改制后面临的一项重要任务。中国出版业正努力朝着这个目标迈进：数十家中央和地方出版社组建了股份公司，逐步建立起现代企业制度。

另据官方统计显示，目前全国出版单位95.9%已完成企业转制，发行单位完成97%，电影制片厂完成93%，电视剧制作机构完成93%。按文化体制改革的"时间表"和"路线图"，国有文艺院团改革和非时政类报刊社改革，是今后两年文化体制改革的重点②。

另据《文化部"十二五"时期文化改革发展规划》（以下简称《规划》）公布，将培育30家左右上市文化企业。近年来随着文化产业的迅猛发展，金融化趋势逐渐增强，文化企业上市公司数量不断增多。针对文化企业融资难的困境，《规划》提出，将利用多层次资本市场，推动优质文化企业利用公开发行股票上市融资，扩大文化产业直接融资规模。加强文化企业上市的培育储备和推荐机制，形成"储备一批、培育一批、申报一批、发行一批"的文化企业上市梯次推进格局，到2015年将培育30家左右上市文化企业。在文化传媒

---

① 《我国文化体制改革取得初步成果》，发表于《文汇读书周报》，2011年10月24日。

② 《文化事业和文化产业的区别在哪儿?》，发表于《半月谈》，2011年11月2日。

行业的上市之路上，最好的例子无疑是人民网（股票代码：603000）。转企改制让一大批文化企业焕发出新的生机和活力，文化产业成为各地新的经济增长点。

转企改制使文化单位摆脱传统事业体制的束缚，成为真正意义上的市场主体。转制之后，如何进一步加快发展成为另一个迫切需要解决的问题。打造一批有实力、有竞争力和影响力的国有或国有控股的文化企业和企业集团，成为文化体制改革的更高目标。经营性文化单位转企改制作为文化体制改革的中心环节，是衡量改革是否取得实质性进展的重要标志。在改革实践中，按照“创新体制、转换机制、面向市场、壮大实力”的要求，积极推进经营性文化单位转企改制，国有文化单位市场主体缺失的状况得到明显改善。

（三）文化事业承担着为全社会提供公共文化产品的任务

公益性文化事业单位承担着为全社会提供公共文化产品的任务，必须主要讲社会效益。博物馆、图书馆、文化馆、纪念馆、展览馆等提供重要的公共文化产品和服务领域，必须搞好公益性文化事业单位的改革。同时，也必须深化劳动人事、收入分配和社会保障制度改革，加大国家投入，增强活力，改善服务。要根据经济和社会发展水平，根据人口环境条件和文化事业发展的需要，统筹规划公益性文化单位的数量、布局、种类，逐步形成结构合理、发展平衡、网络健全、运营高效、服务优质的公共文化服务体系。要加强政府对公益性文化事业单位的扶持力度，财政保障必要的经费供给，并逐步增加投入。但这种投入主要用于加强基础设施建设，主要是用于“干事”，而不能用于“养人”。改革公益性文化事业单位的用人机制，领导实行聘任制，职工实行全员聘用制，合同化管理，实现由身份管理向岗位管理转变，由“国家用人”向“单位用人”转变。改革分配机制，实行成绩实效工资制，按岗定酬，按任务定酬，按业绩定酬。理顺管理体制，实行政事分开，文化行政主管部门主要负责规划、指导、协调检查、监督、考核公益性文化事业单位的运行和发展。对于政府职能范围内的重大文化公益活动，可以采用政府采购方式进行，以提高公共文化服务的质量和效率。

推进文化事业单位改革，要根据现有文化事业单位的性质和功能，区别对待、分类指导，明确不同的改革要求。要加大公益性文化事业投入，调整资源配置，逐步构建公共文化服务体系。进一步完善鼓励捐赠和赞助等各项政策，拓宽渠道，引导社会资金以多种方式投入文化公益事业。加大农村文化基础设施建设投入，逐步解决农村文化产品和服务相对缺乏的问题，丰富农民群众精神文化生活。

区分各类各级国有文艺院团的不同情况和功能，采用多种路径推动改革。比如，对一些代表民族特色和国家水准的文艺院团，经中央批准后，允许保留事业单位性质，按照政府扶持、转换机制、面向市场、增强活力的原则，不断深化运行机制改革，增强面向群众、加强服务的功能。

第二节 培育与扶持：文化企事业制度改革的深度推进

在社会主义市场经济体制条件下，必须遵循文化发展的客观规律，适应社会主义市场经济的客观要求，坚持文化事业和文化产业双轮驱动、两翼齐飞的思路。文化事业发展必须坚持“以政府为主导，以公共财政为支撑，以公益性文化事业单位为骨干，以基层为重点，鼓励全社会积极参与，创新公共文化服务体系”的方针，构建覆盖城乡的公共文化服务体系，体现公益性、均等性、基本性和便利性，以保障人民群众的基本文化权益，满足人民群众的基本文化需求。文化企业发展则必须坚持发挥市场在资源配置中的积极作用，按照“创新体制、转换机制、面向市场、增强活力”的要求，坚持体制机制改革和创新，提高文化企业的整体实力和国际竞争力，努力满足人民群众日益多元化、多层次、多方面的文化消费需求。无论是文化事业还是文化企业，都必须坚持社会主义先进文化的方向，坚持社会效益优先，努力实现社会效益与经济效益相统一。

一、文化企业改革的主要内容

《国家“十二五”时期文化改革发展规划纲要》围绕建设社会主义文化强国的宏伟目标，提出到2015年，中国文化企业改革发展的主要目标是：现代文化产业体系和文化市场体系基本建立，文化产业增加值占国民经济比重显著提升，文化产业推动经济发展方式转变的作用明显增强，逐步成长为国民经济支柱性产业；文化产品创作生产体系不断完善，高素质文化人才队伍发展壮大。

（一）培育骨干企业，扶持中小企业，完善文化产业分工协作体系

培育一批核心竞争力强的国有或国有控股大型文化企业或企业集团，在发展产业和繁荣市场方面发挥主导作用。鼓励有实力的文化企业跨地区、跨行业、跨所有制兼并重组，推动文化资源和生产要素向优势企业适度集中，培育文化产业领域战略投资者。在国家许可范围内，引导社会资本以多种形式投资文化产业，参与国有经营性文化单位转企改制，参与重大文化产业项目实施和文化产业园区建设，在投资核准、信用贷款、土地使用、税收优惠、上市融资、发行债券、对外贸易和申请专项资金等方面给予支持，营造公平参与市场竞争、同等受到法律保护的体制和法制环境。规划建设各具特色的文化创业创意园区，支持中小文化企业向“专、精、特、新”方向发展，形成富有活力的优势产业群。加强和改进对非公有制文化企业的服务和管理，引导他们自觉履行社会责任。实行政府推动和企业市场化运作相结合，打造一批具有国际竞争力的文化企业，成为实施文化“走出去”战略的主体。

（二）合理配置文化资源

文化资源就是人们从事文化生产或文化活动所利用或可资利用的各种资源。文化资源按其性质的不同可分为两大类：一类是物质文化资源；另一类是精神文化资源。物质文化资源是指自然界中可供人们用于文化生产的各种物质的条件，它是作为文化产品的物质载体和文化生产的物质手段。精神文化资源存在于人类社会生活之中，是在人类社会发展的历史过程中形成和产生的，它通过人们的文化劳动发掘出来，借助于一定的物质文化手段，成为向人们提供的文化产品的主要内容。

1. 文化资源的配置应尽可能地与人们对文化产品的需求相适应

人们的生活需求总是包括物质生活需求和文化生活需求，而这种需求是随着社会的发展而日益增长的。相对而言，文化生活的需求随着社会的发展，增

长更为迅速。为了满足人们日益增长的文化生活需求，就必须加快文化产品的生产。然而，文化产品的生产常常会受到文化资源的约束，这就要求人们不断开发利用文化资源。即一方面要寻找新的途径不断扩大对文化资源的开发；另一方面，要更有效地利用现有的文化资源。文化资源的合理配置，其主要目的是使得现有文化资源能够最大限度地满足人们日益增长的文化生活的需要。要实现这一目的，在文化产品的生产中必须以文化产品的需求为导向，根据人们对文化需求的结构、种类和层次来进行文化资源的配置，以避免出现文化产品的生产与需求相脱节的现象。

2. 文化资源配置的结构要合理

文化生产的结构，是指文化产业系统中各个组成部分之间的比例关系及其构成。这种比例关系最初是由文化消费结构所引起的。人们对文化产品的需求是多样的，而且是多层次的，为了满足这种多样性和多层次性，就要求文化生产也具有多样性和多层次性。文化生产过程中的各个组成部分，彼此之间不是孤立的，而是相互联系、相互依存的。例如物质文化生产和精神文化生产，文化生产能力与文化设施等，都必须有合理的比例关系。一种文化产品的供给，往往需要多方面的配合。要保证文化产品的供给，这多方面的要素必须按一定比例和方式结合起来，否则会造成因比例不协调而导致文化资源的浪费。

3. 文化资源配置要注重经济效益

文化资源是有限的，人们使用文化资源也是有代价的。正是这种有限性和有代价，要求在文化资源的配置过程中要注重配置的经济性，使有限的文化资源得到最大的经济效益。一种文化资源会有多种用途，而不同的用途又会有不同的经济效益。导致不同经济效益的原因，若撇开价格等外在因素，主要在于两个方面：一是在文化产品生产过程中的效率不同；二是文化产品是否适销对路。一般地说，生产效率高并且适销对路的文化产品，它的经济效益就高；反之，则相反。因此，要提高文化资源配置的经济性，经济效益是一项重要的指标。要充分利用市场机制和计划机制，使文化资源能有效地流向经济效益高的文化生产部门。当然，注重文化资源配置的经济性，或提高经济效益，是以与文化生产的社会效益相统一为前提的。

4. 文化资源需要有政府的计划宏观调控

宏观调控不仅能弥补市场机制在文化资源价格失衡和供需规律方面的失

灵，而且能够充分实现文化资源价值的整体性和承传性。文化资源的配置应以市场为基础，以计划调控为主导。加快文化领域结构调整，要合理配置文化资源，盘活存量，优化增量，解决国有文化资产结构失衡、效益不高、闲置浪费问题，要大力提高文化产业规模化、集约化、专业化水平。大力推进文化领域所有制结构调整，坚持以公有制为主体，鼓励和支持非公有资本以多种形式进入政策许可的文化产业领域，逐步形成以公有制为主体、多种所有制共同发展的文化产业格局。科学规划和配置公益性文化事业资源、报刊及广播电视资源，促进文化资源配置向农村和中西部地区倾斜。合理配置城乡文化资源，鼓励城市对农村进行文化帮扶，把支持农村文化建设作为创建文明城市基本指标。鼓励文化单位面向农村提供流动服务、网点服务，推动媒体办好农村版和农村频率频道，做好主要党报党刊在农村基层发行和赠阅工作。扶持文化企业以连锁方式加强基层和农村文化网点建设，推动电影院线、演出院线向市县延伸，支持演艺团体深入基层和农村演出。

5. 充分发挥市场在国家宏观调控下对文化资源配置的积极作用

打破地区、部门、行业、所有制界限，对文化资源重新进行整合，提高集约化经营水平和产业集中度。支持文化企业跨地区、跨行业投资和经营，不断拓宽经营范围，调整经营结构，拓展发展空间。鼓励依托有实力的文化企业，以市场为导向，以资本和业务为纽带，运用联合、重组、兼并、上市等方式，整合优势资源，重点发展一批拥有自主知识产权和文化创新能力、主业突出、核心竞争力强的大型文化产业集团。建立资产经营责任制，具备条件的可实行资产授权经营。扶持打造一批国有文化控股公司和国有资产经营公司，同时鼓励支持中小文化企业的发展，促使其在调整产业结构、扩大内需、增加就业等方面发挥积极作用。

（三）鼓励和引导文化企业面向资本市场融资

文化产业投融资是关系文化产业发展和能否成为国民经济支柱性产业的根本性问题。建立健全文化产业投融资体系，鼓励和引导文化企业面向资本市场融资，促进金融资本、社会资本和文化资源的有机对接。推动条件成熟的文化企业上市融资，鼓励已上市公司通过并购重组做大做强。重点扶持上海、深圳文化产权交易所建设。未来 3 年内，上海文交所将根据中央试点部署，率先探索破解文化企业“评估难、融资难、拓展难”等诸多问题，寻找文化与金融资本有效对接、融合发展之道。

文化产业快速发展迫切需要金融业的大力支持。加大金融业支持文化产业的力度，推动文化产业与金融业的对接，是培育新的经济增长点的需要。为完善金融扶持政策，2010 年 4 月中央宣传部、中国人民银行、财政部、文化部、广电总局、新闻出版总署、银监会、证监会、保监会九部委联合发布《关于金融支持文化产业振兴和发展繁荣的指导意见》，为中国文化产业的扬帆起航开动了金融引擎。

1. 积极开发适合文化产业特点的信贷产品，加大有效的信贷投放

第一，推动多元化、多层次的信贷产品开发和创新。对于处于成熟期、经营模式稳定、经济效益较好的文化企业，要优先给予信贷支持。积极开展对上下游企业的供应链融资，支持企业开展并购融资，促进产业链整合。对于具有优质商标权、专利权、著作权的企业，可通过权利质押贷款等方式，逐步扩大收益权质押贷款的适用范围。第二，积极探索适合文化产业项目的多种贷款模式。对于融资规模较大、项目较多的文化企业，鼓励商业银行以银团贷款等方式提供金融支持。探索和完善银团贷款的风险分担机制，加强金融机构之间的合作，有效降低单个金融机构的信贷风险。对处于产业集群或产业链中的中小文化企业，鼓励商业银行探索联保联贷等方式提供金融支持。

2. 加强和改进对文化产业的金融服务

（1）完善利率定价机制，合理确定贷款期限和利率。各金融机构应在风险可控、商业可持续原则的基础上，根据不同文化企业的实际情况，建立符合监管要求的灵活的差别化定价机制。针对部分文化产业项目周期特点和风险特征，金融机构可根据项目周期的资金需求和现金流分布状况，科学合理地确定贷款期限。对于列入国家规划重点支持的文化产业项目或企业，金融机构在有效防范风险的基础上可适当延长贷款期限。

（2）建立科学的信用评级制度和业务考评体系。各金融机构在确定内部评级要素，设计内部评级指标体系、评级模型和计分标准的过程中，应充分考虑文化企业的特点，建立和完善科学、合理的信用评级和信用评分制度。要充分借鉴外部评级报告，建立内外部评级相结合的评级体系。要进一步改进和完善业务考评程序和考核方法，建立专门针对文化产业金融服务的考评体系，将加强信贷风险管理和积极促进文化产业发展相结合，建立正向激励机制。在落实工作责任和考核整体质量及综合回报的基础上，对中小文化企业的贷款项目，根据实际情况和有关规定追究或免除有关责任人的相应责任，做到尽职者免责，失职者问责。

（3）进一步改进和完善对文化企业的金融服务。各金融机构要增强服务意识，设立专家团队和专门的服务部门，主动向文化企业提供优质的金融服务。对于国家重点支持的文化企业和项目，要优化简化审批流程，提高贷款审批效率。在满足金融机构授信客户准入标准的前提下，可对举办培训的企业和接受培训的人员予以信贷支持。银行业金融机构与非银行金融机构应积极加强合作，综合利用多种金融业务和金融产品，推出信贷、债券、信托、基金、保险等多种工具相融合的一揽子金融服务，做好文化企业从初创期到成熟期各发展阶段的融资方式衔接。

（4）继续完善文化企业外汇管理，提高文化产业贸易投资便利程度。便利文化企业的跨境投资，满足文化企业对外贸易、跨境融资和投资等合理用汇需求，提高外汇管理效率，简化优化外汇管理业务流程，促进文化企业提高外汇资金使用效率，降低财务成本，提高中国文化企业核心竞争力。

3. 大力发展多层次资本市场，扩大文化企业的直接融资规模

（1）推动符合条件的文化企业上市融资。支持处于成熟期、经营较为稳定的文化企业在主板市场上市。鼓励已上市的文化企业通过公开增发、定向增发等再融资方式进行并购和重组。探索建立宣传文化部门与证券监管部门的项目信息合作机制，加强适合于创业板市场的中小文化企业项目的筛选和储备，支持其中符合条件的企业上市。

（2）支持文化企业通过债券市场融资。支持符合条件的文化企业通过发行企业债、集合债和公司债等方式融资。积极发挥中债信用增进投资股份有限公司等专业机构的作用，为中小文化企业通过发行短期融资券、中期票据、集合票据等方式融资提供便利。对符合国家政策规定的中小文化企业发行直接债务融资工具的，鼓励中介机构适当降低收费，减轻文化企业的融资成本负担。对于运作比较成熟、未来现金流比较稳定的文化产业项目，可以以优质文化资产的未来现金流、收益权等为基础，探索开展文化产业项目的资产证券化试点。

（3）鼓励多元资金支持文化产业发展。发挥保险公司机构投资者作用和保险资金融资功能，在风险可控的前提下，鼓励保险公司投资文化企业的债权和股权，引导符合条件的保险公司参与文化产业投资基金。适当放宽准入条件，鼓励风险投资基金、私募股权基金等风险偏好型投资者积极进入处于初创阶段、市场前景广阔的新兴文化业态。

（四）文化与科技融合、大力推进文化产业升级

用先进科学技术促进文化产业发展，深入实施科技带动战略，增强自主创新能力，发挥文化和科技相互促进的作用，推进文化科技创新。

现代科技创新，尤其是数字技术和网络技术的发展，极大地丰富了文化艺术的新形态，拓展了文化发展的空间和平台，增强了文化的创造力和传播力，是推进文化发展的重要引擎。加快文化产业发展，必须发挥文化和科技相互促进的作用，深入实施科技带动战略，增强自主创新能力。一是要抓住一批具有全局性、战略性的重大科技课题，加强科技创新攻关，努力掌握一批具有自主知识产权的核心技术、关键技术、共性技术，以先进技术支撑文化装备、软件、系统等的研制和自主发展，提高文化产业装备水平和文化产品的科技含量。二是要大力推动科技创新成果转化，制定相关技术标准，积极利用高新技术改造传统文化产业，培育文化产业新业态，善于利用科技手段强化文化产品的艺术表现、提升艺术魅力和感染力，实现式样和载体的极大丰富，加快构建覆盖广泛、技术先进的文化传播体系和创新体系，努力掌握文化发展和文化传播的主动权。三是要健全以企业为主体、市场为导向、产学研相结合的文化技术创新体系，支持产学研战略联盟公共服务平台建设，把重大文化科技项目纳入国家相关科技发展规划和计划，培育一批特色鲜明、创新能力强的文化科技企业，形成良好的文化科技创新体制机制，为中国文化产业的发展提供有力的技术支撑和创新动力。

科技与文化历来如影随形，科学技术的每一次重大进步，都会给文化的传播方式、表现形式、发展样式带来革命性变化。古代中国，造纸术和印刷术的发明，使人类思想文化的传播摆脱了时空的局限，成为文化发展史上的重要里程碑。近代以来，无线电技术、摄影摄像技术、广播电视技术的发明，使人类文化进入了一个视听传播的新时代。近年来，数字技术、网络技术迅猛发展，为思想文化传播提供了新的载体，催生了新的文化业态。科技的发展，也以独

特的方式增强着文化的表现力、吸引力和感染力。比如，在舞台表现上，借助现代声光电技术和影视特技，可以呈现出气势磅礴、美轮美奂、精彩纷呈的舞美效果。数码电影技术极大地丰富了电影的表现力，环幕4D电影、球幕电影、交互电影等，给人们带来前所未有的审美体验。实现文化自强，必须增强科技意识。要适应当代科技发展的新趋势，加快高新技术在文化领域的运用，推动文化与科技的融合，加快构建覆盖广泛、技术先进的文化传播体系，不断为文化注入新的内容、构建新的平台、创造新的形式，努力用先进技术建设和传播先进文化。当然，技术是手段、是途径，是为内容服务的，所有技术性的东西都依附于内容的思想深度、高度和广度。必须把形式与内容、技术与艺术有机融合起来，使之相辅相成、相得益彰，防止技术淹没思想、形式大于内容。

（五）建立和完善现代文化企业制度

自2005年《关于深化文化体制改革的若干意见》颁布以来，以建立现代企业制度为重点，经营性文化单位转企改制工作积极有序地稳步推进，在宏观体制和微观运行机制的许多方面取得了实质性突破和进展。但是，要成为真正独立、合格的市场主体，文化企业必须建立科学的现代企业制度，提高经济效益、实现社会效益，最终形成既尊重现代企业科学发展规律，又符合文化企业特殊属性的现代文化企业制度。

1. 初步建立现代文化企业制度

现代文化企业制度是市场经济条件下现代企业制度在文化改革层面上的要求和体现。建立现代文化企业制度需要遵循市场规律和文化发展要求，主要体现在以下两个方面。

第一，市场主体身份基本确立，企业内部机制建设初见成效。通过转企改制，出版发行、文艺表演以及电影制作、发行和放映等重点领域，除个别单位继续保留事业体制外，绝大多数经营性文化单位转制为企业。即使在最难区分的新闻媒体行业，也已确定改革思路：党报党刊将广告、发行、印刷等经营性部分剥离出来转制为企业，电台电视台将网络传输、电视剧制作以及广告经营等经营性部分也剥离出来转制为企业，实行制播分离。这些文化企业基本确立了企业市场主体地位，逐步开始规范化地进行公司化运作。作为独立的市场主体，公司化运作的文化企业已基本明确了出资人关系及其权益；搭建起了法人治理结构和资本运行机制；按照现代企业“管理科学”的要求，进一步完善企业内部运行机制，提高了企业内部决策的科学性和有效性。适应社会主义市场经济规律和文化产业规律的经营管理机制正在逐步形成。

第二，文化产业发展梯队初步成形，企业活力明显增强。中国业已形成大型文化企业集团公司和分散单一的中小型文化企业“大中小”并举的发展格局。定位准确、对市场反应灵活的中小文化企业的存在，保证了文化市场的产品多元化与丰富性，其差异化的竞争有利于进一步形成公平有序的文化市场。同时，随着文化企事业体制改革向纵深发展，在跨地区、跨行业、跨媒体的联合重组上，作为“大型航母”的大型文化企业集团正逐步成长为市场中的战略投资者，在行业内发挥出带动效应。转企改制工作跨越了转企、股份制改造和上市三大步，即通过上市来优化股权结构，完善集团公司法人治理结构；以资本为纽带，以业务重组为链条，打破行政、地区壁垒，快速整合资源，实现规模效益。一些规模较大、发展较快的文化企业逐渐探索出“自我裂变，内涵发展”的集团化道路。随着改革的深入，在重组兼并以及探寻跨部门、跨地区的合作方式上，将有更大的发展空间。

2. 完善现代文化企业制度

现代文化企业制度的初步建立奠定了文化产业发展的基础，但是现代文化企业制度必须不断完善，以更好地适应市场和文化自身发展的要求。我们应该从这几个方面加以努力。

第一，认识观念上的更新。首先，要正确看待企业身份与社会效益之间的关系。转企改制后，作为市场主体，文化企业要按照经济规律办事，但同时作为社会责任主体，文化企业又必须面对现代企业的社会责任。现代企业社会责任不仅涵盖社会效益和经济效益，而且兼顾企业生产经营对内部和外部的影响。因此，企业身份并不会影响社会效益。转企改制后，中国文化企业可以根据自身文化和意识形态特性，进一步细化企业社会责任的内涵和外延，以更加明晰、具体的方式实现坚持社会效益前提下的双效统一。其次，正确看待股份制改造和国家文化安全的关系。转制改企后，文化企业开放融资渠道，会引发对国家文化安全的担忧。改革实践证明，文化企业的股份制改造并不会冲击正常的文化市场运行秩序，也不会影响文化安全。只要保证国有控制权，文化企业在吸收社会资本后会扩大国有资本的支配范围，增强国家对文化业的主导地位，放大国有文化企业的影响力和控制力。国有资本对经济发展的作用是通过国有独资企业、国有控股、国有参股企业三者来实现的。国有资本的控制力不仅体现在国企数量上，更重要的是体现在国企质量上。

第二，优化企业产权结构。优化产权结构的第一步是实现产权在经济上的清晰。文化企业产权所有者在经营过程中要拥有强有力的产权约束力，国家作为产权最终所有者应建立国有资产经营预算以核查国有资产的盈亏状况。在文化企业的国有产权授权制度中，应建立健全国有产权代表的选拔委派制度、激励约束制度和考核监督制度的有机体系，保证各级国有产权代表熟悉和遵守国家以及国有资产管理法律、法规；熟悉和了解文化企业的经营管理及财务状况；掌握文化市场的发展规律和管理方式；能够代表出资者履行公司章程规定的义务，并正确行使权利，依法维护国有资产出资者权益；掌握金融知识，了解资本市场，具备出版产业发展要求的资本运作能力。

优化产权结构的第二步是产权多元化。整合与重组是文化企业实现产权多元化、优化产权结构的重要途径。文化企业可以分步实施“事转企”、“企转股”的各项改革，循序渐进、先易后难，逐步优化股权结构；可以借鉴国有企业改制的经验，先考虑尝试允许新闻、出版等领域国有企业参股，再接着允许其他行业国有企业参股；待条件成熟后，逐步实现对民营资本放开，或者允许新闻出版领域的其他国有资本控股，允许员工内部持股。

第三，完善公司治理结构。完善文化企业的公司治理结构，最重要的是确保出资人到位。除了完善文化企业国有资产委托机制，弱化国有产权虚置带来的一系列问题之外，纠正公司治理结构实践中的种种形式主义也同样至关重要。董事会的建设不能搞“一刀切”，要根据不同企业的产权结构和产权关系因企制宜。还要纠正机构重叠、职能错位和角色冲突等问题。一是企业可试行内部员工持股制度，形成风险共担、利益共享的利益共同体及与之相适应的约束机制。二是创新党组织工作方式。党组织在企业内部具有核心地位，但党委不是国有资产出资代表，不能代替董事会或监事会行事。三是重新界定监事会的人员组成，并建立相应的权责机制，使监事会真正发挥监督作用。四是创新经营者选拔任用机制，将行政化、官员化、终身化的上级任命制，改为市场化、职业化、专业化的董事会聘任制。

在解决以上问题时，创新产权激励方式是重要的环节。文化企业要避免重蹈国有企业改革中曾经重“物”轻“人”的覆辙，建立人力资本产权激励机制。人力资本产权的界定不能流于管理层都一律持股的内部人控制结构，也不能“一刀切”，采取员工集体持股的表面股份多元化。只有当拥有公认业绩的人才资源才能享有产权时，产权激励才能真正产生效益。

第四，创新企业经营管理机制。转企改制促进了体制机制创新的全面启动。文化企业要建立文化产品评价机制、投资机制，推动文化产品生产流程再造和业务形态创新。要建立科学的营销决策、渠道、服务、品牌、模式创新等机制。

文化企业转企改制后，要更新人才机制。投身文化事业的人一般都有着浓厚的文化情结，知识和艺术追求是文化业和从业人员的共同特征。文化企业应将这些个人知识和艺术追求转化为生产力。企业不仅要引进、培养人才，更需要用有效的淘汰和激励机制来管理人才。淘汰机制和绩效考核紧密相连，文化企业应该根据自身战略目标和发展规划制定科学的绩效考核制度，设定短期与长期、个人与团队、企业与集团不同层次的考核目标，设置双效绩效机制。文化企业可逐步推行高级人才持股制度，将企业未来与个人未来紧密结合，将企业风险和个人责任紧密结合，从而有效提高企业效率。

二、文化事业发展的主要内容

从文化事业项目的安排上讲，要“构建覆盖全社会的公共文化服务体系，优先安排涉及群众切身利益的文化建设项目”。到2015年，中国文化事业单位改革重点任务基本完成，文化体制机制充满活力、富有效率，有力促进文化科学发展；覆盖全社会的公共文化服务体系基本建立，城乡居民能够较为便捷地享受公共文化服务，基本文化权益得到更好保障。按照国家分类推进事业单位改革的总体要求，科学界定文化事业单位的性质和功能，突出公益属性、强化服务功能。全面推进公共文化服务建设工程（重点文化惠民工程），增强面向基层、面向群众提供服务的能力。

（一）加快构建公共文化服务体系

按照公益性、基本性、均等性、便利性的要求，“以公共财政为支撑，以公益性文化单位为骨干，以全体人民为服务对象，以保障人民群众看电视、听广播、读书看报、进行公共文化鉴赏、参与公共文化活动等基本文化权益为主要内容，完善覆盖城乡、结构合理、功能健全、实用高效的公共文化服务体系。”① 推动跨部门项目合作，统筹规划和建设基层公共文化服务设施，坚持项目建设和运行管理并重，实现资源整合、共建共享。加强社区公共文化设施建设，把社区文化中心建设纳入城乡规划和设计，拓展投资渠道。完善面向妇女、未成年人、老年人、残疾人的公共文化服务设施。推进国家公共文化服务体系示范区创建。制定公共文化服务指标体系和绩效考核办法，明确服务标准和服务规范，加强评估考核。

（二）加强公共文化产品和服务供给

加强文化馆、博物馆、图书馆、美术馆、科技馆、纪念馆、工人文化宫、青少年宫等公共文化服务设施和爱国主义教育示范基地建设并完善向社会免费开放服务。鼓励其他国有文化单位、教育机构等开展公益性文化活动，各类公共场所要为群众性文化活动提供便利。加快现代科技应用步伐，提高公共文化服务的数字化、网络化水平。以公共图书馆、学校电子阅览室、社区文化中心为依托，建立和完善未成年人公益性上网场所。鼓励扶持少数民族文化产品的创作生产，提高优秀汉语广播影视节目、出版物等的民族语言译制量，开展少数民族文字书报刊赠送活动。扩大盲人读物出版规模，有条件的地区可以公共图书馆为依托，建立盲人电子阅览室。把主要公共文化产品和服务项目、公益性文化活动纳入公共财政经常性支出预算。采取政府采购、项目补贴、定向资助、贷款贴息、税收减免等政策措施，鼓励各类文化企业参与公共文化服务。鼓励国家投资、资助或拥有版权的文化产品无偿用于公共文化服务。

（三）加快城乡文化一体化发展

增加农村文化服务总量，缩小城乡文化发展差距，以农村和中西部地区为重点，加强县级文化馆和图书馆、乡镇综合文化站、村文化室建设，深入实施广播电视村村通、文化信息资源共享、农村电影放映和农家书屋等重点文化惠民工

① 《关于深化文化体制改革推动社会主义文化大发展大繁荣若干重大问题的决定》，发表于《人民日报》，2011 年 10 月 26 日。

程，扩大覆盖、消除盲点、提高标准、完善服务、改进管理。大力推进农民体育健身工程。加大对革命老区、民族地区、边疆地区、贫困地区文化服务网络建设支持和帮扶力度。引导企业、社区积极开展面向农民工的公益性文化活动，尽快把农民工纳入城市公共文化服务体系，努力丰富农民工精神文化生活。建立以城带乡联动机制，合理配置城乡文化资源，鼓励城市对农村进行文化帮扶，把支持农村文化建设作为创建文明城市基本指标。鼓励文化单位面向农村提供流动服务、网点服务，推动媒体办好农村版和农村频率频道，做好主要党报党刊在农村基层发行和赠阅工作。扶持文化企业以连锁方式加强基层和农村文化网点建设，推动电影院线、演出院线向市县延伸，支持演艺团体深入基层和农村演出。

（四）广泛开展群众性文化活动

以社区文化、企业文化、村镇文化、校园文化建设为载体，积极搭建公益性文化活动平台，依托重大节庆活动和民族民间文化资源，组织开展群众乐于参与、便于参与的文化活动。深入开展全民阅读、全民健身活动，推动文化科技卫生“三下乡”、科教文体法律卫生“四进社区”、“送欢乐下基层”等活动经常化。支持群众依法兴办文化团体，精心培育植根群众、服务群众的文化载体和文化样式。鼓励文艺工作者、艺术院校学生和热心文化公益事业的各界人士开展文化志愿服务。

三、文化企事业发展面临的主要问题

改革开放推动了经济的发展，也促进了文化的繁荣。特别是党的十七大召开以后，文化建设进入了良好的发展机遇期。市场经济的发展和文化贸易的全球化，对民族国家的经济、政治、文化和社会发展产生了积极的作用，但也不可避免带来一些消极影响。面对新的文化发展形势和要求，原有的文化体制不断暴露出种种不适应性，在一定程度上影响甚至严重阻碍了文化发展应有的进程。在市场化、全球化背景下，中国文化企事业发展仍然面临着诸多问题。

（一）文化事业机构存在管理缺失问题

几十年来，文化事业机构都是开展和满足公益性文化服务的主体，在丰富和提升民众的精神文化生活方面发挥了主要作用。不过，由于文化事业机构存在资金投入不足以及管理水平不高等问题，长期以来在许多机构中也普遍存在着实质服务和公益性服务方面的理念模糊、效率不高等问题。以近年发生的故宫博物院展品失窃事件为例，人们看到文化事业机构的管理存在着明显的缺乏绩效考核和管理缺失漏洞。主要表现为几方面：一是缺乏明确的专业化服务目标和绩效考核，没有发挥出文化事业的应有效能，没有体现不断提高的服务水平和服务内容。二是部分机构不当开展商业化活动或者将场地用以创收、将营业收入据为工作人员所有；或者与外部机构合谋寻租。三是存在过分注重硬件化、忽视软件和内容服务的意识，造成硬件过多、维护成本过高（特别是全运会和省运会的体育馆以及部分大型剧院、音乐厅等），而不能满足民众的普惠性文化艺术与健身等方面的内容服务。四是将部分或者全部文物保护单位、古城、景区等交给商家进行商业开发，缺乏文物、景区、事业单位资产的维护与保护。五是地方政府对文化事业投入相对不足，乐于建设仿古的各种建筑而疏于文物保护，对文化事业机构缺乏支持、引导和监督。文化事业机构应当在职能上体现专业化服务、文化艺术的公益性服务功能。主管部门应当提出一套考核标准，各个文化事业机构如何发挥效能的主要目标应当十分清晰，并且可以纳入具体考核指标（如图书阅读人次的持续增加等）当中。文化事业的各个行业应当制定具体的效率考核，完善管理机制和监管机制，减少盲目性的硬件设施建设，增加文化内容创作、建设、体验和服务，特别是加强对青少年群体的文化艺术、审美和教育引导的服务。

（二）当前文化企业发展中存在的问题

当前文化产业发展中还存在一些问题和困难。具体表现以下几方面。

1. 市场主体地位尚不突出

转制后，文化企业自主经营能力得到了大幅提升；但与运营规范、委托代理关系清晰的现代企业相比，许多文化企业目前还不是真正意义上的独立市场主体。企业的资源配置、生产指标、经营范围仍然受国家宏观管理政策的严格限制。一些文化企业还未形成自主经营的工作导向和明确的盈利目标，对自身定位、发展战略和核心竞争力的认识仍然模糊不清。目前不少文化企业产权管理尚未到位，其资产财务关系、重要干部任免权、重大事项决定权和内容终审权实质上仍保留在上级主管单位。相当多的文化企业资本规模小、管理水平低、授权不足，无法有效代替原所属机构行使出资人权利。

2. 内部运营机制创新不足

文化企业体制机制创新要走一条从行政管理到企业管理的道路。不少文化企业的内部运行机制构建受之前“双轨”管理体制的限制，往往是局部的、有限的。在战略管理机制、创新机制、人才机制等方面尚显落后。一些单位的工作方式则还保留了计划经济时代的特征，远离市场，落后整个社会大发展。科学的企业管理机制如果不从根本上转变，则可能导致新的行政官僚化。

3. 公司治理结构尚不合理

目前，相当一部分文化企业依然在沿用传统的组织结构，尚未建立法人治理结构。已进行公司法人治理结构建设的企业，由于产权制度改革未得到实质性突破，实践中“模拟”大于“创新”。一方面，上级单位的行政授权和行政权力运作方式往往延伸到公司治理结构的领导权结构中，从而破坏了权责制衡机制。另一方面，文化企业国有股“一股独大”，董事不可能经由股东选拔产生，于是出现董事会“拉郎配”式的组建方式，造成出资人责任的虚化、软化。有的董事会与上级单位国有资产管理委员会或党委会、职代会和工会重构，职能交叉，人员重叠，公司治理结构中的各权益主体无法按照公司章程的规定明确各自责权，企业运营无法得到有效规范。

此外，文化企业的公司治理结构还存在重制衡、轻激励的倾向。除少数上市企业，现有文化企业绝大多数受单一产权结构的局限，短期激励远远大于长期激励。在文化企业所有权与经营权分离的情况下，长短失衡的激励机制容易助长企业内部的短期行为，不利于企业长期健康发展。

4. 文化企业发展方式较为落后，资本运作水平有待提高

目前文化企业大多处于以产品生产为主，以内部管理为中心的传统企业经营阶段。单靠这种内生式的发展方式，文化企业很难在短期内扩张到上市融资的规模。文化企业的资本运作水平有待提升。首先，文化企业还未厘清融资顺序。企业要不要上市，何时上市，应由市场选择。若战略不明晰，无法完成上市后的持续性义务，既有悖于上市的初衷，也有负于股民的期望。其次，资本运作还有待落到实处。文化企业集团组建不乏“行政捏合”之作：集团内部还未真正以资本为纽带形成合力，跨部门合作由于领导权问题，实质上还停留在战略合作阶段；跨地区、跨行业的资本运作仍存在一些壁垒。最后，文化企业上市融资大量“圈钱”后，对募集资金的使用还具有盲目性。

5. 产权市场建设较为落后

目前出版企业的产权仅拥有法律层面上的清晰，在整个经济运行过程中并不清晰。文化企业国有资产的委托体系代理链条过长，责任主体过多，行政性太强；各级委托者之间由于国有产权代表的选拔委派制度、激励约束制度和考核监督制度建设滞后，并非是责权利对称、互为约束的关系，这导致了企业产权关系软化、虚设和模糊等现象。

在现阶段，文化产业仍然存在产权流动不畅的问题，因国有股权人虚置，无人能对国有股权的出售、转让负责，产权置换过程行政批复环节过多，难以高效进行。文化企业人员安置、社会负担转移、银行债务偿还等巨额转让成本也带来了产权交易资金短缺的问题。非国有资本或行业外资本不能公平进入产权市场。文化企业无法正常退出市场，文化企业之间一些正常的资本运作也因涉及产权问题而被叫停。

6. 文化产业集中度不高，缺乏骨干文化企业和知名品牌

由于起步较晚和文化领域条块分割、市场壁垒等原因，中国的文化企业“软小散滥”问题比较突出，规模普遍偏小，产业规模化和集约化程度不高，产业布局不均衡，大规模、高水平、产业链完整的龙头企业少，缺少文化领域的战略投资者和骨干企业。文化企业的自主创新能力不强、核心竞争力不足，知识产权的作用发挥不充分，企业的创意、研发、制作水平较低，内涵深刻、风格独特、形式新颖、技术先进的精品力作和知名的文化品牌较少，参与国际竞争的能力有待进一步提高。

7. 政策、法律、法规体系不健全

近年来，国家出台了一系列扶持和促进文化产业发展的政策措施，但从总体上看还不够完善。文化立法比较薄弱，文化产业发展缺乏强有力的法制保障，产业政策还需进一步增强针对性和可操作性。对文化产业的行政管理仍然存在一些体制性、政策性障碍，产业规划不明晰，行业管理不规范，特别是对网络文化等新兴业态的管理仍然依赖传统的管理经验和模式。盗版侵权问题仍比较突出，知识产权保护有待加强。国际版权保护已成为当今文化企业发展的最重要的问题之一，中国依然面临着制定和完善与 WTO 规则接轨的法律法规、切实保护知识产权的挑战。如果没有公开有力的法制保障和制约手段，就很难保证文化企业发展的良性循环。欧美发达国家统计资料表明，凡版权保护不力的国家，音乐出版业的收入就低，美国、英国、德国、日本等 10 个版权保护最严密的国家音乐出版业总收入占全球的 90%。为此，我们必须适时地迎接这种挑战。

8. 人力资源储备不足

文化产业是高科技与高文化相结合的产业，也是体现先进生产力发展要求的产业，因此是一个特别需要高素质人才支撑的领域，这些都对中国的文化产业经营管理人才的结构，特别是文化经营管理人才的知识、能力和综合文化素质提出了更高的要求。从总体上看，中国从事文化产业经营和管理的人才、文化企业的创意人才、经营管理人才、技术开发人才、市场营销人才数量严重不足，层次明显偏低，结构很不合理，尤其是既懂文化又懂得市场运作、熟悉和掌握国际规则、有较强经营管理能力的复合型文化产业高级人才更加短缺，人才培养和激励保障机制有待加强。随着国外文化产业集团抢占中国文化市场，必将引发新的人才争夺战，对人才储备不足的中国文化产业带来更加严峻的挑战。

9. 文化贸易逆差仍然较大，文化企业“走出去”步伐有待进一步加快

近年来，虽然中国文化产品和服务出口数量有所增长，但文化贸易逆差的现象仍未得到根本改变，文化产品和服务出口渠道比较狭窄，出口价格远远低于进口的同类产品，中国文化产品的国际竞争力和传播力还有待于进一步提升。以演艺产品为例，中国引进和派出的文艺演出每场收入比约为 10∶1，中国全部海外商业演出的年收入不到 1 亿美元，不及国外一个著名马戏团一年的海外演出收入。

10. 盲目发展的苗头一定程度存在，规划、引导和调控有待进一步加强

目前，各地发展文化产业热情高涨，竞相上马大型文化产业项目，文化产业园区基地遍布各地，各种资本也纷纷涌入文化产业。一方面，体现了各界对文化产业发展的良好预期，也是加快文化产业发展的重要前提，对产业发展起到了积极推动作用；另一方面，盲目发展、资源浪费、同质化竞争的问题已经出现，需要引起重视，如全国有几十个城市已开工或准备建设大型动漫主题公园或文化主题公园，不少风景区都拟上马大型实景演出，有的文化产业项目以文化之名搞房地产开发，这些势头如不及时加以规划、引导和调控，很可能影响到文化产业的科学发展。

（三）当前文化体制改革面临的难点

当前，推进文化体制改革面临各种困难和制约因素，全面认识和把握文化体制改革面临的难点，是深入推进文化体制改革的基础和前提。

1. 认识误区

现在许多文化单位正处于改制的过程中，有些地方政府对文化事业单位的改革存在误区，不能严格划分经营性文化产业与非经营性文化产业。或者以发展文化产业为名，把所有文化单位统统推向市场；或者大多数文化单位仍然由财政供养，该进入市场的没有进入市场，财政不堪重负，文化单位也丧失了宝贵的发展机遇。经营性文化产业主要依靠市场规律去运作，而非经营性文化产业则需要政府财政力量去发展。甚至有些文化单位提出：为什么非转制不可？一些国有文艺院团认为自己是党委、政府的“文工团”，形成凡事依靠政府的惯性思维，害怕从“事业体制”中走出来。一些文艺工作者对改革的实质认识不足，担心国有文艺院团一旦转制成企业，就会为了经济利益迎合市场，降低艺术品质。

2. 传统体制还没有完全退出历史舞台

管办不分、政企不分、政事不分、政资不分、条块分割的传统文化体制的弊端仍然在一定范围内发挥着作用，影响着文化生产力的发展。国有经营性文化事业单位转企改制缺乏动力，配套政策不完善。目前，文化市场条块分割、区域壁垒和行政干预的问题虽然有所改观，但还没有从根本上得到扭转，与全国统一的产品市场，尤其是要素市场尚未全面接轨，二者之间存在着明显的落差。这也是中国文化市场上缺乏战略投资者，国有文化产业集团难以通过资本市场的投融资平台进行跨地区、跨行业经营，迅速发展壮大的主要原因。

3. “事转企”改革不彻底

一些文化单位在从事业单位向企业转化的过程中，仍然保留了双重性质。

一方面政府以企业化为理由，减少了对这些单位的财政资助，推动这些单位向产业化发展；另一方面，政府又因为这些文化单位仍然承担着公益性文化服务的任务而继续给予财政上的资助。这样就出现了相当一批仍然承担着公益性文化职能的单位实际上实行的是“双轨制”的文化体制。即这些文化单位同时具有公益性与营利性，而往往是公益性淹没在营利性之中。这样，便导致了政府对公益性文化事业的财政投入不能保证用于发展公益性文化事业。

全国文化生产单位目前的现状是，一部分单位是事业性质企业化管理，名义是国有国营，实际上财政上不再有任何资本投入；一部分本应完全进入市场自主经营、自负盈亏、自我积累、自我发展的生产单位，躺在国家有限拨款的温床上迟迟不想下来，捧着“金饭碗”饿肚皮；一部分生产单位大胆进入市场经风雨见世面，尝到了市场经济的甜头。如传媒文化企业集团“事业体制、产业化运营”的二元体制结构缺乏法律依据，在财务管理、对外融资等方面存在着诸多难点，以建立现代企业制度为目标的改革战略与其事业性质的体制特征存在着内在矛盾，如果不加调整，其改革目标存在着落空的可能。

在以往的文化单位转企改制中，一些地方还通过“借壳、留壳、造新壳”等手段、“新壳装旧人”，这是不彻底的改革，搞的是事业性质的翻牌公司。这样的文化“企业”在性质上仍然是政府办，资金上主要由政府撑，人事任命由政府说了算，无法作为独立主体进入市场竞争，于是守着“金饭碗”，却在“要饭吃”。随着文化体制改革的一步步深入，随着各方面制度的不断完善，这种“改革”的弊端也日渐凸显。首先，这样转来的文化“企业”，通过各种形式的“壳”，仍然躺在政府的怀抱里。这样的企业缺乏主动面向市场求发展的动力和压力，难以建立自主经营、自负盈亏的运营机制。其次，“脚踩两只船”，让同一单位内企业身份的员工与事业身份的员工“同工不同酬”，在社会保障、职业发展前景存在种种不平等，难以建立有效的激励机制。再其次，由于“事转企”改革不彻底，使事企分开、管办分离难以彻底实现，为政府职能的转变设置了障碍。最后，不彻底的改革为保守观念“开倒车”留了退路，阻挡了改革者的脚步，消磨了转制单位的改革成效，当然也影响了改革的声誉。在转企改制工作中，努力按照建立现代企业制度的要求，完善法人治理结构，使国有经营性文化单位逐步成为真正的企业法人，做到可核查、不可逆，坚决杜绝出现行政事业性质的翻牌公司。

4. 文化建设如何与市场经济有机结合

由于文化产品所具有的“内容意义”和意识形态特性，以及文化艺术生产的不确定性、其成果难以量化评价的模糊性、投资和消费的审美偏好等，使之在与市场经济结合的过程中，既有利用市场机制发现价格、放大文化的财富效应，以及引入竞争机制提高运营效率的一致性，同时也存在着市场经济的商业价值追求的趋利性与艺术价值和社会价值追求之间的矛盾、由于市场经济本身缺陷所导致的公共文化产品供给不足与人民享有基本文化权益之间的矛盾等。即使是美、英等西方文化产业发达国家，这些问题也没有得到完全破解。由此可见，文化建设如何与市场经济有机结合，需要我们在有中国特色社会主义理论的指导下，借鉴国际经验和中国经济体制改革的经验，进行不懈的理论研究和实践探索，才能做出符合国情的制度安排。

党的十七届六中全会以后，文化体制改革进入一个新的阶段，改革的任务更艰巨、更复杂、层次更高。让文化产业成为国民经济支柱性产业，让中国文化走出去影响世界，无不需要文化向其他领域进行跨界“融合”。如果文化不能与科技融合，那么创新很难；如果文化不能与金融融合，那么做强文化产业很难；如果文化不能与贸易融合，那么“走出去”很难形成规模。中国文化体制机制改革应该重点推动文化企事业在“融合”发展中实现创新。

（四）知识产权保护中存在的问题

知识产权保护在文化事业发展和文化产业发展中都具有重要的意义和价值。加大知识产权保护力度是加快文化发展，推进文化发展繁荣的重要条件。当前，在知识产权保护方面，我们还面临诸多困难和问题。

1. 在立法保护方面

虽然中国已经颁布了《著作权法》等大量文化知识产权保护的法律、法规，但在知识产权的立法上仍存在许多缺失。如判定传统知识、遗传资源和民间文艺的权利对象、权利归属、权利内容的具体范围，以及权利的执行渠道与方式，对知识产权的滥用等问题均未在立法过程中涉及。此外，中国文化产业知识产权保护制度未将文化产业中的服务行业包括在内。如在服务业当中，会发生服务业的品牌问题，这就是涉及商标、商号、商誉的问题，但目前对于服务方式，国内尚未能通过知识产权来进行保护，对于服务内容也不能通过版权来保护。这些知识产权的立法缺失均有待于继续完善。

2. 在司法保护方面

由于目前缺乏法律规定知识产权客体的认定标准和程序，在民事诉讼和刑事诉讼中，法院在审理案件前还需要对文化知识产权客体予以重新确认，经常发生对新出现的知识产权客体无从保护的尴尬局面。这样既浪费诉讼资源，又浪费时间，导致知识产权诉讼效率低下。此外，涉外的知识产权纠纷及如何选择诉讼地和适用法律，对责任人的举证责任、举证范围，诉讼前的财产保全、先予执行等问题均与国情不相适应。这些文化知识产权司法保护上存在的问题，无论是与国际接轨，还是在满足不断出现新型知识产权客体的需要都已显得相对滞后。因此需要加强司法方面的建设。

3. 在行政保护方面

目前文化产业中专利、商标、版权、互联网域名权等方面分别由国家知识产权局、文化部、国家工商行政管理总局、新闻出版总署、信息产业部、海关总署、国家知识产权工作组等提供相应的行政保护。但各行政部门犹如“铁路警察各管一段”，在文化知识产权的行政执法中，缺乏有效的沟通和协调，整体行政执法效率低下，已成为全面、系统推进知识产权保护的主要瓶颈之一。如音像制品经营，新闻出版总署负责音像制品制作、出版和复制管理，文化部负责音像制品批发、零售、出租、放映和进口管理，其中让投资者头痛的是内容审查制度。因此，在知识产权的行政保护上，需要进一步优化行政执法的制度安排。同时还应提高执法人员的综合素质，建立各项执法监督机制，规范执法行为，以提高知识产权行政保护效率。

第三节　产业与事业：文化企事业制度建设的双轮驱动

推进文化企事业制度建设，必须坚持一手抓文化事业、一手抓文化产业，加快构建公共文化服务体系，加快发展文化产业，两轮驱动、两翼齐飞，最大限度地满足人民群众日益增长的精神文化需求。按照党的十七届六中全会《决定》的规划，到2020年文化改革发展的奋斗目标是：文化事业全面繁荣，覆盖全社会的公共文化服务体系基本建立，努力实现基本公共文化服务均等化；文化产业成为国民经济支柱性产业，整体实力和国际竞争力显著增强，公有制为主体、多种所有制共同发展的文化产业格局全面形成。

一、以文化产业为主体

发展文化产业，必须真正遵循市场规律，按照现代文化企业制度建设的要求，以文化产业为主体，发挥文化企业单位的主体作用。

（一）充分认识文化产业的战略地位

认识文化产业的战略地位是切实实现和保障文化产业主体地位的重要前提。

1. 推动经济结构战略性调整的重要支点和转变经济发展方式的重要着力点

当前，加快转变经济发展方式和调整经济结构是中国经济建设和发展中的重要内容，为加快文化产业发展提供了契机。文化产业以创意为源头，以内容为核心，以科技为支撑是发展绿色经济、低碳经济、现代服务业的重要着力点，是调整经济结构和转变经济发展方式的有力抓手。

2. 满足人民多样化精神文化需求、繁荣社会主义文化的重要途径

《管子》上说“仓廪实则知礼节，衣食足则知荣辱”，表明文化消费需求高度依赖于收入水平的高低。近年来，随着中国国民经济的持续快速发展，城乡居民的收入水平大幅上升。城乡居民在基本物质生活进一步得到满足的同时，对精神文化生活有了更多更高的需求，这为文化产业发展提供了巨大的空间，也对文化产业发展提出了更高的要求。只有加快发展文化产业，建立健全现代文化市场体系，充分发挥市场在国家宏观调控下对文化资源配置的基础性作用，才能生产出更多适应人民群众精神文化需求的文化产品，才能充分调动各方的积极性、主动性和创造性，形成推动社会主义文化大发展大繁荣的强大合力。

3. 提高国家文化软实力的重要举措

随着世界多极化、经济全球化加快发展，通过文化提高本国国际地位和影

响力，已经成为世界各国的一项战略选择。当前文化传播方式发生了深刻的变化，通过加快发展文化产业，以企业为主体、以市场化运作为主要方式推动中国文化产品和服务进入国际市场，是推动中华文化“走出去”、提升国家软实力和扩大中华文化国际影响力的重要途径，有利于国际社会全面深入地了解中华文化，有利于诠释和传播中国和平发展的战略意图。

4. 文化产业具有突出特点和比较优势

文化产业是资源消耗低、环境污染少、最可持续发展的产业，是市场前景广阔的产业，是易与新技术对接、最具有创新应变能力的产业，是进入门槛较低、能够广泛吸纳就业的产业，是投资回报高、受益时间长的产业，是在经济危机的时候，具有逆势而上特点的产业。在当前国际宏观经济形势错综复杂、复苏基础仍然薄弱的情况下，这些特点所转化的比较优势更是许多其他产业无法比拟的。

（二）大力发展文化产业

大力发展文化产业，必须坚持经济效益和社会效益并重，把社会效益放在首位的原则，推动文化产业成为国民经济支柱性产业，积极鼓励发展民营文化产业。

1. 两个效益原则

发展文化产业是社会主义市场经济条件下满足人民多样化精神文化需求的重要途径，是充分发挥市场在文化资源配置中积极作用、激发全社会文化创造活力的必然要求。也是推动经济结构调整、加快转变经济发展方式的重要抓手。文化产业的发展必须坚持社会主义先进文化前进方向，既要坚持社会效益又要坚持经济效益，坚持把社会效益放在首位，努力实现社会效益和经济效益的统一。文化产业的发展不能只讲经济利益，追求利润最大化而放弃社会效益、民族利益和国家利益，必须在坚持社会效益的前提下追求经济效益，把文化发展的着力点放在满足人民群众精神文化需求和促进人的全面发展上。要求文化产品和文化服务必须为民族文化复兴和社会主义先进文化建设服务。在两个效益发生矛盾时，必须把社会效益放在首位，绝不能为了追求经济效益而损害社会效益。按照全面协调可持续的要求，推动文化产业跨越式发展，使之成为新的经济增长点、经济结构战略性调整的重要支点、转变经济发展方式的重要着力点，为推动科学发展提供重要支撑。

2. 推动文化产业成为国民经济支柱性产业

现代世界经济发展表明，发达程度越高，文化产业支柱性作用就越明显，对经济增长的贡献就越大。从中国情况看，近些年文化消费需求日益旺盛，文化产业得到迅猛发展，平均增速达15%以上，比同期国内生产总值增速高出6个百分点，成为经济社会发展的一个突出亮点。可以说，文化产业已成为国民经济的重要组成部分，而且创造出巨大的社会财富。随着科技进步和知识经济的迅猛发展，文化已渗透到经济发展的全过程，历史、传统、民俗等文化资源日益成为经济发展的基础资源，创意、设计、构思等文化创新日益成为价值创造的重要支点，品牌、形象、信誉等文化形态的无形资产日益成为市场竞争的关键所在。文化既直接贡献于经济增长，又对提升经济发展质量发挥着重要作用。只有当文化表现出比物质和货币资本更强大力量的时候，当经济具有更多文化含量的时候，经济发展才能进入更高层次、更高水平，才能具有可持续发展的后劲。应对国际金融危机冲击的生动实践，使我们又一次看到了文化在推动经济发展方式转变中的特殊作用。文化产业具有资源消耗低、环境污染小、科技含量高的特点，是典型的“低碳经济”、“绿色经济”、“朝阳产业”。大力发展文化产业，有利于优化经济结构和产业结构，有利于拉动居民消费结构升级，有利于扩大就业和创业，有利于经济欠发达地区实现跨越式发展。过去我们常讲，经济发展一靠改革，二靠科技，现在看来还要加一条，就是也要靠文化。经济文化化已成为不可阻挡的新趋势，文化与经济相融合产生的竞争力成为一个国家最根本、最持久、最难替代的竞争优势。

中国文化产业规模迅速壮大，文化及相关产业的增加值占国内生产总值的比重不断提高。据国家统计局的报告，2008 年，中国文化产业增加值达到7630 亿元，比 2004 年增加了 4190 亿元；文化产业增加值相当于同期 GDP 的2.43%，比 2004 年提高了近 0.3 个百分点。《2012 中国文化产业年度发展报告》显示，2011 年中国文化产业总产值预计超过 3.9 万亿元，占 GDP 比重首次超过 3%。

2009 年 7 月，中国第一部文化产业专项规划——《文化产业振兴规划》由国务院常务会议审议通过。这是继钢铁、汽车、纺织等十大产业振兴规划后出台的又一重要产业振兴规划，标志着文化产业已上升为国家战略性产业。两个月后，拍摄了众多“商业大片”的华谊兄弟传媒股份有限公司创业板上市申请获证监会批准通过，成为内地第一家成功上市的影视制作公司。虽然这是资本市场上的一件寻常事，但却是中国文化产业发展的一大步。

为加快发展文化产业，推动文化产业成为国民经济支柱性产业，中共十七届六中全会《决定》作出了一系列符合时代发展要求、符合文化建设需要的部署。

（1）培育合格文化市场主体。按照现代企业制度的要求，加快推进国有文化企业的公司制改造，完善法人治理结构。毫不动摇地支持和壮大国有或国有控股文化企业，毫不动摇地鼓励和引导各种非公有制文化企业健康发展。要培育一批核心竞争力强的国有或国有控股大型文化企业或企业集团，在发展产业和繁荣市场方面发挥主导作用。发挥市场在文化资源配置中的积极作用，形成公有制为主体、多种所有制共同发展的文化产业格局。

（2）构建现代文化产业体系，优化文化产业布局。在重点领域实施一批重大项目，推进文化产业结构调整，发展壮大出版发行、影视制作、印刷、广告、演艺、娱乐、会展等传统文化产业，加快发展文化创意、数字出版、移动多媒体、动漫游戏等新兴文化产业。

要支持东部地区加快发展动漫游戏、文化会展、艺术创意、网络文化、文化产品数字制作等优势产业，引导中西部地区重点发展民族演艺、文化旅游、艺术品、工艺美术、会展节庆等特色产业。构建结构合理、门类齐全、科技含量高、富有创意、竞争力强的现代文化产业体系，形成一批具有国际影响的文化产业、创意产业的中心城市和城市群，加快文化产业的特色县、特色镇、特色街、特色村的建设，加强文化产业基地、园区、特色产业群的规划和建设，要提高文化产业规模化、集约化和专业化的水平。政府通过策划设计特色文化产业发展工程、文化产业公共平台建设工程、国产动漫振兴工程、文化产业项目服务工程等一批重大项目和工程，从战略层面带动产业布局的形成。

（3）完善政策保障机制。为了加快文化产业发展，政府应积极协调有关部门进一步完善支持文化产业发展的财政、税收、科技、土地、人才等方面的政策，并争取将行之有效的国家文化产业政策上升为国家法律、法规。要落实和完善文化经济政策，完善国家文化产业发展基金，扩大有关文化基金和专项资金的规模，提高各级彩票公益金运营文化事业的比重，继续执行文化体制改革的配套政策。

（4）提供公共服务平台。政府应重点推出文化产业示范园区和示范基地，策划建设一批包括公共技术支撑、投融资公共服务、贸易合作、人才服务、资源共享、统计分析等功能在内的文化产业综合服务平台，为文化企业提供非营利性的公共服务，为文化产业规模化、集约化、专业化发展创造条件。

（5）优化文化产业的投融资和经营环境。要促进社会资本、金融资本和文化资源的对接，加快构建以企业为主体、市场为导向、产学研相结合的文化技术创新体系，推动文化科技创新，实施一批文化创新项目，研发一批具有自主知识产权的核心技术，推广一批高新技术的成果。要大力促进文化产业与旅游、通讯、会展、商贸、教育、培训、休闲等产业的融合，引导文化企业开发适销对路的文化产品和服务，培育新的文化消费热点，培养文化消费的主体。要把引进来和走出去结合起来，积极借鉴国外文化产业发展的理念和经验，积极引进国外资金、技术和项目，精心打造我们自己的文化品牌，加强营销网络和进出口平台建设，增强文化企业的竞争力。

（6）加大文化产业的对外开放力度。要开展多渠道、多层次、多形式的对外文化交流，创新对外文化宣传的方式和方法，要积极吸收借鉴国外优秀的文化成果。要加强国际文化领域智力、人才、技术的引进工作，吸收外资进入法律法规许可的文化产业领域。着力培育外向型文化企业，积极实施“走出去”战略，创新对外文化交流体制和机制。实行政府推动和企业市场化运作相结合，培育一批具有国际竞争力的外向型文化企业，成为实施文化“走出去”战略的主体。

3. 积极鼓励发展民营文化产业

2005年国务院发布了关于非公有资本进入文化产业的若干决定。非公有资本进入文化产业，按照《国务院关于非公有资本进入文化产业的若干决定》（国发［2005］10号）执行。对于非公有资本进入文化产业，该鼓励的要坚决鼓励，给予积极扶持；该禁止的要坚决禁止，这是充分调动全社会参与文化建设，大力发展社会主义先进文化的重要举措。大量民营文化企业成长壮大，显示出独特的市场活力。深化文化产业体制改革，政府要进一步开阔思路，减少行政审批和干预环节，培育有序竞争的文化市场，营造民营企业发展文化产业的良好氛围。

（1）积极支持民营文化产业的发展。民营文化产业是中国社会主义文化事业的重要组成部分，是社会主义精神文明建设的重要力量。多年来的实践证明，调动各方面积极性，共同兴办文化产业，是文化市场发展的重要基础。除了需要国家重点保护、扶持的文化项目和部门，在国家政策允许条件下，应主要依靠社会力量兴办各种文化产业。如果说，文化产业的发展必须以国有企业为主导，那么，文化市场必须以民营企业为主体，只有以民营企业为主体，才能形成众多具有独立身份的市场主体，市场才能成其为市场。在现阶段，主要是借助于民营的力量，把过去曾经在很长时期内一直认为只有国家才能承担的责任和提供的服务转移给社会和民营的力量去完成。通过完善以文化投资主体多元化为核心的文化产业政策体系，以及相应的文化投资体制，鼓励和保障民营文化产业的发展，促进文化市场机制的形成和完善。采取多种联合和多种经营方式，才能广泛动员社会资金投入文化产业领域，才能激活文化产业经营机制，促进文化产业的兴盛。必须积极引导社会投资方向，支持、鼓励民营文化企业健康发展。

（2）放宽民营企业市场准入。文化产业投资主体多元化是中国文化产业化和市场化的必然要求。文化市场化的发展要求形成产权独立的众多市场主体，市场主体的多元化是建立市场经济的基本条件，否则市场机制无法形成。积极鼓励社会资本以个体、独资、合伙、股份等形式投资兴办民营文化企业，扶持自然人自筹资金组建民营文化企业。取消对民营文化企业注册资本限额的特殊规定，允许成立个人独资、合伙的民营文化企业。允许民营文化企业以合资、合作、并购等形式，参与市、县国有经营性文化事业单位转企改制。允许国有文化企事业工作人员经单位批准离职自主创办民营文化企业。对符合设立条件的，文化和工商部门要依法及时发放营业许可证和营业执照。

（3）简化民营企业从事文化经营活动的审批手续。民营企业从事文化经营活动，在申报、审批等方面与国有文化企业享受同等权利和义务。经营所在地文化部门可直接受理民营文化企业的相关经验申请，应在规定时限内作出答复，符合条件的，发放批准文件。有关部门要维护民营企业从事文化经营活动的合法权益，在审批监管中不得收取法律法规规定以外的任何费用。

（4）加强民营文化企业人才培养。政府要积极为民营文化企业牵线搭桥，支持各类学校开设文化产业相关专业，鼓励兴办民办文化类学校。积极支持有关院校培养文化产业设计、制作、营销及管理方面的复合型人才，为民营文化企业的持续发展夯实基础。鼓励院校毕业生到民营文化企业就业，鼓励专业文化工作者深入民营文化企业开展业务辅导。民营文化企业的相关文化艺术人员、专业技术人员在专业技术职称评定中，与国有文化企事业单位实行同一标准。增强人才培养力度，提升民营文化企业的核心竞争力。

（5）完善民营文化企业的管理。加强对民营文化企业的引导和规范，完善规章制度，健全工作机制。加强对民营文化企业工作人员的职业道德教育和法制培训，增强法制意识，倡导诚实文明经营。要帮助民营文化企业建立会计核算制度和劳动合同关系，按规定参加社会保险，规范经营行为。鼓励民营文化企业加入文化行业协会，促进行业自律。完善中介服务，要鼓励成立各种所有制形式的咨询、策划、代理等文化企业或中介服务机构，促进民营文化企业又好又快地发展。

（6）鼓励和支持民营文化企业参加对外文化交流。鼓励民营文化企业参加政府对外文化交流项目的招投标活动，支持有条件的民营文化企业参加国际民间文化交流活动。鼓励有比较优势的民营文化企业到国外演出、投资、注册公司，在信息咨询、宣传推广、营销人员培训等方面，与国有文化企业同等待遇；经批准的重大对外文化交流项目，可给予一定的资金补助。有关部门要在项目审批、人员出入境及物品通关方面，提供便捷高效的服务。对积极开拓国外市场的民营文化企业，凡符合条件的，可根据其资质和市场前景，给予中小企业国际市场开拓资金支持。允许民营文化企业依法邀请国外文化界人士参与本单位的文化经营活动。

（7）加大对民营文化产业的资金和资本扶持力度。对民营企业投资文化产业，政府要设立专项资金，加大在财政、税收、金融方面的支持；鼓励成立民营文化集团，以推动民企在文化产业领域的发展，开辟民企投资新途径。通过公司制改建实现投资主体多元化的文化企业，符合条件的可申请上市。鼓励已上市的文化企业通过公开增发、定向增发等再融资方式进行并购和重组。鼓励文化企业进入创业板融资，只有让更多的社会力量、民营资本积极参与和投资文化产业，中国文化产业才获得强大的民族支撑。制定调动和激励企业、社会团体和个人经营、资助文化产业积极性的政策措施并保障其实施是发展文化产业的当务之急。

（三）提高文化产业规模化、集约化水平

中国文化产业组织形式长期处于小规模分散化状态，现代大型文化企业比较少。现代市场经济可以说是大企业来主宰的，大企业拥有雄厚的资本和相当的规模，具有强大的技术优势和资金优势，实行现代化管理方式和拥有多层次的人才队伍，市场信息灵敏，经济效益和经营效果良好，活动范围广，竞争能力强，在国内外市场上占据有利地位。因此，一个行业、一个地区、一个国家都应有自己的骨干大型企业或企业集团，用以形成经济和市场的基本立足点。随着中国市场经济的发展，特别是中国加入世界贸易组织，文化产业要走向世界，没有大型文化企业是不行的。一个大型文化服务企业或文化企业集团能否在市场竞争中发展，关键在实力，而实力则体现为企业在发展中能够不断做大做强。必须尽快组建和培育大型文化企业，实行经营多样化，集生产制作、中介服务于一身，并能涉足多领域的文化生产经营。从中国文化企业的规模来看，小企业占多数，特别是在文化服务领域，其次是中型企业，大型企业为数不多，特别是集团化的大型企业不多。

1. 建立多渠道的投资体制和有效的筹资机制

文化产业的“做大做强”不能仅仅局限在原有文化行政部门经营的国有企业的范围，在文化投资主体多元化的政策引导下，建立多渠道的投资体制和有效的筹资机制，要充分利用财政、税收、信贷和价格等经济杠杆，在资金投向、产业结构和整体布局、文化产品生产和文化市场管理等方面，体现国家对大型文化企业集团的政策导向，同时确立财政投入的重点。

2. 制定文化企业兼并、联合、重组政策

文化产业集团的组建，不能以行政命令的方式进行。主要是通过政策诱导，促进跨行业、跨系统、跨地区兼并、联合、重组的办法，不但要实现行业内的强手联合，而且要实现行业与行业间的联合，特别是与科技含量高的行业实现企业集团的联合。在企业联合中，要注意打破地区界限，充分利用全社会的文化资源发展文化产业，真正实现“优势组合，优势互补，优势扩张”。

（1）企业兼并政策。企业兼并政策是政府抑制企业间过度竞争，形成大规模企业，提高市场集中度，实现规模经济的重要手段。这一政策的基本目标

是保证某些行业的企业既能实现规模经济，又能处于适度竞争状态，它通过政府制定最小经济规模标准，规定某类产业的企业达不到经济规模的要求不得进入该产业。同时，为避免因大中型企业数量过多而发生过度竞争，政府还对大中型企业数量进行直接管制，即使有的企业具备最小经济规模条件，政府也不允许其进入该产业。这样，经济规模政策和直接管制政策相结合，便对企业进入某类产业形成双重进入壁垒，以实现政策目标。当今世界各国政府均成功地运用过这一产业组织政策，如20世纪60年代，日本正处于从贸易保护体制向自由贸易体制过渡时期，企业规模普遍较小，不能有效地利用规模经济，因而其产品经营成本高于当时经济发达国家的水平；而且，大量小规模企业间过度竞争，也影响了技术进步和经营水平的提高。这种状况意味着日本企业无法与强大的国际垄断企业相竞争。日本政府为了从根本上改变这种不利状况，积极推行企业兼并政策，以实现企业经营集团化，建立规模经济流通体制，这对日本优化文化产业组织、发挥规模经济效益、提高企业在国际市场上的竞争力产生了重大影响。

（2）企业联合政策。根据联合的紧密程度，企业联合可分为建立企业间的专业化分工协作关系和组织企业集团两种类型。前者主要是以经营业务为纽带，通常不涉及资产关系的企业联合；后者是以资产和业务两重纽带形成的企业联合。无论哪一种企业联合，都有利于企业竞争从无序引向有序，从分散引向集中，变过度竞争为适度竞争，实现规模经济。这一文化产业组织政策也在于追求规模经济效益。

（3）企业重点扶持和发展政策。选择基础好、实力强、附加值高、市场发育健康、国内外需求广阔、能够带动相关产业和周边产品的电视广播、报刊出版等行业，建设成为支柱型文化产业。政府在政策上给予积极的推动，引导它们在体制和机制的改革方面创新，按照现代产业的要求来调整产品和服务结构，以科技创新、文化创新、经营创新来加快产业的增长，建成辐射国内外的文化产业企业集团。

二、以发展公益性文化事业促进人民基本文化权益的实现

建设社会主义文化强国，必须繁荣发展公益性文化事业，让人民基本文化权益得到更好保障。《中共中央关于深化文化体制改革推动社会主义文化大发

展大繁荣若干重大问题的决定》明确提出：满足人民基本文化需求是社会主义文化建设的基本任务。必须大力发展公益性文化事业，让群众广泛享有免费或优惠的基本公共文化服务，保障人民基本文化权益。

（一）公益性文化事业是社会主义文化建设的重要组成部分

加强公益性文化事业建设，保障人民基本文化权益，是各级党委和政府的一项基本职责，是体现社会主义优越性的重要方面，也是社会文明进步的重要标志。

1. 实现人民基本文化权益是推动科学发展、切实改善民生的必然要求

随着中国经济社会持续快速发展和人民生活水平不断提高，城乡居民文化需求越来越旺盛，文化权益日益成为社会关注的一个焦点。文化权益是人民群众的基本权益，只有当文化权益与经济、政治、社会等权益一起得到有效保障时，对人民权益的保障才是全面的、充分的。保障人民基本文化权益，关系千千万万人民群众的切身利益，不仅体现我们党全心全意为人民服务的根本宗旨、体现促进人的全面发展的社会主义本质要求，而且对于实现文化惠民，提高幸福指数，促进社会和谐，都具有重要的现实意义。

2. 发展公益性文化事业是实现人民基本文化权益的主要途径

现阶段，我们界定的基本文化需求主要包括看电视、听广播、读书看报、进行公共文化鉴赏、参加公共文化活动等。在农村，考虑到过去的传统，为农民免费放映电影也属于这个范畴。这些基本文化权益，需要政府免费或优惠提供，主要途径就是大力发展公益性文化事业。这就要求公益性文化事业必须有别于经营性文化产业，着眼于社会效益，以非营利为目的，为全社会提供非竞争性、非排他性的公共文化产品和服务。

3. 发展公益性文化事业必须坚持公益性、基本性、均等性、便利性的要求

公益性、基本性、均等性、便利性，是中央对公共文化服务体系建设基本特点的高度概括。公益性，就是政府提供的公共文化服务基本上是免费服务，或是低于成本、收费很少的服务；基本性，就是政府提供的是基本文化服务，而不是所有文化服务；均等性，就是不分男女老少，不分富人穷人，不分城市农村，不分东中西部，都平等地享受公共文化服务；便利性，就是要网点化，做到一定空间范围内必须有公共文化活动场所，方便群众就近参与。

（二）积极发展公益性文化事业

满足人民基本文化需求是社会主义文化建设的基本任务。近年来，各级财政对农村地区、西部地区，特别是老、少、边、穷地区文化建设的扶持力度不断加大。一个覆盖城乡的公共文化服务网络正在全国形成。伴随覆盖面的扩大，公益性文化事业的服务水平也在技术和体制机制的创新中不断提升。加强公共文化服务是积极发展公益性文化事业的主要途径。必须牢固树立文化民生的理念，以公共财政为支撑，以公益性文化单位为骨干，以全体人民为服务对象，以保障人民群众基本文化权益为主要内容，完善覆盖城乡、结构合理、功能健全、实用高效的公共文化服务体系，确保人民群众共享文化发展成果。

1. 政府对公益性文化事业的投入逐年加大，已取得显著成效

党的十六大以来，文化事业加大投入、加快建设，公益性文化事业的发展越来越得到重视。文化体制改革不但推动了文化产业的繁荣，也提升了公共文化的服务水平。广播电视村村通工程、农村电影放映工程、文化信息资源共享工程、农家书屋工程等一系列文化惠民措施全力推进。“十一五”规划明确提出，加大政府对文化事业的投入，逐步形成覆盖全社会的比较完备的公共文化服务体系。“十一五”时期各级财政对文化投入大幅度增加，2006 年文化方面支出 685 亿元，2010 年达到 1528 亿元。据统计，“十一五”时期前 4 年，全国文化事业费总计超过 900 亿元，年均增幅 25. 28% 。仅 2009 年，中央财政对地方各项文化工程投入总量就达 30 多亿元。全国文化信息资源共享工程以 83 万个服务点覆盖 90% 的行政村；乡镇综合文化站建设基本实现乡乡有综合文化站；农村电影放映工程实现数字化，年放映达 800 万场；覆盖 50% 的行政村。[①] 截至 2009 年年底，全国各级公共博物馆、纪念馆已有 1444 座向社会免费开放；全国已有 2850 个公共图书馆、3223 个文化馆、38740 个文化站；农家书屋工程自 2007 年实施以来，已建成农家书屋近 40 万家，每个书屋可供借阅的实用图书不少于 1000 册，报刊不少于 30 种，电子音像制品不少于 100

① 秦杰等：《向社会主义文化强国阔步前行——〈中共中央关于深化文化体制改革、推动社会主义文化大发展大繁荣若干重大问题的决定〉诞生记》，发表于《人民日报》，2011 年 10 月 27 日。

种；广播电视村村通工程覆盖全部已通电行政村，预计到2011年年底，将有70多万个20户以上已通电自然村全面覆盖；在城市，由政府投资建设的综合性文化场所，如大剧院、音乐厅等，如今遍布全国各地。2011年，落实中央财政补助地方专项资金总额35.97亿元，其中，以实施全国美术馆、公共图书馆、文化馆（站）免费开放为依托，安排基层公共文化服务体系保障经费18.22亿元。国家美术馆工程、中国工艺美术馆工程、国家图书馆一期改造工程、中央歌剧院剧场工程等进展顺利，国家博物馆改扩建工程完成并投入使用。一批地方重点文化设施建设进展顺利。2011年，公共数字文化建设稳步推进；文化信息资源共享工程全年资源建设总量达28.4TB，服务1.6亿人次；公共电子阅览室建设试点工作在各地全面铺开；首批31个地级市（区）和47个项目获得国家公共文化服务体系示范区创建资格。①

国家“十二五”时期文化改革发展规划提出，按照公益性、基本性、均等性、便利性的要求，以公共财政为支撑，以公益性文化单位为骨干，以全体人民为服务对象，以保障人民群众看电视、听广播、读书看报、进行公共文化鉴赏、参与公共文化活动等基本文化权益为主要内容，完善覆盖城乡、结构合理、功能健全、实用高效的公共文化服务体系，必须坚持政府主导，加强文化基础设施建设，完善公共文化服务网络，让群众广泛享有免费或优惠的基本公共文化服务。国家拨付专项资金，在“十二五”时期，继续深入实施广播电视村村通工程、农村数字电影放映工程、全国文化信息资源共享工程、农家书屋工程、公共文化设施建设工程等重点文化惠民工程。按照《国家“十二五”时期文化改革发展规划纲要》要求，“十二五”时期中国将基本实现广播电视户户通，全国广播电视人口综合覆盖率要达到99%。为早日顺利实现这一目标，有关部门已经决定通过实施直播卫星公共服务工程，推进农村广播电视户户通，实现城乡广播电视公共服务均等化目标。

2. 建立健全以公共财政为支撑的投入机制

加快构建公共文化服务体系，必须坚持政府主导，逐步建立健全同财力相匹配、同人民群众文化需求相适应的政府投入保障机制。要加大投入力度，把

① 谌强：《2011年中国文化成就掠影：三个“前所未有”展现光明前景》，发表于《光明日报》，2012年2月3日。

主要公共文化产品和服务项目、公益性文化活动纳入公共财政经常性支出预算，为公共文化服务体系建设提供有力的保障。进一步改进投入方式，采取政府采购、项目补贴、定向资助、贷款贴息、税收减免等政策措施，鼓励各类文化企业参与公共文化服务，不断提高财政资金使用效益，增强公共文化服务的活力。

3. 加强以公益性文化单位为骨干的服务主体建设

公益性文化事业单位是社会主义文化建设的重要力量，要切实履行好公共服务职能，把提供优质高效、普遍均等的公共文化产品和服务作为一项基本任务，鼓励国家投资、资助或拥有版权的文化产品无偿用于公共文化服务。特别是将文化馆、博物馆、图书馆、美术馆、科技馆、纪念馆、工人文化宫、青少年宫等公共文化服务设施和爱国主义教育示范基地作为公益性文化事业的重要载体，要加强建设并完善向社会免费开放服务。同时，鼓励其他国有文化单位、教育机构等开展公益性文化活动，使之成为公益性文化事业的重要补充和有机构成。

4. 提高以全体人民为服务对象的公共文化产品和服务供给能力

加快构建公共文化服务体系，必须多生产群众买得起、用得上的文化产品，多提供百姓喜闻乐见的文化服务。提高公共文化产品和服务供给能力要把握好几个关键环节：一是扩大公共文化设施的覆盖范围。加强社区公共文化设施建设，把社区文化中心建设纳入城乡规划和设计，拓展投资渠道，使公共文化服务更好地向城乡基层末梢延伸。二是促进公共文化服务供给的市场化和社会化。引导和鼓励社会力量通过兴办实体、资助项目、赞助活动、提供设施等形式参与公共文化服务，构建贯通城乡的文化产品流通网络，实现由文化系统的“内循环”到市场和社会“大循环”的转变。三是加强公共文化设施的使用和管理。坚持项目建设和运行管理并重，统筹规划和建设基层公共文化服务设施，完善配套措施，保障正常运行，着力创建一批结构合理、发展平衡、网络健全、运行有效、惠及全民的公共文化服务体系示范区，制定公共文化服务指标体系和绩效考核办法。

三、文化企事业制度建设的政策保障机制

完善政策保障机制，继续执行实践证明行之有效的文化经济政策，落实支持文化改革发展的各项政策，加大财政、税收、金融、用地等方面对文化产业的政策扶持力度，设立国家文化发展基金，扩大有关文化基金和专项基金规模。对文化内容创意生产、非物质文化遗产项目经营，实行税收优惠。对国有文化单位转企改制的扶持政策执行期限再延长 5 年。这些具有鲜明导向和含金量极高的经济政策，给文化改革发展创造了实实在在的物质条件。

近期中国已经出台多个涉及文化产业的政策性文件，在财税、金融、准入、土地等多方面实施优惠，扶持文化产业发展。相关人士表示，对文化产业发展予以支持的财税政策正在迎来“密集发布期”。以文化产业为主体、积极发展公益性文化事业的文化企事业制度正在形成。

（一）完善对公益文化事业的投入政策

切实加大投入，扶持公益文化事业发展是政府目前迫切要解决的问题。现在总体上看，政府对文化投入的增长幅度仍不适应社会经济发展的速度、规模、水平和人民群众不断增长的精神文化需求，用经济政策杠杆引导社会资本进入公共文化服务领域的政策还不完善，公共文化服务体系建设还相对薄弱。政府应进一步加大财政投入，健全资金监管体制，提高投入效益，保障所投入的资金用于发展公益性文化事业。

第一，适应社会主义市场经济的要求，建立规范有效的公益文化事业筹资机制，逐渐形成对公益文化事业多渠道投入的体制。中央和地方财政对文化事业的投入，要随着经济的发展逐年增加，增加幅度不低于财政收入的增长幅度。

第二，健全文化专项基金（资金）。利用国家和社会资本设立一批文化产业发展的专项基金，如精品创作扶持专项基金、电影专项基金、出版和版权保护基金、印刷基金、音像发展基金等。充分发挥现有各类文化专项资金的作用，争取专项资金数额逐年增长。积极探索基金制管理模式，对相关的公益性项目给予资助。

第三，完善社会公益捐赠和赞助公益文化事业的优惠政策，鼓励企业和个

人对公益性文化事业单位及艺术院团的捐赠。社会力量捐赠公益文化事业，是拓宽文化事业投入渠道的重要举措，是公益文化事业投入的有益补充。为社会力量赞助重大文化艺术活动、高雅艺术演出、文化设施建设、院团建设等给予的法律激励（如新税法中规定的12%的捐赠扣除比例）将有效地促进公益捐赠。此外，境外捐赠资本中蕴藏着巨大的潜力，可出台鼓励境外力量捐赠公益文化事业的经济政策，通过财税杠杆引导这些资金投入国内的公益文化事业建设。

（二）完善公益文化事业的税收优惠政策

公益性文化事业单位进口图书、期刊、电子出版物、音像制品，体现民族特色和代表国家水准的艺术院团进口演出器材和设备等，免征进口环节关税和增值税；对社会力量举办的公益文化项目，在融资、用地、税费等方面给予与国有单位相同的政策优惠。

对纪念馆、博物馆、文化馆、美术馆、展览馆、书（画）院、图书馆、文物保护单位举办的文化活动，所售门票收入应免征营业税。对文化事业单位、社会团体承受土地、房屋用于办公、科研的应免征契税。对农村各项公益性文化体育场馆的自用房产和土地，应免征房产税和城镇土地使用税。

（三）着力强化制度建设，规范文化产业发展

建立健全中国特色社会主义文化法律法规体系，加快制定出台、修订完善规范和促进文化产业发展的法律法规，将文化产业发展过程中的重大政策措施上升为内容明确、条理清晰的法律、法规等制度安排。鼓励地方根据自身特色开展文化立法，加强相关标准、规范的研究制定工作。适应文化产品和服务的供给和消费的主体、渠道日益多元化的产业发展状况，完善文化产业内容监管、市场监管和惩戒制度，形成一套行之有效的产业发展规范。

目前，中国类似《文化产业促进法》的法律法规尚未制定，除《文物保护法》和《著作权法》有少部分内容涉及文化产业外，基本上缺乏专门的国家法律支撑。文化产业的规范和管理仍主要依靠国务院发布的行政法规，以及大量法律层级和效力都较低的部门规章及规范性文件，与发达国家相比，中国的文化产业法制环境建设亟待加强。现行与文化产业发展有关的法律法规，大多是在文化体制改革和经济体制改革过程中制定和形成的，很大程度上带有计

划体制的痕迹，主要侧重于强化市场管理，规范经营行为，规范政府文化管理行政权。而引导和促进文化产业发展方面的内容，如确定文化生产和消费的基本经济关系、为社会提供参与公共文化事务所需要的条件、提供公平竞争环境等则较为缺乏。在整个政策制定，以及政府对社会文化资源的权威性配置中，体现公共性、公正性和公平性都比较差，已无法适应当前文化产业的发展形势。为此，应尽快研究制定《文化产业促进法》，并且加紧对社会普遍关注的与文化产业发展相关的专项法律，如民族民间传统文化保护法、电影法、广播电视法以及网络信息管理、文化市场管理等方面的法律制度建设。

（四）加强人才队伍建设，增强产业发展后劲

积极培育文化高端人才，建立和完善有利于优秀人才健康成长和脱颖而出的体制机制；积极支持高层次人才创办文化企业，完善实施知识产权作为资本参股的措施。加强基层人才队伍建设，完善基层优秀人才发现培养机制，对西部地区、革命老区、民族地区、边疆地区、贫困地区人才队伍建设予以重点扶持。建立完善分类培训的人才培训机制，积极支持民间人才队伍发展，建立完善文化领域职业资格制度。随着对外交往的不断扩大，中国同世界各国的文化交流合作日益深化，适应当今时代文化发展新趋势，大力推进社会主义文化建设，迫切需要培养造就一大批文化领域的创新型、复合型、科技型、外向型领导人才。

（五）逐步完善文化产业政策，打造良好的政策环境

加快完善针对文化产业的各项经济政策，及时根据产业发展状况，对已有支持文化体制改革、支持文化产业发展的经济政策进行修订或延续。进一步落实鼓励文化产业发展的税收优惠政策。在培育骨干文化企业方面，重点对中央确定组建的大型文化企业集团公司重点发展项目予以支持，对文化企业跨地区、跨行业、跨所有制联合兼并重组和股改等经济活动予以支持。对文化内容创意生产、非物质文化遗产项目经营实行税收优惠；进一步完善金融支持文化产业发展政策，加强和改进对文化企业的金融服务；开辟多种融资渠道，产业与事业协调发展；进一步完善市场准入和投融资政策，吸引社会资本投资文化产业。

可通过国家资本金注入、贷款贴息等政策性专项资金投入，培育和扶持一批重点文化企业。对符合国家文化产业发展方向和发展重点的项目，投入启动资金或提供贴息贷款和融资担保。对优秀的国内市场前景广阔的文化商品的生产和经营及提供文化服务的，给予适当的财政补贴。对既有公益性又有经营性的混合性文化产业，通过财政补偿、特许经营、贷款贴息等方式支持社会力量举办。

进一步完善改革的配套政策，对转制单位原有财政投入一定时间内保持不变，并减免所得税等。特别是针对国有艺术表演团体大多历史包袱重、适应市场条件差的实际，在改革中应该完善特殊政策措施，鼓励文化产品和服务出口的出口退税和营业税政策，引导文化企业开拓国际文化市场。

进一步完善文化产业政策，重要的一步是增强政策的可操作性。在完善产业宏观指导调控政策的同时，进一步增强产业政策的可操作性，使国家指导产业发展的宏观导向通过更为具体的产业政策得以贯彻落实。在改革过程中，必须充分发挥政策的宏观调控作用，促进资源配置向先行改革的文化单位倾斜，使其尽快享受财税优惠政策。

（六）继续深化文化体制改革，破除体制机制障碍

文化体制改革的机制性障碍仍然存在，进一步深化文化体制改革，加快推进国有经营性文化单位的转企改制和现代企业制度建设，培育合格市场主体，形成符合现代企业要求、体现文化企业特点的资产组织形式和经营管理模式。打破条块分割、地区封锁、城乡分离的市场格局，促进文化产品和要素在全国范围内合理流动，逐步完善统一开放、竞争有序的现代文化市场体系。此外，国有经营性文化事业单位转企改制缺乏动力，配套政策还不完善，改革难度仍很大，破除这些障碍仍需在制度安排上进行不懈努力。

（七）切实加强知识产权保护工作

文化企业和文化工作者要增强知识产权保护意识和法制观念，积极制定参与市场竞争的知识产权战略，实行研究、创作、开发、生产、销售全过程的知识产权保护。所经营的文化产品和文化服务进入市场前，要及时进行专利申请、商标注册、作品和软件登记，以取得法律保护并依法正确使用。大力支持

文化创新，鼓励广大文化工作者创造和拥有更多的知识产权。大幅度提高中国自主知识产权的数量和质量，培育和发展国家文化产业核心竞争能力。严厉查处和制裁盗版盗印、非法出版、非法营销等各种侵犯知识产权的行为，保护知识产权权利人的合法利益。由于知识产权自律行为和自我保护机制严重缺失，进而很容易导致社会公众知识产权保护意识和自律约束机制薄弱，文化行业知识产权易受侵害，因而需要建立起强大的行业协会组织，形成行业内的知识产权自律机制。

要坚决保护知识产权。知识产权是民族创新的精神动力，是时代发展的力量源泉。文化产业与其他产业的最大区别，就表现为在文化产品和文化服务中，蕴含了知识产权这种无形智力财产。而侵犯知识产权的行为，不仅损害著作权人的合法权益，偷逃国家税收，阻碍产业发展，而且将严重破坏民族的原创精神，妨碍文化创新，导致国家文化竞争力和综合国力的停滞不前。国家应高度重视知识产权保护工作，将其列入整顿和规范市场经济秩序的重要内容，并专门成立知识产权保护工作小组，统筹协调保护行动。我们要继续不遗余力地打击侵权盗版行为，坚决将违法犯罪分子绳之以法，依法追究法律责任。此外，政府需要组织并管理好重要文化资源知识产权的挖掘、整理工作，建立国家重点文化知识产权保护目录工作。推动文化单位、科研院所、高等学校重视和加强知识产权保护和管理。鼓励发展知识产权代理、推介和交易服务产业，逐步构筑覆盖全国的知识产权服务网络。鼓励知识产权等无形资产参与投资收益分配，最大限度激发文化科技人才的创新热情和创造活力等。

第四章

文化传播制度

文化传播制度是文化制度的重要内容与有机构成部分。文化传播制度的改革又是文化制度改革的重点之一。尤其是，当今时代是一个文化传播全球化的时代，文化传播问题是当前理论界和现实中面临的重大课题。如何引导文化传播，如何规范文化传播，如何推动文化传播，文化传播制度改革成为必然选择。文化传播的实践呼唤文化传播制度，从中国特色社会主义文化传播理论出发，准确把握中国特色社会主义文化传播理论与文化传播制度之间的理论与现实的互动关系，以此推进文化传播制度建设显得尤为必要。

第一节　本质与特征：文化传播制度的内涵界说

文化传播制度是历史的产物、时代的产物。随着时代的发展，社会制度的变迁，文化传播制度不断发展变化。我们要准确把握文化传播制度的本质与特征就必须追溯文化传播的历史变迁，准确把握与理解文化传播的内涵。

一、文化传播追溯

文化传播由来已久。文化传播是人类社会最为普遍的现象，文化传播在人类社会的每时每刻、每个地方都在发生。文化传播涉及人类社会的方方面面，文化传播与每个人的利益息息相关。根据刘敏中的研究，“最早提出文化传播这一概念的，大概要算是英国的文化学者泰勒，他在《原始文化》中提到这个概念，但是他并不同意后来的一些‘文化传播论者’那样给文化传播那么重要的地位，因为就主要倾向来说，泰勒应被看做是文化进化论者。在这一点上，摩尔根也是一样的。他们使用这个概念，大体限于文化的迁徙、采借的意义。这都是20世纪末和21纪初的事情。文化学本来意义上的传播论兴起于本世纪初"①。文化传播的过程就是文化交流的过程，人们通过一定的方式传递知识、信息、观念、情感和信仰，以及与此相关的所有文化交流活动，都可称之为文化传播。

从文化传播的理论指向和研究对象来看，"文化传播是研究文化和传播的相互影响及其影响规律的学问，从广义上通常传播信息的方式都可以认为是文化传播，或者说信息传播行为都可以作为文化传播。狭义地说，文化传播主要指传播过程中文化发生的变化及文化的变化对传播的影响，泛指对文化信息的传播，重点研究传播对人类文化"②。

从文化与传播的关系来看，文化与传播始终是结合在一起的，文化一产生就开始传播。文化是在多元文明要素相互作用、相互碰撞条件下产生的，文化是人类交往的产物。传播是一种文化互动活动、交往活动。因此，文化本质上就是传播。"文化的生产和接受愈加依赖于媒介，以至于必定要通过媒介才能进行，而媒介的特点也深入到文化的内涵之中，成为文化的一部分"③。因此，从一定意义上讲，"文化是传播的文化，传播是文化的传播。没有文化的传播和没有传播的文化都是不存在的。一方面，文化的形成和发展受到传播的影响。传播促成文化的整合、文化增值、文化积淀、文化分层、文化变迁和文化'均质化'"④。对于此，黑格尔曾经说过：文化"并不是一尊不动的石像，而是生命洋溢的，有如一道洪流，离开它的源头愈远，它就膨胀得愈大"⑤。约瑟夫·奈也提出，"文化从来都不是静止的，不同文化以不同方式相互影响"⑥。文化是流动的文化、传播的文化。

从文化的变迁来看，文化传播是文化变迁的主要方式。文化的兴起、衰落与文化传播息息相关。文化产生、发展、变化的过程就是文化传播的过程，孤立的文化无法存在，也不能发展延续。人类文化发展的历史表明，文化没有传

---

① 刘敏中：《文化传播论》，载于《求是学刊》，1991年第1期。
② 周鸿铎：《文化传播学通论》，中国纺织出版社2005年版，第22页。
③ 贾明：《现代性语境中的大众文化》，上海人民出版社2007年版，第61页。
④ 周鸿铎：《文化传播学通论》，中国纺织出版社2005年版，第17~18页。
⑤ 黑格尔：《哲学史讲演录》（第1卷），贺麟、王太庆译，商务印书馆2004年版，第9~10页。
⑥ 约瑟夫·奈：《权力的未来》，王吉美译，中信出版社2012年版，第120页。

播必然走向衰落，甚至灭亡。文化与传播是同一的，文化传播是文化变迁的客观必然过程，文化传播积累、交换、传递、继承和发展了文化。“文化变迁与发展受到文化传播的巨大影响，而传播本身是一种文化现象。在世界范围内，变迁是文化的纵向发展，传播是文化的横向发展，两者结合推动世界文化的进步。这是文化发展的一般规律”①。尤其是，当今时代是一个全球化时代、信息化时代，人与人之间，民族之间文化交往日益频繁，文化传播在文化变迁中所起的作用越来越突出。文化传播是文化的常态，是文化发展的必由之路。因此，考察和研究文化必须立足于文化传播，才得以有可能，并切实可行。

文化传播过程是一个复杂的文化交往过程。

首先，从文化传播的方向来看，文化传播过程是双向的过程。“文化传播的过程是极其复杂的。就文化传播的方向而言，是文化优势的一方向文化劣势的一方传播，这是文化传播的主流。但是，由于文化优势不尽是优势，文化劣势也不尽是劣势，所以还有反向传播。所谓反向传播，是说文化较低的民族某个或某些先进文化因素传播到文化较高的民族，改变和丰富它们的生活”②。文化传播过程是一个文化互动过程，因此文化传播不是文化传播者向文化接受者传播文化的单向的过程，而是一个文化传播者与文化接受者之间相互吸收、相互碰撞，最终走向文化融合的双向的过程。

其次，文化传播过程是文化创新、文化整合的过程。文化传播过程不是简单的文化流动过程。从表面来看，文化传播主要是指一种文化从一个社会传到另一个社会，从一地传到另一地的流动过程。但是，就实质而言，文化传播过程是文化之间的相互结合、相互碰撞、相互融合，最终走向文化创新的过程。在文化传播过程中，文化不断地吸收新的文化要素，不断变迁、融合与碰撞，不断膨胀、变形，不断被改造。因此，文化传播过程也就是文化的创新、整合过程，一成不变的文化是没有的。考察文化传播必须具有动态的眼光，历史地、变化地看待文化的传播，不能用一成不变的眼光看待文化传播。

最后，文化传播过程是社会性的过程。文化传播既是一个客观的过程，也是一个主观的过程。文化是人类特有的意义和符号系统，文化传播也是人类特

① 李善荣：《文化学引论》，西北大学出版社1996年版，第331页。

② 同上书，第367页。

有的现象。文化传播起源于人类社会性的生产劳动实践，文化传播具有深刻的社会性，存在于一定的社会之中。因此，考察文化传播不能脱离一定的社会形态，空谈文化传播，把文化传播说成是一种自然客观现象是十分不正确的，也是不科学的。文化传播是人类社会一种复杂的变化现象，文化传播与人类的历史发展与社会形态的更替都是紧密相连的。文化传播依附于人类社会的发展，单纯的文化传播是不存在的，抽象的谈论文化传播没有任何意义。“文化传播是人类特有的各种文化要素的传递扩散和迁移继传现象，是各种文化资源和文化信息在时间和空间中的流变、共享、互动和重组，是人类生存符号化和社会化的过程，是传播者的编码和读者的解码互动阐释的。”①

从文化传播的类型来看，文化传播种类庞杂、形式复杂。但是，一般而言，文化传播可以划分为一般性文化传播、专门性化传播和跨文化传播三种传播形式。第一种是一般性文化传播。一般性的文化传播就是指人们日常生活中无意识中所发生的文化传播。这种文化传播无时无刻不在发展，范围广，影响大，潜移默化地影响着人们的行为，造就了一国的国民性格和文化底蕴。因此，一般性的文化传播就是人类的生活过程，人类的生活样态。第二种是专门性文化传播。专门性的文化传播是指职业化的文化传播活动，为了推进文化传播而有意识地、有目的地进行专门性的文化传播活动。这样类型的文化传播活动主要是指一国之内的文化教育活动以及文化艺术宣传活动等等。第三种是跨文化传播。跨文化传播是文化全球化时代的产物，主要是指不同的文化种族、不同的文化系统之间进行的文化传播，尤其是国与国之间，以及不同文明形态之间所进行的文化传播活动。随着全球化进程的加快，信息化时代的到来，第三种文化传播越来越成为文化传播的主要形式，发挥着重要的作用。

从文化传播的形式和手段来看，文化传播包括人际传播、组织传播和大众传播三种传播形式。人际传播是指文化在个体之间的传播。现代社会是一个交往社会，人际传播在文化传播中也发挥着重要的作用，扮演着重要的角色，特别是在一般性文化传播之中起着举足轻重的作用。组织传播中包括国家与地区之间为了增进文化了解，所举办的一系列文化交流、开办学校、宗教活动等。随着全球化进程的加强，国家之间的交流频繁，组织传播也对文化传播发挥着重

---

① 庄晓东：《文化传播：历史、现实和未来》，人民出版社 2003 年版，第 6 页。

要的作用。大众传播既包括书籍、报纸、杂志等印刷媒介，同时也包括电子媒介的广播、电影、电视、互联网等。随着信息化时代的到来，大众传播尤其是电子媒介文化传播取代了传统的文化传播形式，是当前和今后文化传播的主要形式。

综上所述，文化传播对于文化的发展具有决定性的作用，文化只有在文化传播中才能彰显它的生命力和影响力。文化是在文化传播中生成的，文化传播是文化的主要发展方式，也是文化形成和发展的动力，没有文化传播，文化的发展便无从谈起。任何民族的文化创新和发展，都离不开文化传播，当今时代更是如此。文化传播推动民族文化走向世界，使一切民族的文化都成为世界的文化，避免了民族文化的狭隘性和局限性。马克思曾经指出："某一个地域创造出来的生产力，特别是发明，在往后的发展中是否会失传，完全取决于交往扩展的情况。当交往只限于毗邻地区的时候，每一种发明在每一个地域都必须单独进行；一些纯粹偶然的事件，例如蛮族的入侵，甚至是通常的战争，都足以使一个具有发达生产力和有高度需求的国家陷入一切都必须从头开始的境地。在历史发展的最初阶段，每天都在重新发明，而且每个地域都是独立进行的。发达的生产力，即使在通商相当广泛的情况下，也难免遭到彻底的毁灭。"① "只有当交往成为世界交往并且以大工业为基础的时候，只有当一切民族都卷入竞争斗争的时候，保持已创造出来的生产力才有了保障。"② 文化的产生、保存，文化的传承、交流，文化的创造、发展都离不开文化传播，文化传播有助于增强文化生命力、凝聚力，保存与延续文化。只有在文化传播中才能推动文化之间交流、互动与碰撞，促进文化的融合与互补、文化选择与进化，吸收文化营养，进而实现文化更新升级与整合创新，推动文化的进化与发展。

二、何谓文化传播制度

文化传播不仅是一种文化传播活动，具有实践的样态，而且也具有制度的属性与形态。文化传播制度是文化传播的有机构成部分，是文化传播的制度形态。文化传播制度是文化传播走向规范化的产物与发展结果，是文化传播深入

① 《马克思恩格斯文集》第1卷，人民出版社2009年版，第559页。

② 《马克思恩格斯选集》第1卷，人民出版社1995年版，第107~108页。

发展的必由之路。制度具有根本性、长远性与全局性，推进文化传播，主要靠文化传播制度的建设。因此，从制度层面来考察文化传播，建构科学合理的文化传播制度的，对于推进文化传播的科学、可持续发展，具有十分重要的意义。

（一）文化传播制度的历史考察

我们要完全理解文化传播制度的内涵，必须了解文化传播制度的历史。首先，从制度学来讲，新制度经济学的代表人物诺斯认为，“制度是一个社会的游戏规则，更规范地说，它们是为决定人们的相互关系而人为设定的一些制约。制度构成了人们在政治、社会或经济方面发生交换的激励结构，制度变迁决定了社会演进的方式，因此它是理解历史变迁的关键”①。虽然，诺斯夸大了制度变迁的作用，认为制度变迁决定了社会演进的方式，并且是理解历史变迁的关键。但是，从另一个方面，这也说明了制度的重要性和制度的变迁对社会的影响力。因此，我们必须从文化传播制度的变迁来认识文化传播制度。

根据诺斯对制度的划分，制度分为“由正规的成文规则和那些作为正规规则的基础与补充的典型非成文行为准则所组成”，② 虽然诺斯对制度的这一划分并不适合于文化传播制度与文化制度乃至于社会制度的关系。文化传播制度并不是非正规规则，更不是非成文规则。但是，文化传播制度是虽然属于制度层面，具有制度的属性，文化传播制度不具有独立性，是从属于其他文化制度，更是隶属于一定社会制度的，属于社会制度之中的衍生制度。因此，从这个角度来看，文化传播制度是文化制度更是社会制度的延伸、阐释。

文化传播制度不是孤立的，文化传播隶属于一个国家的制度体系。从一个国家的制度体系结构来看，首先最为根本的是一个国家的社会制度，它起着基石的作用，是一个国家性质的规定，是各种制度的母制度。社会制度是一个国家之中最为根本的、最具有普遍规范意义的，比较稳定的和正式的社会规范体系。然后，社会制度又衍生出在其上的一个国家的政治法律制度、经济制度、思想文化制度。其中，文化制度之中具体包含了一个国家的文化传播制度。可

① 道格拉斯·C·诺斯：《制度、制度变迁与经济绩效》，刘守英译，上海三联书店1994年版，第1页。

② 同上书，第6页。

见，一个国家的社会制度决定一个国家的文化传播制度。文化传播制度是现有社会制度的一部分，它是对现有社会秩序的维护与适应。因此，有什么样的社会制度必然有什么样的文化传播制度。文化传播制度是对社会制度的反映，服务于一定的社会制度。更为重要的是反作用于一定的社会制度。但是，社会制度对于文化传播制度的作用并不是简单的、单向的决定作用。社会制度对文化传播制度的作用大多是间接的，更多是社会制度与文化传播制度的相互作用。文化传播制度对社会制度也具有能动的反作用。文化传播制度适应社会制度，就可以起到巩固社会制度的作用，推进文化传播事业的发展；相反，文化传播制度不适应社会制度，滞后于一定的社会制度，就会阻碍社会的发展，阻碍文化传播事业的发展。当然，文化传播制度本身也是非常复杂的制度体系。这种决定不是必然的决定论，文化传播制度还受到一个国家的文化传统、社会风俗、生活习惯等综合方面因素的影响。“传播制度作为社会制度的反映，其内容是十分复杂的，它体现了社会制度或制度性因素在各个方面对传播媒介活动的制约和影响”。“传播制度体现了全部社会结构和社会关系的复杂性。”① 因此，文化传播制度体现了社会制度的全部内容和结构性质。文化传播制度的建设与改革必须立足于一国的社会制度。

具体到文化传播制度而言，从广义上来讲，文化传播制度属于社会制度的范畴。文化传播制度主要指的是一个国家和地方的法律、法规中关于文化传播的有关规定以及文化传播组织内部的规章制度。从狭义上讲，文化传播制度是文化制度的重要组成部分和核心要素之一。文化传播制度就是指文化传播的体制机制，主要指文化传播部门的组织职能和岗位责权的调整与配置。从内涵来看，文化传播制度就是一个国家的各项社会制度中对文化传播活动直接或间接地起着制约控制、规范、引导的那些制度。“一定的社会制度对大众传播的控制，体现为一定形态的传播制度，因此，传播制度也就是社会制度中对大众传播活动直接或间接地起着制约和控制作用的部分。”② 文化传播制度是由社会制度直接派生的，所以在任何时候、任何地方考察文化传播制度，都不能脱离一国的根本的社会制度。否则，就容易脱离实际，走入理想、没有任何实际意

① 郭庆光：《传播学教程》，中国人民大学出版社 2003 年版，第 130 页。

② 同上书，第 129 页。

义。因此，就文化传播制度的针对的问题而言，“传播制度问题主要是大众传播工具与政府的关系问题，即言论、出版自由问题”①。文化传播制度的主要内容包括公民的传播权限、大众传播媒介的所有制、媒介与政府的关系，也包括媒介与社会群体的关系等问题。比如言论、出版的自由与权利问题，媒介伦理、传播者的责任与义务等等。制度是一种控制形式，诺斯认为，“制度制约既包括对人们所从事的某些活动予以禁止的方面，有时也包括允许人们在怎样的条件下可以从事某些活动的方面”②。文化传播制度是一种文化传播控制形式，是对传播渠道的选择过程。文化传播制度具有传播选择权和控制权，选择什么文化可以传播或不传播。通俗地讲，文化传播制度是文化传播活动遵循的规则，哪些文化可以传播，哪些文化不能传播，如何传播等一系列问题。

（二）中国特色社会主义文化传播制度的历史脉络及其内涵

中国特色社会主义文化传播制度是文化传播制度的中国化形态，是中国对文化传播制度的应用与创新发展。

1. 中国社会主义文化传播制度的历史脉络

中国特色社会主义文化传播制度的形成有着深刻的历史背景与现实根源，是伴随着中国的发展与社会性质的变化逐步形成的。中国特色社会主义文化传播制度的产生、形成和完善有以下几个阶段。

第一，新中国成立之前，中国共产党人对文化传播制度的探索。自中国共产党成立之后起，中国共产党人就开始了文化传播制度的探索，利用各种媒体传播马克思主义，传播工人阶级的主张，传播先进文化，取得了突出的成绩。首先，充分利用报纸的宣传、组织、号召作用。“报纸的作用和力量，就在它能使党的纲领路线，方针政策，工作任务和工作方法，最迅速最广泛地同群众见面”③。其次，积极发动广大人民群众参与文化传播的思想。1948 年 4 月 2 日，毛泽东在《对晋绥日报编辑人员的谈话》中，对全党办报，群众办报的路线作了深刻的阐明，指出：“我们的报纸也要靠大家来办，靠全体人民群众

① 郑杭生：《社会学概论新编》，中国人民大学出版社 2003 年版，第 253 页。

② 道格拉斯·C·诺斯：《制度、制度变迁与经济绩效》，刘守英译，上海三联书店 1994 年版，第 4 ~5 页。

③ 《毛泽东选集》第四卷，人民出版社 1991 年版，第 1318 页。

来办，靠全党来办，而不能只靠少数人关起门来办。我们的报上天天讲群众路线，可是报社自己的工作却往往没有实行群众路线”[①]。再其次，忠实地报告我们革命工作的事实。1925 年，毛泽东在《〈政治周报〉发刊理由》一文中明确指出：“我们反攻敌人的方法，并不多用辩论，只是忠实地报告我们革命工作的事实”[②]。1931 年，毛泽东在为中央军委总政治部写的《怎样办〈时事简报〉》一文中，更加严格地规定：“严禁扯谎，例如，红军缴枪一千说有一万，白军本有一万说只一千。这种离事实太远的说法，是有害的。《时事简报》不靠扯谎吃饭。”[③] 从这时起，基本上确立了文化传播的实事求是，一切从实际中来的传播原则。

第二，新中国成立以后，文化传播制度的初创时期。1949 年，新中国的成立推翻了几千年的封建专制制度，随后又进行了社会主义改革，建立了社会主义基本制度，消灭了私有制，文化传播性质发生了极大的改变。以毛泽东为代表的第一代中国共产党人是马克思主义文化传播思想在中国的继承者、实践者，也是其丰富者、创新者。1954 年颁布的《中华人民共和国宪法》第八十七条规定：公民有言论、出版、集会、结社、游行、示威的自由。国家供给必需的物质上的便利，以保证公民享受这种自由。毛泽东在 1957 年的《关于正确处理人民内部矛盾的问题》中指出：“百花齐放、百家争鸣的方针，是促进艺术发展和科学进步的方针，是促进社会主义文化繁荣的方针。”[④] 这一时期基本上确立了中国文化传播制度的主要框架，奠定了文化传播制度建设的制度基础，对文化传播制度的成熟与完善，起到了重要的推动作用。

第三，“文革”时期，文化传播制度建设的挫折时期。社会主义改造完成之后，剥削阶级作为一个阶级已经在中国被消灭。但是，由于夸大了阶级斗争，以阶级斗争为纲，把阶级斗争看成是社会的主要矛盾。1957 年“反右”运动以后，以阶级斗争为纲，极“左”思潮的流毒，使文化传播制度走到了文化传播的反面，发生了严重的扭曲。毛泽东在《同新闻出版界代表的谈话》中指出：“在阶级消灭之前，不管通讯社或报纸的新闻，都有阶级性。”1957

① 《毛泽东选集》第四卷，人民出版社 1991 年版，第 1319 页。

② 《毛泽东文集》第一卷，人民出版社 1993 年版，第 22 页。

③ 同上书，第 262 页。

④ 《建国以来重要文献选编》第 19 册，中央文献出版社 1998 年版，第 68 页。

年7月9日在上海干部会议上，毛泽东又指出报纸“属于意识形态”。强调文化传播制度的阶级性是正确的，但是过分夸大和突出阶级斗争则严重地损害了文化传播事业的发展。特别是1959年6月，毛泽东指出：“新闻工作，要看是政治家办，还是书生办。有些人是书生，最大的缺点是多谋寡断。刘备、孙权、袁绍都有这个缺点，曹操就多谋善断。”“搞新闻工作要政治家办报。”① 传播活动越来越成为了“阶级斗争的工具”。

第四，改革开放以后，文化传播制度的恢复和重建时期。随着解放思想、实事求是，团结一致向前看的提出，文化传播制度建设进入了新的发展时期。这一时期文化传播制度的建设也取得了很大的进展，文化传播制度的改革提上日程。2001年中共中央发布了《关于深化新闻出版广播影视业改革的若干意见》在发行体制上，实行以国营书店为主体、多种流通渠道、多种经济成分、多种购销形式、少流通环节的发行体制，而且对书刊价格体制进行的改革取消了统一定价制度，对书刊定价实行分级管理。新闻出版领域的内部体制改革，逐步探索以实行承包责任制为主，一定程度上破除了旧体制的束缚，增加了新闻出版单位的活力。

第五，党的十六大以来，文化传播制度改革与创新时期。文化传播制度的改革进入攻坚时期，出台了一系列的文化传播改革政策。在党的十六大报告中，江泽民提出，要“根据社会主义精神文明建设的特点和规律，适应社会主义市场经济发展的要求，推进文化体制改革”。② 第一次在党的正式文件中将文化分成文化事业和文化产业，强调要积极发展文化事业和文化产业。2005年12月，中共中央、国务院出台了《关于深化文化体制改革的若干意见》，首次允许转制为企业的文化单位，可以进行股份制改革，并对文化体制改革进行了具体的工作部署。非公有资本成为文化传播的主体力量之一。“据统计，2005年全国社会资金、民营资金和外资参与拍摄的影片数量已占75%，参与拍摄电影的民营影视公司达140余家。到2006年1月，在文化部门管理的文化产业中，非公有制经济所创造的文化产业增加值占到全部文化产业增加值的一半以上，就业人数占到2/3，在调整所有制结构、解放文化生产力、满足人

① 《毛泽东新闻工作文选》，新华出版社1983年版，第215～216页。

② 《十六大以来重要文献选编》（上），中央文献出版社2005年版，第32页。

们精神文化需求、缓解社会就业压力和促进经济发展等方面发挥了重要作用。"① 2006 年 1 月出台了一个原则性的意见，即《中共中央国务院关于深化文化体制改革的若干意见》。文化传播体制改革是文化传播制度优化的必然选择，文化传播体制改革就是要打破长期形成的阻碍改革的力量，建立符合社会主义文化建设规律和市场经济发展要求的文化传播制度。

虽然中国特色社会主义文化传播制度的探索既有成功的经验，也有失败的教训，并且带有很大的试探性和摸索性。但是，这些探索对于我们今天认识社会主义文化传播制度以至推进社会主义文化传播制度改革都具有现实价值和借鉴意义。

2. 中国特色社会主义文化传播制度的具体内涵

中国特色社会主义文化传播制度，开创了马克思主义文化传播的新阶段，它是马克思主义文化传播理论在中国的具体体现与运用，是中国共产党人对文化传播制度的新探索。

第一，中国特色社会主义文化传播制度是中国特色社会主义制度优越性的体现。社会制度决定文化传播制度，文化传播制度取决于具体的社会制度，文化传播制度体现了全部社会结构和社会关系的复杂性。邓小平指出，"我们的社会主义制度是有中国特色的社会主义制度。"② 中国特色社会主义制度从根本上决定了文化传播制度的性质。中国特色社会主义制度从根本上决定了文化传播的制度选择与文化制度安排。中国特色社会主义制度必然造就中国特色社会主义文化传播制度。中国特色社会主义文化传播制度是中国特色社会主义制度的体现和集中反映。

中国特色社会主义制度作为一个制度体系，首先包括经济、政治、文化、社会等各个领域的制度。具体而言，中国特色社会主义制度包括人民代表大会制度这一根本政治制度，以公有制为主体、多种所有制经济共同发展的基本经济制度，以及建立在其上的经济体制、政治体制、文化体制、社会体制等各项具体制度。胡锦涛在 2011 年"七一"讲话中指出，"中国特色社会主义制度，

---

① 王立：《我国文化体制改革历程的回顾与启示》，载于《长春工业大学学报（社会科学版）》，2010 年第 22 期。

② 《邓小平文选》第 3 卷，人民出版社 1993 年版，第 218 页。

是当代中国发展进步的根本制度保障，集中体现了中国特色社会主义的特点和优势。我们推进社会主义制度自我完善和发展，在经济、政治、文化、社会等各个领域形成一整套相互衔接、相互联系的制度体系。”① 一方面，中国特色社会主义制度坚持了社会主义的基本原则，实现了广泛的民主，人民的政治权益得到保障；另一方面，中国特色社会主义制度又开拓创新，不是一成不变的、僵化的，突破了原有的社会主义制度理论框架，具有巨大的灵活性和开放性。中国特色社会主义制度具有巨大的优越性，但是正如邓小平所指出的，“社会主义制度的优越性表现在它的文化、科学技术水平应该比资本主义发展得更快、更先进，这才称得起社会主义，称得起先进的社会制度”②。因此，文化传播制度的改革和完善必须体现中国特色社会主义制度的本质属性，适应中国特色社会主义制度的要求。中国特色社会主义文化传播制度也应该是中国特色社会主义制度优越性的体现，我们必须突出中国特色社会主义文化传播制度的优越性。同时，建构合理和科学的中国特色社会主义文化传播制度，对于巩固和发展中国特色社会主义制度，提高政治觉悟，具有重要的意义。

第二，中国特色社会主义文化传播制度是中国特色社会主义文化发展的要求。文化传播制度也取决于具体的文化内容，取决于文化本身的性质。文化传播制度服务于和服从于文化的需要。中国特色社会主义文化是当前中国先进文化的内容、是文化主体。党的十五大报告作了十分明确而简洁的概括：“建设有中国特色社会主义的文化，就是以马克思主义为指导，以培育有理想、有道德、有文化、有纪律的公民为目标，发展面向现代化、面向世界、面向未来的，民族的科学的大众的社会主义文化。”③

中国特色社会主义文化与文化传播制度的建设是相互作用、相互制约，彼此内在的统一的。首先，中国特色社会主义文化是文化传播制度的内容实体。中国特色社会主义文化决定了中国特色社会主义文化传播制度的主要内容。中国特色社会主义文化需要文化传播制度的支撑。中国特色社会主义文化要求必须建构中国特色社会主义文化传播制度。其次，文化传播制度建设是中国特色社会主义文化发展壮大的必然要求。中国特色社会主义文化传播制度是中国特

---

① 胡锦涛：《在庆祝中国共产党成立90周年大会上的讲话》，人民出版社2011年版，第8页。

② 《邓小平年谱（1975～1997）》（上），中央文献出版社2004年版，第200页。

③ 《江泽民文选》第二卷，人民出版社2006年版，第537页。

色社会主义文化本性的体现，是中国特色社会主义文化传播的制度保障。文化传播制度的建设不仅要有利于提升人民群众的文化素质，改善人民群众的精神状况，促进人民群众的文化主体觉醒，增强人民群众文化自尊心、自信心，实现文化自觉，而且要进一步增强中国特色社会主义文化的吸引力和感召力。文化传播制度的建设与创新必须适应中国特色社会主义文化发展的需要，探索具有中国特色的文化传播制度。

三、文化传播制度的主要特征

文化传播制度具有自身鲜明的特征，准确地理解与把握这些特征，历史地看待这些特征，对于科学认识文化传播制度的本质，创新与完善文化传播制度无疑是必不可少的。

（一）文化传播制度是阶级性与社会性的统一

其一，文化传播制度具有鲜明的阶级性。首先，文化作为一种上层建筑具有一定的意识形态性。毛泽东说得更明确："一定的文化（当做观念形态的文化）是一定社会的政治和经济的反映，又给予伟大影响和作用于一定社会的政治和经济；而经济是基础，政治是经济的集中表现。这是我们对于文化和政治、经济的关系及政治和经济的关系的基本观点。"① 社会政治和经济的性质决定了文化的性质。社会政治和经济是具有阶级性的，所以文化也是具有阶级性的。其次，文化传播具有阶级性，由于文化的阶级性与文化传播主体的阶级性决定了文化传播具有阶级性。"文化传播具有强烈的阶级性和意识形态性，它总是为一定的政治服务，或者总是带有一定的政治倾向"②。文化传播属于上层建筑意识形态，是一定阶级利益的维护者与代言人。再其次，文化传播制度具有阶级性。一方面，文化传播制度的阶级性来源于文化的阶级性与文化传播的阶级性；另一方面，文化传播制度作为一种制度范畴和形态，根源于一定的社会制度。因此，文化传播制度本身也具有阶级性。在阶级社会中，文化传

① 《毛泽东选集》第二卷，人民出版社1991年版，第663页。

② 周鸿铎：《文化传播学通论》，中国纺织出版社2005年版，第22页。

播制度往往是统治阶级控制文化传播，维护统治阶级利益的手段和工具。文化传播制度被打上了阶级的烙印，不同阶级具有不同的文化传播制度，因此任何忽视或者抹杀文化传播制度的阶级性都是极其错误的，都是极其危险的。文化传播制度是为统治阶级的利益服务的，历来的统治阶级出于自身权威的考虑和维护统治阶级安全的需要，都十分重视文化传播的约束与规范。中国特色社会主义文化传播制度有意识形态的功能，有增强社会主义的优越性和吸引力，维系社会主义核心价值体系，巩固社会主义制度的文化功能。文化传播制度的阶级性具体体现为对文化传播的政治参与功能、权力监督功能、政治沟通功能与政治控制功能的规范与约束。

其二，文化传播制度还具有社会性的一面。客观地看，即使是资本主义国家的文化传播制度为了维护统治阶级的利益，也具有一定的文化服务功能。文化传播具有大众化的特征，文化传播是文化扩散的主要渠道。因而，文化传播具有传递文化信息，提供教育、娱乐以及全社会共享的价值观念等多方面的功能和作用。因此，文化传播制度的社会性具体体现为文化传播的文化推广功能与教育功能之上。中国作为社会主义国家，人民当家作主，文化传播制度的服务性功能体现更为明确。文化传播的社会性不仅体现在文化传播的根本目的是为人民服务，满足人民的文化需要，而且更进一步体现在文化传播可以提高人民的政治觉醒和觉悟。文化传播影响人民的思想与行为，具有教育和改造人民思想的功能。“文盲是处在政治之外的，必须先教他们识字。不识字就不可能有政治，不识字只能有流言蜚语、谎话偏见，而没有政治。”① 文化传播成为人民参与公共事务的工具。

（二）文化传播制度是规范性与引导性的统一

文化传播是一把“双刃剑”，具有双重作用。一方面，文化传播可以推进文化繁荣和发展，增强文化的影响力、吸引力和感召力，提高人民的文化素质，改善人民的精神状况，增强民族文化的自尊心、自信心；另一方面，文化传播带来文化安全等一些问题。由于文化传播无时无刻不在、无处不在，文化传播具有随意性、不自觉性、渗透性。特别是，文化传播成为西方霸权主义国

---

① 《列宁选集》第四卷，人民出版社1995年版，第590页。

家推行霸权的手段和工具，成为颠覆社会主义国家的文化陷阱。文化传播的问题也是文化传播制度产生的现实根源和客观依据。为此，我们需要制定合理的文化传播制度：其一，发挥文化传播制度的规范性，限制和防止文化传播消极作用的发挥；其二，发挥文化传播的引导性，促进文化传播积极作用的发挥。

文化传播制度作为一种制度首先具有支配性与规范性。“规范表达了在一种社会集团中所存在的相互意见一致的状况”，“遵循规范的中心概念，意味着满足一种普遍化的行动要求”①，规范性就是强制力量。文化传播制度的规范性包括了国家和政府对文化传播的政治控制，政党和利益群体的控制，受众的社会监督控制等。

文化传播制度的规范性具体体现在文化传播过程中的协调或干扰的功能，规范文化传播的方向，文化传播的目的，文化传播的任务，预防文化传播走入歧途。文化传播制度限制或禁止那些违背国家公众利益的文化信息与内容的传播。同时，文化传播制度也是文化管理者对文化传播的活动进行法制和行政管理的依据。文化传播制度是对文化传播发展总体规划的体现，为文化传播的发展提供长效机制，保障文化传播的可持续发展、顺利进行。国际上，文化传播制度还要防止文化侵略，文化霸权，文化殖民，抵制意识形态的渗透，维护国家文化安全，推进国际文化传播的健康发展。

文化传播制度还具有引导的功能。文化传播制度的引导性主要体现在引导社会舆论，影响社会的运行。文化传播制度是社会整合的最佳工具之一，它能协调社会各个利益集团以求平衡，最有效地进行政府与民众以及民众与民众之间的沟通。胡锦涛指出，“舆论引导正确，利党利国利民；舆论引导错误，误党误国误民。要牢固树立政治意识、大局意识、责任意识、阵地意识，把坚持正确导向放在新闻宣传工作的首位，坚持团结稳定鼓劲、正面宣传为主，唱响主旋律，打好主动仗，更加自觉主动地为人民服务、为社会主义服务、为党和国家工作大局服务。”② 可见，舆论引导影响重大。正向舆论能够对社会发展起到推动和促进作用，而负向舆论则对社会发展起到破坏和阻滞作用。文化传播是最为重要的社会舆论工具之一。“我们基本上把传播视为一种控制的目的

① 哈贝马斯：《交往与社会进化》，重庆出版社 1989 年版，第 120 页。

② 胡锦涛：《在人民日报社考察工作时的讲话》，发表于《人民日报》，2008 年 6 月 21 日。

传递远处讯息的过程，于是，传播的典型情形是劝服，态度改变，行为变化，通过形象传递、影响或调节达到社会化或个体对读什么或看什么的选择”[①]。因而，文化传播必须以正确的舆论引导人、塑造人。从一定意义上讲，文化传播是公共利益的代言人。一方面，政府可以利用文化传播主流价值观念，制造有利于自身的舆论，协调各个利益集团之间的关系；另一方面，个人和社会组织也可利用文化传播间接地参与国家事务、政府决策。

（三）文化传播制度具有稳定性与流动性

文化传播制度是对文化传播规律的反映。文化传播制度的稳定性来源于文化传播规律的稳定性。但是，人们对文化传播规律的认识是不可能一次完成，而是一个逐步的过程。这就决定了文化传播制度的稳定性与流动性的内在的统一。首先，文化传播制度作为一种制度具有稳定性与长期性。诺斯也认为，“制度在一个社会中的主要作用是通过建立一个人们相互作用的稳定的结构来减少不确定性。”[②] 文化传播制度的稳定性有助于为文化传播事业的发展奠定坚实的制度基础，提供长效机制保障。但是，制度一旦稳定下来，就容易僵化、成为桎梏，变成束缚，失去灵活性与活力。“制度的稳定性丝毫也没有否定它们是处于变迁之中的这一事实。”[③]文化传播制度的制定也不应该是为了追求一种永恒不变的普遍法则，而是更好地适应文化传播事业的发展。我们必须强调制度的稳定性与流动性的有机统一。马克思恩格斯也曾经明确指出：“所谓‘社会主义社会’不是一种一成不变的东西，而应当和任何其他社会制度一样，把它看成是经常变化和改革的社会。”[④] 可见，社会主义制度是需要不断完善的。因此，社会主义的文化传播制度也是需要不断改革的。文化传播制度作为一种具体制度、体制，是不断变化的，具有易变性与灵活性，需要不断地完善和发展的。从宏观视角来看，文化传播制度要反映文化变迁的规律，反映时代的内涵，要随着社会制度的改革而改革，随着经济制度的完善而完善。从微观视角来看，文化传播制度要适应传播内容的要求，适应文化传播事业发

---

① 詹姆斯·W·凯瑞：《作为文化的传播》，丁未译，华夏出版社2005年版，第27～28页。

②③ 道格拉斯·C·诺斯：《制度、制度变迁与经济绩效》，刘守英译，上海三联书店1994年版，第7页。

④ 《马克思恩格斯选集》第四卷，人民出版社1995年版，第693页。

展的要求，适应人民的文化需求。

第二节　改革与问题：文化传播制度理论的深入把握

文化传播制度建设是文化制度建设的重要内容和核心所在，是现代社会文化发展的必然趋势。我们通过对文化传播制度内容的重新思考与文化传播制度建设境况的把握，对于我们正确认识文化传播制度，并进一步推进文化传播制度建设无疑是非常重要的。

一、文化传播制度理论的历史嬗变

文化传播制度就其实质而言是一种文化传播控制。文化传播制度制定的主要目的和作用就是通过规定文化传播的所有制形式，并且制定相关的法律、法规和政策，保障文化传播为国家制度、意识形态以及各种国家目标的服务。从总体上来讲，文化传播制度具有以下几个方面的内容。

第一，文化传播制度决定文化传播组织的所有制形式。文化传播制度的性质取决于社会制度的性质，社会制度的所有制形式就决定了文化传播组织的所有制形式，文化传播组织的所有制形式随着社会所有制形式的变化而变化。因此，根据社会性质的变化，文化传播的所有制形式经历由专制主义的文化传播制度理论到资本主义私有制的文化传播制度理论，再到社会主义公有制的文化传播制度理论。

第二，依据文化传播制度对文化传播活动进行法制和行政管理。这些管理主要包括文化传播的审批、文化传播的登记、传播资源的分配等。这里主要涉及文化传播权力的配置与资源的分配问题。

第三，通过文化传播制度限制或禁止某些文化内容的传播。这里主要是针对文化传播的具体内容的规定与限制。

第四，通过文化传播制度对文化传播事业的发展制定总体规划。这里主要是对文化传播事业发展方向的确定和文化传播发展道路的规定。

但是，没有抽象的统一的文化传播制度，也没有统一不变的文化传播制度内容。具体而言，不同的文化传播制度具有完全不同的内容，文化传播制度也是不断变化的。因而，文化传播制度理论的内容也是不断变化的。诺斯指出："历史是至关重要的。它的重要性不仅仅在于我们可以向过去取经而且还因为现在和未来是通过一个社会制度的连续性与过去连接起来的。今天和明天的选择由过去决定的，过去只有在被视为一个制度演进的历程时才可以理解。"①因此，准确把握和认识文化传播制度理论的历史嬗变对于正确理解当下的文化传播制度理论以及文化传播制度理论未来的发展走向，都是十分有意义的。

（一）专制主义的文化传播制度理论

文化传播制度随着社会制度的变换而变换。专制主义的文化传播制度理论主要是指盛行于15世纪中叶印刷术发明后的欧洲封建专制背景下提出和制定的文化传播制度理论。从广义上讲，资本主义社会以前漫长的人类历史，基本上都采取了专制主义的文化传播制度。在中央集权，专制主义社会制度之下，文化传播制度表现为专制主义的文化传播制度，或者称为极权主义的文化传播制度。专制主义的文化传播制度集中主张国家对社会的意见和舆论严加控制。当然，专制主义的文化传播制度具有严重的弊端，极大地限制和制约了文化传播事业的发展，把文化传播作为维护统治阶级的工具和手段，违背了文化发展的规律。文化成为统治阶级独享文化成果，是特权阶级的事业。对于广大人民群众而言，文化传播制度成了限制了人民的思想与自由，控制人民舆论的工具，发生了严重的异化。统治阶级为了维护统治才对广大人民群众推行有限度的文化传播。因此，专制主义的文化传播制度理论所主张和秉持的文化传播制度，实质上也是一种文化专度制主义的传播制度。具体而言，专制主义的文化传播制度理论具有以下几个方面的内容。

第一，文化传播制度规定了文化传播必须对统治阶级负责，必须维护统治阶级的利益和符合实现专制的需要。文化传播制定的制度必须绝对服从于统治阶级的权力或权威，文化传播制度是保证统治阶级的垄断权力。

第二，文化传播制度规定，一切文化传播形式、手段、内容都必须是服务

① 道格拉斯·C·诺斯：《制度、制度变迁与经济绩效》，上海三联书店1994年版，第1页。

于统治阶级的需要。一切文化都不得自由传播，更不得以任何一种形式对统治阶级的统治进行批评与质疑。相反，文化传播必须讴歌和赞美统治阶级，肯定统治阶级的地位是合法的，不可动摇的。

第三，文化传播制度规定，统治阶级有绝对的权力对文化传播的内容、形式、渠道进行事先审查，统治阶级的审查和许可是文化传播获得合法形式的唯一途径和唯一标准。如果审查通过就可以公开、合法的传播，如果审查不通过就不得传播，否则就是违反国家法律。统治者有权监督文化传播的一切活动，包括审查内容，反对言论的多样性和思想的多元化；同时，制定各种法律扼制出版物。

第四，文化传播制度规定，对于违反统治阶级有关文化传播的规定的文化传播者、文化传播行为，统治阶级视其情节给予严厉的法律制裁。

由此可见，专制主义的文化传播制度理论充分体现了统治阶级权力的至高无上和不可侵犯性。统治阶级绝对不允许有任何有害统治阶级的文化传播发生。文化传播制度的制定与执行成为维护专制统治的工具，成为压迫广大人民群众，束缚人民群众思想和自由的手段。专制主义的文化传播主要是专制制度的产物，其主要存在于奴隶社会、封建社会，但是近代以来还有复活主义制度理论传播，比如法西斯主义和军国主义，宗教极端组织的传播制度理论。其中，法西斯主义传播制度限制议论出版和新闻自由，通过思想、组织与法律上的极端措施，强化其对所有大众传播媒介的控制，是集权主义传播制度中的重要实践和表现。

（二）资本主义文化传播制度理论

资本主义文化传播制度结束了漫长的专制主义的文化传播制度，打破了极权主义专制制度和等级支配观念，确立自由、平等和权利思想，实现了传播制度史上的第一次革命，是人类文化传播史上重要的具有里程碑意义的事件。但是，资本主义文化传播制度理论也是不断变化的，随着资产阶级对文化传播制度理论的调整，资本主义文化传播制度理论经历了由早期的自由主义的文化传播制度理论到后来的社会责任论的文化传播制度理论。

1. 自由主义的文化传播制度理论

自由主义的文化传播制度是在 17、18 世纪资产阶级革命中同专制主义文化传播制度理论斗争的过程中提出的。近代以来，随着民主化进程的加快，资产阶级启蒙运动的开展，对自由民主的普遍追求，自由主义盛行天下，“主权在民”、“天赋人权”的观念深入人心。

人民有自由传播的权利和传播的需要。“大自然和我们国家的法律赋予我们应享有的权利——自由——这就是把事实真相讲出来，写出来以揭露和反抗（至少在世界的这些地区）专断权力的自由。”① 在这样的社会背景下，文化传播制度自然由专制主义的文化传播制度转变为了自由主义的文化传播制度。自由主义的文化传播制度理论核心反映了资产阶级自由主义的观念，是资产阶级自由主义观念在文化传播过程中的体现，即认为传播应该是“观点的自由市场”和“自我修正过程”。自由主义的文化传播制度理论主张文化传播自由，不需要任何外在的制度约束和规范，文化传播自我约束与规范，自我调节与修正。因此，早期自由主义的文化传播制度是人类历史上巨大的进步，它极大地推动了文化传播事业的发展，文化传播更为广泛，更为频繁。但是，自由主义的文化传播制度也有其内在的弊端。一方面，由于文化传播过分追求文化传播自由，自由过于泛滥，文化传播制度便形同虚设，事实上取消了文化传播制度，文化传播便缺乏了规范，导致了文化传播的诸多的弊端，如虚假的文化传播，各种有害的文化传播盛行等等。自由主义文化传播制度同专制主义的文化传播制度同样是有害的。更为根本的是，资本主义社会私有制的社会制度性质内在地决定了自由主义文化传播制度的性质。资产阶级的改良，不可能从根本上改变资本主义社会的性质，只是局部、细节的调整。资产阶级的传播自由是建立在资本主义私有制的经济基础之上，是虚假的自由，是以不损害资产阶级根本利益为前提的自由，是资产阶级内部的自由，是受资产阶级全面控制的自由，广大工人阶级的不自由。因此，自由主义文化传播理论必然具有巨大的局限性。随着资本主义发展到垄断阶段，后来自由主义理论本身发生了蜕变，垄断传播企业相互竞争、自由兼并，成了维护垄断资本利益的理论，个别传播大国还推行文化帝国主义的理论。自由主义的文化传播制度具有以下的内容：（1）文化传播制度规定任何人都有传播自由而不必经过政府当局的许可。言论自由和传播自由是人的天赋权利。传播自由不受干涉，任何人都无权剥夺。

① 埃德温·埃默里、迈克尔·埃默里：《美国新闻史》，新华出版社 1982 年版，第 58～61 页。

(2) 文化传播制度规定传播机构有权对政府当局的不当行为和过错进行批判和指责，充分行使传播活动对政府的监督作用。(3) 传播机构有权不接受政府机构的事先检查，传播内容不受到任何强制。在性质上，传播机构是不受政府干预的独立企业，按照市场经济原则，自由参与市场竞争。(4) 在具体传播原则上，传播制度必须保证“真理”和“谬误”同样得到传播。任何传播者都具有个人偏见。“真理”与“谬误”只有通过自由公开的斗争才能得到确认。因此，在真理未能确定之前，限制传播自由就有可能压制了真理。

2. 社会责任论的文化传播制度理论

随着资本主义制度的深入发展，自由主义文化传播制度的弊端逐渐暴露出来。20 世纪 70 年代以后，由于过度自由竞争，文化传播组织的集中程度、垄断程度越来越高，文化传播资源和权力越来越集中于少数垄断传播机构手中。传播事业的高度垄断激化了资本主义内部的社会矛盾，激发了工人阶级的强烈反对。自由主义文化传播制度理念也与传播的实际效果产生了严重背离。自由主义化传播体制走到了自由主义的反面。公众的受传者权利受到严重的侵害。文化传播活动不顾社会责任和社会影响，为了追求社会轰动效应，传播内容也走向了浅薄化、煽情化、刺激化，传播内容失实、传播违规等现象不断产生。这一切都导致了自由主义的文化传播制度理论的破产和社会责任论的文化传播制度理论的诞生。

在这样的背景之下，资本主义国家一方面出于缓和社会矛盾，另一方面出于规范文化传播活动发展的需要，对自由主义文化传播制度进行了调整与矫正，便产生了社会责任论的文化传播制度。但是，社会责任论的文化传播制度并不是放弃了自由主义传播的理念，而是在坚持自由主义理念的基础上，更加注重文化传播制度的社会责任与义务。社会责任论的文化传播制度是有责任的自由主义的文化传播制度，主要强调文化传播的自律性，强调文化传播应该对社会承担一定的责任，是对自由主义文化传播制度的继承与超越。社会责任论的文化传播制度理论具有以下几个方面的内容：(1) 从传播机构的性质来看，文化传播机构具有很强的公共性和大众性。因而，文化传播机构必须顾及社会责任和社会影响，承担和履行一定的社会责任和义务。文化传播活动必须既要尊重传播者的权利，又要尊重受传者的权利。(2) 从文化传播内容的原则来看，文化传播内容可以自由传播，但是文化传播内容必须符合真实性、正确性、客观性、公正性等传播原则。（3）从文化传播活动来看，文化传播活动必须在现存法律和制度允许的范围内进行。文化传播活动不得违反现有的法律制度框架，更不得煽动社会犯罪。

（三）社会主义文化传播制度理论

社会主义文化传播制度理论来源于马克思恩格斯的文化传播理论思想。马克思恩格斯虽然没有提出直接的、系统的文化传播制度理论，但是，马克思恩格斯在参与工人阶级斗争过程中提出了丰富的文化传播理论思想。这些思想为社会主义文化传播制度理论的建立提供了理论基础。

1. 马克思恩格斯的文化传播制度理论思想

马克思恩格斯坚持历史唯物主义和辩证唯物主义的理论视阈，对社会主义文化传播的性质，文化传播的功能与任务都有深刻的见解。

（1）文化传播的性质。

首先，文化传播要具有自由性。马克思也坚持文化传播的自由性原则。马克思所处的时代新闻、报纸在传播文化与思想方面起着重要的作用。马克思较多地论述了自由报刊的思想，并突出强调了传播自由的重要性。马克思认为，传播自由是人类自由的重要实现形式与基础。没有传播的自由，也就没有其他方面的自由。马克思指出：“没有新闻出版自由，其他一切自由都会成为泡影。”① “新闻出版就是人类自由的实现。因此，哪里有新闻出版，哪里也就有新闻出版自由。”② 但是，马克思所坚持的文化传播自由性与资产阶级的文化传播自由有着根本区别。资产阶级的自由传播是为了维护资产阶级一个阶级的特殊利益，而马克思所坚持的自由是为了维护无产阶级的根本利益，为了追求最广大人民的根本利益。马克思指出：“‘自由报刊’是社会舆论的产物，同样，它也制造社会舆论，唯有它才能使一种特殊利益成为普遍利益。”③ 自由报刊是用来反对官僚的自由压迫的，争取自由的重要工具。“他们就起来反对狂妄自大的官僚，他们揭露世界的现实景象和官僚在办公室里所设想的世界景

① 《马克思恩格斯全集》第1卷，人民出版社1995年版，第201页。

② 同上书，第166页。

③ 《马克思恩格斯全集》第1卷，人民出版社1995年版，第378页。

象之间的矛盾，他们用实际的证据同官方摆出的证据进行对照。”① “自由报刊不通过任何官僚中介，原原本本地把人民的贫困状况反映到御座之前，反映给这样一个当权者。”②

其次，文化传播要具有人民性。其一，报刊要维护人民的利益，为人民的利益而奋斗。马克思指出，“它生活在人民当中，它真诚地同情人民的一切希望与忧患、热爱与憎恨、欢乐与痛苦。它把它在希望与忧患之中倾听来的东西公开地报道出来。”③ 报刊是人民的心声，人民生活状况的反映。报刊是人民的报刊。“它们并不强迫人民去接受任何学说，它们自己便是人民及其党派的真正学说”。④ 媒介是民意表达的工具。报刊是人民寻求真理、保障权利的最好办法。通过自由发行的报刊，人民可以了解关于国家事务的全部情况，监督政府的行动，防止政府损害自己的利益。其二，人民的承认是文化传播的前提条件与合法性的依据。人民的承认是报刊评价的根本标准和最终价值所在。“而民众的承认是报刊赖以生存的条件，没有这种条件，报刊就会无可挽救地陷入绝境”。⑤ “报界不仅要撇开个别人的特殊意见来表达人民的信念，而且要证明这种信念的实质是合理的。”⑥ 报刊只有如实地表达民意，才能获得民众的支持与认同。媒体作为民意的代言者。文化传播媒介应该接近人民生活，成为人民的心声，人民利益的表达者和维护者。

再其次，文化传播的阶级性。文化传播不是价值中立的，而是具有鲜明的阶级性。在阶级社会文化传播打上了阶级的烙印。在以往，剥削阶级的文化传播是粉饰统治的道德手段，统治阶级为了维护自己的统治利益，往往需要美化统治，为统治压迫辩护，维护其统治的合法性。但是，无产阶级的报纸，新闻传播则是旗帜鲜明地反对阶级压迫，维护工人阶级自己的利益的。“在每一个党、特别是工人党的生活中，第一张日报的出版总是意味着大大地向前迈进了一步！这是它至少在报刊方面能够以同等的武器同自己的敌人作斗争的第一个

---

① 《马克思恩格斯全集》第1卷，人民出版社1995年版，第372页。
② 同上书，第378页。
③ 同上书，第352页。
④ 同上书，第352页。
⑤ 同上书，第381页。
⑥ 《马克思恩格斯全集》第40卷，人民出版社1982年版，第307页。

阵地”。[①] 在阶级社会，没有脱离了阶级利益的传播，任何传播都是代表一定阶级利益的。传播业属于上层建筑意识形态，是党和政府进行革命斗争的工具。

最后，文化传播的事实性。传播的本源是事实。马克思恩格斯坚持历史唯物主义和辩证唯物主义的理论视阈，突出强调了文化传播的真实性、实事求是等观点。马克思在坚持文化自由传播的基础上突出文化传播必须符合客观事实。“这样，只要报刊生气勃勃地采取行动，全部事实就会被揭示出来。这是因为，虽然事情的整体最初只是以有时有意、有时无意地同时分别强调各种单个观点的形式显现出来的，但是归根到底，报刊的这种工作本身还是为它的工作人员准备了材料，让他把材料组成一个整体。这样，报刊就通过分工一步一步地掌握全部的事实，这里所采用的方式不是让某一个人去做全部的工作，而是由许多人分头去做一小部分工作”。[②] 但是，马克思所坚持的事实并不是一般的简单的事实，也不是事实的简单再现或者报道，而是“在这里我们应以历史学家的公正态度记述事实”[③]。马克思所说的事实是历史唯物主义的事实，是从现实出发的事实，不是局部的真实，而是整体的真实和本质的真实。马克思对事实的报道追求事实本身的真理性，事实背后的依据。文化传播是传递事实和意见的机关，是舆论机关、信息机关。有时表现出强大的威力，精神的力量，马克思所称的“理智的力量”。媒介还是民众自然的喉舌。报刊应该挖掘和反映真实现状。

（2）文化传播的社会功能与任务。

首先，文化传播要成为反对剥削与压迫的手段，成为阶级斗争的工具。马克思恩格斯为，报刊在无产阶级革命中，占有十分重要的地位。一方面，报刊具有揭露和批评的功能，报刊要揭露抨击社会黑暗和反动统治。马克思说：“报刊按其使命来说，是社会的捍卫者，是针对当权者的孜孜不倦的揭露者，是无处不在的耳目，是热情维护自己自由的人民精神的千呼万唤的喉舌。”[④] 另一方面，报刊起着发动和指导工人阶级斗争的巨大作用。“报刊应当说明，

---

① 《马克思恩格斯全集》第 39 卷，人民出版社 1974 年版，第 336 页。
② 《马克思恩格斯全集》第 1 卷，人民出版社 1995 年版，第 358 页。
③ 《马克思恩格斯文集》第二卷，人民出版社 2009 年版，第 420 页。
④ 《马克思恩格斯全集》第 6 卷，人民出版社 1961 年版，第 275 页。

无产者、小农和小资产者（因为在德国，构成‘人民’的正是这些人）为什么受官吏、贵族和资产阶级的压迫；应该说明，为什么不仅产生了政治压迫，而且首先产生了社会压迫，以及采取哪些手段可以消除这种压迫。”① 这里马克思突出强调了报刊肩负着组织的作用，通过传播能够起到团结、号召的作用。

其次，文化传播的舆论导向作用。报刊是传播信息、引发和引导社会舆论的工具。马克思指出：“‘自由报刊’是社会舆论的产物，同样，它也制造社会舆论。”② 报刊通过关注当前面对的重大社会现实问题，反映社会现实状况，使真实情况得到及时反映，也就引发和表达了社会舆论。“报刊最适当的使命就是向公众介绍当前形势、研究变革的条件、讨论改良的方法、形成舆论、给共同的意志指出一个正确的方向。”③ 报刊是“具有公民头脑和市民胸怀的补充因素”。它“而是在平等的公民权利范围内进行这种批评——已经不是作为个人，而是作为理智的力量，作为合理的观点的体现者。”④ “当报刊匿名发表文章的时候，它是广泛的无名的社会舆论的工具”⑤。

最后，文化传播具有监督责任。文化传播媒介作为一种公共权力的体现，是政治权力的监督者。文化传播媒体在权力监督方面具有更高的效率与道义权威。马克思认为文化传播媒体的监督是整个社会民主监督机制中不可缺少的监督形式。马克思称为“国家中的第三种权力”⑥，是“另一个法庭——社会舆论的法庭”、“普遍的、隐蔽的和强制的力量”⑦。马克思指出：“管理机构和被管理者都同样需要有第三个因素。”⑧ 文化传播媒介，一方面通过形成社会舆论，进而对权力形成监督；另一方面通过公开信息，了解国家决策过程，执行过程及其执行的结果，对国家的权力的执行与运行进行监督。

因此，虽然马克思恩格斯的文化传播制度理论思想还没有形成成熟的社会

① 《马克思恩格斯选集》第一卷，人民出版社 1995 年版，第 200 页。
② 《马克思恩格斯全集》第 1 卷，人民出版社 1995 年版，第 378 页。
③ 《马克思恩格斯全集》第 43 卷，人民出版社 1982 年版，第 489 页。
④ 《马克思恩格斯全集》第 1 卷，人民出版社 1995 年版，第 378 页。
⑤ 《马克思恩格斯文集》第二卷，人民出版社 2009 年版，第 179 页。
⑥ 同上书，第 179 页。
⑦ 《马克思恩格斯全集》第 43 卷，人民出版社 1982 年版，第 385 页。
⑧ 同上书，第 378 页。

主义文化传播制度理论，马克思恩格斯的探索对于我们正确认识社会主义文化传播以及制度建设，提供了较好的思路。

2. 中国特色社会主义传播制度理论的主要内容

中国特色社会主义传播制度理论是马克思主义文化传播制度理论在中国的创造性应用与发展，是中国共产党人对社会主义文化传播制度理论的新探索，是当代中国文化传播事业发展与进步的根本制度保障。具体而言，中国特色社会主义传播制度理论具有以下几个方面的内容：

（1）文化传播应以马克思主义为指导思想。马克思主义文化传播理论为社会主义文化传播理论奠定了理论基础，提供了思想指导。中国特色社会主义传播制度理论与马克思恩格斯的传播制度理论是一脉相承的，中国特色社会主义传播制度理论必须坚持以马克思主义为指导。列宁曾经指出，“我们不打算把我们的机关报变成一个形形色色的观点的简单堆砌。相反地，我们将本着严正明确的方针办报。一言以蔽之，这个方针就是马克思主义。”[①] 江泽民也指出：“思想文化阵地，马克思主义、无产阶级的思想不去占领，各种非马克思主义、非无产阶级的思想甚至反马克思主义的思想就会去占领。从上到下的一切思想文化阵地，包括理论、新闻、出版、报刊、小说、诗歌、音乐、绘画、舞蹈、戏剧、电影、电视、广播、网络等，都应该成为我们宣传科学理论、传播先进文化、塑造美好心灵的阵地，绝不能给违反四项基本原则、违反改革开放政策、违反党的方针政策的错误观点，以及危害人民特别是青少年身心健康的东西提供传播渠道。”[②] 文化传播必须以马克思主义的理论武装人、引导人、塑造人与鼓舞人。江泽民还突出强调马克思主义在文化传播指导思想方面的一元化主导地位。他指出：“有中国特色社会主义的文化，必须以马克思列宁主义、毛泽东思想为指导，不能搞指导思想的多元化。”[③] 因此，中国特色社会主义传播制度理论，必须坚持马克思主义在文化传播领域的指导地位，为文化传播制度建设提供有力理论指导，确保文化传播制度始终沿着正确道路前进；必须把马克思主义文化传播制度理论应用于中国文化传播制度改革的各个领

① 《列宁专题文集：论无产阶级政党》，人民出版社 2009 年版，第 49 页。

② 《江泽民文选》第四卷，人民出版社 2006 年版，第 97 页。

③ 《江泽民文选》第一卷，人民出版社 2006 年版，第 158 页。

域，不断探索和创新具有中国特色、符合文化传播事业发展要求的文化传播制度理论。

（2）文化传播应以传播社会主义先进文化为引领。所谓先进文化就是反映先进生产力发展要求的，对社会的发展和人的发展起推动作用的，反映时代精神的文化。文化传播不能主次不分、一概而论。中国特色社会主义传播制度理论要以传播社会主义先进文化为主体。社会主义先进文化是中国当前文化最显著的特征与性质标志，是中国文化传播的旗帜和方向。社会主义先进文化是中国现在文化的主体，也是文化传播的出发点和落脚点。当前，随着社会主义市场经济日益发展和对外开放的不断扩大，文化日益多元化。胡锦涛指出："面对当今世界各种思想文化相互激荡的大潮，面对国家发展和人民生活改善对文化发展的要求，面对社会文化生活多样活跃的态势，如何找准我国文化发展的方位，创造民族文化的新辉煌，增强中国文化的国际竞争力，提升国家软实力，是摆在我们面前的一个重大现实课题。"① 传播社会主义先进文化的重要性和紧迫性更加凸显。文化传播能否以社会主义先进文化为引领，不仅关系文化传播事业的发展方向问题，而且也事关文化改革发展全局的根本问题。

因此，文化传播必须倡导和发展社会主义先进文化，以传播社会主义先进文化为引领，提高社会主义先进文化的辐射力和影响力。只有以社会主义先进文化为引领，才能打牢中国特色社会主义文化发展的根基。当然，坚持文化传播以传播社会主义先进文化为引领，并不是文化传播的"一元论"、反对文化的多样性。相反，社会主义先进文化为引领，强调的是坚持社会主义先进文化前进方向。但是在文化传播过程中，要正确处理社会主义先进文化与传统文化，与西方文化的关系，实现全面、协调、可持续的文化交往关系，防止西化、同化，推动文化全面发展。

（3）文化传播的所有制形式是公有制为主体、多种所有制共同发展。中国特色社会主义传播制度理论诞生于社会主义社会，建立在生产资料公有制基础之上。《宪法》明确规定："社会主义制度是中华人民共和国的根本制度。"因此，中国特色社会主义文化传播制度必须坚持社会主义的性质。中国特色社会主义制度，是当代中国发展进步的根本制度保障，集中体现了中国特色社会

① 《十六大以来重要文献选编》（下），中央文献出版社 2008 年版，第 752 页。

主义的特点和优势。中国特色社会主义制度体现在经济体制、政治体制、文化体制、社会体制等各项具体制度上。中国《宪法》规定："国家在社会主义初级阶段，坚持公有制为主体、多种所有制经济共同发展的基本经济制度，坚持按劳分配为主体、多种分配方式并存的分配制度。"公有制为主体多种制度并存的经济制度决定了文化传播制度的多元化。文化传播制度必须大力推进所有制结构调整，适应社会主义初级阶段所有制结构要求，坚持公有制为主体，多种所有制共同发展的文化传播格局。文化传播要鼓励和支持非公有资本以多种形式进入文化传播领域，大力培育发展非公文化企业，凡是法律法规未禁止进入传播行业和领域的都要向民营资本开放，最大限度地开放社会文化传播领域，消除体制的限制和阻碍，引导、支持非公资本进入政策许可的文化传播领域，形成以公有制为主体、多种所有制共同发展的文化传播所有制格局。这种文化传播所有制具有巨大的优越性与灵活性。一方面，坚持公有制为主体的文化传播所有制形式，防止私人和资本垄断，可以消除商业盈利的驱动力，建立对社会负责的体制，不受商业集团的控制，更加符合国家的政策和需要，能够注重社会效益，能够保证文化传播发展的方向和道路正确；另一方面，多种所有制共同发展极大地促进了文化传播事业的发展，调动了广大文化传播者的积极性与主动性，促进文化传播服务的普遍性、内容的多样性、充分丰富文化传播，满足广大人民群众的文化传播需求，较好地适应服务社会的需要。

（4）文化传播必须坚持党性原则。中国共产党是中国特色社会主义事业的领导核心，代表中国先进生产力的发展要求，代表中国先进文化的前进方向，代表中国最广大人民的根本利益。因此，中国特色社会主义传播制度理论必须坚持党性原则，中国特色社会主义传播制度建设有赖于加强和改善党的领导。江泽民曾经指出："我们的新闻工作是党的整个事业的一个重要组成部分。因此不言而喻，必须坚持党性原则。"[①]"舆论工作就是思想政治工作，是党和国家的前途命运所系的工作。"[②]文化传播事业与党的事业休戚与共，是党的生命的一部分。在坚持党性原则上，不允许有任何的含糊和动摇，必须旗帜鲜明地坚持党性原则。但是，文化传播坚持党性原则并不是指党直接控制、

---

① 《十三大以来重要文献选编》（中），人民出版社 1991 年版，第 770 页。

② 《江泽民文选》第一卷，人民出版社 2006 年版，第 564 页。

完全管理文化传播制度，而主要是指党在文化传播的政治、思想和组织方面的领导作用。首先，在思想上，文化传播要以党的指导思想为指导，要宣传党的理论基础和思想体系。其次，在政治上，文化传播必须具有明确政治任务、政治目标、政治方向意识，贯彻和落实党的纲领路线、方针政策。正如毛泽东所指出的，“报纸的作用和力量，就在它能使党的纲领路线，方针政策，工作任务和工作方法，最迅速最广泛地同群众见面。”① 最后，在组织上，文化传播要接受党的领导，遵守党的组织原则和纪律。文化传播还必须受到党的纪律约束，“对那些错误的、违法的东西不能不管不问，在大的是非面前，宣传思想文化部门要坚持原则，提倡什么、允许什么、限制什么、反对什么，必须旗帜鲜明。那些散布否定党的领导和社会主义制度的东西，散布腐朽思想、颓废情绪以及传播封建迷信、渲染色情暴力的东西，危害我们的事业，损害人们特别是青少年的身心健康，群众十分不满，不能任其泛滥”。② 总之，党对文化传播的领导也是宏观控制方式，它并不直接参与文化传播的具体传播活动，而是通过制定传播政策和传播纪律控制文化传播，决定文化传播事业的所有制形式、权利和义务等，通过政策、纪律决定文化传播的工作方针、传播内容、形式与方法。

（5）文化传播应坚持为人民服务的宗旨。文化传播为了谁、依靠谁是文化传播制度改革的根本问题，也决定着文化传播的性质和方向。中国是工人阶级领导的、以工农联盟为基础的人民民主专政的社会主义国家。中国的这一根本性质，决定了国家的一切权力属于人民，人民是国家的主人。早在 1965 年，毛泽东给中央广播事业局题词就写道：“努力办好广播，为全中国人民和全世界人民服务”。因此，文化传播必须始终不渝地坚持为人民服务、为社会主义服务的方向。文化传播的根本目的就是不断提高全体人民的文化生活质量，满足人民群众日益增长的多层次精神文化需求。文化传播一切要从人民根本利益出发，把维护和尊重人民群众的文化主体地位，“始终不渝地面向广大群众，在艺术上精益求精，力戒粗制滥造，认真严肃地考虑自己作品的社会效果，力求把最好的精神食粮贡献给人民。”③ 在社会主义市场经济体制下，文化传播

① 《毛泽东选集》第四卷，人民出版社 1991 年版，第 1318 页。

② 《十四大以来重要文献选编》（上），人民出版社 1996 年版，第 658 页。

③ 同上书，第 657 页。

必须进一步健全文化市场管理机制，正确处理经济效益与人民利益的关系，坚持把人民利益放在首位，绝不能唯利是图、见利忘义，坚决抵御文化糟粕和腐朽文化的影响。

（6）文化传播应尊重文化传播规律。文化传播具有相对的独立性，具有自身内在的规律和特点。文化传播规律是制定文化传播制度的客观依据。文化传播制度建设必须充分尊重并把握文化传播的这种内在规律。对于中国特色社会主义传播制度而言，文化传播要遵循社会主义文化传播的特点和规律，适应社会主义市场经济体制改革的要求，以文化传播体制、机制改革为突破口，以满足人民群众多层次精神文化需求为出发点和落脚点，努力健全和完善充满活力、富有效率、更加开放包容的文化传播制度。

中国特色社会主义文化传播制度的建设必须深入研究中国特色社会主义文化传播的规律和特点，反映人类文化发展的历史，反映文化变迁的规律，反映时代的内涵。具体而言，尊重文化传播规律其中最为核心的就是尊重文化传播的客观性、自由性与事实性原则。首先必须坚持实事求是，一切从实际出发。江泽民指出："新闻的真实性，就是要在新闻工作中坚持党的一切从实际出发、实事求是的思想路线。"[①] 没有调查就没有发言权，文化传播必须建立在深入调查研究的基础之上。文化传播的事实性"不仅要做到所报道的单个事情的真实、准确，尤其要注意和善于从总体上、本质上以及发展趋势上去把握事物的真实性"[②]。其次，一切从群众中来，到群众中去。"要讲求宣传艺术，提高引导水平，努力使自己的宣传报道更加贴近生活、贴近读者，使广大读者喜闻乐见。"[③] 文化传播反映人民群众的心声，关注人民群众的日常生活。最后，文化传播自由与维护国家利益、人民利益的统一。文化传播必须坚持传播自由，但是同时必须防止滥用传播自由。文化传播自由要立足于维护国家利益，满足公众的文化需要，坚决抵制与反对任何有损国家利益、人民利益的传播活动。

总之，文化传播制度的制定和执行一定要按照文化传播的内在规律来进行。

---

① 《十三大以来重要文献选编》（中），人民出版社 1991 年版，第 775 页。

② 同上书，第 776 页。

③ 《江泽民文选》第一卷，人民出版社 2006 年版，第 565 页。

二、中国当前文化传播制度建设情况分析

中国文化传播制度建设总体上看，取得了重大的成就，但是仍然存在着诸多问题。科学、客观地分析中国文化传播制度建设所取得的成绩以及存在的问题并分析其产生的原因，对于未来推动文化传播制度的进一步发展具有重要的意义和价值。

（一）文化传播制度建设取得的成绩

党的十六大以来，我们走出了中国特色社会主义文化传播道路，初步探索出了中国特色的社会主义文化传播制度，充分保障了中国特色社会主义文化传播的顺利开展，显著地提高了全民族思想道德素质和科学文化素质、显著地增强了国家文化软实力，为坚持和发展中国特色社会主义提供了强大的精神力量。因此，中国的文化传播制度建设取得了突出的成绩。具体表现在，文化传播制度改革步伐加快，“事业性质、企业管理”的文化传播形式破除了文化传播的体制束缚，极大地推动了文化传播事业的发展。中国文化传播事业发生了巨大的变化，文化传播内容多种多样，文化传播手段现代化，文化传播的途径也日益丰富，文化传播投资渠道多样化。互联网领域文化传播进展迅猛，文化传播管理走向科学化，文化传播主体走向多元化。其中，最为重要的是对外文化传播制度建设取得巨大的进展，对外文化传播活动日益频繁。随着经济全球化，中国文化传播在世界范围内伸展。特别是近几年来，大型对外文化传播活动开展得有声有色，影响日益明显。到目前为止，中国已与143个国家达成政府文化协议，签订年度文化交流计划682个，每年经文化部批准的中外文化交流项目达2000起左右，涵盖60~70个国家，3万人次。比较有代表性的文化传播活动有：1998年，中国民族乐团首次在奥地利维也纳金色大厅举行了“春节中国民族音乐会”；1999年国务院新闻办公室举办了“99巴黎·中国文化周”；2000年国务院新闻办公室举办了“中华文化美国行”；2001年举办了第三届柏林“亚太周”中国主宾国活动；2002年，中国分别在埃及、墨西哥、巴拿马和比利时举办了“中国文化周”活动，展示了中国的传统文化和世界遗产的保护情况等。2003年10月~2004年7月，中国在法国成功地举办了

“中国文化年”；2004 年 10 月 ~ 2005 年 7 月，法国在中国举办“法国文化年”；2005 年 11 月国务院新闻办公室在巴西、阿根廷组织举办“感知中国——巴西、阿根廷文化周”；同时，每年一度的上海国际艺术节和北京国际音乐节也成为吸引各国艺术家的大型国际文化活动。大型对外文化传播活动的开展，有利于传播中华民族优秀文化，增强世界各地人民对中国文化的了解，同时对世界文化传播的发展做出了贡献。

（二）文化传播制度建设存在的问题

从总体上来看，中国文化传播制度的建设取得了很大的成绩。但是，中国文化传播制度建设也存在着诸多制约因素，面临着复杂的问题与挑战。因此，文化传播制度建设的形势复杂，任务繁重，不容乐观。

1. 文化传播霸权主义盛行，国际文化传播秩序不合理

当前，文化传播霸权主义盛行，文化安全任务繁重。一些国家凭借全球化和文化交往中的文化强势地位，不断传播他们的价值观念、意识形态和政治主张，对其他国家进行全方位的文化渗透。“文化传播霸权”和“媒介帝国主义”气焰嚣张。所以，“文化绝非什么心平气和、彬彬有礼、息事宁人的所在；毋宁把文化看成战场，里面有多种力量崭露头角，针锋相对”①。“西方文化对殖民主义者来说是一种极好的手段，一种使人疏远本民族的工具，通过使一个民族接受西方和美国的价值观念，他们就能够使之服从其统治”②。全球化中的强势文化与弱势文化的“文化争端”与“文化冲突”不断加剧，文化传播过程中的民族文化认同、冲突、交融、成长、扭曲、衰败等问题凸显，文化传播演变成为了文化侵略。文化传播直接关系到中国的“文化主权”，进而影响到国家的政治安全和意识形态安全。全球文化传播给各个国家的文化安全带来了隐患，增强了各个国家的文化安全意识。因此，深刻的文化危机，文化霸权的强力介入，西方文化传播的强势，主流文化侵蚀其他文化，文化认同等一系列文化传播问题，形成了威胁国家安全的潜在的不安全因素。但是，经济

---

① 爱德华·萨义德：《文化与帝国主义》，李琨译，生活·读书·新知三联书店 2003 年版，第 43 页。

② 斯塔夫里阿诺斯：《全球通史：1500 年以后的世界》，吴象婴等译，北京大学出版社 2006 年版，第 240 页。

全球化是世界发展的客观趋势，任何一个民族既无法选择，也无法逃避。面对文化冲突、文化争端、民族文化安全问题，如何应对文化冲突，如何提高文化竞争力，怎样捍卫文化主权的独立性和自主性，是文化传播面临的重大理论与现实问题。长期以来，文化传播存在的问题主要是对内传播，而忽视了文化的对外传播。但是中国的对外文化传播力量比较弱小，传播体系仍不完善。中国对对外文化传播重视不够，没有做好传播工作，中国文化产业组织化、集约化程度低，规模小，数量虽多但各自实力较弱，整体处于一种低水平的竞争状态。“中国也许可以成为一个经济巨人，但是中国永远不会成为世界的领导者，因为这个巨人只是一个跛脚的巨人。它缺乏文化支撑和文化输出，缺乏文化的力量”①。中国文化整体实力和国际影响力与中国国际地位还不相称，“西强我弱”的国际文化和舆论格局尚未根本扭转，因此中国的对外文化传播任重道远。

2. 文化传播体制问题突出，文化传播制度建设与改革滞后

中国的文化传播制度建设起步晚，建设滞后。就国内而言，中国经过漫长的封建专制主义社会，实现了长期的专制主义文化传播制度，封建专制观念根深蒂固。新中国成立以后，中国又经历了“文革”十年，文化传播制度成为阶级斗争的工具。从中国文化传播制度建设的情况来看，文化传播体制问题突出，文化传播制度缺失，文化传播制度同经济制度、政治制度的改革，文化传播同经济社会发展和人民日益增长的精神文化需求还不完全适应，束缚文化传播的体制机制问题尚未根本解决。

（1）文化传播的范围广，监督管理难度大。一方面，文化传播每时每刻都在发生，而且中国是一个多民族的国家，人口众多，每个人都是文化传播的主体，文化传播的监督管理较为困难，无法及时依法查处；另一方面，文化传播管理部门势单力薄，人力、财力不足，职责不清，造成中国当前文化传播环境极不健康。

（2）文化传播制度建设与改革滞后。当前中国文化传播缺乏有效的监督管理机制和相关的配套制度，特别是缺乏与市场经济体制相适应的文化传播制度。长期计划经济体制以及行政管理的文化传播运作模式导致文化传播制度与

① 高建群：《文化界，谁来“钱学森之问”》，发表于《南方周末》，2000 年 11 月 10 日。

文化传播事业发展的现实要求相脱节，造成了文化传播制度僵化，缺乏针对性和时效性，对文化传播的健康发展造成极大的危害，严重地阻碍和制约了文化传播的可持续发展，因此规范文化传播已经刻不容缓。

（3）文化传播制度与人的冲突。文化传播的首要问题是“向谁传播、怎样传播、在什么范围传播”。一方面，文化传播面临的问题是把一小部分精英人士作为传播对象，还是将大众作为传播对象。当前中国文化传播的精英化现象明显，广大人民群众在传播中面临着被边缘化的威胁。“在媒体如此发达的今天，六千万国有企业的工人，两亿在城市里游荡的民工，八亿农民，这样一批人没有人在说话，中国老百姓越来越没有声音”①。另一方面，文化传播过程中，过分强调了媒介技术的社会历史作用，把技术视为文化传播变革的唯一因素，而没有突出文化的主体性，忽略了人的主观能动性，没有突出人的价值与尊严，人似乎被文化传播媒介所主宰。

（4）文化传播脱离实际，形式主义严重。当前，文化传播越来越脱离实际，脱离现实生活，形式主义倾向严重。早在1978年邓小平就在一次讲话中强调：“追求表面文章，不讲实际效果、实际效率、实际速度、实际质量、实际成本的形式主义必须制止。说空话、说大话、说假话的恶习必须杜绝。”② 1992年邓小平在南方讲话中进一步指出：“现在有一个问题，就是形式主义多。电视一打开，尽是会议。会议多，文章太长，讲话也太长，而且内容重复，新的语言并不很多。重复的话要讲，但要精简。”③ 文化传播的形式主义使文化传播面临着深刻的危机。因此，文化传播如何切中现实，回归生活，也是未来文化传播制度建设与改革不得不思考和面对的问题。

3. 文化传播的性质有些偏离，局部规范失调

首先，文化传播忽视文化传播的性质和方向的问题。当前，受资产阶级自由化思想的影响，文化传播存在着“去政治化”的倾向。文化传播缺乏正确的政治方向，自由化、私有化倾向严重。早在20世纪80年代初，当一些人掀

---

① 郑根成：《传媒娱乐化的伦理反思》，载于《湖南师范大学社会科学学报》，2006年第3期。

② 《邓小平文选》第二卷，人民出版社1994年版，第100页。

③ 《十三大以来重要文献选编》（下），人民出版社1993年版，第1863页。

起一股反对四项基本原则、鼓吹资产阶级自由化的思潮时，邓小平就旗帜鲜明地指出："我们的宣传工作还存在严重缺点，主要是没有积极主动、理直气壮而又有说服力地宣传四项基本原则，对一些反对四项基本原则的严重错误思想没有进行有力的斗争。"[①] 文化传播如何坚持正确的政治方向，也是当前文化传播制度建设面临的挑战之一。

其次，文化传播规范失调。当前，一些文化传播没有社会责任，文化传播的社会意识较低。"一方面是消费者本人的拜物主义倾向与文化商品制造的拜物效果形成了一种同构关系，一方面也是因为文化工业制造了一种使用价值已经支付给消费者的幻觉（比如可以借文化产品消遣、娱乐、放松、获取知识等等），而就在这种假象与幻觉中，文化商品的交换逻辑与其追求的'赤裸裸的赢利动机'却被隐藏在深不可测的黑暗中，变得不为人察觉了"[②]。对此，邓小平也深刻指出："有些混迹于艺术界、出版界、文物界的人简直成了唯利是图的商人。"[③] 在市场经济利益的驱动之下，文化传播走向商业化、庸俗化，为了迎合低级趣味，文化传播中的色情、暴力倾向严重，没有真实反映人民群众的精神需要。文化传播的功利化、世俗化趋向严重。

最后，网络文化传播缺乏规范。网络是目前传播文化的主要阵地，中国现在网民的数量也越来越多，但是网络文化传播制度建设与管理滞后。网络文化传播带来的负面效应也越来越突出，快餐文化、消极文化、低级文化、腐朽文化泛滥。因此，能否积极利用和有效管理互联网，能否真正使互联网成为传播社会主义先进文化的新途径，成为文化传播制度面临的新挑战。

4. 民族传统文化的传播与保护问题突出

中华民族具有悠久的历史和灿烂的文化，拥有丰富的传统文化资源。保护和传播好民族传统文化，既是维护文化多样性的需要，也是增强民族认同、实现民族团结的需要。但是，随着全球化进程的推进，民族文化的命运与前途，民族文化遗产的保护与传播都面临着深刻的危机与挑战。具体表现在：民族文化的危机不断加深，民族文化的人为破坏和自然灭绝加快，民族传统文化传承

① 《邓小平文选》第二卷，人民出版社 1994 年版，第 364 页。
② 赵勇：《整合与颠覆：大众文化的辩证法》，北京大学出版社 2005 年版，第 46 页。
③ 《十一届三中全会以来重要文献选读》（下），人民出版社 1987 年版，第 726 页。

断层与断代，民族文化认同危机也不断加重，民族文化的传播方式和手段落后。一些地方特色的文化，特别是一些少数民族的特色文化面临着消失的危险。了解中华民族的传统节日、传统音乐歌舞、传统风俗的人越来越少，正在被人遗忘。文化传播是有选择的传播，自发的文化传播不会传播与保护民族文化，因此如何通过有目的、积极的文化传播有效地传播与科学保护民族文化，弘扬传统文化，增强民族文化的生命力，推动民族文化可持续发展是中国文化传播面临的问题之一。

（三）如何进一步推进文化传播制度建设

如何破解文化传播的制度瓶颈，如何行之有效地推进文化传播，是中国当前文化传播不得不思考和面对的问题。为此，我们必须立足于中国文化传播事业发展的现状，从文化传播制度建设面临的问题出发，有针对性地提出推进文化传播的具体对策。

1. 改革与创新文化传播制度

中国特色社会主义文化理论需要创新文化传播制度。改革不仅应该包括经济制度的改革、政治体制的改革，而且也应该包括文化制度的改革。文化制度的改革也是改革的重要组成部分。而文化传播制度是文化制度的重要内容与有机构成部分。文化制度建设是同文化传播制度的建设分不开的，因而文化传播制度的改革也是文化制度改革的重点之一。文化传播制度建设也是完善中国特色社会主义制度的需要，作为具体领域的、微观的文化传播制度更需要不断保持生机与活力，不断更新与改革。经济体制的转型是文化体制改革的根本原因，建构与社会主义市场经济相适应的文化体制是文化体制改革的基本目标。同样，文化传播制度改革的目的也要适应中国经济体制转型、市场经济体制改革的需要，适应文化传播事业发展的要求。“在时代的高起点上推动文化内容形式、体制机制、传播手段创新，解放和发展文化生产力，是繁荣文化的必由之路”①。因此，我们要通过文化传播理论的创新不断推动文化传播制度的创新，不断在实践中探索、创新文化传播制度。

文化传播的现实问题也需要不断深化文化传播制度的改革。制度问题是带

① 《十七大以来重要文献选编》（上），中央文献出版社 2009 年版，第 28 页。

有根本性、全局性、稳定性和长期性的问题，文化传播制度不完善是文化传播滞后的重要原因，建设文化传播制度是文化传播深入发展的客观必然趋势。文化传播问题的解决离不开文化传播制度的改革与完善，文化传播制度不是单一的制度而是一套制度体系，文化传播制度的有效运作，必须有相应的配套制度的支撑。从文化传播制度的体系来看，文化传播制度包括文化传播的保障制度，监督管理制度，评价制度，组织领导制度等一系列的配套制度。因此，文化传播制度的建设需要制定比较完善齐备的文化传播制度，建立健全文化传播制度的配套体系，奠定文化传播的制度基础，有效地规范与引导文化传播事业的发展。

2. 建设高素质的文化传播队伍

人才是文化传播制度改革的关键。文化传播制度改革能否顺利推进，文化传播事业能不能持久发展，关键是建设一支高素质的文化传播队伍，无论是文化传播制度的制定还是文化传播制度的执行都离不开一支文化传播队伍。因此，为了推进文化传播制度的改革与完善，实现文化传播事业的科学、可持续发展，我们必须建设一支政治强、业务精、纪律严、作风正的高素质的文化传播队伍。

首先，提高文化传播队伍的思想政治素质。加强文化传播队伍建设，必须把思想政治建设放在首位，确保文化传播队伍在政治上过得硬。“要努力培养和选拔一批政治坚定、作风正派、业务上有发展前途的比较年轻的同志，给他们压担子，使他们尽快成长起来，确保党的宣传文化事业后继有人。”① 因此，要着力培养造就一批政治上坚定可靠、大局意识强的文化传播队伍。

其次，健全文化传播队伍的培养、选拔、考核、激励机制。胡锦涛指出：“认真组织实施‘四个一批’人才培养工程，努力造就一支高素质的文化工作者队伍，造就一大批文化领域各方面的领军人才和学术带头人，造就一大批各门类拔尖人才、经营管理人才、专业技术人才。”② 文化传播队伍的建设，形成有利于优秀人才脱颖而出的体制机制，最大限度地激发广大文化工作者的积极性、主动性和创造性。特别要培养一大批青年文化传播人才，推进文化传播

① 《十四大以来重要文献选编》（中），人民出版社 1997 年版，第 1681 ~ 1682 页。

② 《十七大以来重要文献选编》（上），中央文献出版社 2009 年版，第 758 页。

的可持续发展。

最后，随着信息化时代的到来，网络文化传播来势迅猛，影响巨大。因此，文化传播队伍建设必须加强网络文化传播队伍的建设，培养一批掌握现代传媒技术的专门人才，“形成与网络文化建设和管理相适应的管理队伍、舆论引导队伍、技术研发队伍，培养一批政治素质高、业务能力强的干部”①。

3. 健全文化传播的科学的管理体系

文化传播制度的建设与改革必须有一股强大的支持力量，离不开各级政府的管理和支持。

首先，各级文化传播管理机构要加大对文化传播的扶持，各级文化传播管理机构要从资金、技术、人力资本等多方面的投入，提高文化传播意识，增强人们在传播过程中的自觉性、目的性和有效性。同时，依法加强管理，制定和执行文化传播发展的科学总体规划，搞好文化传播的基础设施建设，创造良好的文化传播环境，要培育文化传播市场体系，完善和拓展文化传播理论体系和制度建设的基础。

其次，各级文化传播管理机构创新文化传播管理模式，加快文化传播体制改革，破除制约文化传播的体制性障碍，建立符合社会主义文化传播规律和市场经济发展要求的文化传播产业体系和文化传播管理体系。“根据社会主义精神文明建设的特点和规律，适应社会主义市场经济发展的要求，推进文化体制改革。抓紧制定文化体制改革的总体方案。把深化改革同调整结构和促进发展结合起来，理顺政府和文化企事业单位的关系，加强文化法制建设，加强宏观管理，深化文化企事业单位内部改革，逐步建立有利于调动文化工作者积极性，推动文化创新，多出精品、多出人才的文化管理体制和运行机制。”② 因此，创新文化传播管理模式主要包括完善文化传播产业政策，加快文化传播产业结构调整，优化传播资源配置，在尊重文化传播的规律和原则的基础上，落实文化传播的管理责任，明确各有关单位的法律责任和权责关系，形成文化传播的党委统一领导、政府严格管理、企业依法运营、行业加强自律、全社会共

---

① 胡锦涛：《在十六届中共中央政治局第 38 次集体学习时的讲话》，发表于《人民日报》，2007 年 1 月 25 日。

② 《十六大以来重要文献选编》（上），中央文献出版社 2005 年版，第 32 页。

同监督的现代文化传播管理体系，最终提高对文化传播的管理水平。

4. 加强对外文化传播，提升国家的文化软实力

在全球化时代，对外文化传播是文化传播的主要形式和形态。王沪宁指出："软权力的力量来自扩散性，只有当一种文化广泛传播时，软权力才会产生强大的力量。"① 文化软实力只有在文化传播中才能彰显它的生命力和影响力。因此，任何一个国家都必须积极开展国际文化传播交流与合作。文化传播制度的建设在抵制文化传播霸权主义，提高国家的文化软实力，增强国家的文化安全等方面起着重要的作用。只有通过文化传播才能化解全球化过程中产生的"文化争端"、"文化冲突"，增强"文化安全"，提升文化软实力。相反，文化闭塞、盲目自大，只能导致文化安全危机、文化衰落。为此，邓小平也曾经指出，"因为现在任何国家要发达起来，闭关自守都不可能。我们吃过这个苦头，我们的老祖宗吃过这个苦头。恐怕明朝明成祖时候，郑和下西洋还算是开放的。明成祖死后，明朝逐渐衰落。以后清朝康乾时代，不能说是开放。如果从明朝中叶算起，到鸦片战争，有三百多年的闭关自守，如果从康熙算起，也有近二百年。长期闭关自守，把中国搞得贫穷落后，愚昧无知。"② 为此，我们必须加强对外文化传播，提升国家的文化软实力。首先，必须提高对外文化传播自觉意识，深化文化传播方式改革，丰富和创新文化传播方式，不断采用先进的文化传播手段，探索新的文化传播途径，提高文化传播能力。其次，制定本国的对外文化传播政策，积极参与国际文化传播制度的建构。对外文化传播要了解全球文化市场，适应全球文化市场、积极开拓全球文化传播市场，着力加强文化外交，进一步提升中华文化的国际渗透力，增强中华文化的亲和力、吸引力和辐射力，塑造"文化中国"新形象。

5. 采用现代化的文化传播手段

现代社会是一个信息化的时代，文化传播一定要"要努力掌握和发展各种现代传播手段，积极推动先进文化的传播"。③ 约瑟夫·奈曾经提出，在信息时代，"该国拥有最多的传播渠道，因而对如何解释问题拥有更大的影响

① 王沪宁：《作为国家实力的文化：软权力》，载于《复旦学报（社会科学版）》，1993年第3期。
② 《邓小平文选》第三卷，人民出版社1993年版，第90页。
③ 《江泽民文选》第三卷，人民出版社2006年版，第277页。

力”。[1] 现代文化传播手段是提高文化传播能力，增强文化吸引力，扩大文化影响力的重要手段和工具。因此，文化传播一定要围绕提高文化传播的影响力和竞争力，适应文化传播需要和发展要求，充分利用现代科技优势，拓宽文化传播的渠道，利用现代文化传播手段，改变文化传播形式，创新文化传播内容。

具体而言，在文化传播过程中，现代文化传播媒介越来越占有重要的地位，尤其是现代人们越来越离不开电子媒介传播了。因此，一方面，文化传播必须充分发挥传统文化传播媒介诸如广播、电视、报纸、杂志等的文化传播作用；另一方面，更为重要的是，文化传播必须“广泛运用高新技术特别是数字技术发展的最新成果，改造传统文化创作、生产和传播模式，提高传统文化产业的科技含量和市场竞争力”[2]。文化传播要突出强调网络设施等在内的电子媒介的文化传播作用，构建技术先进、传输快捷、覆盖广泛的现代传播体系，增强软实力资源传播的有效性和针对性，提高文化传播能力，实现良好的传播效果。

第三节　价值与包容：文化传播制度的主体与包容多样性

文化传播制度不仅是一种制度规范，而且是一种价值规范，因此文化传播制度不是价值中立的，而是具有一定的价值取向。文化传播价值是文化传播制度的内在依据和合法性的基础，价值与制度既是相生相克，又是互动的。有什么样的文化传播制度，就有什么样的文化传播价值取向，同样有什么样的文化传播价值，必然造就什么样的文化传播制度。只有价值取向合法的文化传播制度，才能获得人民群众的认可，才能取得良好效果。为此，我们必须从价值与制度的关系出发，倡导文化传播制度的主体与包容多样性。

---

① 约瑟夫·奈：《硬实力与软实力》，门洪华译，北京大学出版社2005年版，第153页。

② 《中共中央关于深化文化体制改革推动社会主义文化大发展大繁荣若干重大问题的决定》，发表于《人民日报》，2011年10月26日。

一、文化传播制度的主体反思与追问

文化传播制度的主体何在，文化传播制度为谁服务，这是文化传播制度制定与执行的核心和关键问题。我们必须通过反思与追问，明确文化传播制度的主体。

（一）人何以成为文化传播制度的主体

文化传播是由人所主导的过程，人是一切文化传播活动的主导者、推动者和活动者。因此，文化传播制度的制定与执行也必须立足于人，服务于人。

1. 人是文化传播的主体

从文化传播与人的关系来看，人是文化传播的前提和基础。一切文化传播都离不开人的存在，离不开人的主体性的发挥，离开了人的交往实践活动，文化传播都是一句空话。文化传播按其本性来说是人类交往实践活动的产物，作为一项实践活动，文化传播的主体只能是人本身，文化传播是有意识、有目的的人的实践活动，文化传播是人们生活中的一部分，社会生活中每个人必然与文化传播发生不可分割的联系。当然，文化传播活动是由人所进行，但是文化传播活动也改造人，它们之间具有内在的一致性。我们必须明确，人是文化传播的主体，文化传播是客体，人与文化传播之间是主客体的关系，主体是文化传播的力量、需求者和受益者。因此，文化传播必须服务于人，为满足人的生存和发展服务，文化传播的根本目的就是满足人的文化需求，共享文化。

人作为文化传播的主体，是文化传播的目的与文化传播的手段的统一，人既是文化传播的根本目的，也是文化传播的根本手段。胡锦涛指出，“人民是创造历史的根本动力。中国最广大人民群众是建设中国特色社会主义事业的主体，是先进生产力和先进文化的创造者，是社会主义物质文明、政治文明和精神文明协调发展的推动者。”① 作为文化传播的主体，人是文化的传承人，文化的载体，也是文化的主人。人在文化传播过程中是极为重要的一个因素。从人在文化传播过程中的角色而言，人在文化传播中扮演着多种的角色，发挥着

① 《十六大以来重要文献选编》（上），中央文献出版社2005年版，第646页。

多重的功能。人既是文化的传播者，也是文化的接受者；既是文化传播的实施者，也是文化传播的受施者。但是，在阶级社会，文化的创造者是广大人民群众，而文化产品的享受者却是极少数的剥削阶级，他们不劳而获，无偿占有广大人民群众的劳动成果，文化成为统治阶级的专利。因而，文化的主创造者与文化的享受者发生了严重的分离和对立。

文化传播的主体具有层次性，从微观的视阈来看，文化传播的主体包括社会的每一个人。

从宏观的视阈来看，文化传播的主体包括各类社会组织，既有家庭、社区群体，又有民族、国家。尽管不同层次的文化传播主体在文化传播中所扮演的角色和发挥的作用不尽相同，文化传播的方式也不同，但是他们都是文化传播过程中必不可少的因素。但更为重要的是，文化传播主体对文化传播的态度和立场，直接影响文化能否传播，能否持续传播。然而，在实际生活中，人们却往往忽视文化传播的主体性，认为文化传播是自然而然发生的，是与人无关的活动。多层次的文化主体参与是文化传播前提基础和最重要的方式，是文化传播必不可少的内容和环节，也是文化传播得以运行与可持续发展的最重要的影响因素，只有他们的参与才能最终使文化传播取得理想的效果。因此，必须发动广大人民群众积极参与文化传播。文化主体的参与是文化多样性、活态性连续性得以保存的保证，只有文化主体的参与，才能最大、最持久、最广泛地传播文化。为此，人的文化传播主体性就是要意识到人在文化传播过程中的重要性，文化传播要尊重人，为了人，一切从人的全面发展和个性的满足出发。文化传播的主体性也不是抽象的谈论人道主义，人性问题，而是坚持人的在文化传播中的主体地位，人的文化传播的主导者。

2. 人是文化传播制度的主体

文化传播制度的主体主要是指参与制定文化传播制度并在文化传播过程中发挥重要作用的社会群体。从制度与人的关系而言，表面上来看，文化传播制度是对文化传播的一种约束和规范。文化传播制度的主体是人，客体是文化。就实质而言，文化传播制度是对人与人之间文化传播关系的一种约束和规范。文化传播制度的主体、文化传播制度的对象都是人，是人设计了文化传播制度，人又成为了文化传播制度约束、规范的对象。文化传播制度是由人来制定的，文化传播制度建设的目的就是保障如何更好地满足人民的文化需要。文化传播制度一定要通过人才能运行并得以实现，离开了人，文化传播制度没有任何意义。因此，文化传播制度要以人为本，一切从人的需要出发，满足人的文化需要。人既是文化传播的主体也是文化传播制度的主体。“一种制度可以从两个方面考虑：首先是作为一种抽象目标，即由一个规范体系表示的一种可能的行为形式；其次是这些规范指定的行动在某个时间和地点，在某些人的思想和行为中的实现”①。文化制度主体的直接参与使文化传播制度得以生效，取得合法性，并且发挥作用的前提和基础。文化传播制度本来应该维护人民的文化主体地位，但是文化传播制度发生了严重的异化，成为压迫人民的工具，成为制约人民、统治人民的手段。在一种具体的社会条件下，制度主体实际上就是统治阶级。在剥削阶级社会，文化传播制度的主体是作为统治阶级的主体，是统治阶级为了奴化人民，维护统治，独享文化成果所采取的政策。

3. 何为中国特色社会主义文化传播制度的主体

中国是社会主义国家，人民是国家的主人，因而中国特色社会主义文化传播制度的主体是广大人民群众。中国特色社会主义文化是人民共建、共享的文化，人民是推动社会主义文化大发展大繁荣最深厚的力量源泉，坚持中国特色社会主义文化传播道路，必须发挥人民在文化传播中的主体作用，坚持文化传播为了人民、文化传播依靠人民、文化传播成果由人民共享。坚持人民是中国特色社会主义文化传播制度的主体，这是中国社会主义制度的本质要求，也是中国共产党立党为公、执政为民理念的重要体现。中国特色社会主义文化传播必须“尊重人民主体地位和首创精神，使全社会文化创造活力竞相迸发；必须坚持以人民为中心的创作导向，关心人民命运，体察人民愿望，反映人民心声，在人民伟大创造中汲取营养，把最好的精神食粮奉献给人民；必须坚持面向基层、面向群众，把满足人民基本文化需求作为社会主义文化建设的基本任务，鼓励创作生产更多受到群众欢迎的文化产品，让文化发展成果惠及全体人民”②。广大人民群众的文化传播参与在文化传播方面扮演着重要的角色，为此我们一定要促进多元文化传播主体的文化身份认同，提高多元文化传播主体参与文化传播的积极性。文化传播要坚持以满足人民精神文化需求为出发点和

① 罗尔斯：《正义论》，何怀宏等译，中国社会科学出版社 2002 年版，第 51 页。

② 胡锦涛：《坚定不移走中国特色社会主义文化发展道路》，载于《求是》，2012 年第 1 期。

落脚点，满足人民对实现自身文化权益和丰富自身精神文化生活的要求，大力推进文化传播，丰富群众文化生活，提高人民文化生活质量。总之，中国特色社会主义文化传播制度是社会主义制度下保障人民基本文化权益的基本途径，是实现文化发展成果由人民共建共享的制度保障。

（二）文化传播制度主体之间的关系反思

人是文化传播制度的主体，但是正如马克思所指出的，“人的本质不是单个人所固有的抽象物，在其现实性上，它是一切社会关系的总和”。[①] 那么，文化传播制度主体之间关系是什么？如何准确定位文化传播制度主体之间的关系？要回答这些问题，我们必须从现实的社会关系角度出发去认识和把握文化传播制度主体之间的关系。

1. 文化传播制度的主体是多元的主体

文化传播主体不是单一主体，而是多极主体。具体而言，从横向看，文化传播主体具有多元性。文化传播主体不仅包括一个国家、一个民族、一个地区，而且也包括每一个社会成员。文化传播主体既可以是一个集体也可以是每一个人。从纵向看，文化传播主体具有跨越性文化传播主体，不仅包括当代人，也包括后代人。因而，文化传播主体不是单一的主体而是多极主体。单一主体的文化传播是片面失衡不可持续的，多极主体的文化传播才是一种全面协调可持续的文化传播。

文化传播是主体与主体之间的文化交往活动，因此文化传播是互为主体的。文化不是某一个的专利，文化就其本质而言，也不是单一主体的产物，文化是多元主体价值的融合与凝结。文化本身就是一个群体共同体的生活方式的体现，“文化是一种群体性的存在，文化传播是人与人之间进行的一种社会交往活动，离开人这个传播的社会主体，传播活动就不能进行”[②]。因此，文化传播制度必须尊重和保护多元文化主体之间的地位。“在身份和身份认同之间存在着一个重要的差别：身份被理解为个体或集体的自然力量的一种反映，而

① 《马克思恩格斯文集》第一卷，人民出版社 2009 年版，第 505 页。
② 周鸿铎：《文化传播学通论》，中国纺织出版社 2005 年版，第 19 页。

身份认同被理解为别人对自己行使权力的一种结果”①。文化是一种共同体的存在，文化传播更是多元主体之间的互动与交流活动。因此，文化传播制度要尊重文化主体之间的文化差异、承认文化身份不同，不能制度性歧视。

特别是，当今时代是一个全球化、多元化的时代，在这样的时代，文化传播制度的主体也日益多元化，具体表在群体的多元化，利益的多元化，需求的多元化，文化传播主体之间的关系也日益多元化。文化传播制度的主体体现为不同层次的主体，既有个人，也有组织和国家。从一定的角度来说，文化传播分为传播者与接受者，但是文化传播是互为主体的。没有主体与客体之分，是多元文化主体之间的文化交流、对话与互动关系。文化传播者是一个相对的概念，文化传播者也是文化的接受者，文化接受者也可以是文化的传播者，身份是不确定的。

尽管造成多元文化主体的差异性的因素是复杂的、综合的，差异的来源也是不确定的。“多元文化论，是对身份的一种态度。我们主要从人的经验来确定身份，还是（部分地）从某种特定的民族、种族、宗教、社会或其他群体来确定？人类行为的差异性是历史的偶然还是地域的偶然?”② 但是，多元文化主体的差异性却是现实的，不可逃避与忽视的。因此，构建多元文化传播主体既是文化传播制度本身的重要内容与必然要求，也是促进文化传播发展的条件保障和推动力量。

但是，西方长期以来推行“文化传播霸权主义”，“在人与人之间关系的层面上，现代化主要表现为西方文化霸权的逐步确立。西方文化不仅为非西方民族提供了一套现成的文化模式，而且同时给出了这一模式赖以成立的基本假定，从而使之获得一种先验的合法性，以至对于非西方国家来说，现代化已成为无需对其进行批判地反省和清算的自明前提。西方理性主义传统内蕴的抽象普遍性规定，本来只是一种基于特定文化类型所作的文化承诺，但却被理解为凌驾于一切可能的文化系统之上的普遍有效的文化方式，从而遮蔽了它所固有的文化个案性特征”③。“文化传播霸权主义”在实际中无形地消解了文化传播

① 詹姆斯·库兰：《大众媒介与社会》，杨击译，华夏出版社2006年版，第46页。

② 肯尼思·麦克利主编：《人类学思想的主要观点：形成世界的观念》，查常平等译，新华出版社2004年版，第956~957页。

③ 何中华：《从生物多样性到文化多样性》，载于《东岳论丛》，1999年第4期。

制度的多元主体性，造成了文化传播主体的差异性与不对等性，文化传播制度发生了严重的异化。

在传统社会主义条件下，“一大二公”的所有制与计划经济管理模式决定了文化传播制度主体的单一性。“在计划体制政府包办文化条件下，政府及其举办的事业单位是文化生产、经营、管理的主体；改革开放以来，伴随计划体制向社会主义市场经济体制转轨、‘总体性社会’向‘后总体性社会’转型，政府改革不断深化、文化建设步伐加快文化产业与文化事业分途发展，文化产品与服务由政府包办向多元供给转变，文化主体逐步向以政府为主导、以公益性文化单位与文化企业为骨干、全社会积极参与的多元化方向发展”①。

但是，随着中国改革开放与市场经济体制的建立，在社会主义由计划经济转向市场经济，由单一的公有制转向以公有制为主体，多种所有制形式并存发展的所有制形式。与此相随，文化传播制度的改革也不断深化，文化传播产业与文化传播事业分途发展，中国逐渐形成了多元主体的文化传播制度。目前，中国的文化传播主体主要是政府，文化传播企业，文化传播事业，社会文化传播组织四级文化传播主体，形成了多层次、多领域、全方位的文化传播格局。多元文化传播主体是推动文化传播发展的一个不可或缺的现实条件。

2. 文化传播制度的多元主体之间是平等的

文化传播制度必须努力建构平等的文化传播主体关系和合理的文化传播模式。在文化传播过程中，虽然有强势文化与弱势文化之分，但是文化传播主体之间应该是平等的，没有谁主谁次、没有谁优谁劣、没有谁先进谁落后之分。文化传播双方是互为主体的，互相平等的。所以，文化传播主体之间应该彼此尊重，在竞争比较中取长补短，在求同存异中共同发展。然而，当今国际上文化传播主体之间的关系还不平等，文化传播模式还不够合理。这些都严重地制约和影响了中国文化传播事业的发展和提升，成为文化传播制度建设面临的最大障碍。为了使文化传播持续进行下去，文化传播的主体必须是平等的，必须尊重民族文化的差异性和多样性，实现文化和谐共生。否则，文化传播就容易出现断裂、脆弱且不可持续。只有在平等文化传播主体的交往的基础上，文化

① 赵立波：《深化体制改革推进文化主体多元化》，载于《中共福建省委党校学报》，2010 年第 8 期。

传播才能实现相互尊重与借鉴，平等对话与交流，既竞争又合作，实现文化传播的多元共生，融合与互补。对中国来说，才能通过文化传播消除文化误读，走出妖魔化中国的怪圈，破除“中国威胁论”，重塑中国形象，最终才能提升国家的文化软实力。因此，在不同文化之间建立起平等文化传播关系，这是文化多样性赖以维系的可靠保障。各个民族、各个国家的人民都对世界文化的繁荣和发展做出了重要的贡献，都是人类文化的创造者和传承者，各民族的文化传播主体平等是实现世界文化共同繁荣，实现文化传播可持续发展的前提条件。只有在文化平等传播的基础上，世界各国人民才能相互尊重、共同发展。平等的文化传播制度的多元主体，就是要承认各种文化的主体地位，承认多元文化主体之间的平等关系，这将有助于避免文化冲突与对抗，缓解社会矛盾与危机，增强文化身份认同与价值认同。平等的文化传播模式还带来了各种文化交流和对话的机会，增加了彼此理解、认可与融合的可能，必将开创多元文化传播新的关系模式。

文化传播具有双主体性。我们既要尊重其他文化的主体性，同时实现自我文化传播主体地位的自觉。

其一，尊重其他文化的主体性。在文化传播过程中，我们必须尊重文化差异，自觉尊重与维护其他文化的主体性。一切民族文化各具特色，没有优劣之分，都有生存的权利。在文化传播问题上，我们必须不断汲取别国优秀的文化。中国应该坚持保护世界的文化多样性的基本立场，以文化传播为途径，推动文化交流与对话，为建立一个开放、公正、透明的，具有可参与性的世界文化传播秩序而努力。多元文化之间的传播与互动是缓解文化冲突，缩小文化分歧，扩大文化共识的重要路径。在文化传播互动中，反对盲目自大、贬低、排斥异文化，尊重差异，理解个性，和平共处，共同促进世界文化的繁荣。因此，文化传播要具有全球意识，“推动中华文化走向世界。开展多渠道、多形式、多层次对外文化交流，广泛参与世界文明对话，促进文化相互借鉴，增强中华文化在世界上的感召力和影响力，共同维护文化多样性”①。加强对外文化交流，吸收各国优秀文明成果，增强对其他国家文化传播主体地位的确认与

① 李长春：《积极推进文化创新　为建设创新型国家作出贡献》，发表于《经济日报》，2006 年 5 月 23 日。

认可。

其二，要提高自我文化传播主体地位的确认。中国是拥有五千年悠久历史文化的古国。中国文化源远流长，博大精深，灿烂辉煌，在人类文化发展史上占有极其重要的地位。中华民族曾源源不断地向世界各地进行文化辐射和文化传播。虽然，中国传统文化既有精华，也有糟粕。但是，文化传播必须注重对传统文化的继承与发扬。文化传播要坚决反对文化虚无主义的态度，一味地推崇外来文化，全盘西化，根本否认传统文化。文化传播必须发掘传统文化，弘扬创新中华优秀传统文化。中共十七大报告中指出："要全面认识祖国传统文化，取其精华，去其糟粕，使之与当代社会相适应、与现代文明相协调，保持民族性，体现时代性。加强中华优秀文化传统教育，运用现代科技手段开发利用民族文化丰厚资源。加强对各民族文化的挖掘和保护，重视文物和非物质文化遗产保护，做好文化典籍整理工作。"①

面对多元文化的相互激荡，必须提高自我文化的主体性。首先要实现民族文化主体性的自觉与认同。1997 年以来，费孝通先生多次论述了"文化自觉"的理念。文化自觉是"一个民族、一个政党在文化上的觉悟和觉醒，包括对文化在历史进步中地位作用的深刻认识，对文化发展规律的正确把握，对发展文化历史责任的主动担当。文化自觉是一种内在的精神力量，是对文明进步的强烈向往和不懈追求，是推动文化繁荣发展的思想基础和先决条件"②。文化传播必须提高文化自信，实现文化自觉，增强文化传播主体地位的认识。因此，"对文化民族性的自觉确认，是构成文化本土化的重要前提。同时，在具体操作上，应当充分利用现代传媒，如网络、电视、广播、报刊等手段，有目的地增加本土文化的介绍，营造一个有利于民族文化得以继承和传播的适宜氛围"③。

我们要推进文化传播，首先必须有正确的文化传播观，正确的文化传播态度。文化自觉是推进文化传播的思想前提和价值基础。文化自觉有助于文化传播主体树立正确的文化传播观，正确的文化传播态度，通过文化自觉，可以实现对自己民族文化地位的自觉认识，对文化传播规律的自觉把握，对文化传播

---

① 《十七大以来重要文献选编》（上），中央文献出版社 2009 年版，第 27 页。

② 云杉：《文化自觉·文化自信·文化自强》，载于《红旗文稿》，2010 年第 15 期。

③ 何中华：《从生物多样性到文化多样性》，载于《东岳论丛》，1999 年第 4 期。

使命的自觉担当。因此，文化自觉是文化传播主体的思想基础和前提条件。文化自觉有助于树立正确的文化传播观、正确的文化传播态度，通过文化自觉才可以实现对自己民族文化地位的自觉认识，对文化传播规律的自觉把握，对文化传播使命的自觉担当。既抵制文化虚无主义和文化自大倾向，又防止文化传播中急功近利、浮躁和媚俗，进而明确文化传播的重要性、任务和方向，提高文化传播的自觉性、积极性和主动性，以文化自觉推动文化传播建设和发展。

二、文化传播制度的价值诉求与重建

什么是好的文化传播制度，如何构建好的文化传播制度，这是文化传播制度建设不得不考虑和面对的问题。文化传播制度的制定与选择一定要符合制度伦理，为此我们不得不从制度伦理的视角来审视文化传播的制度安排和制度设计，追问与反思文化传播制度建设的标准与依据何在。所谓“制度的伦理”，就是指对制度的正当合理与否的伦理评价。从制度伦理的视角来看，“把一个制度理解为一种公开的规范体系，这一体系确定职务和地位及它们的权利、义务、豁免等等。这些规范指定某些行为类型为能允许的，另一些则为被禁止的，并在违反出现时，给出某些惩罚和保护措施”①。尼尔·麦考密克指出：“制度道德有两个范畴：一方面，它必须尽可能地适应所设想的文明社会实际的法律制度和政治制度。另一方面，就符合这一关于‘适应’的要求而言，它应当尽可能紧密地接近我们的‘背景’政治道德的理想。”② 伦理向度下的文化传播制度，不仅仅是一种文化传播制度的制定，文化传播制度的选择、文化传播制度的执行等多方面，而且还是文化传播价值的选择与导向。邓小平曾经指出：“这些方面的制度好可以使坏人无法任意横行，制度不好可以使好人无法充分做好事，甚至会走向反面。”③ 文化传播制度的制定与执行一定要规避文化传播的风险，引导文化传播价值的实现。

① 罗尔斯：《正义论》，何怀宏等译，中国社会科学出版社 2002 年版，第 54 页。

② 尼尔·麦考密克、魏因·贝格尔：《制度法论》，中国政法大学出版社 1994 年版，第 210 页。

③ 《邓小平文选》第二卷，人民出版社 1994 年版，第 333 页。

（一）文化传播制度的包容性价值诉求

多元文化传播制度主体一定要通过包容性的文化传播制度才能实现。否则，如果文化传播制度不具有包容性，只能是维护了一部分文化传播主体的利益，而损害了另一部分文化传播主体的利益。文化传播制度既要反映多元文化发展的要求，又要反映多元文化主体的要求。因此，我们必须增强文化传播制度的包容性、容纳性，通过包容性的文化传播制度建立文化传播协调机制，协调多元文化传播主体之间的关系，化解冲突，倡导和谐、有序的文化传播关系。当然，包容性的文化传播制度并不是要否定主导文化地位，而是要合理地处理一元文化主导和多元文化系统共生的关系。

1. 文化是多元的文化

文化只有具体的文化，没有普遍存在的文化。其一，文化具有地域性。不同的地域具有不同的文化。其二，文化具有民族性。不同的民族具有各具特色的文化。由于各民族间经济的和政治的不同，民族传统不同，历史传承不同等多种因素的不同，决定了各民族文化之间存在着差异。尤其是，不同国家之间、不同文明形态之间的文化差异更是巨大。其三，文化具有时代性。不同的时代，文化具有不同的表现形式，也有不同的内容。当然，正是因为有了文化的差异性，才产生了文化的互补性与交往性，也才有了文化的传播与交往。但是，在历史上，由于没有正确的文化观，所以不同文化之间的差异常常造成文化冲突、文化动荡。亨廷顿在其《文明的冲突与世界秩序的重建》一书的中文版序言中写道："在未来的岁月里，世界上将不会出现一个单一的普世文化，而是将有许多不同的文化和文明并存。"① 从而，"在人类历史上，全球政治首次成了多极的和多文化的。"②但是，亨廷顿过于夸大了文化之间的差异，提出了"文明冲突论"。亨廷顿的"文明冲突论"夸大了各民族的差异性，鼓吹西方文化是优越的文化，否认其他民族文化的优点，实际上是一种文化霸权主义的主张。萨义德也认识到："文化远远不是单一的、统一的或自成一体的。它们实际上含有的外来'成分'、'异物'和'差别'等比它们有意识地

---

①② 塞缪尔·亨廷顿：《文明的冲突与世界秩序的重建》，周琪等译，新华出版社 1998 年版，中文版序第 2 页。

排斥的要多。”[①] 对此，我们要正确地认识到文化之间的差异是客观的、历史的，也是必然的。我们既不能否认文化之间的差异，也不能夸大文化之间的差异。文化之间的差异不是不可通约的，相反，不同文化之间可以相互补充，相互吸收，共同推动人类文化向前发展。所以，我们要坚决反对一切形式的文化霸权主义，尊重文化差别，保护文化的多样性。对于中国而言，要在立足于本国优秀文化传统的基础上，充分汲取其他优秀文化的精华。文化的多样性是人类文化宝贵的基因库，是文化不断整合创新，持续发展更新的源泉与动力。“多样性的文化是人类的共同财产，也是人类能够应付各种复杂情况，迎接各种挑战的力量和智慧的源泉，因此必须全力保存这种多样性”[②]。因此，文化传播制度如何适应文化的多样性，如何尊重和保护文化的多样性，成为文化传播制度的首要价值选择所在。

2. 文化多样性是文化传播制度建设的根本前提

文化多样性是文化发展的重要基础，也是文化传播制度建设的根本前提。多元文化主义是全球化不可避免的一个后果。文化传播必须承认、保护和尊重文化差异。文化的多样性是文化存在和发展的基本特征，文化的多样性导致不同文化之间的张力与互补性是文化发展进步的重要动力。因此，我们要坚持正确态度对待文化多样性。

2001 年联合国教科文组织颁布的《世界文化多样性宣言》把文化多样性视为“人类的共同遗产”，提出“文化多样性是交流、革新和创作的源泉，对人类来讲就像生物多样性对维持生物平衡那样必不可少。从这个意义上讲，文化多样性是人类的共同遗产，应当从当代人和子孙后代的利益考虑予以承认和肯定”,[③] 并且把捍卫文化多样性作为与尊重人的尊严密不可分的一种应尽的义务。《世界人权宣言》也强调，在多元化社会中，每个人不仅要承认各种差异，而且还要承认这种差异的多元化。胡锦涛 2006 年在美国耶鲁大学演讲时也指出：“一个音符无法表达出优美的旋律，一种颜色难以描绘出多彩的画

---

① 爱德华·萨义德：《文化与帝国主义》，李馄译，生活·读书·新知三联书店 2003 年版，第 17～18 页。

② 何中华：《从生物多样性到文化多样性》，载于《东岳论丛》，1999 年第 4 期。

③ 联合国教科文组织、世界文化与发展委员会：《文化多样性与人类全面发展——世界文化与发展委员会报告》，广东人民出版社 2006 年版，第 18 页。

卷。世界是一座丰富多彩的艺术殿堂，各国人民创造的独特文化都是这座殿堂里的瑰宝。一个民族的文化，往往凝聚着这个民族对世界和生命的历史认知和现实感受，也往往积淀着这个民族最深层的精神追求和行为准则。人类历史发展的过程，就是各种文明不断交流、融合、创新的过程。人类历史上各种文明都以各自的独特方式为人类进步作出了贡献。"① 世界文化的多元化趋势不可逆转。"一花独放不是春，百花齐放春满园。"对人类社会来说，文化的多样性具有重要作用，多元文化的世界使人类的精神生活更加丰富多彩、魅力四射。总之，"当今的文化传播过程中某一种文化唱独角戏的情况已经不复存在。从文化关系上看，分割对抗是绝无出路的，分割对抗只能造成各自文化的萎缩与消亡。这就要求有一种包容的心态，承认多种多样的文化存在，允许文化的多样性"②。我们要坚决反对文化传播霸权主义，坚持多元文化传播主义。

但是，如何贯彻和落实多元文化传播主义，这就需要我们倡导包容性的文化传播制度。

3. 多元文化需要包容性的文化传播制度

怎样看待多样性的文化，如何尊重多样性文化，要合理地解决这些问题，我们就必须具有正确的文化传播态度，必须制定包容性的文化传播制度。文化传播制度在尊重差异、保护多元文化方面起着重要的作用，扮演着重要的角色。包容性的文化传播制度有助于增强多元文化传播主体之间的包容性，化解多元文化主体之间的矛盾、冲突、差异与焦虑。相反，非包容性的文化传播制度只会导致文化之间的冲突不断，分裂加剧，交往失衡，传播断裂。当然，文化传播制度的制定与执行并不是为了消除多元文化主体之间的差异，而是充分尊重差异性，包容文化的多样性，破除多元文化的隔阂，以包容性的文化传播态度来处理多元文化之间的差异、多元文化主体之间的传播冲突等问题。正如费孝通先生所指出的："我们面对的世界是各种不同文化的人、怀有不同价值观的人，必须在越来越息息相关的世界上和平共处，人类在 21 世纪如何才能和平地一起住在这个小小的地球上，为了解决这类问题，我们必须在精神文化

① 《十六大以来重要文献选编》（下），中央文献出版社 2008 年版，第 431 页。

② 周鸿铎：《文化传播学通论》，中国纺织出版社 2005 年版，第 21 页。

领域里建立起促进相互理解、宽容和共存的体系。"[①] 为此，哈贝马斯也指出，"如果社会更多地跟随交往和对话的理想，即人们更多地倾向于达成共识，那么个人和集体都生活得更好。"[②] 包容性的文化传播制度可以使各具特色的文化相互交流与融合，这样人类的生活就会更加和谐、美好、精彩。通过包容性的文化传播制度，"每一个国家、民族，每一种文化都克服了片面性、局限性和对抗性，同时又能保持自我的发展特性，形成相互依赖、相互尊重、相互沟通的多极化和多样化格局"。[③] 特别是，伴随着全球化进程的加快，文化之间的异质性越来越增强，因此文化传播越来越需要包容异质性文化传播制度，应对与处理多元文化之间的差异与冲突。

就中国而言，文化传播尊重差异、包容多样理念是增进中华民族文化认同和国家认同的思想基础。坚持文化传播的民族性与多样性的统一是文化多元主义时代文化传播的必然选择。中国是统一的多民族国家，文化既是民族的，又是世界的。从某种意义上讲，没有世界的文化，所谓的世界文化就是由各个民族的文化、不同国家的文化共同构成的。各民族文化、各个国家的文化都是世界文化中不可或缺的组成部分，没有民族文化，也就无所谓世界文化。尊重文化多样性既是发展本民族文化的内在要求，又是实现世界文化繁荣的必然要求。"中华民族文化既具有多样性的特征，同时也具有同一性和互补性的特性。多样性是各民族文化认同的基础，同一性是中华民族文化认同的基础，我们既要保护文化多样性，同时也要增强同一性或共同性，以增强中华民族凝聚力，加强国家的认同。"[④] 通过建设包容性的文化传播制度，对于推进文化传播，提高人民素质，增强文化认同和民族认同都具有重要的作用。

对国外而言，文化传播尊重差异、包容多样理念是推动建设和谐世界的基本准则。"也只有在文化冲突的过程中，异质文化间的差异性才有机会被人们重视起来，成为不同文化形态之间相比较而存在的理由。"[⑤] 每一种文化都有其存在的价值，都是人类文化大家庭中不可缺少的一员，都对人类文化的发展具有重

---

① 费孝通：《从反思到文化自觉与交流》，载于《读书》，1998 年第 11 期。

② Andrew Edgar, Habermas: the key concepts, New York, Routledge, 2006, P. 74.

③ 单波、薛晓峰：《西方跨文化传播研究中的和谐理念》，载于《国外社会科学》，2008 年第 6 期。

④ 何星亮：《论中华民族文化的多样性和同一性》，发表于《人民政协报》，2010 年 1 月 11 日。

⑤ 李晓东：《全球化与文化整合》，湖南人民出版社 2003 年版，第 88 页。

要的意义。文化传播既要认同本民族文化，又要尊重其他民族文化，相互借鉴，求同存异，尊重世界文化多样性，共同促进人类文明繁荣进步。文化传播制度的制定与执行要力求尊重差异，包容多样，保护人类文化的多样性生态共存。只有保持文化传播的多样性，世界才更加丰富多彩，文化才会充满生机和活力。

（二）文化传播制度的开放性价值诉求

虽然制度是一种规范，但是制度本身也是开放的。罗尔斯在《正义论》中将“制度理解为一种公开的规范体系”①。文化传播制度的开放性是十分必要的。

首先，文化具有多元性与流动性。文化不是凝滞的，而是流动的。文化传播制度既不是也不能去制约和阻止文化的自由传播，而是为了更好的、更持久的文化传播。文化传播由高向低流动是文化传播过程中的一条基本的规律。约瑟夫·奈也指出：“文化从来都不是静止的，不同文化以不同方式相互影响。”② 文化传播制度的开放性是文化多样性、活态性、连续性得以保存的保证。文化传播制度的开放性有助于推动民族的、地方的文化走向世界，使一切民族的、地方的文化都成为世界的文化，避免了民族的、地方的文化的狭隘性和局限性。如果离开了文化传播制度的开放性，民族的、地方的文化只会没落，甚至消亡。所以，文化传播制度必须立足于文化共生、文化和谐、文化互补，确立积极的、开放的、多元的文化传播态度。

其次，当今时代是一个全球化时代，文化交往频繁。文化传播是全球化背景文化交往的产物。经济全球化是文化传播不可逃避的现实背景。因此，文化传播制度建设必须立足于全球化背景，以此才有可能，才切实可行。“经济全球化不仅没有牵引出全球化的同质文化，反而对文化民族性与世界性紧张关系有所激发”③。文化交往与文化冲突不断唤醒各个民族的文化自我意识与文化传播意识。只有通过文化传播才能化解全球化过程中产生的“文化争端”、“文化冲突”，增强“文化安全”，缩小强势文化和弱势文化的巨大差异；只有在传播过程中才能推动多元文化之间交流、互动与碰撞，促进文化的融合与互补、文化选择与进化，吸收文化营养，进而实现文化更新升级与整合创新，创新文化。

---

① 罗尔斯：《正义论》，何怀宏等译，中国社会科学出版社 1988 年版，第 50 页。

② 约瑟夫·奈：《权力的未来》，王吉美译，中信出版社 2012 年版，第 120 页。

③ 宋士昌、李荣海：《全球化：利益矛盾展示过程》，载于《哲学研究》，2001 年第 1 期。

文化传播本身就不是闭门造车，更不是自我封闭、盲目自大。新中国成立之前，毛泽东在1945年4月所作的《论联合政府》报告中就指出："对于外国文化，排外主义的方针是错误的，应当尽量吸收进步的外国文化，作为发展中国新文化的借鉴。"① 文化传播制度必须要坚决反对闭关自守的文化封闭主义和狭隘的文化民族主义，它们拒绝任何外来文化，拒绝接受新文化。相反，"中国应该大量吸收外国的进步文化，作为自己文化食粮的原料，这种工作过去还做得很不够。这不但是当前的社会主义文化和新民主主义文化，还有外国的古代文化，例如各资本主义国家启蒙时代的文化，凡属我们今天用得着的东西，都应该吸收"②。

我们必须积极推进文化开放，积极吸收、借鉴国外优秀文化成果，在激烈的文化竞争中生存与发展各个民族的文化传播，在保持自己的民族文化特色的基础上必须不断吸纳外族的先进文化，这样民族文化才会更具生命力。因此，在全球化背景之下，文化传播制度建设要立足于改革开放和社会主义现代化建设实践，着眼于世界科学文化发展前沿，创造既有民族优良传统又有鲜明时代精神，既立足中国大地又面向世界，既正视国情现实又放眼未来的新文化。通过建设开放性的文化传播制度，推动文化繁荣发展，提升文化软实力，改善中国的形象，提高中国的国际影响力。

（三）文化传播制度的公正性价值诉求

制度规范本身与伦理有着天然的联系，蕴含着一定的道德目标和价值指向。罗尔斯对此也曾有十分精彩的阐述："正义是社会制度的首要价值，正像真理是思想体系的首要价值一样。"③ 因此，一项制度的出台要想取得合法性，得到大家的一致认可，必须符合社会成员的根本利益要求，符合特定的伦理原则和价值理念。公正是群体利益的调节器和价值衡量标准。只有建立在最低限度公正基础上的文化传播制度，才能赢得所有人的自觉遵守，并得到执行。公正是社会制度的首要价值，也应该是文化传播制度的首先价值。在多元文化社会中，文化传播制度必须遵循各民族文化一律平等的原则，承认世界文化的多样性，尊重不同民

---

① 《毛泽东选集》第三卷，人民出版社1991年版，第1083页。

② 《毛泽东选集》第二卷，人民出版社1991年版，第706页。

③ 约翰·罗尔斯：《正义论》，何怀宏等译，中国社会科学出版社1988年版，第1页。

族的文化。就文化传播者之间的地位而言，虽然文化主体在身份、地位以及其他相关因素方面，具有多样的差异性，但是文化主体之间的地位是平等的。为此，文化传播制度的制定与执行一定要坚持公正原则，所有的文化传播主体不论其个人身份、家庭背景、生活地域等方面有何差异，其文化权利都应该获得保护。

文化传播制度的公正性就是指所有文化不论有何差异，在文化传播过程中，在文化传播规则、制度面前人人平等，不受制度性歧视。这里的规则主要是指法律制度，同时也包括各项具体的政策、规则、条例等。文化传播制度的公正性，一方面，要求文化传播制度本身应当是公正合理的，如果文化传播制度本身是不公正、不合理的，那么它必然会损害文化传播的公正性；另一方面，文化传播的实施要公正，文化传播制度实施公正就是要求严格按同一传播规则和标准对待所有的文化主体，真正做到传播制度面前人人平等的原则。

公正的文化传播制度是对文化传播制度的一种重构，是对无序不平衡文化传播秩序的一种矫正。文化传播制度建设必须清除不公正的制度障碍，维护和保证文化传播主体的公正性，以公正文化传播制度引领文化传播。公正合理的文化传播制度和秩序是中国特色社会主义文化传播的本质属性的要求和体现。中国特色社会主义文化传播要求文化传播制度的制定不排斥人、敌视人和束缚人。文化传播制度的制定必须维护全体人民的发展，有利于每一个文化主体的发展，而不是成为一部分人传播的工具。总之，我们必须以公正为价值取向，建立新的传播秩序、新的传播规则，建立多层面的传播协调机制。

（四）文化传播制度的合规律性与合目的性价值诉求

文化传播制度的制定既要符合传播的根本目的，又要符合传播的规律。文化传播制度必须保护文化的多样性和文化群体的文化权利，维护文化生态的平衡，消除文化封闭与文化歧视。文化是一个生态系统，只有在多元文化要素聚集，并自由碰撞与互动的基础上才能发展、创新，维护文化的多样性、维护文化的生存权利，实现文化传播制度与设计的合规律性与合目的性的统一。通过文化传播制度，实现多元文化之间的彼此理解、尊重、共谋，推动文化的共生和共同发展与繁荣。为此，文化传播制度的制定与完善，必须反映历史进步潮流，反映社会发展的需要，反映人民群众的现实生活状况，客观、实事求是，反映文化发展的规律。马克思曾经指出，“要使报刊完成自己的使命，首先必须不从外部为它规定任何使命，必须承认它具有连植物也具有的那种通常为人们所承认的东西，即承认它具有自己的内在规律，这些规律是它所不应该而且也不可能任意摆脱的。”① 毛泽东也指出，“利用行政力量，强制推行一种风格，一种学派，禁止另一种风格，另一种学派，我们认为会有害于艺术和科学的发展。艺术和科学中的是非问题，应当通过艺术界科学界的自由讨论去解决，通过艺术和科学的实践去解决，而不应当采取简单的方法去解决。”② 邓小平也提出，“党对文艺工作的领导，不是发号施令，不是要求文学艺术从属于临时的、具体的、直接的政治任务，而是根据文学艺术的特征和发展规律，帮助文艺工作者获得条件来不断繁荣文学艺术事业，提高文学艺术水平，创作出无愧于我们伟大人民、伟大时代的优秀的文学艺术作品和表演艺术成果。”③ 文化传播作为一种独立的社会现象，我们必须承认其具有自己的独立性，内在规律。因此，我们文化传播制度的制定必须充分尊重与反映这种规律。

（五）以人为本的文化传播制度价值诉求

党的十六大以来，科学发展观的提出开辟了文化传播制度建设的新视野、新视阈。以人为本是科学发展观的核心，以人为本的理念，突出强调了发展的主体性、目的性和自主性。“以人为本”的文化传播制度理论正是基于文化传播制度的主体性地位而提出的。胡锦涛指出，“要坚持以人为本，贴近实际、贴近生活、贴近群众，保障人民各项文化权益，促进人的全面发展。要坚持全面协调可持续发展，着力解决影响文化科学发展的突出问题，协调好文化改革发展各个领域和各个环节，促进文化持续快速健康发展。”④ 文化传播不是为了传播而传播，而是为了人的发展而传播，推动文化传播的可持续、协调、全面发展，必须坚持以人为本，以满足人的精神文化需求、促进人的全面发展为根本目的，不断提高人的思想道德素质和科学文化素质。以人为本的文化传播制度理念，突出强调了文化传播的主体性、目的性和自主性。以人为本的文化传播制度，是指在文化传播中要

① 《马克思恩格斯全集》第1卷，人民出版社1995年版，第397页。

② 《毛泽东文集》第七卷，人民出版社1999年版，第229页。

③ 《邓小平文选》第二卷，人民出版社1994年版，第213页。

④ 胡锦涛：《坚定不移走中国特色社会主义文化发展道路　努力建设社会主义文化强国》，载于《求是》，2012年第1期。

突出人的主体性地位，将人置于发展的中心，一切文化传播都是为了人，要实现文化传播的人性回归和人性关怀，把满足人的文化需求作为文化传播的根本出发点和落脚点。文化传播必须实现从传播客体论到传播主体论的转变。以人为本的文化传播制度就是以人为中心的文化传播制度，文化传播要尊重每一个人，关心每一个人，为每一个人的文化需求提供可能的条件。以人为本的文化传播制度就是针对、防止和克服“以制度为本”、“以客体为本”的传播异化现象，以牺牲一部分人的文化利益为代价来满足另一部分人的文化利益，一部分人成为另一部分人发展的手段。建构以人为本的文化传播制度，就是要实现文化传播的观念彻底转变，完成文化传播制度的主体性回归。

第五章

文化开放制度

党的十七届六中全会指出，当今世界正处在大发展大变革大调整时期，文化在综合国力竞争中的地位和作用更加凸显，维护国家文化安全任务更加艰巨，增强国家文化软实力与中华文化国际影响力要求更加紧迫……文化引领时代风气之先，是最需要创新的领域。必须牢牢把握正确方向，加快推进文化体制改革，发挥市场在文化资源配置中的积极作用，创新文化走出去模式，为文化繁荣发展提供强大动力。要深化国有文化单位改革，健全现代文化市场体系，创新文化管理体制，完善政策保障机制，推动中华文化走向世界，积极吸收借鉴国外优秀文化成果。① 党的十八大进一步指出，要“扩大文化领域对外开放，积极吸收借鉴国外优秀文化成果”。随着社会主义市场经济的发展和完善，人们越来越认识到文化开放对于文化“引进来”、“走出去”、提升文化软实力、建设社会主义文化强国的重要性。因而，文化开放制度建设被摆到突出位置，成为推进社会主义先进文化建设的重要举措。

第一节　继承与演进：文化开放制度的历程与本质

文化开放制度总是在历史继承和现实演进的过程中不断发展、完善和成熟的。科学认识和把握好文化开放制度的历史与本质是促进文化开放制度的完善和发展的现实需要。

---

① 《中共中央关于深化文化体制改革推动社会主义文化大发展大繁荣若干重大问题的决定》，发表于《人民日报》，2001 年 12 月 26 日。

一、文化开放的历程

新中国成立60多年来，中国文化开放经历了四个阶段。

第一阶段：新中国成立初期的“古为今用、洋为中用”原则和“双百”方针是文化开放的起点。[①] 对于“古为今用”，毛泽东指出：“必须将古代封建统治阶级的一切腐朽的东西和古代优秀的人民文化即多少带有民主性和革命性的东西区别开来。”[②] 在延安文艺座谈会上他再次强调：“我们必须继承一切优秀的文学艺术遗产，批判地吸收其中一切有益的东西，作为我们从此时此地的人民生活中的文学艺术原料创造作品时候的借鉴。”[③] 对于“洋为中用”，“中国应该大量吸收外国的进步文化，作为自己文化食粮的原料。这不但是当前的社会主义文化和新民主主义文化，还有外国的古代文化，例如各资本主义国家启蒙时代的文化，凡属我们今天用得着的东西，都应该吸收。”[④] 但他也指出：“应该学习外国的长处，来整理中国的，创造出中国自己的、有独特的民族风格的东西。”[⑤] 文化开放过程中要实现中国为中心的中西文化的有机结合。1956年，毛泽东正式提出“双百”方针，他说：“艺术问题上的百花齐放，学术问题上的百家争鸣，我看应该成为我们的方针。”[⑥]“双百”方针体现了文化开放性这一普遍性原理，反映了人类文化发展的规律，对于我们实行文化开放战略有着深刻的启示。

第二阶段：改革开放之初“对外开放适用于精神文明”是文化开放的探索。[⑦]改革开放使中国文化从封闭系统结构转变为开放系统结构，文化开放以“引进、消化、吸收、创新”为基本方针。邓小平明确指出：社会主义文化发展要借鉴经济上的开放政策，对外文化交流也要长期发展。我们必须“向资本主义发达国家学习先进的科学、技术、经营管理方法以及其他一切对我们有益的知识和文化”[⑧]。社会主义文化建设要“搞两个开放，一个对外开放，一

---

①⑦ 杨利英：《60年来我国文化开放历程述论》，载于《理论探索》，2009年第6期。

② 《毛泽东选集》第二卷，人民出版社1991年版，第707～708页。

③ 《毛泽东选集》第三卷，人民出版社1991年版，第860页。

④ 《毛泽东选集》第二卷，人民出版社1991年版，第706～707页。

⑤ 《毛泽东文集》第七卷，人民出版社1991年版，第83页。

⑥ 《毛泽东文集》第三卷，人民出版社1991年版，第54页。

⑧ 《邓小平文选》第二卷，人民出版社1994年版，第44页。

个对内开放。任何一个国家要发展，不加强国际交往，不引进发达国家的先进经验、先进科学技术和资金，是不可能的。对内开放就是改革。改革就是全面的改革，不仅包括经济、政治，还包括科技、教育等各行各业”。① 这就明确了文化的对内改革和对外开放是相辅相成、互相促进的。党的十二届六中全会明确指出在文化领域要实行对外开放：“近代世界和中国的历史都表明，拒绝接受外国的先进科学文化，任何国家任何民族要发展进步都是不可能的……对外开放作为一项不可动摇的基本国策，不仅适用于物质文明建设，而且适用于精神文明建设。”②

第三阶段：改革开放新阶段的“引进来”和“走出去”是文化开放的完善。③ 江泽民强调实行文化对外开放“是改革和建设必不可少的，应当吸收和利用世界各国包括资本主义发达国家所创造的一切先进文明成果来发展社会主义，封闭只能导致落后”④。他在党的十四届六中全会上重申：同世界各国进行广泛的经济、贸易、科学、技术、教育、文化交流，对我们进行社会主义现代化建设具有重大作用。改革开放是全面进行的，文化作为社会主义建设的重要目标之一，实行开放也是必然的。在文化领域内的改革开放，要坚持以我为主、为我所用的原则，开展多种形式的对外文化交流，博采各国文化之长，向世界展示中国文化建设的成就。世界多极化和经济全球化的趋势深入发展，引起世界各种思想文化，历史的和现实的、外来的和本土的、进步的和落后的、积极的和颓废的，展开了相互激荡，有吸纳又有排斥，有融合又有斗争，有渗透又有抵御，文化“引进来”和“走出去”的有机结合成为当务之急。江泽民强调：“在新的条件下扩大对外开放，必须更好地实施‘引进来’和‘走出去’同时并举、相互促进的开放战略，努力在‘走出去’方面取得明显进展……‘引进来’和‘走出去’是对外开放的两个轮子，必须同时转动起来。”⑤ 越是开放的文化，就越能容纳和融合外来文化促进本国文化的发展。

---

① 《邓小平文选》第三卷，人民出版社 1993 年版，第 117 页。

② 《十二大以来重要文献选编》（下），人民出版社 1986 年版，第 1177 页。

③ 杨利英：《60 年来我国文化开放历程述论》，载于《理论探索》，2009 年第 6 期。

④ 《江泽民文选》第 1 卷，人民出版社 2006 年版，第 220 页。

⑤ 《江泽民文选》第 3 卷，人民出版社 2006 年版，第 456 页。

第四阶段：新的战略机遇期的文化“走出去”是文化开放格局形成的标志。[①] 党的十六大以来，胡锦涛更加重视文化在综合国力中的地位和作用：“当今时代，文化越来越成为民族凝聚力和创造力的重要源泉、越来越成为综合国力竞争的重要因素，丰富精神文化生活越来越成为中国人民的热切愿望。”[②] 党的十六届五中全会明确指出：要加快实施文化产品“走出去”战略，推动中华文化走向世界。中华文化在对外开放的过程中，要坚持对外开放的基本国策，密切关注世界形势变化，制定和实施正确的涉外方针政策，在更大范围、更广领域、更高层次上参与国际合作和竞争……推动中华文化更好地走向世界，提高国际影响力。《国家“十一五”时期文化发展规划纲要》指出：“十一五”时期文化发展的重点目标之一就是抓好文化“走出去”重大工程、项目的实施，充分利用国际国内两个市场、两种资源，主动参与国际合作和竞争，加强对外文化交流，扩大对外文化贸易，拓展文化发展空间，推动各国跨文化交流，推动不同文明的对话和交融，形成以民族文化为主体、吸收外来有益文化、推动中华文化走向世界的文化开放格局。

党的十七届六中全会指出：推动中华文化走向世界。“开展多渠道多形式多层次对外文化交流，广泛参与世界文明对话，促进文化相互借鉴，增强中华文化在世界上的感召力和影响力，共同维护文化多样性。创新对外宣传方式方法，增强国际话语权，妥善回应外部关切，增进国际社会对中国基本国情、价值观念、发展道路、内外政策的了解和认识，展现中国文明、民主、开放、进步的形象。”[③]《国家“十二五”时期文化发展规划纲要》对文化走出去有具体的战略部署。

二、文化开放观的历史演进

文化开放观的形成发展过程是曲折漫长的。在封建时代，统治阶级推行文

---

① 《十二大以来重要文献选编》（下），人民出版社 1986 年版，第 1177 页。

② 胡锦涛：《高举中国特色社会主义伟大旗帜为全面夺取小康社会新胜利而奋斗》，人民出版社 2007 年版，第 33 页。

③ 《中共中央关于深化文化体制改革推动社会主义文化大发展大繁荣若干重大问题的决定》，发表于《人民日报》，2011 年 10 月 26 日。

化封闭政策，中国文化整体上未遇到外来文化的挑战，社会文化心态趋向自满和封闭。鸦片战争后，国人封闭的文化心态被迫向开放转变，但未能成为一种文化自觉。直至新文化运动时期，中国人的文化开放观念才逐步形成，中西方文化交流增多。

体用分离是明末至现代初中国传统文化开放观的主流。任何民族的文化以及文化的每一个相对独立的部分，均是体用合一的整体。体用分离只能在观念中分析地存在。“体”即文化运作的体制、结构，“用”则是体之功能表现或外显。二者实为本质与现象、一与多、实体与属性的关系。近代思想家有着“体用二元”的文化开放视野：或纳其用而斥其体（中体西用），或强其体而弱其用（可谓之西体中源）。严复明确指出，“中学为体，西学为用”以体用分离、体用二元为其理论前提。“故中学有中学之体用，西学有西学之体用，分之则并立，合之则两亡。”近代以来至辛亥革命的一系列救亡图存的文化嫁接实践，均以失败而告终。人们在痛苦反省中不自觉地进行着从“体用分离”到“体用合一”的方法根基上的转型。在“体用合一”面前，中西文化形成了两种截然不同、界限分明的异质文化，从总体上显其优劣，示其长短，不能在分离中互补或嫁接，生成两种非此即彼的极端文化选择，即激进的全盘西化派（胡适为代表）和全盘拒斥保守的国粹派（杜亚泉、梁漱溟、梁启超等人为代表）①。

马克思主义在中国的传播和胜利，新民主主义的建立，虽可看成是“体用统一”的文化开放观结出的果实，新中国成立以来直至十一届三中全会以前，总体上看，在文化开放观尤其是实际奉行的开放政策上，我们又不自觉地回到了始于“五四”时期的单调的“体用合一”观，并引出两种极端的开放策略：其一，对与基本制度和意识形态相左的西方国家，大门完全关闭，西方文化之“体用”遭生硬的意识形态化之后被一概拒斥。如邓小平同志所描述的那样，新中国成立以后，人家封锁我们，但更致命的是，在某种程度上我们也还是闭关自守。其二，对意识形态一致的苏联及部分东欧国家，则僵化教条地将其体用一概纳入，全盘苏化。②

新中国成立后的一个时期里，由于国际环境和国内“左”倾思想干扰，文

①② 罗敏、别祖云：《中国近代以来文化开放观的演进与转换》，载于《江汉论坛》，1998 年第 8 期。

化环境封闭，曾一度偏离现代化发展道路。20 世纪 80 年代以来，解放思想、实事求是思想路线的确立开启了新的文化开放时代。邓小平同志创造性地继承了严复、李大钊、毛泽东等人的文化开放思想，对“体用分离”、“体用合一”予以合理扬弃，形成了兼具现实性和整体性双重维度的“体用统一”的文化开放观，并且逐步达到了理论和政策上的自觉。“体用统一”的文化开放观在方法上要求对外来文化的取舍，必须经过现实性和整体性的双重裁定。既要防止脱离中国国情和社会主义主体文化而进行“体用合一”的全盘照搬（非现实性），又应避免无视文化的整体和结构而采取“体用分离”的分割取舍（非整体性）。从现实出发（现实性）并着眼于外来文化的系统和结构（整体性），是同一文化选择不可偏废的双重维度，是创造性转换在方法上的实质，是真正历史唯物且社会辩证地对待外来文化的文化开放观。①

党的十六大以来，政治体制改革和民主政治建设纳入中国现代化的宏观视野，标志着中国经济、政治与文化现代化建设的整体开放和良性互动已经到来，人们把任何社会都看作是经济、政治和文化的统一体，中国特色社会主义文化建设的重要性凸显出来。

党的十六大报告指出：“当今世界，文化与经济和政治相互交融，在综合国力竞争中的地位和作用越来越突出。文化的力量，深深熔铸在民族的生命力、创造力和凝聚力之中。”② 在新世纪新阶段，党的十七大把文化建设提高到了一个前所未有的高度来认识阐述：“当今时代，文化越来越成为民族凝聚力和创造力的重要源泉、越来越成为综合国力竞争的重要因素”③。“中华民族伟大复兴必然伴随着中华文化繁荣兴盛。”④“要坚持社会主义先进文化前进方向，兴起社会主义文化建设新高潮，激发全民族文化创造活力，提高国家文化软实力，使人民基本文化权益得到更好保障，使社会文化生活更加丰富多彩，使人民精神风貌更加昂扬向上。”⑤ 一个社会之所以能健康有序、和谐发展，其根基就在于文化。党

---

① 罗敏、别祖云：《中国近代以来文化开放观的演进与转换》，载于《江汉论坛》，1998 年第 8 期。

② 江泽民：《全面建设小康社会，开创中国特色社会主义事业新局面》，人民出版社 2002 年版，第 38 页。

③ 胡锦涛：《高举中国特色社会主义伟大旗帜，为夺取全面建设小康社会新胜利而奋斗》，人民出版社 2007 年版，第 33 页。

④ 同上书，第 37 页。

⑤ 同上书，第 33 ~ 34 页。

的十七届六中全会作出《中共中央关于深化文化体制改革推动社会主义文化大发展大繁荣若干重大问题的决定》，提出要“提高文化开放水平，推动中华文化走向世界，积极吸收各国优秀文明成果，切实维护国家文化安全”①，文化开放成为文化建设的重要战略。执政党正站在历史、现实和未来的三维空间，在文化时代构筑起中国特色的文化开放平台，实施全方位的文化开放政策，形成了全球化时代中国特色社会主义的文化开放观。

三、何谓文化开放制度

何谓文化开放？坚持以马克思主义为指导，按照国际惯例，在全方位、多层次、宽领域的对外开放格局下，积极开展中外文化交流和对话，大力吸收、引进世界优秀文明成果，学人之长、为我所用；提高对外文化开放的水平，传承发展中国传统文化，大力推动中华文化走出去；逐步地开放我们的文化市场，引进国外资金和先进的管理模式，让我们民族的、科学的、大众的文化市场更加繁荣。

那么，我们为什么要选择文化开放呢？第一，外部环境召唤。在和平发展的背景下，开放是极其普遍的世界性现象。正如马克思、恩格斯在《共产党宣言》中所指出，“过去那种地方的和民族的自给自足和闭关自守的状态被各民族的各方面的互相往来和各方面的相互依赖所代替了，物质的生产是如此，精神的生产也是如此。”中国要跟上世界发展步伐，在相互了解、沟通的基础上开展国际各领域的合作，就必须重视文化的引进和交流。第二，内生发展需求。作为四大文明古国之一的中国，我们有过文明的辉煌灿烂，但这并不意味着今天一定领先。不实行文化开放，很难在世界上立足，也很难融入世界。文化全球化趋势、世界文化市场的全面开放是不以个人的意志为转移的。全球化的时代，任何封闭都必然导致经济的滞后与民族文化的衰落，必须在世界文化之林为中华民族文化寻找生存发展的价值空间。民族文化是动态发展的，需要新成分、新激励，只有更为自觉主动地吸收和借鉴外来文化，去粗取精，去伪存真，扬长避短，才能使

① 《中共中央关于深化文化体制改革推动社会主义文化大发展大繁荣若干重大问题的决定》，发表于《人民日报》，2011 年 10 月 26 日。

中华文化绽放异彩。

但是，文化开放是一把“双刃剑”，利弊均有，重在使得积极作用充分发挥，负面影响日渐消除。

文化开放的积极作用主要有：（1）文化开放能给我们带来社会主义现代化建设所需的先进技术、管理经验和优秀人才，促进了中国科技教育的现代化。（2）国外先进的和现代的思潮、观念大量涌进，使人们在比较中拓展视野、扩大认识范围、丰富思想文化。（3）推进以民主化、法制化为标志的政治现代化进程。封闭的文化环境是依附型政治得以生存的土壤，而开放文化是现代政治文明成长演进的前提，开放的文化环境有助于形成作为现代政治文明核心要素的民主法制理念。（4）培养人的现代性。“现代性”（modernity）与“传统性”（traditionatity）是相对应的概念。所谓“现代性”，英国社会学家安东尼·吉登斯（Anthony Giddens）指的是“大约从17世纪开始在欧洲出现，此后程度不同地在世界范围内产生影响的社会生活或组织模式”①。20世纪以来，现代性所产生的巨大转型力不仅对社会结构和社会制度产生巨大影响，也使人们空前地脱离传统的社会秩序，改变着人们的日常生活和个人特征。由现代性带来的现代社会变迁和制度性转变具有全球化倾向。现代性嬗变是中国社会发展的路径，也是伴随文化开放而来的中国人一条不可忽视的成长轨迹。

文化开放的消极作用主要有：（1）中国的文化主权、文化安全将受到挑战。文化主权是指一个国家一个民族享有的独立自主的政治的、文化的发展权力和地位，不受任何外来意识形态、价值理念、政治制度、生活方式等的破坏。西方国家的强势文化及其文化产品充分利用市场力量来传播他们的价值观、生活方式，不可避免地、潜移默化地影响中国民众的思想和生活，消解着传统文化、主流文化的影响力，腐蚀着我们的政治信念、道德观念。文化开放会在一定程度上给西方各种腐朽没落的思潮传播带来方便条件，给思想渗透、文化侵略带来可乘之机，给国内外敌对势力西化、分化中国创造机会，带来一系列文化安全问题。（2）中国文化产业和文化事业面临冲击。西方发达国家在世界经济政治文化舞台上占据主动，发展中国家处于被动状态。在文化开放的环境下，文化影响力的落差，会使中国在文化产业和文化事业发展上面临着西方强势文化的巨大压力。

---

① Anthony Giddens, The Consequences of Modernity, California: Stanford University Press, 1990, P. 1.

在全球化时代，我们无论是文化的传承与维系、吸收和消化、生产和输出，与西方在一个平台上竞争都如同“与狼共舞”。如果不能尽快增强自身的文化实力，改变竞争中的被动局面，改变中西方文化产品贸易逆差，就会沦为西方发达国家的文化消费地，进而失去赖以生存的文化根基。

但是，如果考虑到上述消极影响而回到文化封闭状态，难免因噎废食。随着世界范围内文化交流规模的扩大、互动速度的加快，任何自我封闭的民族文化都将在日趋激烈的文化竞争中陷入僵化、停滞和枯萎，在开放中加强引导才是良策。

要在文化开放中扬长避短，最大限度地发挥积极因素、消除负面影响，就需要在始终保持文化开放状态的同时形成一系列的制度性规范，这就是文化开放制度。文化开放制度是指一国通过宪法和法律调整的，通过伦理道德、风俗习惯、文化传统等体现出来的，能够推进文化开放并保持良性状态的各种规范、原则和政策的总和。文化开放制度包括传统文化保护制度、文化资源开发制度、文化交流促进制度、国家文化安全制度、文化开放法律制度等。

四、文化开放制度的特征

文化开放制度具有历史继承性、与时俱进性、求真务实性、开放包容性等特点。

（一）历史继承性

文化开放制度的历史继承性主要体现在中共几代领导人文化开放理论的一脉相承上。

毛泽东与中国传统文化有不解之缘，毛泽东从青年时代开始直到辞世都在研究中国历史文化，是中国优秀传统文化的继承者和发展者。他认为历史总的趋势是前进发展的，但我们不能割断历史，对于中华民族传统文化，他倡导“古为今用”、“推陈出新”，在继承中发展、在扬弃中发展。

邓小平有着深厚的传统文化素养，在进行改革开放和发展社会主义市场经济的条件下，邓小平对待传统文化的基本态度是：继承、纠正、批判、发展。他重视中华民族的爱国主义传统，中华民族的自豪感和民族自信心。他说：“凡是中华儿女，不管穿什么衣服，不管是什么立场，起码都有中华民族的自豪感。”①他对开放时代出现的一些不良现象加以抨击，说：“现在有些青年，有些干部子女，甚至有些干部本人，为了出国，为了搞钱，违法乱纪，走私受贿，投机倒把，不惜丧失人格，丧失国格，丧失民族自尊心，这是非常可耻的。”② 邓小平在推进对外开放的过程中，始终坚持把马克思主义的立场、观点和方法同中国传统文化精华、民族精神有机统一。

在庆祝中国共产党建党80周年大会上的讲话中，江泽民指出：中华民族的优秀文化传统，党和人民从“五四运动”以来形成的革命文化传统，人类社会创造的一切先进文明成果，我们都要积极继承和发扬。我们要既立足中国又面向世界，努力继承和弘扬中华民族的优秀文化，积极学习和借鉴各国人民创造的优秀文化成果。中华文化博大精深，为人类文明进步作出了不朽的贡献，我们应结合时代精神加以继承和发展。同时，我们要拓展眼光，积极汲取人类文明的一切优秀成果，只有这样我们才能更好地建设有中国特色的社会主义文化。

在党的十七大报告中，胡锦涛指出：“弘扬中华文化，建设中华民族共有精神家园。中华文化是中华民族生生不息、团结奋进的不竭动力。要全面认识祖国传统文化，取其精华，去其糟粕，使之与当代社会相适应、与现代文明相协调，保持民族性，体现时代性。加强中华优秀文化传统教育，运用现代科技手段开发利用民族文化丰厚资源。加强对各民族文化的挖掘和保护，重视文物和非物质文化遗产保护，做好文化典籍整理工作。加强对外文化交流，吸收各国优秀文明成果，增强中华文化国际影响力”③。

党的十七届六中全会指出：“文化是民族的血脉，是人民的精神家园。在中国五千多年文明发展历程中，各族人民紧密团结、自强不息，共同创造出源远流长、博大精深的中华文化，为中华民族发展壮大提供了强大精神力量，为人类文明进步作出了不可磨灭的重大贡献。”④

---

① 《邓小平文选》第三卷，人民出版社1993年版，第60页。

② 《邓小平文选》第二卷，人民出版社1994年版，第337－338页。

③ 胡锦涛：《高举中国特色社会主义伟大旗帜，为夺取全面建设小康社会新胜利而奋斗》，人民出版社2007年版，第33～34页。

④ 《中共中央关于深化文化体制改革推动社会主义文化大发展大繁荣若干重大问题的决定》，发表于《人民日报》，2011年10月26日。

（二）与时俱进性

文化开放是个相对性的概念，它的发展是没有终极标准的。在某一时期、某一环境、某一背景、某一形势下被认为是科学的、先进的文化开放模式，也会随着时代的发展变化而落伍过时。因此，文化开放制度要体现与时俱进的品格特征，要特别注重理论创新，在世情、国情、党情、民情发生重大而深刻变化的背景下，在党的历史方位发生重大转变的环境中，永远站在时代发展潮头。如果因循守旧，我们就会落伍，就有丧失文化自信和文化自觉的危险。

与时俱进就是指与时代一同进步一同前进，始终代表时代前进的方向，顺应时势，因时而变，理论上不拘泥于现成的公式，实践上不停步于已有的成果，思想上不束缚于现有的经验，一切都要向前看，研究新问题，解决新矛盾；它是一种积极昂扬的精神状态，是解放思想、实事求是思想路线的题中应有之义，是求真务实、开拓创新的内在要求和必然结果；它是马克思主义的理论品质，是不断开拓马克思主义理论发展的新境界的正向收获和理想终结，是坚持马克思主义科学精神新起点；它是理论与现实的统一，是中华民族同步世界的时代精神，是思维方式和行为方式从传统向现代的转换。马克思主义的科学理论就是在时代进步的潮流中应运而生并不断随着时代的发展而发展。文化开放制度的与时俱进性，体现的是一种时代性、规律性和创造性，就是一种创新。

（三）求真务实性

求真务实，即探求真理、实事求是，脚踏实地，一切从实际出发。它体现了马克思主义所要求的理论与实践、知与行的、具体的、历史的统一，是各项事业不断取得新胜利的根本保证。求真务实即一切从实际出发，实事求是，从中国现阶段的国情和发展水平出发，根据国际环境和体制环境的变化，积极地去适应形势的变化，不断地解决前进道路上的问题和困难，量力而行，艰苦奋斗。一切从实际出发，就是自觉地把思想认识从那些不合时宜的观念、做法和体制中解放出来，从对马克思主义的错误的和教条式的理解中解放出来，从主观主义和形而上学的桎梏中解放出来，反对教条主义和本本主义，防止和克服因循守旧、墨守成规的思维方式。毛泽东、邓小平、江泽民、胡锦涛都是实事求是的典范，能把握事物发展的趋势，驾驭历史发展的大局。这些理论和行动，都立足于中国社会主义初级阶段的实际，抓住主要矛盾，把握正确方向；着眼新的实际，遵循客观规律；着眼新的要求，遵循科学规律，不断丰富发展着中国特色社会主义文化建设的理论。

文化开放制度既具前瞻性，也有务实性。务实性即讲求实际，指的是无论做什么事情都注重实践，就是一切从实际出发，坚持实践是检验真理的唯一标准。既坚持社会主义道路，又能正确面对中国现在正处于并将长期处于社会主义初级阶段这个国情。建设有中国特色的社会主义不是口号，不是好大喜功，而是一种脚踏实地的实践，大事要抓，小事要做，踏踏实实，点点滴滴，九层之台，起于垒土，千里之行，始于足下，在积累中提高，从量变到质变，正是依靠广大人民群众一步一个脚印的亲身实践。

文化开放强调的是脚踏实地做实事。它不是就事论事，不是机械、片面地陷入眼前事务中，围绕现象做文章，而是要站得高、看得远，以中国改革开放和现代化建设的实际问题，以我们正在做的事情为中心，着眼于马克思主义理论的运用，着眼于对实际问题的思考，着眼于新的实践和新的发展。我们注重实践，重在落实。在每个中国人的亲自实践、身体力行中去完成历史和时代赋予我们的庄严使命。在贯彻党的路线、方针、政策上，思想上要求实，工作上要务实，作风上要扎实，从具体事情着手，各项改革措施和制度的推行要保证让广大人民群众真正得到实惠，从而体现维护最大多数人民的文化利益。

文化开放制度的求真务实还体现在服务大局上。“大局”是指整个中国特色社会主义事业，关系人民群众的根本利益、关系到党和国家前途命运。文化开放制度是为实现文化大发展大繁荣、建设社会主义文化强国的伟大事业服务的，推进文化开放制度建设，必须突出服务大局的功能，坚持以科学发展观为统领，围绕构建和谐社会来部署，贴近党的中心工作来落实，使文化开放制度与经济社会发展与文化发展大局同轴运转、同频共振。服务大局成为文化开放制度的目标导向是因为：一是它规定了文化开放制度为党和国家发展大局即中国特色社会主义事业服务的方向，目标更清晰、内涵更明确、眼光更深远；二是它日益成为检验文化开放成效的衡量标准，要把文化开放放到完成党执政兴国使命的高度来认识，放到党和国家发展的大局来谋划，放到文化发展总体布局中来推进；三是它要求党政机关、文化单位具有大局意识和战略思维能力，能站在全局的高度，围绕大局、顾全大局，从大局出发，以大局着眼，正确把握新形势、驾驭复杂局面，从而使文化开放事业不断得到改进和加强。

（四）开放包容性

开放包容是文化开放制度的理性选择。

开放是一种视野，有张开、释放、解除限制等含义。当前，国际形势风云变幻，时代大潮汹涌澎湃，政治多极化和经济全球化在曲折中发展，科技进步日新月异，世界力量组合和利益分配正在发生新的深刻变化。在这样一个大变革、大转折、大发展的时代，何为浮云、何为中流，何为假象、何为本质、何为偶然、何为必然，需要我们去甄别和明辨。我们党必须“统筹国内国际两个大局，树立世界眼光，加强战略思维，善于从国际形势发展变化中把握发展机遇、应对风险挑战，营造良好国际环境”①。只有文化开放，才能纵横驰骋于天地之间，顺势而为之。

开放原则要求我们有一种全球化、信息化时代必备的理性思维，自觉运用马克思主义的宽阔视野和世界眼光来观察世界和中国，准确判断和把握时代发展的要求和世界发展的大势，主动融入世界经济政治发展潮流，与世界接轨，与世界同行。只有这样，我们才能在各个重要的历史阶段、发展的关键时期，敏锐把握世界政治经济形势和国内形势发展的新变化，审时度势、高瞻远瞩地作重大战略决策，正确分析处理改革与发展中带有全局性、战略性、前瞻性的重大问题。如有了开放豁达的胸襟，我们就能内外兼修，获得世界各国的尊重。

列宁曾经指出，马克思主义这一革命无产阶级的思想体系赢得了世界历史性的意义，是因为它并没有抛弃资产阶级时代最宝贵的成就，相反却吸收和改造了两千多年来人类思想和文化发展中一切有价值的东西。我们党以开放包容的眼光，吸取借鉴国外处理社会公正问题的经验和教训。包容是一种胸怀，是以和为贵，宽容大度、淡定从容、择其善者而从之。就世界而言，各国社会制度不同、价值观念迥异、利益追求相左，一致也许是暂时的，分歧却可能是永久的。我们拥有了包容的胸怀，就能在处理复杂国际关系中做到“求同存异”、“求同化异”，处处游刃有余，从而为中国赢得宝贵的发展空间和机遇。就国内而言，社

---

① 胡锦涛：《高举中国特色社会主义伟大旗帜，为夺取全面建设小康社会新胜利而奋斗》，人民出版社2007年版，第15页。

会转型时期，文化利益主体不断增多，利益关系更趋复杂，有了包容的胸襟，就能做到利益协调兼顾，消除矛盾冲突，充分调动各方面积极性。

文化开放兼容是世界所有国家和民族不断丰富自身文化内涵，提高文化开放水平的必由之路，是民族文化与时俱进、高扬个性的过程。开放兼容有助于逐渐克服自己的狭隘性和片面性而日益丰富全面，有助于人类文化在扬弃中不断拓展和丰富自身，是文化更新发展的活性机制。

第二节　保护与借鉴：文化开放制度建设的路径分析

文化开放制度有哪些具体内容？这些文化开放制度有哪些问题？特别是对推进中国社会主义文化大发展大繁荣存在哪些问题？本章着力进行解析。

一、文化开放制度的内容界说

文化开放制度包含丰富的内容，主要有以下几个方面：

（一）传统文化保护制度

传统文化保护制度是指在文化开放的过程中，正确对待中国传统文化，在继承和借鉴中国历史上的优秀文化成果基础上建设当代中国的先进文化，维护中国文化主权的制度。

我们国家作为新兴的市场化国家，虽然有五千年的悠久文明，但是在全球化影响下也难免遭受外来强势文化的侵蚀。“当前，文化软实力占有绝对优势的发达国家对世界的影响力和控制力主要体现在：一是对信息渠道的控制力，全球新闻发稿量80%来自美联社、路透社、法新社、合众社；二是对交流平台的控制力，美国、英国、德国在世界各地拥有上百个文化中心，全天候进行文化和价值观传播；三是对文化主体的控制力，有众多文化跨国公司，如时代华纳、迪斯尼、索尼等，节目制作动辄数亿美元，受众对象遍布全球。近年来，韩国、印度等发展中国家积极推行文化战略，运用国家资源支持文化产品出口并已形成品牌”①。

党的十五大报告指出，有中国特色社会主义文化渊源于中华民族五千年文明史。但是，单靠依靠传统文化的复兴解决不了当今纷繁复杂的社会现实问题，对待传统文化采取虚无主义、以维护传统文化为名排斥外来文化都是极端错误的、有害的。

为了发展和壮大自己，我们既要继承传统，发扬我们民族优秀的文化，也要坚持改革开放，积极吸纳外来的先进文化。更重要的是，为了在新形势下继续保持中国共产党的文化优势，加强文化保护，保持我们对文化的领导权，就必须做到：第一，弘扬民族精神、培育先进文化，提升民族文化的国际地位，保持中华民族的文化自觉与文化自立。在文化开放中必须坚持中华文化的主体性，依托历史、立足现实、面向未来。坚持弘扬个性，挖掘提炼传统文化价值，又要赋予新的时代内涵，使之与当代社会相适应，与现代文明相协调。第二，培育企业主体、增加传播渠道、建设交流平台、加大文化出口。“要以精品创作为核心，量身定做既有中华文化内涵又符合各国审美心理和习惯的精品力作。扩大传统文化产品服务出口，对具有浓郁民族特色的文化企业、项目和产品，如杂技、武术、曲艺、民族音乐和舞蹈等，要进行商业化、市场化改造，为其走出去创造条件。要加快新兴产业如动漫、影视、演艺娱乐、文化会展的对外合作和发展。组建有竞争力的企业集团和国际研发创作团队，形成后发优势。”②同时，还要提高各级文化交流主体的综合素质，加强对西方糟粕文化的识别批判能力；加强对国际互联网有害信息的阻挡和过滤，研制反动有害信息监控系统，构筑“网上防线”；加强青少年教育，培养其抵制不良信息的能力。

（二）文明成果借鉴制度

文明成果借鉴制度是指以民族文化为主体、吸收外来有益文化、坚持以我为主、为我所用的原则，以推动中华文化走向世界的文化开放格局进一步完善的制度。

《国家“十二五”时期文化改革发展规划纲要》指出：“积极吸收借鉴国外

①② 陈德铭：《提高文化开放水平》，发表于《经济日报》，2011年11月15日。

优秀文化成果，坚持以我为主、为我所用，学习借鉴一切有利于加强我国社会主义文化建设的有益经验、一切有利于丰富我国人民文化生活的积极成果、一切有利于发展我国文化事业和文化产业的经营管理理念和机制。”①

要实现中国文化大发展大繁荣，必须吸收人类优秀文化成果。兼容并蓄、博采众长是文化保持时代性和生命力的力量源泉。“要实现文化的大发展大繁荣，必须在坚持中华文化主体性的同时，学习借鉴人类文明的一切优秀成果，在与外来文化的交流碰撞中汲取营养。纵观人类发展史，文明进步的主流一直是不同文化相互促进、相互竞争而共同推动的。中华文化的开放也必然会伴随不同文化间的吸纳与排斥、融合与斗争、渗透与抵御。要善于引进、吸收人类优秀文化，从中取长补短、取优补拙、取强补弱，使我国文化得到进一步完善、丰富和提高。我国是文化资源大国和文化生产大国。近年来，文化创作发展势头强劲，图书报刊发行量世界第一、电影产量世界第三，这既是深化文化体制改革的结果，也是引进吸收国外文化优秀成果的结果。我们要坚持改革开放，继续消化吸收外来文化优秀成果，推进文化体制机制创新，促进文化繁荣发展。”②

要坚持以我为主、为我所用，对一切有利于加强中国社会主义文化建设的有益经验、一切有利于丰富中国人民文化生活的积极成果、一切有利于发展中国文化事业和文化产业的经营管理理念和机制，都要认真学习和借鉴。“一要吸收外资进入法律法规许可的文化产业领域，鼓励外资企业在华进行文化科技研发和服务外包。支持国内文化企业通过合资、合作获取先进技术、管理经验、创投基金和市场网络，大力拓展国际市场，提高文化品牌效应，扩大在全球的影响。二要加强文化领域智力、人才、技术引进工作，多渠道吸引海外优秀人才，鼓励开展中外人文交流。三要做好国际文化贸易谈判和应对，增强话语权。”③

（三）文化交流促进制度

文化交流促进制度就是扩大中外文化交流，拓展文化开放渠道，客观公正地认识外来文化，结合中国传统文化进行融合、创新、发展，让文化交流主体得到好处的制度。

---

① 中共中央办公厅、国务院办公厅：《国家“十二五”时期文化改革发展规划纲要》，2012 年 2 月 15 日。

②③ 陈德铭：《提高文化开放水平》，发表于《经济日报》，2011 年 11 月 15 日。

文化交流促进制度的目标就是要减少文化交流的代价和成本，使得文化交流行动、实践得到正面的回报，给为其相应的付出和取得的成效进行补偿，引导各类企业在对外经济文化活动中吸收和展示中华文化元素。这些制度设计，有利于实现责、权、利的统一，加强文化交流的积极性、主动性和自觉性。促进文化传播、开放、交流、更新有许多途径，如移民、贸易、旅游、教育、文学作品、电影电视的相互交流等。

《国家“十二五”时期文化改革发展规划纲要》对文化交流促进有如下规划和举措：第一，加强对外文化交流。具体举措有：整合社会科学、文学艺术、新闻、广播电视、电影、出版、版权、民族、侨务、体育、旅游等资源，充分利用多边和双边机制，开展国家文化年、中国文化节、“感知中国”等品牌活动，推广中华春节文化，打造“欢乐春节”等文化交流新品牌。实施对外文化合作及援助，扶持和加强边疆地区与周边国家和区域的文化交流与合作。加快推进海外中国文化中心和孔子学院建设，形成展示、体验并举的综合平台。制定中国哲学社会科学优秀成果和优秀人才走出去规划。鼓励代表国家水平的各类学术团体、艺术机构在相应国际组织中发挥建设性作用，组织对外翻译优秀学术成果和文化精品。构建人文交流机制，把政府交流和民间交流结合起来，发挥非公有制文化企业、文化非营利机构在对外文化交流中的作用，支持海外侨胞积极开展中外人文交流。建立面向外国青年的文化交流机制，设立中华文化国际传播贡献奖和国际性文化奖项。第二，实施文化贸易促进政策。加大已有支持对外文化贸易各项优惠政策的落实力度，进一步完善有关财税政策，支持文化企业走出去。支持文化企业在海外投资、投标、营销、参展和宣传等市场开拓活动，为文化企业走出去提供通关便利。对符合条件的文化企业发展海外业务给予账户开立、资金汇兑方面的政策便利。加强文化企业和文化产品在进出口环节的知识产权保护，维护权利人的合法权益。第三，推动文化产品和服务出口。实施文化走出去工程，完善支持文化产品和服务走出去政策措施，进一步扶持文化出口重点企业和重点项目，完善《文化产品和服务出口指导目录》，培育一批具有国际竞争力的外向型文化企业和中介机构，形成一批有实力的文化跨国企业和著名品牌。扶持文化企业开展跨境服务和国际服务外包，生产制作以外需为取向的文化产品。扩大版权贸易，保持图书、报纸、期刊、音像制品、电子出版物等出口持续快速增长，支持电影、电视剧、纪录片、动画片等出口，扩大印刷外贸加工规模。扶持优秀国产影片进入国外主流院线，国产游戏进入国际主流市场，数字出版拓展海外市场，开发一批在境外长期驻场或巡回演出的演艺产品，逐步改变主要文化产品进出口严重逆差的局面。积极扩大文化产品和服务出口规模，推动开拓国际市场。深入挖掘民族文化资源，充分运用高新技术手段提升中国文化产品的表现形式和质量，开发国外受众易于接受的文化产品和服务。加强国际文化产品和服务交易平台及国际营销网络建设，办好重点国际性展会。发展对外文化中介机构，培育专业贸易公司和代理公司，构建完整有效的投资信息平台和文化贸易统计分析体系。积极参与国际文化贸易规则的制定。充分利用香港、澳门区位优势，推动文化产品和服务出口。第四，扩大文化企业对外投资和跨国经营。鼓励具有竞争优势和经营管理能力的文化企业对外投资，兴办文化企业，经营影院、出版社、剧场、书店和报刊、广播电台电视台等。鼓励从事具有中国特色的影视作品、出版物、音乐舞蹈、戏曲曲艺、武术杂技和演出展览等领域的文化企业采用多种形式开拓海外市场。吸收外资进入法律法规许可的文化产业领域。鼓励文化单位同国外有实力的文化机构进行项目合作，学习先进制作技术和管理经验。

（四）文化资源整合制度

文化资源整合制度是指将民族文化资源加以整合、开发和利用，用来丰富民族文化内涵，提升文化竞争力的制度。

文化资源是人类所创造的物质文化、制度文化和精神文化遗产的总和。文化资源既包括千百年来人类所积聚的文化财富，也包括当下的文化信息。具体来说，其构成既有科技、教育等因素，也有理想、信念、道德、价值观在内的种种因素，还包括整个社会文化网络，以及作用于现实生活的传统文化和外来文化的因素。

文化资源可分为四类：一是符号化意义的文化资源，是前人创造的图案、语言、绘画、音乐、造型、传说等，用系统的符号记录在物质载体上；二是经验型的技能文化资源，是包括写作、歌唱、舞蹈、绘画、演奏、编程、设计等各种技巧和程序的由人掌握的一种活的技能；三是垄断性的旅游文化资源，指文化遗址、独特的自然景观资源和主题景点等；四是创新型的智能文化资源，这是文化生产中的核心资源，它以人为直接载体，是文化人在获得知识和操作技能的基础上，突破前人模式的独创性思维和实践能力，体现为创造型的构思、创意、主题、灵感、方案、决策等。

有学者从形式上把文化资源分为有形文化资源（如历史遗存遗址、特色民居建筑、历史文化名城名镇、特色服饰、民族民间工艺品等）和无形文化资源（如语言文字、文学艺术、音乐舞蹈、神话传说、风俗习惯、民族节庆等）。也有学者从内容上把文化资源划分为历史文化资源、民族文化资源、宗教文化资源、地域文化资源等；从文化产业发展的角度把文化资源划分为可开发资源和不可开发资源；从可持续发展的角度把文化资源划分为可再生文化资源和不可再生文化资源；从统计评价的角度把文化资源划分为可度量文化资源和不可度量文化资源。中国历史文化积淀丰厚，有着丰富的文化资源，文化形态丰富，文化层次多样，为当代文化生产提供着取之不尽的文化宝藏。

文化资源的特点有：其一，文化资源是不断发展变化的。世界上任何一种文化均承载着一定的内容，而此内容既有其相对稳定的特征，也有其发展变化的一面。它必然会随着时代的变迁、社会的变革、人类的进步，不断得以衍生和发展。尤其是在经济全球化趋势越来越明显的今天，一个文化系统若自我禁锢和封闭，缺少与外界的交流，就必然会丧失生命力，因而逐渐弱化，直至消亡。其二，文化资源是非独占的。随着经济全球化步伐的加快，文化资源与其他自然资源相比，虽说也有较强的地域性，并在一定程度上有知识产权的保护，但它一旦被创造出来，便成了一种可供全人类共享的精神财富，成了其他人进行文化再创造的资料。谁的借鉴、创新能力强，谁就能占有更多的文化资源。文化产业发展已表现出这样一个规律，越是地区级或越是国际级的文化产业重镇，就越是属于组合利用世界文化资源的地区，越能生产出为不同国家和人民接受的文化产品和文化服务。其三，文化资源是可再生的。与多数自然资源相比，文化资源最大的区别在于其可再生性，而且往往是使用价值越高，使用的次数越多，就越珍贵。即便是那些独一无二的历史文化遗存遗址，人们也可以借助高科技手段进行复制，使其传播更加广泛，价值不断扩张。正因为文化资源具备了这一特点，才使文化产业成为21世纪最具活力的新兴产业、朝阳产业。

在当今时代，文化资源已成为区域经济竞争力的重要因素。特纳等人认为“社会的文化偏好或价值观，是国家认同的基石，也是一国经济力量或弱点的根源”，佩鲁也认为：“经济现象和经济制度的存在依赖于文化价值；并且，企图把共同的经济目标同他们的文化环境分开，最终会以失败告终”，因此可知，文化的作用表现在：一个社会的经济能否持续增长，关键是确立起社会的有效合理文化价值，建立起社会成员能共同遵守和自觉履行的认知体系和信仰体系，从而实现集体行动的协调与合作，为经济增长提供持久动力。

但是，在传统的增长模式中，人们强调的是劳动、资本、土地这样一些生产要素，并未深入到将文化资源视作一种能对经济社会发展起战略性作用的资源，进行有启发性的研究。传统资源理论，总是在特定的历史发展时期与特定的技术、知识、市场及生产力发展水平等因素紧密相连的，是与特定阶段的实际经济增长与发展模式相联系的，如果用于解释和指导现代经济发展，则显示出其固有的历史与理论缺陷。因此，必须立足于现代社会技术化、知识化、国际化的背景，重新审视在新的历史条件下的新型资源格局，为区域经济发展界定一种既立足于现实，又着眼于未来的新资源观与新发展观，即将自然资源以外的文化资源作为资源重要组成部分的大资源观。

对于不同国家、不同民族，特别是对于具有悠久文明历史的国家或其特定区域来说，长期积淀下来的深厚灿烂的人文资源层，是其社会财富的重要构成部分和具有战略意义的、能够推动经济社会发展和形成竞争力的重要力量源。

中国有丰富的文化资源，对传统文化的传承、对历史文化遗产的保护，能使民族文化根深叶茂、历久弥新。在文化开放条件下，文化资源的开发和利用，也是一种对文化资源的保护。如历史文化名镇名村是中国文化遗产的重要组成部分，加强历史文化名镇名村保护具有重要和深远的意义。随着国际社会和中国政府对文化遗产保护和利用的重视，历史文化名镇名村保护与利用已经成为经济社会发展的重要组成部分，成为塑造乡村特色、培育旅游特色产业、提高农民收入、推动经济社会发展的重要源泉，成为满足社会公众精神文化需求、增强人民群众对民族文化认同感和自豪感的重要途径，起着推动经济社会发展和弘扬保护先进文化的积极作用。

文化资源的整合离不开文化资本的积累和文化成本的降低。

文化资本是指通过对文化资源的优化配置所形成的文化生产、文化服务，以物质财富和精神财富的形式具体表现出来的文化价值的积累及其形态。文化资本通过市场生成经济价值。文化资本一方面以文化积累和财富的形式直接生产（产出）具有经济和社会价值的文化产品和财富；另一方面以智力投入、创新创意的形式融入生产过程之中，获得超出物质生产和精神生产物化形态的审美附加值、体验附加值、知识附加值、科技附加值等文化附加值。

“文化资本”这一概念最早由法国社会学家皮埃尔·布尔迪厄提出，他认为资本可以表现为三种基本形态：经济资本、文化资本和社会资本。文化资本不仅具有资本的一般性质，也有着不同于其他资本的特性：第一，文化资本具有多层次的内部结构及一定的物化形式，思想信念、意识形态、伦理道德、风俗习惯、生活态度等都属文化范畴。而作为个体所拥有的文化资本，同样是由众多价值观子系统所构成的复杂结构。特定的价值观往往通过特定的行为、物品或信息储存手段而得以表现，历史遗迹、生活习俗、家庭传统等都能够承载特定的文化观念。第二，文化资本投资或积累的实质是价值观体系的不断扩展投资，意味着文化资本的不断积累与变化，而文化资本的积累是一个动态的历史过程，其实质是价值观体系的不断扩展，随着这种价值观体系的不断扩展与包容、扬弃，文化资本得以不断积累与增长。第三，文化资本是经济增长的最终解释变量之一。文化资本一方面体现了人类行为的本质特征和决定人类选择的基本依据；另一方面文化资本又是潜在地制约和影响着制度安排、技术进步及物质利用。表明文化资本客观存在的另一方面证据来自经济的微观层面——企业。第四，文化资本完全不同于人力资本与制度资本。人力资本投资体现在人们获得“怎么办”的知识，而文化资本则体现在人们获得“为什么”的知识，且文化资本的投资途径远不止学校教育。在企业培训上也是如此，人力资本体现在员工技能的学习与提高上，文化资本则表现在员工要习得与操作技艺绝不相同的特定价值观、态度与企业文化上。①

在文化开放中，文化资本积累有助于提升文化竞争力，这是因为：一是文化资本能直接转变经济发展方式，有利于经济社会的可持续发展。文化资本能够形成信任机制，增加可重复交易，减少交易成本和机会主义动机等。二是文化资本有助于资源、技术、制度等要素的选择与合理配置，以改善要素的配置关系，提高要素的生产率以及改变要素的投入量，不断推进制度变迁和技术变革。三是文化资本具有规模报酬递增的特性，是能够实现边际报酬递增的稀缺要素。这是因为文化资本具有自组织能力，它一旦形成就会不断地自我强化，这也是一切文

① 高波、张志鹏：《文化资本：经济增长源泉的一种解释》，载于《南京大学学报》，2004年第5期。

化所具有的特性。一种文化一旦在竞争中胜出被人们接受时，它就会竭力形成垄断，排除其他文化的存在。道金斯认为，文化的传播能导致某种形式的进化，从而认为一种文化特性可能是按其自己的方式形成的，因为这种方式对其自身有利。当更多的人习惯了特定的文化资本后，该国家或地区的文化资本似乎被"锁定"在一个独特的路径上并沿着这一方向持续发展下去，推动着那些有机会进入增长轨道的国家在相当长的一段历史时期内人均收入持续增长。

（五）国家文化安全制度

国家文化安全制度是指依托国家机制，加强国民文化安全意识，运用行政的、法律的、教育的、市场的及其他文化安全管理手段，鉴定和识别可能危及中国国家文化安全的因素，抵御西方的文化渗透和文化侵略，保持中华民族文化特色，推进文化发展繁荣的制度。

国家文化安全制度的目标是"反映国家政治、经济生活的文化免于外部威胁、侵害与内部的混乱、失序，保持本民族文化的独立、生存和发展，在世界文化交流与融合中保持强大的民族精神动力"。[①] 文化开放交流会带来诸如文化产品进出口贸易中的巨额逆差，国外文化资本对国内文化市场的蚕食，民族传统的失落等。这些问题需要引起重视。如何建立更加积极的文化政策，抵御超级大国的文化入侵，更好地维护国家的文化安全和意识形态安全，无疑是一个长期面临的课题。

邓小平同志积极倡导改革开放，但他坚决反对全盘西化论、西式教条主义。他语重心长地指出："对于现代西方资产阶级文化，我们究竟应当采取什么态度呢？经济上实行对外开放的方针，是正确的，要长期坚持。对外文化交流也要长期发展。经济方面我们采取两手政策，既要开放，又不能盲目地无计划无选择地引进，更不能不对资本主义的腐蚀性影响进行坚决的抵制和斗争。为什么在文化范围的交流，反倒可以让资本主义文化中对我们有害的东西畅行无阻呢？我们要向资本主义发达国家学习先进的科学、技术、经营管理方法以及其他一切对我们有益的知识和文化，闭关自守、故步自封是愚蠢的。但是，属于文化领域的东西，一定要用马克思主义对它们的思想内容和表现方法进行分析、鉴别和批判。

---

① 沈洪波：《全球华与国家文化安全》，山东大学出版社 2009 年版，第 70 页。

西方如今仍然有不少正直进步的学者、作家、艺术家在进行各种严肃的有价值的著作和创作，他们的作品我们当然要着重介绍。但是，现在有些同志对于西方各种哲学的、经济学的、社会政治的和文学艺术的思潮，不分析、不鉴别、不批判，而是一窝蜂地盲目推崇。对于西方学术文化的介绍如此混乱，以致连一些在西方国家也认为低级庸俗或有害的书籍、电影、音乐、舞蹈以及录像、录音，这几年也输入不少。这种用西方资产阶级没落文化来腐蚀青年的状况，再也不能容忍了。”① 这些来自西方的腐朽没落的东西，如果任其自由泛滥，就会毒害我们的人民尤其是青少年，后果是非常严重的。

北京大学原副校长、中共中央党史研究室原副主任沙健孙先生对此有深入的分析，他指出：我们之所以不能容忍西式教条主义，是因为它的特点在于：第一，它无条件地崇拜西方资本主义，而不赞成社会主义；第二，它提倡照搬西方国家的东西，而不赞成从中国的实际出发。如果按照这种主张去做，那中国就既不会有社会主义，也谈不上有什么自己的个性和特色，一句话，就根本不会有中国特色的社会主义了②。西式教条主义不仅在理论上是错误的，在实践上更是十分有害的。因为：第一，对西方资产阶级的思想理论的迷信盲从，意味着对马克思主义指导地位的否定。历史的经验和现实的生活都告诉我们，思想文化阵地，社会主义不去占领，资本主义必定会去占领。如果听任西式教条主义自由泛滥，马克思主义就会被边缘化，而坚持马克思主义在思想文化领域中的指导地位也就会成为一句空话。第二，对西方资产阶级的思想理论的迷信盲从，将误导中国的改革。我们的改革是社会主义制度的自我完善和发展，它是以坚持社会主义的基本制度为前提的。西式教条主义的基本思想，就是认定西方发达资本主义国家的模式乃是人类社会发展的极限。如果轻信这种说教，改革就不会再是社会主义的前进运动，而不可避免地蜕变为以资本主义来改造社会主义、以资本主义制度来代替社会主义制度的历史大倒退。第三，对西方资产阶级思想理论的迷信盲从，将破坏安定团结的局面，导致政治上的不稳定。我们要集中力量进行现代化建设，就必须在中国共产党的领导下，保持一个安定团结的局面。正是在这个意义上，邓小平说，稳定是压倒一切的。而那些主张西式教条主义的人们假借进行政

---

① 《邓小平文选》第三卷，人民出版社 1993 年版，第 43～44 页。

② 沙健孙：《正确对待西方思想理论》，发表于《光明日报》，2005 年 4 月 27 日。

治体制改革的名义，鼓吹在中国实行西方式的多党制、两院制、三权鼎立那一套。如果听任这种关于西方民主的说教自由泛滥，中国就会成为一个动乱的社会，而集中力量搞好社会主义现代化建设等，就都无从谈起了。第四，对西方资产阶级思想理论的迷信盲从，将把年轻一代引入歧途。历史的经验表明，谁拥有青年，谁就拥有未来。西方敌对势力是把促使社会主义的中国向资本主义方向“和平演变”的希望寄托在中国年轻一代身上的。他们正不遗余力地在同我们争夺青年。很明显，如果听任西式教条主义蔓延滋长，听任鼓吹西方发达国家的资产阶级主流意识形态的言论充斥我们的讲坛、书刊乃至宣传媒体，听任马克思主义的阵地由于受西式教条主义者的挤压而被边缘化，我们的年轻一代又怎么可能顺利地成长为社会主义事业的合格接班人？我们又依靠什么来粉碎西方敌对势力“和平演变”中国的罪恶图谋呢？为了使西方敌对势力的这种图谋彻底破产，我们必须用爱国主义、集体主义、社会主义的思想教育年轻一代，必须在青年中造就一批坚定的马克思主义者。我们必须把坚持马克思主义的指导地位、反对西式教条主义，看作争夺年轻一代的一项战略性任务，给予高度的重视。①

江泽民同志一再告诫全党要有忧患意识，其道理也在于此。文化安全意识加强了，抵制文化霸权才能更自觉、更主动。通过建立文化安全预警制度，对符合中国国家文化利益的，给予认同和支持；对不符合甚至严重侵害和违背中国国家文化利益的，则予以坚决地拒绝并给予打击，这样，把可能危害中国文化发展的因素和力量，牢牢控制在安全警戒线以下。

文化安全是国家安全的重要组成部分，如何在开放的全球化的经济世界中，有效地维护国家经济利益的同时又能有效地维护好国家文化利益与安全，是一个日趋紧迫的重大现实课题。② 因此，在全球化环境下统筹好文化开放和文化安全非常重要。我们可以利用微软的技术来操控计算机，但绝不能用西方文化和价值观来操控国民的精神文化系统。

那么文化开放和文化安全如何兼顾呢？

第一，明确文化开放和文化安全二者的关系，牢牢把握民族文化发展的正确方向，坚持正确的价值导向。文化安全是文化开放的前提和基本要求，要反对

① 沙健孙：《正确对待西方思想理论》，发表于《光明日报》，2005 年 4 月 27 日。

② 陈玉聃：《论文化软权力的边界》，载于《现代国际关系》，2006 年第 1 期。

和抵制民族文化虚无主义和全盘西化论，把捍卫文化主权上升到关系到一个民族的政治主权和独立地位的高度。要不断增强民族文化对落后腐朽和反动的外来文化的辨识力和抗阻力，不断增强社会甄别外来文化带来的负面影响及危害的能力，在把握文化多元化的趋势中维护民族文化安全。在全球化时代，民族文化必须能在开放环境下经受各种外来的冲击和考验，才能真正实现持久的文化安全。封闭停滞的文化是脆弱的、不安全的，也是不可持续的，要以更加开放的姿态参与世界文化交流合作，通过促进民族文化繁荣发展来保障文化安全。在文化开放中促进民族文化发展，壮大民族文化实力，实际上也是为民族文化增加了安全系数。换言之，只有中华民族文化实现繁荣和发展，文化安全才能更有保障。能否做到这一点，是衡量执政党能否在开放环境下驾驭文化力的重要标准。

在文化开放中要坚持正确的价值导向，坚持以邓小平理论和“三个代表”重要思想为指导，深入贯彻落实科学发展观，“坚持社会主义先进文化的前进方向，坚持马克思主义在意识形态领域的指导地位，确保国家文化安全”。① 主流文化是凝聚人心的精神纽带，要更加自觉地承担起用先进文化引领社会进步的责任。

第二，文化开放要奉行自主式、主动式和渐进式开放。要在世界文化发展中获得主动权，就必须对外开放，但文化开放不是盲目开放、被动开放。要使开放速度和程度与对外来文化的选择性吸收能力、对文化冲击的承受力相一致。坚持文化的自主开放，把握文化发展的主动权，在保存民族文化的个性、特性、主体性、独立性的原则下，把握好文化市场开放和自我发展的关系，提高中国文化产业的竞争力、文化产品的影响力和文化企业的整体素质，从而创造良好的文化开放环境。要始终坚持以我为主、为我所用的原则，不断提高政府有效引导和规范文化市场健康发展的能力。

（六）文化开放法律制度

文化开放法律制度是指与国家文化开放战略、文化开放管理、保护本国文化安全、抵御“文化侵略”和外国资本冲击的各种文化法律、行政法规的总和。

文化极大地影响着社会关系和社会结构，是国家发展和社会稳定的根基。

① 《中共中央国务院关于深化文化体制改革的若干意见》，发表于《人民日报》，2006年1月13日。

文化建设需要法制保障，要通过立法来管理文化事务，将文化建设的重大政策措施适时上升为法律法规。《中华人民共和国宪法》为文化法制建设提供了基本原则。中国已制定了《文物保护法》、《著作权法》等法律。相关的部门法律，包括《行政法》、《民法》、《商法》、《经济法》、《社会法》、《刑法》和《诉讼法》等，都有关于文化的法规。

在现阶段，文化立法包括电影法、广播电视法、图书馆法、博物馆法、文化馆法、互联网法、演出法、民族民间文化遗产保护法、文化产业发展法、文化社团组织法、文化企业法、新闻法和出版法等分阶段逐步研究制定，使得对外文化开放和对内文化建设都逐步做到“有法可依”、“有章可循”。

文化领域变革快速，立法的同时还要重视修法。如中国于 1975 年 11 月 3 日正式发布的《中华人民共和国海关对进口展览品监管办法》、1976 年 9 月 20 日发布的《中华人民共和国海关对出口展览品监管办法》、1986 年 9 月 3 日海关总署发布的《中华人民共和国海关对暂时进口货物监管办法》。随着中国对外经济贸易事业的发展，外国企业、生产厂家、公司或个人来华办展越来越频繁，海关对展览品的监管工作也愈显重要，而现行展览品监管办法中的一些规定已经滞后。1993 年 8 月中国加入了世界海关组织制定的《关于货物暂准进口的 ATA 单证册海关公约》、《展览会和交易会公约》、《货物暂准进口公约》及其附约 A《关于暂准进口单证的附约》和附约 B1《关于在展览会、交易会、会议及类似活动中供陈列或使用的货物的附约》，为配合公约的实施，深化中国海关管理制度的改革，完善展览品监管制度，更好地促进、服务于中国经贸事业的发展，参照国际海关监管惯例，对《中华人民共和国海关对进口展览品监管办法》进行了修改，并于 1997 年 2 月 14 日发布海关总署令第 59 号，自 1997 年 4 月 1 日起实施新的《中华人民共和国海关对进口展览品监管办法》。2001 年 12 月 24 日海关总署令第 93 号发布的《中华人民共和国海关暂准进口单证册项下进出口货物监管办法》。2007 年 2 月 14 日经署务会议审议，《中华人民共和国海关暂时进出境货物管理办法》公布，自 2007 年 5 月 1 日起施行。这些都是为了促进中国对外贸易和国际经济、科技、文化和体育交流，便利外国和中国港、澳、台地区的公司、贸易团体、民间组织及政府机构等来华举办展览会，根据《中华人民共和国海关法》特别制定的。

1997 年 6 月 27 日文化部令第 11 号发布，自 1997 年 8 月 1 日起施行《文化部涉外文化艺术表演及展览管理规定》。为加强展会期间知识产权保护，维护会展业秩序，推动会展业的健康发展，根据《中华人民共和国对外贸易法》、《中华人民共和国专利法》、《中华人民共和国商标法》和《中华人民共和国著作权法》及相关行政法规等制定《展会知识产权保护办法》，自2006年3月1日起实施。加快文化立法进程，能从制度上确保公民基本文化权益，也能使文化开放走上制度化、规范化、法制化的轨道。

二、文化开放制度建设的问题和困难

文化开放为中国文化走向世界提供了便利，也使中国面临西方价值观念、丰富文化产品输入等国际文化竞争，如果不能尽快形成我们民族思想文化优势，我们将面临着既守不住自己的文化阵地，也不能走向世界的困境。同时，在文化开放制度建设过程中，我们也会遇到这样那样的问题和困难，必须加以分析并有针对性地解决。

（一）文化体制不顺

改革开放以来，中国的经济体制改革顺利进行，但文化体制改革相对滞后，还存在着许多体制性问题。如文化行政条块分割、多头管理；文化开放与文化事业、产业的关系不清晰，存在政企不分、政事不分、管办不分现象，政府对文化单位大包大揽，经营性文化产业混同于公益性的文化事业；已组建的国有文化企业一股独大，法人治理结构难以建立；一些文化单位没有形成进入市场主动竞争的意识，缺乏真正的文化市场主体，缺乏活力和竞争力等，在文化开放中，体制不顺，机制不活，难以形成文化影响力和竞争力。

在全球化背景下，中国的文化体制改革面临的主要挑战和问题有：一是文化体制改革滞后。经济体制改革步伐加快，社会主义市场经济体制逐步完善，在解放生产力、发展生产力中起了巨大的推动作用。相比之下，文化体制改革缓慢，无论是文化事业管理和文化产业发展方面，计划经济色彩浓郁，政府独大的现象较普遍存在。“事实上，这方面的改革已经触及政府自身的改革，也就是更深层次的政治体制改革了，如果没有政治体制改革的同步推进，文化体制改革就难以孤军突进而取得预期的成效。”① 通过推进政治体制改革，政府能更好地适应市场经济发展的要求，也能更好地把握文化发展主动权。二是提高文化市场竞争力的挑战。中国文化市场发育滞后，管理不规范，许多规则和指令相互冲突，没有形成真正意义上的文化市场，在对外文化交流中处于竞争劣势。三是与WTO接轨的法律法规缺乏，切实保护知识产权的手段办法不足，直接影响中国对外文化开放的程度和质量，影响中华文化的国际影响力。

新中国成立以来，中国对于社会文化事业的管理，长期实行国家统包统管的体制。这种体制曾起过积极作用，但是目前已不能适应人民群众日益增长的文化需要，不能适应社会主义市场经济发展的需要和加强社会主义精神文明建设的需要。加快文化体制改革，是繁荣发社会主义先进文化的根本出路。深化文化体制改革，加快文化事业和文化产业发展，提高对外文化开放的水平，是加快社会主义现代化建设的内在要求，是提升中国文化软实力的迫切需要。

（二）文化政策不完善

第一，文化政策碎片化。现行的文化政策，没有整体性，呈现“碎片化”现象。如面对文化全球化和WTO保护时限的结束，应采取哪些保护性措施与制定哪些对他国的限制性条款来保护中国文化产品和文化服务，文化体制改革中不同类型的单位需在改革要求上体现出哪些差异性等等，都没有明确的政策措施，实际操作起来也难把握。从文化管理体制来看，实施的辖地管理，虽然有专业性强、垂直管理的优势，但也易导致文化行政部门的多头管理，管理越位和缺位并存，政出多门，相互掣肘，没有整体性、统一性和协调性。② 一句话，条块分割的管理方式不能适应社会发展和文化开放形势的需要，不利于统一、开放、竞争、有序的文化大市场的形成，文化生产力不能得到解放。

第二，文化政策滞后落伍。在当今，改革进入攻坚阶段，文化开放出现许多新情况新问题，老政策过时，新政策尚未出台，文化管理、文化发展无章可循。如随着中国互联网的快速发展，网络游戏已成为新的网络文化业态，是公众在互联网上消费娱乐的重要文化产品，网游用户、网游市场规模、网游产值等不

① 张晓明、胡慧林、章建刚：《2007年中国文化产业发展报告》，社会科学文献出版社2007年版，第51页。

② 解学芳：《文化体制改革的困境溯源》，载于《理论与改革》，2008年第2期。

断增长，自2002年以来，文化部依据《国务院对确需保留的行政审批项目设定行政许可的决定》（国务院第412号令）、《互联网文化管理暂行规定》（文化部第32号令）等法律法规，依法对网络游戏进行了管理。但网络游戏的快速发展使得监管法规滞后、监管措施不足等问题日渐凸显。由于著作权保护机制、知识产权保护制度的缺乏，致使网络盗版、侵权等问题不断，网络文化产业受到影响。直到2010年6月22日，文化部发布的《网络游戏管理暂行办法》，首次系统地对网络游戏的娱乐内容、市场主体、经营活动、运营行为和法律责任做出明确规定。这是中国第一部专门针对网络游戏进行管理和规范的部门规章，对中国网络游戏健康有序的发展，具有重大且深远的影响。

第三，文化政策刚性缺乏。刚性指的是不能改变或通融的，是政策制定严格、执行过程严肃的统一。由于缺乏有力的硬约束，文化政策措施在执行过程中随意性大，文化规划往往不能落实。有的地方把文化政策措施当作软指标，上有政策下有对策，随意搞变通，打“擦边球”，对一些明确规定的东西，以经济落后、条件不具备为由，敷衍塞责；有的对文化政策措施的执行失之于宽、失之于软，贯彻好坏一个样，缺乏应有的监督和管理。凡此种种，直接影响着文化政策措施的贯彻落实，使其很难真正发挥作用。①

（三）文化认同缺乏

文化是一个心理认同过程，源于主体对自身价值的评价和认定。当对象符合自身的评价标准时就容易认同，否则就比较难认同，出现“知而不行，行而不果”的问题。外国人对我们缺乏文化认同，就会直接影响中华文化的世界影响力。

当前，世界范围内各种文化思潮相互激荡，一个民族的文化变革能力、民族文化精神的世界影响力在国际政治较量中的地位越来越重要。“文化霸权”是国际关系中霸权、强权的表现形式之一，经济和政治军事力量强大的西方国家试图推行文化霸权，如以美国为首的西方国家把文化扩张和渗透作为实现文化霸权战略的重要手段，而经济、政治势力弱小的国家不得不努力排斥外来文化渗透，保护本民族文化传统。

---

① 何作印、党宁：《完善文化政策应注重“三性”》，发表于《中国文化报》，2004年3月4日。

中华文化元素是构成中华文化的基本成分，分为显性元素和隐性元素。显性元素如经史典籍、文学艺术、民族服饰、历史遗迹、节庆礼俗等等；隐性元素则是让中华文明绵延不绝的中华民族精神、民族气质、品格和风骨。在对外文化贸易中，隐性元素本应当附着在显性元素中，随着我们的文化产品一同推向世界，理想状态是卖产品的同时传播中华文化。黎鸣先生在2006年第16期《凤凰周刊》引用撒切尔夫人的话说：中国成不了超级大国，因为中国没有那种可以用来推进自己的权力，进而削弱我们西方国家的具有传染性的学说。今天中国出口的是电视机，而不是思想观念。这也表明我们出口的产品与文化是两张皮，未能在显性文化产品和普通货物的对外贸易中，让外国人感知和接受其中的中华文化元素，外国人对中华文化缺乏认同，这也是这些年来出现严重的文化产品对外贸易逆差的重要原因之一。

三、文化开放制度的完善路径

（一）深化文化体制改革

体制机制管根本、管长远。只有不断深化文化体制改革，大力破除阻碍文化发展的体制性障碍，中国特色社会主义文化才能焕发出勃勃生机。

这些年，文化体制改革由点到面、由浅入深，步伐不断加快、力度不断加大，在一些重点领域和关键环节取得了重要突破，效果逐步显现。实践证明，中央关于深化文化体制改革的决策部署是完全正确的。文化体制改革是全方位的改革，既包括宏观管理体制的改革，也包括微观运行机制的改革。在宏观管理体制上，主要是理顺文化行政管理部门与所属企事业单位的关系，加快转变政府职能，推进政企、政资、政事、政府与市场中介组织分开，使文化行政管理部门实现由办文化为主向管文化为主转变、由管微观向管宏观转变、由直接面向直属单位转为面向全社会，更好地履行政策调节、市场监管、社会管理、公共服务的职能。在微观运行机制上，一方面，围绕重塑文化市场主体，加快推进国有经营性文化单位转企改制，加快建立完善的现代企业制度、法人治理结构，打造一批文化领域国有骨干文化企业和战略投资者，大幅度提高中国文化企业的规模实力和国际竞争力；另一方面，围绕提高服务水平和能力，深化公益性文化事业单位劳动人事、收入分配等制度改革，不断增强活力，最大限度地发挥社会效益。现在，文化体制改革已进入攻坚克难的关键阶段，越是向广度深度推进，越会触及深层次矛盾和问题，越需要打攻坚战。要坚持以改革促发展、促繁荣，坚定不移地按照中央确定的方向目标，加大力度、突出重点、全面推进，着力构建充满活力、富有效率、更加开放、有利于文化科学发展的体制机制。①

深化文化体制改革，一定要把握好文化开放与文化事业、文化产业发展的关系。

文化开放是文化事业、文化产业发展的引擎，文化事业、文化产业是文化开放的支点。文化事业具有公益性，文化公共设施建设，如博物馆、纪念馆、美术馆、文化馆等文化活动场所是惠民工程；文化的国际交流合作，既有国家间交往，也有民间交流，对文化事业建设必须加大投入和支持力度。文化产业必须通过对外开放、参与国际竞争来获取发展壮大的资源和效益，这也是文化产业发展的源泉和兴盛不衰的基础。统筹文化开放与文化事业、文化产业发展，要更加注重发挥好文化产业对文化开放的主动力作用，同时兼顾文化事业的公益性。要创造条件，让文化企业、文化产品和服务走出去。把握好文化开放与市场机制、政府扶持的关系。实施文化走出去工程，要在政府扶持下发挥企业的主体作用。中国的文化企业要遵循市场规律，积极探索文化的国际化、商业化、产业化运作，通过市场竞争要生存、要发展、要效益，成长为国家文化产业的栋梁。同时，要发挥好政府的规划引导作用，鼓励具有基础性、创造性、公共性的文化产业加快发展，形成外向型的产业基础，同时抓长远、抓根本，大力培育新型文化业态。政府还要通过统筹推进文化管理体制改革和文化市场体系建设，为文化产业发展营造良好的内外部环境。②

“培育文化市场主体和改企转制是文化体制改革的中心任务。”③ 国有文化企业改革，要以创新体制、转换机制、面向市场、壮大实力为原则，推进产权制度改革，完善法人治理结构，完善竞争激励机制，降低运行成本，增强产业实力和市场竞争力。另外，深化文化体制改革还要求理顺政府、市场、文化单位三者的关系，合理调整、优化三者的角色定位、功能作用，使其成为文化科学发展的动

① 云杉：《文化自信：传承、开放与超越》，载于《红旗文稿》，2010 年第 15 期。
② 陈德铭：《提高文化开放水平》，发表于《经济日报》，2011 年 11 月 15 日。
③ 《文化产业振兴规划》，发表于《人民日报》，2009 年 9 月 27 日。

力支撑。

（二）加快调整文化政策

“文化政策是一定社会特定时期文化运行规则的体现，是文化生长、发展的自我规范、自我约束机制，是国家对文化生产、文化流通、文化消费有目的有组织地自觉指导和有效管理、监督的重要依据，直接指导着文化发展方向、方针的贯彻执行，规定着文化增长的动力。文化政策是国家政策体系中的一个不可或缺的组成部分，是一个国家、民族特定时期制度文明的显现”①。

从国外看，欧美国家从国家发展战略角度来看待文化政策。1988 年，联合国教科文组织在斯德哥尔摩召开的“文化政策促进发展”政府间会议就指出：文化政策是发展政策的基本组成部分。1998 年召开的会议进一步指出：文化的繁荣是社会发展的最高目标，未来世界的竞争将是文化生产力的竞争，文化政策已经成为一个国家发展政策的基本组成部分。

作为国家文化行为和国家政治行为，文化政策要充分体现国家意志并以国家利益为最高准则。在文化开放制度构建中，要明确的是文化政策调整的目标是国家文化利益和人民文化利益的统一，让公众充分享受文化权益，维护文化分配上的公平正义，提高人民文化生活水平。党和政府作为文化政策主体必须让文化在满足政治需要的同时满足社会公众的需要，我们的文化只有先赢得本国人民的认同和喜爱，具有中国风格、中国气派，才能有无限生命力，才能走向世界、影响世界，才能屹立于世界文化之林。

党的十七大以来，文化部参与制定出台的有关文化产业政策文件主要有：(1)《文化部关于扶持中国动漫产业发展的若干意见》(文市发［2008］33 号)；(2) 文化部、财政部、国家税务总局关于印发《动漫企业认定管理办法（试行)》的通知（文市发［2008］51 号)；(3)《商务部、文化部、广电总局、新闻出版总署、中国进出口银行关于金融支持文化出口的指导意见》（商服贸发［2009］191 号)；(4) 文化部《关于加强动漫游戏会展交易节庆等活动管理的通知》(文产发［2009］19 号)；(5)《文化部关于加快文化产业发展的指导意见》(文产发［2009］36 号)；(6) 文化部关于制定《文化部文化产业投资指导

① 胡惠林：《文化政策学》序，上海文艺出版社 2003 年版，第 2 页。

目录》的公告；(7) 中共中央宣传部、中国人民银行、财政部、文化部、广电总局、新闻出版总署、银监会、证监会、保监会《关于金融支持文化产业振兴和发展繁荣的指导意见》(银发［2010］94号)；(8) 商务部等十部门《关于进一步推进国家文化出口重点企业和项目目录相关工作的指导意见》(商服贸发［2010］28号)；(9) 文化部办公厅关于印发《国家级文化产业示范园区管理办法（试行）》的通知（办产发［2010］19号)；(10)《文化部、中国工商银行关于贯彻落实支持文化产业发展战略合作协议的通知》(文产函［2010］1031号)；(11)《文化部关于加强文化产业园区基地管理、促进文化产业健康发展的通知》(文产函［2010］1169号)；(12)《文化部、中国农业银行关于加强全面战略合作的通知》(文产函［2010］1818号)；(13) 文化部办公厅关于转发《国家发展改革委办公厅关于当前推进高技术服务业发展有关工作的通知》的通知（文明电字［2010］17号)；(14)《保监会、文化部关于保险业支持文化产业发展有关工作的通知》(保监发［2010］109号)；(15)《文化部、中国建设银行关于贯彻落实支持文化产业发展相关工作的通知》(文产发［2011］28号)；(16)《文化部关于推进文化企业境内上市有关工作的通知》(文产函［2011］440号)；(17) 文化部关于转发财政部、海关总署、税务总局《关于印发〈动漫企业进口动漫开发生产用品免征进口税收的暂行规定〉的通知》的通知（文产发［2011］34号)；(18) 中共中央宣传部、商务部、文化部、国家广播电影电视总局、新闻出版总署《关于贯彻落实国务院决定加强文化产权交易和艺术品交易管理的意见》(中宣发［2011］49号)；(19)《文化部关于印发〈文化部“十二五”时期文化产业倍增计划〉的通知》(文产发［2012］7号)①。

在当前，除了出台相关文化政策外，特别要注重文化政策的整体性，消弭部门鸿沟，政府各文化主管部门在制定政策时要注意协调统一。要认真分析研究文化发展的新趋势，提高政策制定的前瞻性，及时调整、更新文化政策，推行一系列法规措施。如完善文化管理制度、文化保护政策、文化产业政策，对主导文化产业进行引导扶持，对尚不够规范的文化市场要大力整顿治理，该限制的决不放开，该取缔的决不姑息。要增强文化政策的刚性、文化措施的强制性和约

① 《“十七大”以来文化部参与制定出台的有关文化产业政策文件》，发表于《中国文化报》，2012年6月1日。

束力。

加快调整文化政策，还要着眼于制定更加开放的文化对外开放政策。发展中国文化事业必须善于利用两个市场、两种资源。当今世界，国内市场国际化，国内竞争国际化，中国共产党必须适应形势发展的需要，制定文化开放政策，以维护中国文化安全、促进文化发展。这个文化对外开放政策主要包括：民族文化保护政策、国际文化交流政策、文化贸易政策、利用外资发展文化政策、文化企业“走出去”政策等。在有效维护中国文化安全和意识形态安全的前提下，不断提升中国文化对外开放水平，用更加包容、宽广的胸怀拥抱世界各国文明成果，“洋为中用”、“中为洋用”，对世界文明进步作出更大贡献。

政策从其属性来看分为“鼓励性”政策和“限制性”政策两种。历史证明，执政党在制定文化政策的过程中，让文化自身多重属性得到充分、均衡的发展，则有利于推动国家社会的进步，提升中国的国际形象与文化软实力；而片面强调文化的单一属性，则不仅造成文化的损害，还有可能带来极为严重的破坏性后果。“十二五”期间，国家文化建设的政策制定方面仍面临着从计划向市场、从文化事业向文化事业与文化产业双轨发展的体制变革任务，这是一项没有成熟经验可供借鉴的文化政治创新。而当前中国共产党文化政策的实践效果与预期尚有较大差距，诸如如何在市场经济条件下充分发展文化的精神价值属性，如何突出事业与产业并重的政策重点，推动文化产业成为国民经济支柱性产业的同时保证国家文化软实力的充分发挥等，都为未来中国共产党文化政策的制定与实施提出了新的路向①。要借鉴市场经济的方式手段，采用市场化、社会化的运作模式，实行文化资源的优化配置。制定和完善扶持政策，大力培育一批文化发展主体，切实增强文化发展活力和市场竞争力。

（三）大力发展文化产业

“当前，中国文化产业占世界文化市场比重很低，核心文化产品和文化服务出口均不到中国同期出口贸易总额的1%，这说明中国文化进一步扩大开放有很大的发展空间。一要集中力量，规划全局。根据文化开放的需要，制定实施文化

① 林玮：《中国共产党90年来文化政策重心的四次转移》，载于《中共四川省委党校学报》，2012年第2期。

开放的规划，明确战略目标和具体任务、建立长效机制，加大组织实施力度。二要加强部门协调，形成文化开放的氛围。由于文化涉及经济、社会、科技等各个层面，产业链条长，要统筹资源、共同促进、形成合力，支持文化加快发展。三要重点拓展文化的国际市场。瞄准国际文化主流市场和文化消费热点，加强对国内优质文化资源的整合开发和传播营销，提高文化生产经营国际化的能力，构建有利于外向型文化企业发展的体制机制。”①

发展文化产业，旨在能生产出更多更好的文化产品，文化产品已成为现代国民财富的重要部分。刘诗白先生说过：“由物质生产、服务生产和知识、精神生产三大部门组成的三维产业结构成为现代产业结构的特征。而物质产品、服务产品、知识、精神产品等三大类产品已成为现代社会财富的组成要素。”现代社会，在高技术基础上，物质生产迅猛发展。由于信息技术的引进，服务业获得新的发展势头。高技术经济固有的科技创新机制，促进了科学知识产品的扩大再生产。而文化消费需求的快速增长，推动了文化品、艺术品生产的发展，促使文化产业的兴起，创造出众多的精神财富。

尤其是当代的知识生产和知识产业快速发展，使物质财富生产与知识财富生产并举，成为当代经济发展的大趋势，这也是知识经济的特征。知识生产，就是创造知识产品的活动，而知识产品包括了科学产品和文化产品。文化产品在GDP中的比重进一步增大，成为社会总产品的重要组成部分。文化生产成为当代社会大生产的一个新的组成部分，文化产品也成为现代国民财富的重要部分。文化正在被大规模地合并、嫁接于生产，起着促进经济增长和财富增值的功能。

文化品具有提升产品使用价值的功能。某种文化要素和属性渗入于产品中，不仅具有原物质产品或服务产品的属性，而且增添了文化品满足人的精神需要属性，成为一种高品位使用价值，由此可“实现一种集物质财富、科技财富与精神财富于一体的更高级的现代文明财富的创造”。文化生产能创造价值和获得额外收益，是促进积累和经济增长的重要手段。文化作为要素渗入生产领域，嫁接出有文化含量的产品，大大提升产品的文化附加值。

① 陈德铭：《提高文化开放水平》，发表于《经济日报》，2011年11月15日。

第三节 主体与交流：文化开放的民族文化与外来文化

古往今来，文化交流就是促进文化更新发展的重要途径。但是，任何文化的发展都必须立足于自身的民族特色和本土特色，吸收借鉴外来优秀文化，只有这样才能使文化发展始终保持健康快速发展的势头，取得更大的成就。

一、以民族文化为主体与吸收外来有益文化

中共十七届六中全会通过的《中共中央关于深化文化体制改革推动社会主义文化大发展大繁荣若干重大问题的决定》提出："要坚持社会主义先进文化前进方向，以科学发展为主题，以建设社会主义核心价值体系为根本任务，以满足人民精神文化需求为出发点和落脚点，以改革创新为动力，发展面向现代化，面向世界，面向未来的、民族的、科学的、大众的社会主义文化，培养高度的文化自觉和文化自信，提高全民族文明素质，增强国家文化软实力，弘扬中华文化，努力建设社会主义文化强国。这是我们确立以民族文化为主体、吸收外来有益文化的文化开放制度的指导思想。"① 按照实现全面建设小康社会奋斗目标的新要求，到 2020 年，文化开放发展的奋斗目标是：文化管理体制和文化产品生产经营机制充满活力、富有效率，以民族文化为主体、吸收外来有益文化、推动中华文化走向世界的文化开放格局进一步完善。要推进以民族文化为主体、吸收外来有益文化的文化开放制度，必须把握主体与交流的关系，加强文化软实力建设。

（一）把握"主体"与"吸收"的本质内涵

"主体"和"吸收"是一对辩证统一的关系，正确认识和把握二者的本质内涵，才能在实践中正确有效地处理好二者的关系。

① 《中共中央关于深化文化体制改革推动社会主义文化大发展大繁荣若干重大问题的决定》，发表于《人民日报》，2011 年 10 月 26 日。

1. 以民族文化为主体

哲学上的“主体”和“客体”相对，是指对客体有认识和实践能力的人，是客体存在意义的决定者。“主体”，也指事物的主要部分。主体性是指人在实践过程中表现出来的自主、主动、能动的活动和特征。中国台湾学者朱高正指出：“所谓文化主体意识，是指一个民族自觉到其拥有的历史传统为其所独有，并对此历史传统不断做有意识的省察，优越之处发扬光大，不足之处奋力加强，缺失之处则力求改进。唯有确立文化主体意识，立大根本于传统，才有真正的文化自由可言。一旦具有文化主体意识，我们才能够以一独立自主的文化体系，与西方文明展开平等而积极的互动与对话。对于古代和近代以来的传统，我们既不轻忽，也不夸大；对于西方，我们既不盲从，也不漠视。一切都应透过具体的了解和理性的分析，如实地评估西方的各种思想和制度，进而有方向、有步骤、有重点地吸纳，而非囫囵吞枣、人云亦云地跟进。”① 民族文化的主体性，就是对本国文化的认同，包括对它的尊重、保护、继承、鉴别和发展等。

我们认为，以民族文化为主体，应当有三层含义：

一是珍爱本民族文化。热爱本民族文化，立足本民族文化，坚守民族文化的根基，保持民族文化的特色。因为，“中华文化源远流长、博大精深，是世界文化的重要组成部分，反映了鲜明的民族个性和审美特征，积淀着深厚的精神追求，是中华民族生生不息、团结奋进的不竭动力，是发展中国特色社会主义文化的深厚基础，也为世界文化多样性发展作出了积极贡献”②。

二是指民族主体意识的觉醒。所谓主体意识就是人的主人意识或自主意识。主体意识一经觉醒，人就不仅要做物的主人，也要做自我的主人。由于长期的封建伦理纲常塑造了国民的依附人格，君主权威压抑了国民的主体意识，无论在政治生活领域还是文化生活领域，都表现为惯于寻求和依附权威，个体缺少主体意识和独立人格。新中国成立后，特别是改革开放以来，在中西方文化的冲突交融中，中国民族主体意识全面觉醒，有了文化自觉、文化自信、文

---

① 朱高正：《康德批判哲学的启蒙意义——谈文化主题意识的重建》，载于《哲学研究》，1999年7月。

② 《中共中央关于深化文化体制改革推动社会主义文化大发展大繁荣若干重大问题的决定》，发表于《人民日报》，2011年10月26日。

化自省和文化自强，这是民族文化主体性的最好诠释。

三是传统文化主体地位的确立。近代以来，中西文化不断交流碰撞，围绕着传统文化的价值重估、民族文化的走向、西方文化入侵问题一直争论不休。改革开放以来，中国社会“文化热”兴起，传统文化的价值日益呈现，现代新儒家、学衡派等主张中国文化本位的思想受到学界关注。20 世纪 90 年代的“国学热”，传统文化资源也日益显示出自身特质与独特魅力，国人文化自觉意识增强，对自身民族传统有本体意义上的体认，自觉把握文化的主体性，在与西方文化的比较中，将自身文化存在与民族文化传统合二为一，传统文化主体地位得以确立。民族文化主体的确立也意味着中西文化真正实现交融的开始。

当然，以民族文化为主体，不是简单地等同于对传统文化的完全保留与全盘接纳，而是有一个“扬弃”的过程；不等于要放弃中国现代性的构建，而要对传统与后现代之间的差异有一个更为清醒的认识。

2. 如何吸收外来有益文化

“吸收”是指接纳、接受，是物体把外界的某些物质吸到内部，或物质从一种介质相进入另一种介质相的现象。在文化开放中，中西方文化互相吸收、借鉴、合作、互补是历史的必然。加强文化的合作与交流，吸收外来有益文化，能增强区域文化的辐射力、影响力，形成具有时代特征和民族特色的文化链、文化圈，使民族文化在世界文化发展大格局中占有重要地位。

外来文化是相对于本土的民族文化而言的，它包括了多种不同性质和形态的文化。在全球化迅速发展的时代，文化传播便捷、广泛，必然会产生外来文化与本民族文化的融合与冲突。外来文化一定程度上丰富了人民群众的精神文化生活，拓宽了跨文化交流的空间，增强了文化的多样性和选择性，但它也会压缩民族文化的发展空间，对主流意识形态形成挑战，对民族文化价值体系形成冲击。因此，在文化开放过程中，我们要以正确的态度看待外来文化，对外来文化要有区分地吸收借鉴。文化有先进和落后、健康有益和腐朽反动之分。我们要吸收的是外来文化中健康有益、积极向上、与中华文化精神相契合、互补的部分。既要以积极健康、宽容大度的态度对待外来文化，又要增强本民族文化的吸引力，增强外来文化消极因素的鉴别能力。“要坚持以我为主、为我所用，学习借鉴一切有利于加强我国社会主义文化建设的有益经验、一切有利于丰富我国人民文化生活的积极成果、一切有利于发展我国文化事业和文化产业的经营管理理念和机制，广泛参与世界文明对话，共同维护文化多样性，这是发展中国特色社会主义文化、为人类文明作出新的更大贡献的重要历史使命"①。

（二）加强文化软实力建设

实力，指物质本身所具有的一切存在。汉英词典解释为：actual strength；strength；the big stick。通俗地说，实力即实际能力，既一种能成就自身也能影响他人的能量。"硬实力"与"软实力"是一对相互对应、相互诠释的概念。发展是"硬道理"，经济发展能力、经济实力等常被视为有形的"硬实力"。文化以其特有形态、作用功能被称为"软实力"。因为，按存在方式或类型来划分，文化大致可分三类：精神文化，过程性文化（如人的生活方式，社会运作制度等），结果性文化（文艺作品、器物、建筑等）。文化特别是精神层面的文化，其作用力、凝聚力和影响力往往是无形的，却是巨大的、持久的，是一种巨大精神力量和知识力量，是一种强大的内驱力，是一种决定性力量。

文化软实力主要是指精神文化，包括文化知识、科学技术、管理经验、公序良俗、价值观念、理想信仰、行为规范、人格魅力、城市品位、文化现象、民族精神等。纵观人类社会发展史，文化既有社会发展的导向作用，又有社会规范、调控和凝聚作用，更有社会经济发展的驱动作用。马克思主义经典作家曾对精神生产力问题作过精辟论述，当代西方马克思主义也对文化生产问题进行过细致研讨。古今中外，想达到成就自我又影响他人的目的，无外乎如下三种方式："用大棒威胁；用胡萝卜引诱；用价值观吸引。其中，用价值观吸引，指的就是以世界观、人生观、价值观为核心内涵的文化的力量。这是一种看似柔弱无形，但却是无比深厚、强韧和持久的力量。"② 当今，世界范围的竞争将更多地体现在文化上。

对一个国家来说，文化是综合国力的重要标志，是凝聚和激励全国各族人民的重要力量。在经济全球化时代，在新科技革命的浪潮中，"没有文化软实

---

① 《中共中央关于深化文化体制改革推动社会主义文化大发展大繁荣若干重大问题的决定》，发表于《人民日报》，2011 年 10 月 26 日。

② 林然：《文化的追问》，发表于《解放日报》，2008 年 1 月 8 日。

力的支撑，经济、政治、社会硬实力也难以真正形成。即使形成，也不会扎实、不会持久”①。改革开放的实践充分证明，社会生产力从根本上决定和影响文化的形成和发展，但文化对生产力则起着巨大制约能动作用。这也是我们党的领导人之所以一再强调“只有经济、政治、文化协调发展，只有两个文明都搞好，才是有中国特色社会主义”；强调“任何时候都不能以牺牲精神文明为代价，去换取经济一时的发展”的原因。我们还可以从经济基础与上层建筑的相互影响中、从文化与经济、政治、社会的互动关系中，充分认识到文化是发展经济、提升政治文明和社会文明的杠杆，文化是生产力，文化是软实力。

改革开放以来，我们国家大力发展社会主义先进文化，人民日益增长的精神文化需求得到更好满足。社会主义核心价值体系建设取得重大进展，马克思主义思想理论建设卓有成效，群众性精神文明创建活动、公民道德建设、青少年思想道德建设全面推进，文化事业生机盎然，文化产业空前繁荣，国家文化软实力不断增强，人们精神世界日益丰富，全民族文明素质明显提高，中华民族的凝聚力和向心力显著增强。党和政府把发展社会主义生产力同提高全民族文明素质结合起来，推动物质文明和精神文明协调发展，推动文化大发展大繁荣，为改革开放和社会主义现代化建设提供强大精神动力和智力支持，营造良好舆论环境。②

当前，中国作为一个在国际舞台日益发挥重要作用的发展中国家，文化软实力在同世界互动中的作用更直接、更现实。特别要看到，中国还面临着敌对势力西化分化的威胁。在这样的背景下，加快提升国家文化软实力，已经成为事关党和国家发展全局的重大而紧迫的课题。应当认清形势，保持清醒，居安思危，树立强烈的忧患意识，加快形成自己的文化优势，在激烈的国际竞争中维护中国的文化安全，拓展我们的战略利益。③

实施文化对外战略，重视文化软实力建设，要具体落实到政府的文化外交活动中。“文化”已经被越来越多的国家视为一种新的国家权力资源——“软

① 林然：《文化的追问》，发表于《解放日报》，2008 年 1 月 8 日

② 胡锦涛：《在纪念党的十一届三中全会召开 30 周年大会上的讲话》，发表于《人民日报》，2008 年 12 月 19 日。

③ 云杉：《文化自信：传承、开放与超越》，载于《红旗文稿》，2010 年第 15 期。

权力”，区别于传统的政治、经济和军事等硬权力——而在外交领域加以广泛和充分的运用。在这方面，西方国家，尤其是美国早就强烈地意识到。现在中国政府定期或不定期地在世界各国举办“中国文化节”，就有力地增进了中国对外吸引力，提升了我们的国际形象。把文化适当地融入国家外交生活中，不但能改善和修正对外关系，而且能加强国际文化交流，架设起各级各类国际文化桥梁。

二、坚持文化开放制度的正确理念

在国际国内形势深刻变化和中国经济社会发展进入新的历史阶段的背景下，以什么样的视角认识文化，以什么样的态度对待文化，以什么样的思路推动文化繁荣发展，是中国文化建设必须解决的重大课题。要确立并推进以民族文化为主体、吸收外来有益文化的文化开放制度，必须在文化开放中坚持文化自觉、文化自信、文化自强。

（一）提升文化自觉

文化自觉，就是一种觉醒、使命与担当。世界文明史表明，一个国家和民族的崛起，必然伴随着文化的崛起。要实现中华文化的崛起，决策者要有高度的文化自觉，人民大众也要有基本的文化自觉。文化自觉是指生活在一定文化中的人对其文化有“自知之明”，明白它的来历、形成过程，所具有的特色和它发展的趋向，不带任何“文化回归”的意思，不是要“复旧”，同时也不主张“全盘西化”或“全盘他化”。“自知之明”是为了加强对文化转型的自主能力，取得决定适应新环境、新时代时文化选择的自主地位。文化自觉是一个艰巨的过程，首先要认识自己的文化，理解所接触到的多种文化，才有条件在这个已经在形成中的多元文化的世界里确立自己的位置，经过自主的适应，和其他文化一起，取长补短，共同建立一个有共同认可的基本秩序和一套各种文化能和平共处、各舒所长、联手发展的共处守则。[①] 文化自觉是文化开放时代的要求，它指的是生活在一定文化中的人对其文化有自知之明，并且对其发展

① 费孝通:《反思·对话·文化自觉》，载于《北京大学学报》，1997 年第 3 期。

历程和未来有充分的认识。文化自觉是对其现实的观察、分析和反思，是一种将历史、现实和未来相结合的行动筹划。文化自觉引导社会进步，社会进步又促进人们文化自觉的提升，二者相辅相成。文化自觉这个命题具有深刻的时代性和哲理性。文化自觉是人们基于社会实践基础之上，对所处时代的经济文化、社会发展的自主提升、自主扬弃、自主创新，是一个动态演进、螺旋式上升的过程。新的形势、新的任务，迫切需要我们进一步增强文化自觉，具体来说就是做到三个高度自觉，“即地位认识上高度自觉、规律把握上高度自觉、责任担当上高度自觉”①。

（二）保持文化自信

文化自信是一种开放、超越、积极的精神状态。文化自信是相对于不自信而言的。文化自信是一个国家、一个民族、一个政党、一个公民对自身文化价值的充分肯定，对自身文化生命力的坚定信念。只有对自己文化有坚定的信心，坚信博大精深的中华文化对人类文明和世界进步所作出的不可磨灭的贡献，才能获得坚持坚守的从容，鼓起奋发进取的勇气，焕发创新创造的活力。

中华民族素有文化自信的气度，正是有了对民族文化的自信心和自豪感，才在漫长的历史长河中保持自己、吸纳外来，形成了独具特色、辉煌灿烂的中华文明。同时也要看到，在对待自身文化的态度上，伴随着民族兴衰、国运沉浮，不时出现“自卑自弃”和“自大自傲”两种倾向，或多或少、或大或小地对文化发展产生这样那样的影响。现在，世界日益成为一个“地球村”，不同文化的交流、交融、交锋比以往任何时候都更加频繁。在这样的背景下，更加需要我们以理性、科学的态度进行文化的反思、比较、展望，正确看待自己的文化，正确对待别人的文化，充分认识中国文化的独特优势和发展前景，进一步坚定我们的文化信念和文化追求。做到文化自信，关键是不忘本来、吸收外来、着眼将来。这就是：一是不忘本来。任何一个国家的文化，都有其既有的传统、固有的根本。抛弃传统、丢掉根本，就等于割断了自己的精神命脉，就会丧失文化的特质。对于当今中国来说，深厚的民族传统文化、科学的马克思主义指导思想、丰富的革命文化，就是我们文化安身立命的根基，是我们在

---

① 云杉：《文化自信：传承、开放与超越》，载于《红旗文稿》，2010 年第 15 期。

世界文化激荡中站稳脚跟的“定海神针”，必须始终不渝地坚持、千方百计地弘扬，使其惠及当代、恩泽后人。二是吸收外来。任何一种文化都不可能与世隔绝，都需要从其他文化中汲取养分。以什么样的态度对待外来文化，考验着一个国家的文化自信。越是自信，就越能够以积极的态度对待外来文化，越能够在同外来文化的互动交流中得到丰富发展。广泛吸纳、融汇一切外来优秀文化成果，是推动中华文化繁荣兴盛的必然要求。三是着眼将来。我们的文化自信，不仅来自历史的辉煌，更来自当今中国的蓬勃生机，来自未来发展的光明前景。放眼世界、审视自己、展望未来，世界的变化、中国的进步、人民的伟大创造为我们文化的繁荣兴盛提供了历史性机遇和广阔舞台，当代中国文化正展示出令人振奋、再现辉煌的良好势头。①

（三）实现文化自强

自强是一种困难压不倒，厄运不低头，危险无所惧的操守。文化自强是指在文化建设发展中积极向上、自我勉励、奋发图强、勇往直前的勇气和魄力。“自”，就是立足自己的实际，依靠自己的力量，突出自己的特色，走自己的文化发展道路，建设面向现代化、面向世界、面向未来，民族的、科学的、大众的、社会主义先进文化；“强”，就是要使我们的文化具有强大的吸引力影响力、强大的活力创造力、强大的实力竞争力，把中国建设成一个中国特色社会主义的文化强国。文化自觉、文化自信，最终目的还是要实现文化自强。在国际社会中，像中国这样一个发展中大国，要掌握自己的前途命运，就必须有自己的文化设计，有自己的文化力量。

如何实现文化自强？就是要着眼实现文化的又好又快发展，研究解决好自强之魂、自强之路、自强之本、自强之源、自强之翼等问题。一是自强之魂——塑造社会主义文化的灵魂。核心价值观决定着有什么样的文化立场、文化取向、文化选择。没有核心价值观，一种文化就立不起来、强不起来，一个民族就没有赖以维系的精神纽带，一个国家就没有统一的意志和共同的行动。塑造社会主义核心价值观，重要的是体现时代感、突出大众化、富有独创性。二是自强之路——坚持走科学发展的道路。要构建科学合理的文化发展格局，

① 云杉：《文化自信：传承、开放与超越》，载于《红旗文稿》，2010年第15期。

转变发展方式、提高文化发展的质量和效益。大力实施重大文化产业项目带动战略，着力培育和发展新兴文化业态，不断优化布局、优化结构、优化配置，不断增强文化发展的后劲、提高文化发展的效益。三是自强之本——把握文化发展的根本依靠力量。文化发展，要紧紧依靠人民群众，同时要充分调动广大文化工作者的积极性。要实现文化强国的宏伟蓝图，必须努力造就一批有影响的文化名家、文化大师和各领域领军人物，培养一支宏大的、适应时代要求、富有开拓精神、善于创新创造的文化人才队伍。四是自强之源——激活文化发展的动力源泉。文化的繁荣兴盛，需要源源不断的动力。动力是什么？一是改革，二是创新。改革是解放和发展文化生产力的必由之路，创新是文化繁荣发展的制胜之道。创新是文化的本质特征，当今文化发展，创意制胜、内容为王。美国是一个文化强国，强就强在创新上。好莱坞的大片、麦当劳的薯片、英特尔的芯片，被称为影响世界的“三片”，实际上都包含着独一无二的文化创意。只有不断提高文化创新能力，才能在发展水平上胜人一筹。五是自强之翼——插上文化腾飞的强劲翅膀。在当今时代，科技和市场在文化繁荣发展中的作用越来越明显。科技、市场如同鸟之双翼，借助它们的力量，文化就能飞得更高、飞得更远。科技的发展，也以独特的方式增强着文化的表现力、吸引力和感染力。实现文化的繁荣发展，必须积极适应社会主义市场经济发展要求，打破条块分割、地区封锁、城乡分离的市场格局，加快培育大众化文化消费市场，构建统一开放竞争有序的现代文化市场体系。①

总之，文化自觉与文化自信是文化自强的思想基础与精神动力。只有不断提高与坚定创建中国特色社会主义文化的自觉性与自信心，着眼于提高民族素质和塑造高尚人格，以更大力度推进文化改革发展，在中国特色文化实践中进行文化创造，让人民共享文化发展成果，才能使我们的文化自立于世界民族文化之林并不断增强其竞争力与影响力。

三、推进文化开放制度的路径

推进文化开放是文化发展的重要方面。形成推进文化开放的制度体系需要

① 云杉：《文化自信：传承、开放与超越》，载于《红旗文稿》，2010 年第 15 期。

正确认识和把握好有效路径。

（一）提升民族文化的国际影响力和竞争力

推进和落实文化开放制度，必须勇于面向世界，必须提升中国文化国际影响力和竞争力。

中华文化之所以绵绵五千年长盛不衰、亘古弥新，其内涵在于兼容并蓄和博采众长，其力量在于文化自觉和文化自信。中华文化深深扎根于中华民族传统之中，体现了追求和平、和谐、包容、和而不同、天地合一的人类理想，具有强大的感召力和影响力。“在当前经济全球化的背景下，国家间的竞争不仅表现在以经济、军事为基础的硬实力竞争空前激烈，而且表现在以科技、文化为核心的软实力竞争也十分激烈。西方发达国家在政治上和经济上主导国际规则，在文化和意识形态上也在谋求更大的战略利益。世界文化的发展更趋多样性、复杂性、曲折性。面对这种形势，我们要有高度的文化自觉和文化自信。应当看到，中国文化在全球展现独有风采和魅力的时机已然成熟。中国与世界各国经济、政治联系日益密切，生产投资贸易遍布全球，为中华文化传播奠定了雄厚的物质基础，也提供了广阔的发展空间。随着现代信息技术快速发展，文化传播手段更加丰富，文化创新更加活跃，为中华文化发挥后发优势提供了新的机遇和条件。我们完全有能力、有条件推动中华文化走向世界，在促进不同文明、不同制度的国家和谐共存、共同发展中发挥重要作用”①。

（二）推动民族文化走向世界

党的十七届六中全会指出：“中国特色社会主义文化发展道路是开放的道路，我们要立足中华文化的深厚沃土，努力推动中华文化走出去、增强中华文化在世界上的感召力和影响力，促进世界各民族文化和谐共存、互鉴发展。”②

要推动民族文化走向世界，必须充分发挥政策的支持作用。近年来，我们探索并建立了一套帮助文化走出去的政策体系和工作机制，制定颁布了《关于进一步推进国家文化出口重点企业和项目目录相关工作的指导意见》，通过

---

① 陈德铭：《提高文化开放水平》，发表于《经济日报》，2011 年 11 月 15 日。

② 《中共中央关于深化文化体制改革推动社会主义文化大发展大繁荣若干重大问题的决定》，发表于《人民日报》，2011 年 10 月 26 日。

宏观指导、政策引领、经济支持、服务便利等方式，扩大文化的对外贸易和对外交流合作。要继续完善文化开放的支持政策，落实好已出台的各项措施，加大财政、金融、税收、用地等方面的扶持力度，培育壮大一批具有国际竞争力的外向型文化企业和中介机构，帮助具有创新能力的中小文化企业走向国际市场，坚持“扶优扶强”的原则，支持文化出口重点企业和重点项目。[①] 在文化产品、文化要素的供给和配置上，一定要充分发挥市场的积极作用。即使是那些公共文化产品和服务，包括一些公共文化设施的建设，政府也可以采取招标竞价购买的形式从市场获取，把文化生产和消费从文化系统的“内循环”扩大到市场的“大循环”。不但要完善国内市场，还要关注国际市场，努力掌握国际文化贸易规则和营销策略，统筹国内国际两个市场两种资源，统筹对外文化交流与对外文化贸易，统筹扩大出口规模与调整出口结构，着力发展外向型文化企业，着力培育中华民族文化品牌，着力加强出口平台和营销渠道建设，进一步加快文化走出去步伐。[②] 直面西方文化霸权，积极主动地利用互联网的传播优势来促进文化输出，加快中华传统文化、中国特色社会主义文化在网上的传播，以特色取胜，形成中国元素、中国风格的话语体系，维护民族的文化身份，进一步拓展中国的“信息疆域”。

要推动民族文化走向世界，必须做好文化保障服务。“一要建立对外文化交流传播机制。创新对外宣传方式方法，加强国际传播能力建设，增进国际社会对中国文化价值的理解和认同，展现中国文明、民主、开放、进步的形象，增强中国国际话语权。二要构建人文交流机制。把政府交流和民间交流结合起来，拓宽文化交流渠道。加强海外中国文化中心和孔子学院建设，鼓励代表国家水平的各类学术团体、艺术机构，在相应国际组织中发挥建设性作用。做好文化传播对象的工作，通过建立面向外国青年的交流机制，设立中华文化国际传播贡献奖等方式，增强世界对中华文化的关注度。三要加强国际型文化人才队伍建设。充分依托国内外高校、职业教育机构，推进文化出口的人才培训，培养一批专业创作、经纪评估、营销策划、咨询翻译等方面的人才，造就一批适应文化开放需要的国际化、复合型人才。四要加强知识产权的保护和国际合

① 陈德铭：《提高文化开放水平》，发表于《经济日报》，2011 年 11 月 15 日。

② 云杉：《文化自信：传承、开放与超越》，载于《红旗文稿》，2010 年第 15 期。

作。鼓励文化企业以国际市场为导向，创作具有自主知识产权和自主品牌的文化精品。"[①] 完善文化促进体系，积极发展译制、推介、咨询服务，组织翻译优秀学术成果和文化精品，为文化企业走出去提供投融资、翻译咨询、知识产权保护等全方位服务。在保护本国公民文化权益的同时，也要使外国公民在华正当的文化交流活动得到保护，政府机关、企事业单位要为中华文化提供各种服务，以保证文化开放的质量和效益。

① 陈德铭：《提高文化开放水平》，发表于《经济日报》，2011 年 11 月 15 日。

第六章

文化调控制度

改革开放以来，文化体制改革在调整布局、理顺关系、转变职能、改善管理等方面取得了较大进展。发展文化事业与文化产业，必须健全以党政责任为主体、发挥市场积极作用的文化调控制度。既要发挥政府宏观调控的主导作用，也要积极发挥市场调节的基础作用，使整个文化体制与社会主义市场经济体制相适应。文化资源的特殊性，使文化市场成为特殊市场，市场机制在一定范围内虽然能够对文化资源进行有效的配置，但要实现文化资源的优化配置，还必须依赖政府的宏观调控。市场调节与国家调控的有机结合是文化调控制度的本质特征。

第一节　市场与国家：文化调控制度的机理透析

文化产品和文化服务既具有意识形态属性，又具有商品属性。在社会主义市场经济条件下，市场越来越成为人们进行个性化文化消费，满足多样化精神文化需求的主要途径。文化生产单位只有积极面向市场，才能更好地服务群众。同时，必须重视文化的意识形态属性，加强和改进政府对文化市场的宏观调控功能，坚持马克思主义在意识形态领域的指导地位，防止自由化倾向，建立起以社会效益与经济效益有机统一为目标的文化管理体制。

一、何谓文化调控制度

建立“以市场调节为基础、以国家调控为主导”的新型文化调控制度，是现阶段社会主义市场经济发展的客观要求。

（一）以市场调节为基础

市场调节是价值规律通过市场对经济运行和经济行为的调节，表现为价格、供求和竞争等市场机制要素之间互相作用而产生的协调效应或调适效应。在文化领域，所谓“以市场调节为基础”，其基本含义就是指着重发挥直接调节文化企业和文化生产者个人的市场机制的短期配置功能、微观均衡功能、信号传递功能、技术创新功能和利益驱动功能。然而，市场调节的功能强点并不能掩盖其固有的功能弱点。对此，可以扼要地概括为四点：

第一，市场调节目标偏差。在实现国家文化整体发展战略的目标时，由于市场调节中没有宏观文化决策的主体，单纯受市场引导的文化企业是不可能事先洞察国家文化发展目标和方向的，因而极易在追求利润极大化的过程中偏离这些目标，使宏观计划落空。

第二，市场调节程度有限。在公共文化等基础设施和科技研发等基础研究领域，以及在精神产品生产和盈利率低、投资周期长的基础文化方面，市场调节的程度非常有限。在非营利性的教育、卫生、基础研究、国防等领域，接受市场调节的可能性更微弱。

第三，市场调节速度缓慢。市场调节天然存有事后调节的滞后性，在引导产业结构演变及升级化进程中速度较为迟缓。这是因为：市场供求不平衡→引起价格变动→企业调整经营决策→市场供求暂时平衡，这一连锁传导反应需要较长的时间。况且，市场信息并非完全透明，既有已知的“白色信息”，也有未知的“黑色信息”和半知的“灰色信息”，加上市场体系和市场机制不可能尽善尽美，生产经营者往往只能在市场能见度较低的条件下，根据现期价格和供求的状况规划下期行动。这样，企业的经营抉择不免带有相当的近视性或盲目性，又受技术频繁转换的困难束缚，从而不利于社会产业结构的优化。

第四，市场调节成本昂贵。市场调节的目标偏误、时间延滞、摩擦损失等因素的客观存在，使得在收集市场信息、均衡市场波动、防止过度垄断、缓解高失业和高通胀、消除畸形分配和非理性消费选择等一系列问题上，社会必然要投入较多的劳动，这就间接或直接地增大了市场调节的成本。以实证的眼光观察，这些调节费用的相当部分纯属资源虚耗。

总之，市场调节的优势功能确立了它在社会主义经济调节体系中的基础性地位。同时，其固有的功能欠缺又导致国家调控的必然出现。

（二）以国家调控为主导

国家调控是指国家运用经济、法律、行政等手段，自觉地按照文化发展总体战略目标合理配置社会文化总资源，调节整个文化生产与文化服务行为。国家调控的精髓是计划调节。所谓“以国家调控为主导”，其基本含义是指着重发挥主要调节宏观文化发展的国家机制，具有宏观制衡功能、结构协调功能、竞争保护功能、效益优化功能和利益调整功能。如同市场调节一样，国家调控在整个宏观和某些微观文化领域中具有某些劣势。已有的社会主义实践表明，国家调控容易患有下列四种功能性痼疾：

其一，国家调控偏好主观。党委系统和政府系统是国家调控的两大主体。各级文化主管部门又都不同程度地存在急于建政绩，甚至非理性短期行为。在政府职能尚未切实转变的情况下，一旦国家偏好背离现有文化生产力和文化市场的强烈要求时，这种不科学的国家调控就不免带有唯意志论和片面性，形成功能性障碍。

其二，国家调节转换迟钝。由于国家宏观调控决策可能缺乏可靠的信息、决策的程序可能过于复杂、决策的时间可能较长、决策的成本可能太大等若干因素的存在，即使发现国家调节有误，或根据新情况亟须转换调节形式和内容，也常常陷于呆滞状态，不能及时灵活地进行调节变换，造成一种与“市场调节失灵”相对应的“国家调节失灵”现象。

其三，国家调控政策内耗。当国家运用财政、金融、价格、收入、税收、汇率、消费、人力等各种文化经济政策调节文化市场体系和文化企业行为时，倘若国家政策体系内部不能配套协调，甚至作用相反，那就会导致“政策内耗”，即各项政策功能相抵消。当然，在国家决策机制较为健全的条件下，政策功能内耗的现象会少些，但也不会完全消失。

其四，国家调控动力匮乏。国家调节要通过国家工作人员积极主动地制定和组织实施各种调节目标、步骤及具体方法来实现，可是有关工作人员经常出于个人、本地、本部门或本阶层的狭隘利益考虑，不愿意自觉适时地调解文化发展中已暴露出来的矛盾和问题。尤其是在众多企业和个人的“下有对策”面前，国家调控的“反对策”往往显得苍白无力。其结果，要么是集权僵化，要么是分权紊乱，使国家调节常常陷于官僚式的动力机制不足的局面。

总之，国家调节的良性功能确立了它在社会主义文化调节体系中的主导性地位。同时，其不可完全避免的功能弱点，又决定了必然要以市场调节为基础。

（三）市场调节与国家调控相结合

市场调节与国家调节存在着对立统一的辩证关系，其结合的性质可从下述三方面去认识。

第一，功能互补性。它们的互补至少可以概括为：在层次均衡上的微宏观互补；在资源配置上的短期和长期互补；在利益调整上的个体和整体互补；在效益变动上的内外部互补；在收入分配上的高低性互补；等等。市场调节和国家调节的功能互补，既有侧重点，又有渗透性。一般说来，在单个文化单位的活动、普通资源的短期配置、收入和利益的日常调整以及一般的文化经济行为方面，市场调节的功能明显强于国家调节，但也要求注入规划机制因素，实行国家导示；在文化产业结构、文化发展总量、文化产权结构、重大文化工程、文化精品、重要资源的长期配置以及收入和利益的较大调整方面，国家调节的功能又明显强于市场调节，但也要求注入市场机制因素，发挥市场对国家规划的反馈和制约作用。可见，市场调节和国家调节的功能性结合与互补，深刻地表明现阶段文化调控的新机制有着本质上的统一面。

第二，效应协同性。市场调节与国家调节的协同效应体现如下：首先是协同范围。市场与国家规划都要覆盖全社会。其中，市场关系将成为整个社会经济活动的普遍联系形式，等价交换是它的基本准则；国家规划将成为整个社会文化活动的目标导向，规范和影响一切文化生产行为。二者非板块式的全社会规模的有机结合为正协同效应的产生奠定了基础。其次是协同方式。市场与国家规划可以达到双向相容，也就是说，市场中渗进计划机制，规划中吸纳市场机制。作为前馈的规划指导市场，作为后馈的市场制约规划，二者的融合建立起高效而又灵活的“前馈—反馈”调控机制。最后是协同走向。市场调节从微观引向宏观，呈现为“企业—市场—国家”的经济循环流程；国家调节从宏观引向微观，呈现为“国家—市场—企业”的经济循环流程。市场与国家规划的这种对流式传导，沟通了微观层次与宏观层次的联系，提高了协同力。

简言之，市场调节和国家调节的正协同效应，也有力地表明现阶段文化调节的新机制有着本质上的统一面。

第三，机制的背反性。当市场调节机制依据价值规律、供求规律和竞争规律发生作用时，价值目标有可能排斥社会急需的使用价值生产，甚至生产伪劣文化商品等，损害国家和公众的利益；市场波动会造成某些虚假的需求，其自发倾向有可能导致文化生产的盲目性；利益本位有可能冲击宏观经济效益和社会其他效益，形成各种垄断，妨碍近期利益和长期利益、局部利益和整体利益的有机结合。这些均同国家调节的目标和机制相悖。同样，当国家调节机制作用时，使用价值目标有可能排斥经济核算和等价交换；国家导向有可能不恰当地采用直接行政控制，造成集权僵化的局面；国家利益有可能被强调过度，损害企业和个人的利益，窒息劳动者的积极性和创造性。这些又均同市场调节的目标和机制相悖。因此，市场调节和国家调节的机制背反性是一种客观现象，不会完全避免，这清楚地表明现阶段文化调节的新机制有着本质上的矛盾面。

二、文化调控制度的主要特征

承认市场机制的自发调节作用，承认这种调节作用是基础性的，但也要认识到，市场经济的自发调节已经越来越明显地暴露出自身难以克服的弊端。对这个问题，西方经济学家也有不少人已经予以确认，指出市场并非万能，现实的资本主义市场经济存在“市场失灵”或称“市场失败”。现代社会复杂性很高的经济系统已经提出了对经济运行进行自觉调节的客观要求，但由于私有制造成的利益分割和对立，使得实行自觉的事先的宏观规划和调控缺乏公共利益的基础，并不能真正充分地实现。

《中共中央关于完善社会主义市场经济体制若干问题的决定》指出，“国家主要通过规划和政策指导、信息发布以及规范市场准入，引导社会投资方向，抑制无序竞争和盲目重复建设。”2004 年《国务院关于投资体制改革的决定》要求确立企业的投资主体地位，减少政府对企业生产经营活动的直接干预，更好地发挥市场配置资源的基础性作用。要综合运用经济的、法律的和必要的行政手段，对全社会投资进行以间接调控方式为主的有效调控。政府到位而不越位，依法行政，转变政府职能，强化监管和服务。深化行政审批制度改革，切实把政府管理职能转到主要为市场主体服务和创造良好发展环境上来。党的十七大提出：“发挥国家规划、计划、产业政策在宏观调控中的导向作用，综合运用财政、货币政策，提高宏观调控水平。”① 明确提出这个多年没有强调的国家计划的导向性问题，具有纠正一度在认识和实践中出现偏颇的重要作用和意义，社会主义市场经济应该是“有计划”的。国家规划和计划导向下的宏观调控，是中国特色社会主义市场经济所必备的内涵，社会主义市场经济应该实现自觉的科学的国家调节或有效的宏观调控与价值规律和市场机制的“自发”调节的结合。正确认识社会主义市场经济中的“计划性”问题，应该是一个关系到对社会主义市场经济的运行机制总体特征的认识问题。②

宏观调控的方式要实现事后的间接调控与事先的直接引导相结合。宏观调控的方式不仅仅是间接调控，即通过制定诱导性的文化经济政策，主要是用财政政策和货币政策等来调节文化市场。中国文化宏观调控体系要把“规划方式”放在重要的位置上。《国家“十一五”时期文化发展规划纲要》、《国家“十二五”时期文化改革发展规划纲要》是由国家统一制定的文化发展规划，国家规划是国家宏观调控的基本依据，也是宏观调控的基本手段。社会主义市场经济中的国家规划不能像计划经济体制下那样，不是指令性的、实物指标为主的、直接下达到企业的、高度集中的计划，而是引导性、战略性、参考性的，主要内容是确立发展目标、重点、措施和基本方针政策。同时，国有和国有控股文化企业担负着实现国家宏观调控目标的重任，它是国家干预文化活动的一个重要手段。市场调节和国家调控都是社会主义市场经济的组成部分，都是生产社会化规律的客观要求，二者之间也是矛盾的统一。

自觉调控功能和规划机制的真正实现和不断提高，是需要一定社会经济条件的。在社会主义市场经济中，市场经济与公有制的结合已经为文化生产运行和发展的“规划性”和“自觉性”的真正实现和提高提供了客观条件，消除对抗性的利益分割对实行自觉的宏观规划造成的抑制和障碍，实行在更大范围内和更高程度上的自觉调节，实现“集中力量办大事”。由于公有制为主体，因而国家对市场的调控既有较雄厚的物质基础，又有牢固的政治基础和广泛的

① 《改革开放三十年重要文献选编》（下），中央文献出版社 2008 年版，第 1726 页。

② 刘国光先生对此已做过科学的论证。详见刘国光：《有计划，是社会主义市场经济的强板》，发表于《光明日报》，2009 年 3 月 17 日。

群众基础，所以能够把人民的当前利益与长远利益、局部利益和集体利益结合起来，发挥规划与市场两个手段的长处，把市场调节和宏观调控结合起来。社会主义国家的性质，社会主义公有制经济的主体地位，以及社会主义社会实行统一规划的客观可能性与集中资源力量办大事的优越性等，决定了我们要加强国家的宏观调控和政府调节。以公有制为主体、以共同富裕为宗旨的社会主义市场经济，更要进一步健全、充实国有和国有控股文化企业，优化国家调控机制和其他社会公益事业。

因此，宏观调控功能是社会主义市场经济的内在机制，社会主义文化发展应该给“计划性”和“自觉性”更重要的地位和作用。这种机制主要是市场调节和调节市场的双导向运动，即自发的市场调节与自觉的调节市场之间形成互相制约、互相转化的关系和有序的循环运动流程。市场调节是调节市场的基础、出发点和归宿；调节市场是市场调节的升华、方向盘和调度室。调节市场不是随意性的调节，而主要是根据市场的运动规律，反映出来的各种指数、信号制定决策和计划，然后利用经济、法律、行政、科技等手段自觉地利用市场机制对整个文化运行进行导航和调节，其程序为：市场—计划（控制、协调）—市场。从市场中来，到市场中去，把市场机制自觉化，再通过市场调节文化企业的行为、供求关系的变化、消费者的行为、投资的方向和规模以及各种相关社会问题。社会主义宏观文化调控体系中的不断发展的计划功能，是中国宏观文化调控制度的主要特征。

国家调控是社会主义市场经济体系的重要组成部分，将贯穿于社会主义市场经济发展的全过程。根据中国的国情，按照社会主义市场经济的要求和科学发展观理念，深入探索中国特色的宏观调控理论，是一项长期的任务。

第二节　总量与结构：文化调控制度建设的综合考察

在现实中，纯粹自由的市场是不存在的，就连美国这样标榜市场自由的国家，也是通过各种法律制度和政策对市场加以调控。一般来说，政府对干预文化市场主要有三种手段：制定法律、进行管制和均贴补助①。当然，社会主义国家对文化事业和文化产业的调控还有自己的特殊性。文化宏观调控的内容不仅仅是文化发展总量的平衡和增长，更重要的是文化结构的优化和升级，是文化发展方式的转变和提升，是文化质量的提升和城乡区域文化的协调发展，是文化与经济、政治、社会的协调发展。以文化市场有关政策法律法规为依据的政策法规体系，以宏观调控和行政许可为前提的市场准入体系，以监督检查和行政处罚为核心的行政执法体系，构成了文化调控体系的主要方面。

一、文化调控制度的主要内容

文化调控要重视总量与结构的调控，制定好相关政策，建立公平竞争的文化市场体制，建立完备的文化法律法规体系；同时，做好文化单位和文化活动的监督和管理，做好文化的协调发展与平衡发展。

（一）对全国文化发展的总量与结构进行调控

国家的相关法律、法规都规定了中央政府文化管理机构的这一重要职责。如《电影管理条例》和《电视剧管理规定》等法规文件都规定国家广播电影电视总局对电影制片单位的总量、布局和结构进行规划，对电视剧制作单位和对《电视剧制作许可证》实行总量控制、动态管理。《音像制品管理条例》明确规定，国家出版行政部门、文化行政部门负责制定音像事业的发展规划，确定全国音像出版单位、音像复制单位和音像制品成品进口经营单位的总量、布局和结构。

文化发展的总量调控主要是文化供求关系的调控，包括调整地区间的文化供求关系及文化门类供求关系，解决地区文化发展的不平衡以及文化产品生产的门类不平衡，如对一些落后地区文化发展的扶持，对濒临绝灭的文化种类的挽救等。一般来说，一国一地对文化发展的需求往往是由人们的物质生活水平所决定的，对各种文化产品的需求也是与人们的生活方式紧密地联系在一起的。而且，人们对文化需求的空间是很大的，它不像人们对物质资料的需求，

① 大卫·赫斯蒙德夫：《文化产业》，张非娜译，中国人民大学出版社2007年版，第123页。

有一个大体的容量，人们物质生活水平的提高，会改善人们的物质生活质量，但不可能太大地增加人们对衣食住行的数量要求，反而会大大地增加人们对文化产品、文化服务的需求。从这个意义出发，很难从计划的角度去调控一国一地的文化供求关系，文化需求与供给似乎应由市场去调节。比如，随着电视机的普及，人们对电影院放映电影的需求量就大大减少。又比如，属于通俗文化的小说、漫画的需求量总是远远大于学术专著和严肃文学作品。然而，正好相反的是，一国的文化发展总是与民族的文化素养相联系的；市场利益的驱动，也会导致获利不大、不获利以至亏损的文化产品生产萎缩以至绝灭；同时，基于文化产品的意识形态性质，国家必须通过文化产品对一国的民族精神、国民素质、社会伦理道德进行培育，养成积极向上、健康和谐的社会精神面貌。这些就必须通过国家的政策、财政以及各种措施进行文化供求关系的调控，以保证雅俗文化的共同发展。另外，地区之间文化产业发展的不平衡，也要求国家的调控，通过国家的政策措施，扶持落后地区的文化发展。

文化发展的结构调控，是指对文化产业的各个部类以及各个部类内部的组织与构成关系的调控。结构不合理，将不能取得好的效益，而且会造成资源浪费。文化发展的总量与结构是文化供求关系中相互联系的两个侧面。总量矛盾是文化总供给与文化总需求的矛盾，结构矛盾是文化产业结构与社会文化需求结构的矛盾。在市场经济下，文化产业结构的形成，同样受文化市场的自发调节，价格高、利润率高的文化产品和文化产业将得到长足、盲目的发展，而这种发展往往不会顾及文化生产的社会效益，不会顾及文化发展的全局性、长远性及根本性的效应。市场经济的缺陷在文化市场同样存在，而且给社会发展所带来的负面效应还更加严重。因此，国家在文化产业发展中所发挥的调控作用更为重要。文化产业结构包括：各文化门类产业结构、各地区文化产业结构、各民族文化产业结构、通俗文化与严肃文化结构、本土文化与外来文化结构、中资文化产业与外资文化产业结构，等等。

（二）制定文化经济政策

文化发展的总量与结构调控，需要各种手段，其中政策与法律是基本的手段。文化产业发展政策调控手段包括价格政策、税收政策、财政政策，甚至包括人事政策等。通过项目补贴、贷款贴息、保费补贴以及设立文化产业投资基金，以及加大财政、税收、金融等方面对文化产业的政策扶持力度，支持经营性文化事业单位转企改制，鼓励和引导文化企业在资本市场融资，鼓励包括民营文化企业在内的社会各类文化机构参与提供公共文化产品和服务，支持社会力量兴办文化事业，逐步拓宽公共文化服务供给渠道。

2009 年 8 月国务院发布《文化产业振兴规划》，提出支持有条件的文化企业进入主板、创业板上市融资，迅速做大做强。2010 年 3 月，中国人民银行会同中宣部、财政部等九部委联合发布《关于金融支持文化产业振兴和发展繁荣的指导意见》，明确提出支持处于成熟期、经营较为稳定的文化企业在主板市场上市；鼓励已上市的文化企业通过公开增发、定向增发等再融资方式进行并购和重组；探索建立宣传文化部门与证券监管部门的项目信息合作机制，加强适合于创业板市场的中小文化企业项目的筛选和储备，支持其中符合条件的企业上市。要求宣传文化主管部门要充分发挥文化经济政策的宏观调控作用，各级财税部门要认真落实各项文化经济政策，支持符合条件的文化企业发行企业债券。

1. 文化税收优惠制度

对于文化公益事业，国家一直实行税收优惠制度，除了在一般的税收条例中规定了对公益性文化产业实行税收优惠外，还专门颁布了对于文化单位的税收优惠制度，包括一般税收优惠和特别税收优惠。一般的税收优惠：一是增值税的优惠，中国增值税的基本税率为 17%，但销售、进口图书、报纸、杂志的增值税税率为 13%。二是营业税的优惠，在营业税暂行条例中规定，纪念馆、博物馆、文化馆、美术馆、展览馆、图书馆等举办文化活动的门票收入为免税项目。特别税收优惠：财政部、国家税务总局专门颁布了《关于继续对宣传文化单位实行财税优惠政策的规定》（1994 年 12 月 23 日），规定对公共服务型、公益性机构举办的报纸、期刊和科技图书，以及新华书店、农村供销社销售的出版物，实行先征税后退税的办法，如共产党和各民主党派办的机关报刊、政府的机关报刊，以及人大、政协、妇联、工会、共青团办的机关报刊。对文化单位就其公益性与营利性的高低分别实行资产投资方向调节税的零税率、低税率。

由财政部门拨付事业经费的经营性文化事业单位转制为企业，对其自用房产免征房产税；经营性文化事业单位转制为企业后，免征企业所得税；对经营性文化事业单位转制中资产评估增值涉及的企业所得税，以及资产划转或转让涉及的增值税、营业税、城建税等给予适当的优惠政策。具体优惠政策由财政部、国家税务总局根据转制方案确定。

党报、党刊将其发行、印刷业务及相应的经营性资产剥离组建的文化企业，所取得的党报、党刊发行收入和印刷收入免征增值税。在文化产业支撑技术等领域内，对国家需要重点扶持的高新技术企业，减按15%的税率征收企业所得税；文化企业开发新技术、新产品、新工艺产生的研究开发费用，允许按国家税法规定，在计算应纳税所得额时加计扣除。

2. 文化专项基金（资金）制度

建立健全文化专项基金（资金）制度，重点用于扶持国家公益性文化事业发展、支持文化创新和精品生产、扶持具有示范性和导向性文化产业项目的研发；用于国家重要文化遗产的保护和支持地方重大文化工程项目的建设；用于支持国家重大出版项目、少数民族文字和盲文出版物的出版，以及无线广播电视的覆盖。为促进宣传文化事业发展、增强调控能力、保证重点需要、规范资金管理，中央和省级建立健全有关专项资金制度。

专项资金的来源为财政预算资金和按国家有关规定批准的收费等预算外资金，财政部门做专项资金的预算安排，有关部门严格按照规定征收预算外资金。专项资金是财政资金，按照有关财政法规的要求健全制度、加强管理，保证专项专用并接受财政和审计部门监督检查。

为扶持文化艺术的发展，国家建立有多种形式的文化专项基金，其中有：全国艺术科学规划课题基金、文化科技项目基金、国家舞台艺术精品工程专项资金、宣传文化发展专项基金、电影事业发展专项资金、历史文化名城保护专项资金等，体现了社会主义国家对文化艺术事业发展的重视。

国家将一部分文化产业和文化活动的税收拨出建立的《宣传文化发展专项基金》，重点用于宣传文化工作的宏观调控。今后将继续增加对宣传文化事业的财政投入，中央和省级财政继续按宣传文化企业上年上缴所得税的实际入库数列支出预算，建立宣传文化发展专项资金；中央和省级财政要继续在预算中安排部分专项经费，纳入宣传文化发展专项资金。需要进一步完善包括“宣传文化发展专项资金”“农村文化建设专项资金”“优秀剧（节）目创作演出专项资金”“国家电影事业发展专项资金”“电影精品专项资金”“出版发展专项资金”等在内的多种类的专项资金制度。

中央财政和有条件的地方财政还安排文化产业发展专项资金，并制定相应的使用和管理办法，采取贴息、补助、奖励等方式，支持文化企业发展。财政部日前重新修订了《文化产业发展专项资金管理暂行办法》，明确文化产业发展专项资金将重点支持“推进文化体制改革、促进金融资本和文化资源对接”等7大领域。新办法明确，在推进文化体制改革方面，专项资金将对中央级经营性文化事业单位改革过程中有关费用予以补助，并对其重点文化产业项目予以支持。

3. 文化扶持政策

对公共文化、民族文化、优秀传统文化、社会主义精神文明建设的主流文化提供财政支持。

第一，扶持贫困地区文化发展的政策。在中国，贫困地区的发展是一个严重的问题，不解决这些地区的发展问题，就不可能实现整个中国的现代化发展。贫困地区文化事业基础薄弱，缺乏发展资金，为支援和促进这些地区发展文化事业，改变贫穷落后面貌，在文化上应完善扶持政策，有重点地给予支持。国家应将对贫困地区的文化扶持列入国民经济发展规划，贯彻“全国支援经济不发达地区发展资金委员会”关于《支持经济不发达地区资金管理办法》的规定，专门设立“全国支援经济不发达地区发展资金”，将文化扶贫列入其发展项目，保障文化扶贫资金的落实和正当使用。地方政府在基本建设计划中，对贫困地区地方文化设施建设作出专门安排，并随着人民文化消费需求的提高，这部分建设应在国家基本建设计划中占越来越大的比例。各级政府对贫困地区的新华书店网点建设应安排专项补助，拨出专门经费用于扶持贫困地区图书馆建设和逐步增加图书藏量。设立“文化艺术人才专项培养资金”，为贫困地区培养文化艺术人才，并建立人才交流机制，吸引文化艺术人才到贫困地区工作。

第二，重点扶持少数民族地区文化发展的政策。中国的民族众多，历史悠久，文化特点各异，民族文化资源积淀丰厚。民族文化具有其发展的特色和优势，是中国文化产业发展最具潜力的部分。但民族地区大多经济文化比较落后，需要国家给予政策支持，引导民族地区的经济与文化走向协调发展的轨道。制定和完善各项专款扶助政策，对少数民族文字出版物的出版、印刷和发行，应安排专款予以扶助。对挖掘整理、编辑出版丰富的民族民间艺术所需经费，对民族语言文字译制片经费短缺的问题，以及扶持、奖励优秀剧目的创作、演出所需经费给予重点政策扶持。

第三，大力扶持代表国家水平的文艺表演团体的政策。一个国家的文化，要冲出国界，走向世界，必须大力扶持能够代表本国水平的优秀传统文化和高雅艺术。对于这一部分文化产业，国家必须大力扶持。国家应对能代表国家文艺表演水平的演出团体予以政策支持，直接由国家出资组办一部分高水平的文学艺术创作和文艺节目的演出。国家应制定相关的政策，保留各级有代表性的文艺演出团体，包括代表国家艺术水平、地方民族特色的艺术院团、代表优秀传统艺术的演出团体，以及为少年儿童服务的艺术团体等，在财政上予以重点扶持，包括实行财政拨款、专项补贴和政策性补贴。

第四，加强公益性文化事业建设的政策。公共文化事业，是为公众提供非营利性文化服务的部分。这一部分文化事业的发展关系一个国家国民文化素质的提高，必须由国家承担，包括图书馆、博物馆、科技馆、纪念馆、美术馆、文化馆、国家重点文物保护和研究单位、公共体育场所等。对于这部分公共文化服务，国家的投入必须不断加大，中央和地方财政对文化的投入增幅不低于同级财政经常性收入的增长幅度。加大政府对文化事业投入的力度，扩大公共财政覆盖范围，加强基层文化设施建设，保证一定数量的中央财政转移支付资金和新增文化经费主要用于农村文化建设。加大对国家社会科学基金的投入，进一步完善管理，提高质量，发挥效益。建立政府对公共文化事业投入的绩效考评机制。推行公共文化活动公开招标和政府采购，引入市场竞争机制。制定相应税收政策，吸引和鼓励社会力量兴办公益性文化事业。在实行文化产业政策后，文化产业部分主要通过市场机制实现资源配置，国家完全有能力将文化发展的资金投放到公共文化服务的发展上来。地方财政对于城乡基层的文化建设也应有专门的安排，用于农村文化站的建设和支持群众性的文化活动，包括支持文化下乡活动和“边疆文化长廊”建设。

（三）建立公平竞争的文化市场体制

1. 建立科学合理的市场准入制度

文化市场准入制度就是文化行政审批制度，又称文化行政许可制度。在文化领域，文化单位的设立和进行文化活动必须经过文化行政管理部门的批准，才能取得市场准入的资格。文化行政审批制度主要是对文化单位的设立和从事文化活动的资格进行审批。设立文化单位，如设立出版单位、音像制品单位、电影摄制单位、互联网文化单位、广播电视电台等，必须经过文化行政部门的审批。从事文化活动也必须经过审批，其中包括电影片摄制许可制度、电影片公映许可制度、电影发行经营许可制度、电影放映经营许可制度、音像制品出版许可制度等。

逐步放宽市场准入政策。文化行政部门管理的各个文化产业门类，要降低门槛，向民营资本开放。积极吸引外资参与艺术品经营、音像制品分销、大众娱乐项目的经营以及文化设施的建设、改造和经营。探索与外资合作办文艺院团和演出中介机构，搞好试点，取得经验。凡鼓励和允许外资进入的文化领域，均鼓励和支持国内资本，特别是民营资本以独资、合资、合作、联营、参股、特许经营等方式进入，鼓励和允许上市公司以资产重组或增发新股方式进入。非国有经济投资的文化产业项目和建设的文化场馆，在市场准入、土地使用、信贷、税收、上市融资等方面，享受与国有经济投资的同等待遇。市场的发展需要有进有出有竞争，市场准入会抑制市场活力。许可证成为非法买卖的稀缺资源，从而增加准入成本，并保护了一部分竞争力弱的企业。在一些领域和地方，少数拥有许可证的企业形成垄断，不仅延缓了行业的发展，而且最终损害消费者的权益。

在社会主义市场经济中，必须打破垄断，打破市场进入壁垒，国有企业可以经营的文化行业，应当允许其他经济成分进入，鼓励竞争，国有企业应尽可能地从具有竞争性的文化行业中退出。文化企业之间的竞争，以适当竞争为度，防止无序竞争与过度竞争。允许文化企业实行跨地区、跨行业经营。

2. 加强对文化市场的政策调控

对文化市场进行宏观调控是政府管理文化市场的重要手段。市场并非万能，也有其固有的弱点，也有“失灵”的时候。发展文化不能完全依靠市场，更不能被市场牵着鼻子走、为市场所左右。要切实履行政府职能，一手抓繁荣、一手抓管理，加强改进宏观调控，加强对市场的日常监管，加强对市场秩序的规范，保证中国特色社会主义文化持续发展、快速发展、健康发展。对文化市场的培育，政府要做的是：一是对文化市场的发展方向和经营趋向进行方向导控。人民群众的各种文化需求都会通过市场反映出来，人民群众的文化需求往往带有自发性、盲目性，要求对文化市场的方向加强引导和调控。根据文化市场出现的经营趋向，运用市场调控的方法，不失时机地把文化生产、流通、经营、消费引导到积极、健康和群众喜闻乐见的各种文化活动上来。二是对特定的文化产品和文化服务进行定量控制。主要是出于对民族文化的保护，以及对于本国文化的主体地位的保障，对于投入本国文化市场的外国产品和服务数量及内容加以控制，这也是各国为保护本国文化通常采用的办法。如在电视播放的黄金时段规定外国影视剧播放的时间及剧目的限制，规定文化产品与提供文化服务的“本国内容”的含量，等等。三是对在文化市场的发展过程中出现的某些态势，进行引导和控制。如群众的文化消费水平逐渐提高的态势，群众的文化审美趣味逐渐向高雅发展的态势，对于各种态势，政府有关部门要及时进行分析研究，要对这些态势通过政策加以引导和控制。

3. 规范市场秩序

加强文化市场的法制建设，规范市场秩序是当务之急。一要禁止文化领域的假冒伪劣产品，二要建立公平竞争的文化市场。国家通过文化产品的监督审查制度，禁止不合格产品进入文化市场，对于违法经营者必须依法追究其法律责任。另外，打击盗版行为，加强对文化产品的知识产权保护是文化市场法制的基础性建设。只有对知识产权给予充分的法律保护才能有力地推动文化产业的创造性发展。

世界各国普遍对视听产品实行内容审查和分级制度，对视听产品进行审查分级是国际惯例，西方国家对进入公众传播领域的视听产品实行审查制度的历史很久远，并且通过专门的立法对审查分级工作进行保障和规范。许多国家政府根据法律设立了专门的审查分级部门和机构，制定了审查分级的指导原则和标准，规定了严格的审查分级程序，制定了详细的收费标准，招聘了各方面的专门人才从事审查分级工作。审查分级工作有的是由独立的非政府组织负责，如英国的BBFC；有的是行业协会下设的自愿性组织负责，如美国的电影协会下设的电影分级管理部门；有的是政府的专门职能部门，如新西兰的分级办公室。大多数国家的审查分级有强制性法律效力，没有经过分级或拒绝分级的产品不能进入流通和大众传播领域，如澳大利亚和新西兰等；有的只是对社会公众提供参考性的意见，没有强制性法律效力，如美国的审查分级。

4. 完善文化产品内容审查制度

国家对文化产品的内容，实行严格的审查制度。审查文化产品的内容，其实质是国家为维护国家安全、社会稳定和社会公德，对各种文化产品内容进行的管理。制定对文化产品内容审查法规主要是对文化产品或文化服务的内容作出禁止性的规定。文化产品必须由有关文化行政管理部门进行审查，才予以发行。

几乎所有文化部门法，国家都对相关文化产品和文化服务的内容作出了指导性与强制性的规定，其中特别强调，文化产品和文化活动的内容应当遵守宪法和法律、法规，坚持为人民服务和为社会主义服务的方向，传播有益于经济发展和社会进步的思想、道德、科学技术和文化知识。中国对演出、广播电视节目、电影、出版物等文化内容的审查，主要采取事先审查、事后追惩和备案等方式。事先审查方式是在文化产品面市前，其内容必须得到有关行政管理部门的审查批准。采取事先审查方式管理的主要有：电影片，境外广播电视节目、音像制品，组台营业性演出。事后追惩方式是在文化产品面市前，行政管理部门不对文化产品内容进行审查，但其内容违反法律、法规明确规定禁止的，则对当事人依法追究行政或刑事责任。采取事后追惩方式管理的主要有：艺术表演团体的演出，出版、印刷业等。出版单位（含音像制品出版单位）实行责任编辑制度，保证其出版物内容符合法律、法规的规定。备案方式是在当事人准备制作文化产品前，将有关计划、题材报送有关行政管理部门备案，如行政管理部门发现其内容不合法，可以行使审查权。例如，图书出版社、音像出版社和电子出版物出版社的年度出版计划和涉及国家安全、社会安定等方面的重大选题，应报新闻出版总署备案。涉及重大选题，未在出版前报备案的，不得出版。印刷企业接受出版委托印刷的图书、期刊，应在印刷前报省级出版行政部门备案。向境外提供广播电视节目，应当向省级以上广播电视行政部门备案。

5. 建立文化产品和文化服务“本国内容”的配额制度

文化产品和文化服务“本国内容”的配额制度要求在本国市场销售的文化产品和提供的文化服务，必须包含一定比例的“本国内容”。这项政策发端于 1958 年在加拿大实施的《广播法》。该项法律授权加拿大电台电视台通讯委员会确定电视台节目播出必须有45%的“加拿大内容”配额，以此作为其获得加拿大广播执照的条件。1971年，“加拿大内容”正式成为一项文化国策，推行到电台、电视、电影、出版等文化领域。中国目前也有类似政策，但并没有形成一项文化国策，而仅在某些部门颁布的文件中作出相关的规定，如《电影管理条例》、《电视剧管理规定》。中国应参考国外的做法，将文化产品和文化服务的“本国内容”作为一项基本文化国策，在文化领域普遍实施。

（四）建立完备的文化法律法规体系

国家必须通过立法，明确文化企事业单位的性质、职能、权利和义务，特别是必须通过立法，保证文化生产和服务的社会主义方向，保障文化生产与服务的人民大众性，保障文化创作的自由。通过立法，防止腐朽文化的产生，制止有害社会、毒害人民、不利于青少年成长的文化产品的生产。文化产业化的发展和文化市场的存在，促使政府改变直接行政管理、直接办文化的传统做法，而将相当一部分文化产业和文化事业交由市场去调节，政府主要的职责是对文化市场进行总量调控和对文化市场进行管理，而市场的管理必须制定各种文化管理的法律、法规，文化经营单位依法经营，政府则依法管理。自中国发展文化产业以来，国家已颁布了大量文化管理和发展的法律、法规。目前中国文化立法的基本框架已经形成，它包括了宪法、文化基本法、专门法、行政法规和地方法规等层面。一个科学合理、层次分明、配套完善的，以保障公民基本文化权利（文化生活参与权、公共文化消费权、文化创造权和文化成果保护权等）为主线的中国特色社会主义文化法规体系已经基本形成。政府对于文化的管理，必须是依法管理，文化法律体系的建立和完备，是政府依法管理文化的前提。文化法规体系应该具备以下几方面功能。

1. 明确政府文化管理职能，规范政府文化管理行为

由于文化活动的特殊性，政府在文化发展中负有重要职责，政府通过对文化活动的管理，实现对文化发展方向的主导性作用。而在市场经济条件下，政府更多的是通过法律的实施实现对文化市场的管理。依法管理文化活动也是现代法治社会的要求。

2. 明确文化活动主体资格，建立文化市场准入制度

文化活动主体可分为经营性文化活动主体和非经营性文化活动主体两种。

立法必须规定两种不同主体的资格，对于经营性文化活动，只要符合法律规定的条件，通过登记，即可获得文化活动主体资格。法律还必须确立和保障文化经营主体独立自主的法律地位，确认应享有的各种权利，以及其所应承担的各种义务。通过市场准入制度，使符合资格条件的文化活动主体能依法进入文化市场，并充分保障其在文化市场活动中的合法权益，规范其在文化市场中的行为。

3. 建立和维护文化市场的正常运行秩序

制定文化市场正当竞争的法律、法规，能使市场竞争机制有效地发挥作用。现代社会，文化活动的市场化要求建立正常的竞争秩序，包括保障公平竞争和正当竞争，限制不正当垄断、制止不正当竞争等。为使市场竞争机制充分发挥作用，必须通过立法规范文化市场行为，对各行业各部类的文化产品与文化活动的行为规则作出规定，制止文化市场的不正当竞争行为。在文化市场领域，特别要加强对于知识产权保护的立法。

4. 建立文化发展宏观调控的有效机制

现代市场经济与国家的宏观调控紧密关联，离开了政府对文化市场的自觉调控不能培育出健康、正常运行的市场，这已为市场经济发展的历史所证明。文化市场尤其需要政府的宏观调控。国家必须通过立法，明确国家对于文化发展的方针政策，并以此为政府对文化市场调控的依据、方向，以保证国家文化事业的均衡发展。政府对于文化市场的各种调控手段也必须法制化，包括财政、税收、信贷、价格等调控手段都要通过立法来规范。不仅调控的内容、方式、手段必须法制化，调控的程序也必须法制化，通过法制化保障政府调控行为的客观性、科学性，避免政府调控行为的随意性。同时，市场经济的效率性要求政府的调控行为及时、高效，以法律的形式建立统一领导、分类管理的文化宏观调控机制，保障文化市场调控程序的效率最大化。

（五）文化单位和文化活动的监督和管理

国家不仅要对文化产品和文化产业的总量与结构进行调控以及制定文化政策和文化法律、法规，而且要对文化单位和文化活动进行监督和管理。中国在文化领域基本实行的是行政许可制度，包括对文化单位设立的许可，对文化产品生产的许可，对文化活动的许可。中央政府直接主管对重要文化单位和重要文化产品、重大文化活动的审批，如对经营性互联网文化单位设立的审批，对广播电台、电视台设立的审批，对音像制品出版、复制单位设立的审批，对全国性文化产业机构设立的审批，对重要外资文化产业机构的准入，对重要的中外文化交流活动的审批。电影片制作单位、电视剧制作单位、中外合作制作电影片等，都必须经中央文化部门的审批。同时，中央政府还通过各种制度对全国的文化单位、文化产品和文化活动进行监督，如实行许可证年检制度、出品人持证上岗制度等。《互联网文化管理暂行规定》中明确文化部负责制定互联网文化发展与管理的方针、政策和规划，监督管理全国互联网文化活动；依据法律、法规和规章，对经营性互联网文化单位实行许可制度，对非经营性互联网文化单位实行备案制度；对互联网文化内容实行监管，对违反国家有关法规的行为实施处罚。文化部门的处罚包括：警告、罚款、没收违法所得、没收从事违法活动的专用工具、设备和节目载体等非法财物，责令停产停业、暂扣或者吊销许可证（执照）等。

（六）文化的协调发展与平衡发展

走科学发展之路，就要转变发展方式、提高文化发展的质量和效益。加快经济发展方式转变，是关系改革开放和现代化建设全局的战略部署，是总结历史和现实正反两方面经验作出的战略抉择，是抢占发展制高点、争创发展新优势刻不容缓的重大任务。经济领域是如此，同样文化领域也需要通过转变发展方式获得新的发展动力和增长空间。从当前情况看，我们在文化发展方式上存在许多亟待解决的问题。比如，在文化布局上，城乡之间、区域之间、门类之间发展还很不平衡，各类文化设施、文化服务在大中城市相对集中，在东部地区比较发达，而在农村、基层相当薄弱、相当缺乏，农村文化产品与文化服务量少质差。特别是在一些民族地区、边疆地区、贫困地区，人们的基本“文化温饱”还难以保障。在文化结构上，所有制结构、产业结构、产品结构、技术结构、进出口结构都还不尽合理，产品技术含量低、非公资本比重低，适合大众消费的优质文化产品还不够多。在产业集中度上，散、小、滥的问题依然存在，规模实力、抗风险能力还比较弱。中国所有出版社的年销售额加起来还不及一家贝塔斯曼，中国海外商演的年收入总和还比不上国外一个著名的马戏团。在资源配置上，既有“投资饥渴”的问题，也存在盲目投资的问题，一些地方文化项目雷同、同质化严重，造成了资源浪费。应当把转变文化发展方式作为文化调控的重要内容来抓，树立长远眼光、系统思维，加强宏观调控、完善政策措施，将发挥政府职能作用和调动社会力量参与结合起来，推动文化资源向农村、基层倾斜，向革命老区、民族地区、边疆地区、贫困地区倾斜，大力实施重大文化产业项目带动战略，着力培育和发展新兴文化业态，不断优化布局、优化结构、优化配置，不断增强文化发展的后劲、提高文化发展的效益。

二、文化调控制度面临的主要问题

建立好文化调控制度并不是轻而易举的事情，需要认识和克服诸多困难和问题。

（一）文化市场面临的问题

严格的文化行政审批制度限制了文化市场的开放程度，政府对于文化市场准入实行严格的审查制度，一方面加大了市场准入的难度，从而严重影响了文化产业发展的效率；另一方面各级文化管理部门利用手中的审批权精心维护着原有的条块分割和行业壁垒，由此形成了地方文化利益保护和部门文化利益保护。这种保护是在市场经济的利益驱动下发生的，使文化发展模式失去了原来计划经济体制下的优势，而又没能发挥市场经济体制的优势。文化市场建立的一个重要目的，就是形成文化领域的竞争，以繁荣文化发展，形成“百花齐放，百家争鸣”的文化氛围。严格的政府审批制度，使凡事必须得到政府的认可，纳入政府的发展视野，否则难以脱颖而出。另外，地方利益和部门利益在表面上看是以政府的力量形成文化产业的集约化发展，但这种发展是有限的，因为它受到地区和行业的限制，很难发展为跨行业经营的文化产业集团。

文化市场的行政管制过多，政策风险大，投资不足。2003 年出版的《中国文化产业国际竞争力报告》认为，文化产业竞争力综合测算表明，中国的“文化产业政策的科学性”、“文化产业政策的透明度”、“文化产业政策和法律健全性”等主观评价指标，在 15 个比较国家里专家评分最低，行政管制过多，这是中国文化产业政策的竞争力指数不高，在国际竞争中处于劣势地位的主要原因之一。因此要调控这几个总量，只能从宏观层面着手，充分发挥市场机制在资源配置中的基础性作用。2003 年文化部发布的《2003—2010 年文化市场发展纲要》提出，以发展为第一要务，“以完善市场机制发挥市场功能为手段，使文化市场本身所具有的内在能力和作用，在政府宏观调控和依法管理的总体框架下，由供求决定价格，价格引导市场主体行为，调节供求使之达到均衡。在文化市场体系逐步完善的前提下，促进市场机制的作用得以充分发挥，从根本上保证广大消费者通过市场实现自己的合法权益”。

目前，文化市场条块分割、区域壁垒和行政干预的问题虽然有所改观，但还没有从根本上得到扭转，与全国统一的产品市场尤其是要素市场尚未全面接轨，二者之间存在着明显的落差。这也是中国文化市场上缺乏战略投资者，国有文化产业集团难以通过资本市场的投融资平台进行跨地区、跨行业经营，迅速发展壮大的主要原因。资本市场的运作在 IPO 上必须强调 PE，强调收入率和回报率，强调公司透明体制和运作机制，这些方面对有些文化企业来说还是有很大的欠缺。

（二）文化管理中的问题

现在，许多文化事业单位的内部管理体制和生产运营机制，以及政府对文化事业单位的管理体制，仍然不能适应社会主义市场经济的要求。政府管理职能中的错位、越位与缺位并存，政府“办文化”的影子仍然没有退去。

1. 文化管理机构重叠臃肿

由于政府过于集中、直接地举办和经营各种文化产业，必然造成文化管理机构重叠、臃肿，从文化部门的机构设置，就可以看到这种庞大的机构及其所涉及的事业极为庞杂。以政府财政支撑的这种文化经营模式，一方面缺乏竞争机制，难以激活文化创作和生产的积极性，也难以造成“百花齐放”；另一方面也必然会产生部门利益，当某些行业、门类能带来较大利益时，部门之间为获取这些利益将不惜重复设置机构，重复生产，造成人浮于事、条块分割、机构庞大、部门林立。

2. 文化管理的手段需要转变

文化管理的手段仍较注重行政手段直接调控的方式而较忽略运用各种经济

政策、经济杠杆的间接调控，使文化发展缺乏其发展的内在利益驱动。国家对于必须扶持的文化产品或文化单位、文化行业，对于特殊的地区、群体的文化发展，应主要通过财政、税收、价格等政策予以扶持，而不宜再用行政命令的方式干预文化生产单位的生产，也不宜再用行政命令的方式干预消费者对文化消费的选择。只有按照市场运行的规律去运作，才能真正调动起文化生产者的生产积极性，也才能使文化产品的创造真正满足人们的精神消费要求。只有对关系公共利益、民族传统和国家安全等文化领域，需要政府的直接行政干预；对于具有民族特色、地方特色的文化艺术品种，新闻舆论的调控等，政府的直接行政干预也应缩小到必要的范围和程度。

3. 缺乏监督机制和绩效管理

过去的改革在把艺术团体“推向市场”的同时，调动了艺术团体创收积极性并赋予了财务自主权。由于缺乏相应的约束和监督机制，受经济利益的驱使，部分艺术团体的发展偏离公共艺术的发展方向，艺术产品的质量和数量与政府投入的公共资源极不相称。同时，政府部门与艺术团体“管办不分”，部分政府官员对指令性艺术创作进行行政干预，政府部门对艺术生产缺乏监督机制和符合专业艺术团体生产规律的配套政策和措施。绩效管理几乎形同虚设，奖惩机制并没有发生什么作用。

艺术团体是市场主体，是具有法人地位的非营利机构，但不能等同于一般企业，其产品和服务的宣传导向受政府调控，要把社会效益放在第一位。由于艺术团体生产文化产品有意识形态属性的特殊性，在宣传导向上艺术团体必须接受政府调控。所以，政府与艺术团体的关系不同于与一般企事业单位的关系，而是一种特殊的关系。艺术产品和服务的思想内涵即宣传导向必须接受政府的审查、监督和调控，不得违反或抵触党和国家的方针路线。

（三）文化资金投入及投入方式中存在的问题

1. 文化投入总量明显不足

一是比重小。文化事业费占国家财政总支出的比重，近年来一直在 0.4% 以下且不断回落。2010 年，文化事业费占财政支出的 0.36%，是改革开放以来的新低。另据财政部的统计，2010 年中国文化经费 525 亿元，也只占全国财政支出的0.59%，比重比2009年回落0.03个百分点，比2007年回落0.07个百分点，是近几年最低。

二是速度低。“十一五”以来，文化事业费年均增长速度低于同期财政支出的增长速度，更明显落后于其他社会事业费，文化与其他社会事业的差距被迅速拉大。

三是缺口大。与人民群众日益增长的多样化精神文化需求相比，现有的文化设施普遍落后、文化产品和服务供给水平远远不足。2010年全国图书馆人均藏书量0.46册，远远低于国际图书联合会人均1.5~2.5册的标准；公共文化产品的新形式、新内容不多，服务方式和服务手段还比较单一，普遍缺乏广大群众喜闻乐见、丰富多彩的文化产品。

2. 文化投入结构仍不平衡

城乡之间、区域之间文化投入不平衡，造成发展水平不均衡，实现公共文化服务均等化的任务非常艰巨。2010年，全国文化事业费323.06亿元，其中农村投入116.41亿元，仅占36.0%；全国人均文化事业费24.11元，其中中部地区15.64元，只相当于全国平均水平的64.9%。尽管西部地区人均文化事业费23.8元，高于中部地区，但仍低于全国平均水平，且西部地区地广人稀，欠账较多，文化设施服务半径较大，面临的发展问题仍很突出。①

3. 体制障碍导致资金整体效益不佳

近年来，中央财政配合各文化部门通过设立专项资金支持地方开展了一大批重点文化建设项目。这种投入方式尽管符合当前国家文化建设的总体目标，但由于文化事业管理体制上还存在多头管理、条块分割的问题，导致公共财政资金投向难以集中，公共文化资源存在地方化、部门化、行政固化的现象，造成资源分散、重复建设，难以有效整合，发挥整体效益。如何加强基层文化资源的共建共享，是当前基层文化建设中迫切需要解决的重要问题。

4. 文化投入政策的引导作用不强

第一，部分政策落实不到位。如“十一五”规划提出的建立公共文化服务专项资金或基金的政策、从城市住房开发投资中提取1%用于社区公共文化

① 上述有关文化投入的数据参见：《近几年我国文化投入情况及对策建议》，中华人民共和国文化部网站2011年8月23日公布。

设施建设、公益性捐赠的税收优惠等政策，尚未得到普遍落实。

第二，部分政策缺失。如鼓励社会力量参与公共文化服务建设的政策力度不够、实施细则不完善、税收减免的程序和手续过分繁杂等原因，导致社会力量参与公共文化服务体系建设的积极性不高，参与的程度非常有限。

第三，相关政策法规不完善。如缺乏统筹考虑的文化全行业税收优惠政策。现有优惠对象主要集中于转制文化企业和党报党刊等宣传文化单位，没有对文化产业从业人员给予适当的税收优惠，缺乏地区性优惠政策，缺乏鼓励个人和企业投资文化基础设施的优惠政策，等等。

5. 文化投入的激励约束机制仍不健全

一些地方政府和部门，特别是一些基层政府和综合部门仍然没有真正树立科学发展意识和正确的政绩观，存在单纯追求 GDP 增长，对文化建设轻视、忽视、偏视的观念。许多地方没有建立科学发展考核评价体系，没有建立文化产品评价体系和激励机制，没有将文化建设纳入领导干部政绩考核，没有纳入当地经济社会发展规划。

（四）国家文化宏观管理和监管体制改革进展缓慢

这方面的改革涉及党政关系、政企关系、政事关系等诸多方面，与政治体制改革密切相关。目前，一些地方对文化市场微观主体经营活动干预过多的问题仍较普遍，政府职能方面的“缺位”和“越位”并存，管办不分、政企不分、政事不分、职能交叉、行政管理成本过高的问题依然突出。从而不仅导致了市场微观主体的交易成本过高，而且依靠以专项资金为主要手段和行政推进为主要方式的发展模式，在一定程度上强化了政府文化主管部门配置资源的传统体制，存在着管办不分、资助覆盖面窄、监管缺失等弊端，抑制了以市场配置资源为主要发展模式的市场微观主体的内生增长动力，影响中国文化竞争力的提高。

（五）当前文化产品和服务的供给问题突出

几十年来，文化产品和文化服务都是国家或国家委托的事业单位提供，改革开放以来，特别是近年来非公经济进入文化产业步伐加快，文化产品和服务的供给能力有很大的提高，但仍不能满足市场需求，尤其是深受市场欢迎的原创产品供给不足。目前中国文化市场存在的侵权盗版屡治不绝，原因是多方面的，但市场提供的文化产品无法满足消费需求是根本原因。没有文化产品和服务市场的发展，其他文化要素市场的发展就没有基础和依据；反之，文化要素市场的发育程度和水平又制约着文化产品和服务市场的发展，两者之间的不平衡性，必然造成各文化市场门类相互制约的局面。

三、国外文化管理制度借鉴与启示

做好文化管理制度的设计、制定工作，既要我们发挥主观能动性，更要注意充分吸收和利用各种科学有效的方法，包括国外文化管理制度建设方面的经验和方法。

（一）英国“一臂之距”文化管理原则

“一臂之距”（Arm's Length Principle）管理原则是英国人发明的一套文化管理方法，长期以来被英国政府视作文化管理的法宝，认为可以有效避免党派政治倾向对文化拨款政策的不良影响，保证文化经费由那些最有资格的人进行分配。所谓“一臂之距”原指人在队列中与其前后左右的伙伴保持相同距离。该原则最先用在经济领域，针对的是一些具有隶属关系的经济组织，如母公司与子公司、厂商和经销商等。根据这个原则，这些组织在策划和实施各自的营销规划、处理利益纠纷乃至纳税义务上都具有平等的法律地位，一方不能取代或支配另一方。

“一臂之距”原则被运用到文化政策上则是要求国家对文化采取一种分权式的行政管理体制。从对文化的集中管理到分权管理，这是“一臂之距”原则的基本要义。英国的中央政府文化行政主管部门——文化、新闻和体育部，只管制定文化政策和财政拨款，没有直接管辖的文化艺术团体和文化事业机构，具体管理事务交由中介非政府公共文化机构，即各类艺术委员会负责执行，如英格兰艺术委员会、工艺美术委员会、博物馆和美术馆委员会等由专家组成的机构，对艺术团体进行评估和拨款。各类中介非政府公共文化机构通过具体分配拨款的形式，负责资助和联系全国各个文化领域的文化艺术团体、机构和个人，形成全社会文化事业管理的网络体系。

英国非政府公共文化机构有两类，包括38个非政府公共执行机构（具有执行、管理、制定规章和从事商业活动的职能）和8个非政府公共咨询机构（就某些专门事项向部长和主管部门提供咨询意见）。除主要从文化、新闻和体育部拨款取得经费外，大多数非政府公共文化机构还通过收费或从事其他商业活动来获得收入。文化、新闻和体育部通过拨款方式对非政府公共文化机构在政策上加以协调，但不存在行政领导关系。非政府公共文化机构奉行与政府保持“一臂之距”原则，独立运行。

政府虽然不能对文化单位直接提供资金支持，但可以通过具体拨款方式对非政府公共文化机构在政策上加以协调，体现政府对文化艺术的管理目标和支持重点。英国政府对文化事业的资助重点一般有三个方面：第一，严肃艺术，如戏剧、古典音乐、歌剧、芭蕾等，对商业性艺术如音乐剧、流行歌舞则不予资助；第二，国家级的重点文艺团体和事业单位，如皇家歌剧院、皇家芭蕾舞团、大英博物馆、大英图书馆、国家美术馆等；第三，高质量的艺术节目。在英国只有政府资助的艺术团，没有政府办的艺术团；有国家级的艺术团，没有国家所有的艺术团。对于艺术团体来说，政府资助不是固定的，需要以每年的成绩与下一年的规划来确定，即使享受政府长期资助的团体或机构，一般也只能占其收入的30%左右，其余部分仍需自筹解决。为保证政府资助取得良好效果，艺术委员会通过各种方式对享受政府长期资助的文化团体进行监督和评估。

实行“一臂之距”原则的好处有三点：一是减少了政府机构的行政事务，保证了政府工作的高效运作；二是政府机构不直接与文艺团体发生关系，有利于检查监督，避免产生腐败；三是非政府公共文化机构独立于政府之外，是非政府、超党派的独立中介组织，这类组织成员多由艺术方面和文化产业方面的中立专家组成，独立履行职能，避免过多受政府行政干预，从而使文化发展尽可能保持其延续性。

在这种管理原则的指导下，英国维持了其文化大国的地位，无论是文学、戏剧、舞蹈、美术还是音乐都始终保持国际领先地位，并深远地影响着其他国家的文化艺术创作和发展。

中国具有丰富的文化艺术资源，是名副其实的文化大国，但是还谈不上文化强国，而且由于长期以来政府对文化艺术活动干预过多、管得太多，文化艺术领域的意识形态偏向性过强，影响了他国对中国文化艺术的认可。如果能借鉴“一臂之距”原则，从制度设计上凸显文化艺术的相对独立性，就能产生更强的亲和力，更容易为其他文化所接纳，有利于树立起中国文化强国的形象。“一臂之距”文化管理原则带给我们如下几点启示。

1. “一臂之距”原则可以充分实现政府职能转变，实现“管办分离”的目标

虽然经过了多轮文化体制改革，但是目前中国“政府办文化”的格局仍然没有从根本上打破，例如，文化部所属的重点艺术表演团体以及各省、市级的艺术表演团体，性质上仍是政府举办的文化机构，财政上主要由政府负责支撑，主要人事安排仍由政府行政部门说了算。在表演艺术行业的宏观管理方面借鉴“一臂之距”原则，建立类似英国那样的“艺术委员会”机制，应该是中国转变政府职能、实现“管办分离”目标的努力方向。这样，政府将不再直接管理任何文艺院团，也不再具体承办文化艺术活动，政府可以从琐碎的具体事务中解放出来，全心致力于制定文化发展政策，通过宏观调控，促进文化艺术的发展和繁荣。

2. “一臂之距”原则有利于实现文化艺术创作自由，从根本上实现文化大发展大繁荣

中国有着漫长的皇权专制传统，思想和艺术长期受到禁锢。20 世纪 50 年代到“文革”期间，中国曾盛行“艺术从属于政治”，艺术家们的创作长期受到压抑。改革开放 30 多年，中国艺术领域产生过一些精品，但数量并不多，这和文化资源大国的身份很不相称。艺术的生命力在于艺术的思想性和原创性。艺术创作自主权也是文明社会的基本要求。政府的职责之一就是保护这种权利不被侵犯，因此应当给予文化艺术活动更多的自由，对文化艺术创作实施“内容不干预原则”。通过“一臂之距”模式建立中介非政府公共文化机构，有利于艺术创作摆脱政府权力的干扰和影响，充分保护艺术自由，从根本上实现文化大发展大繁荣。

3. “一臂之距”原则能有效防止文化领域的“权力寻租”，避免权力腐败

“权力寻租”是指握有公权者以权力为筹码谋求获取自身经济利益的一种非生产性活动。权力寻租所带来的利益，成为权力腐败的原动力。按照“一臂之距”原则，文化管理的权力具体由艺术委员会行使，艺术委员会由专家组成，哪些艺术团体优秀，哪些艺术品种、艺术作品需要支持，并不是政府说了算，而是艺术委员会的专家们说了算，这样政府对于文化事务没有具体的权力，就从根源上杜绝了权力寻租，杜绝了腐败。

（二）美国文化管理体系与管理方式

美国政府十分重视文化事业的发展，其管理方式与其他国家有很大的不同。美国没有制定一套完整的文化方面的法律，但在众多法律中，包含有方方面面的文化法律条款，为美国文化事业和文化产业的发展提供了保障和机会。

1. 美国文化管理体系

美国政府没有一个行政部门对文化进行直接管理，但是这并不是说美国政府不重视文化工作，也不是无为而治，而是积极推动文化事业的发展，美国政府从上至下，从政府到民间，有一套完备的对文化实行间接管理的庞大体系。

第一，政府管理系统。美国在文化方面的最高决策机构实际上是“总统艺术与人文委员会”，它成立于 1982 年，是白宫文化政策方面的一个顾问委员会，负责研究艺术和人文方面的政策问题，提出和支持艺术和人文方面的重要计划，对艺术和人文方面的优秀作品予以确认。它的组成成员包括联邦政府机构的 12 位负责人，如国务卿、教育部长、财政部长等。另外 33 名成员是由总统任命的民间代表，他们是美国最杰出和最有成就的艺术家、演员、建筑设计师、舞蹈家、作者、学者、慈善家和企业人士。目前，该委员会的名誉主席是第一夫人米歇尔·奥巴马。

美国联邦政府设有国家艺术与人文基金会，下设三个主要机构具体负责美国文化艺术工作，即国家艺术基金会、国家人文基金会以及博物馆与图书馆事业学会。这三个机构虽然没有行政管辖权，但负责落实联邦政府制定的文化艺术政策和活动计划。它们的领导成员都必须经总统提名和国会参议院批准，它们的费用全部由美国国会拨款。

美国各州、县、市政府都设有文化艺术理事会，是州和地方政府的办事机构，负责审批文化艺术方面的拨款项目，建立文化艺术资金管理程序，监督资金的使用情况，确保公众对文化事业的参与。州和地方政府的文化艺术理事会与民间文化艺术组织和机构保持密切的联系，负责召集民间文化艺术领域的年度会议，阐述政府在文化艺术方面的各项政策，举办文化艺术方面的教育活动，虽然没有行政管理权，但在美国的文化艺术领域起着指导、协调和组织的重要作用，它们发挥的作用一直深入到美国的社区。

第二，直属政府领导的文化事业单位。美国著名的国会图书馆完全是美国官方图书馆之一。美国史密森学会下属的国家历史博物馆，国家艺术博物馆，国家航空航天博物馆，国家肖像馆、美术馆和雕塑园，国家动物园以及著名的肯尼迪表演艺术中心等，是美国政府资助的半官方性质的博物馆机构。此外，还有各州和地方政府负责的各类博物馆。美国全国各类博物馆约有 1.75 万家，其中私立博物馆占美国全国博物馆数量的 60% 以上。美国的博物馆属于非营利机构，但其运营方式走市场化道路，即引入市场化运营理念，重视建立自身形象品牌，引进专业经营管理人才等。多数博物馆得到的政府资助只占它们开支很少的一部分，其他资金来源主要靠门票收入、销售纪念品、会员费以及来自社会团体、企业和个人的捐款。美国的法律制度鼓励社会团体、企业和个人向博物馆提供捐款，捐赠文物和房产，以及担任志愿者提供无偿服务，一些博物馆的志愿者与其职员的比例达到 4∶1。

第三，在政府指导下的民间文化机构。美国文化艺术领域活跃着许许多多的各种行业协会等民间文化组织和机构，美国联邦文化机构及州和地方政府与它们保持着密切的联系，通过帮助行业协会制定自律公约来对它们进行管理和制约。美国人艺术协会公布的 2009 年“全国艺术指数”报告称，2009 年美国艺术界有 109 000 个非营利的艺术组织，550 000 多个艺术企业，在劳动大军中有 220 万个艺术工作者①。

2. 美国文化管理方式

第一，美国通过法律体系支持和保护文化艺术事业的发展。从美国建国初期就开始了对文化艺术事业实行法律保护。1787 年的美国宪法第一条第八款规定：“为了促进科学和实用艺术的进步，对作家和发明家的著作和发明，在一定期限内给予专利权的保障。”这是美国最早的对文化艺术进行保护的版权法和专利法。以后，随着美国法律体系的不断修订和增改，在文化方面的立法也不断完善。虽然没有一套完整的文化立法，但在许多领域的法律中都含有文

① 徐长银：《美国文化管理的特点》，载于《红旗文稿》，2011 年第 22 期。

化方面的条款。如《联邦税收法》，通过对税收的减免政策鼓励和促进美国文化事业的发展。美国《联邦税收法》规定，对非营利的美国文化艺术团体和机构以及公共电视台、广播电台等免征所得税，并对以促进文化、教育、科学、宗教、慈善事业发展为目的的非营利社会团体和机构免征赋税。《联邦税收法》还规定，凡赞助非营利文化艺术团体和机构的公司、企业和个人，其赞助款可免缴所得税，以鼓励社会力量支持美国文化艺术事业的发展。此外，《联邦税收法》还规定，非营利的文化艺术团体还可享受政府的资助，接受公司和个人的捐款。但是，非营利文艺团体的运作也必须走市场化道路，其宗旨是为社会公益事业服务。

第二，联邦政府通过资助的方式进行管理。美国国会每年向国家艺术基金会、国家人文基金会以及博物馆与图书馆事业学会提供拨款。这三个机构利用拨款分别向其涵盖的领域有选择地进行资助。例如，从 1965 年至 2008 年，国家艺术基金会提供的各种资助超过了 128 000 笔，资金总额达到 40 多亿美元。对那些具有竞争力的优秀文化艺术活动和项目则给予重点财政投入和支持，并提供奖励。与此同时，还积极鼓励和促进美国文化产品进入国际市场。国家艺术与人文基金会每年向各州政府的文化艺术理事会提供一笔拨款，同时要求各州政府和地方政府拿出相应匹配的财政资金来支持各地的文化艺术事业的发展。联邦政府采取的杠杆政策有力地调动了州和地方政府支持文化艺术事业发展的积极性。从联邦政府的基金会到州和地方政府的理事会，虽然没有行政管理权，但在美国的文化艺术领域起着领导、协调和组织的重要作用，是美国政府管理文化艺术事业的一个有效渠道和方式。

第三，通过文化艺术行业协会自律进行管理。美国政府的文化机构与社会文化艺术各种行业协会等民间组织和机构保持着密切的联系，通过帮助行业协会制定自律公约来对他们进行管理和制约。这些协会多数制定有行为准则之类的自律条约，如《全国广播业者协会》就制定有行业的《道德准则》，这些自律条约一方面约束行业从业人员的行为，另一方面也维护从业人员的利益。同时，这些协会还代表本行业对美国国会、联邦政府，甚至法院进行游说活动，在立法以及政策的制定方面施加影响。这些行业协会还负责提供知识产权保护服务，推广新技术的应用，对美国文化事业的发展发挥了非常重要的作用。

第四，美国联邦政府直接操纵和组织对外文化宣传活动。虽然美国政府对内鼓吹文化思想自由，但是对国外却十分重视其官方的宣传活动，其目的是树立美国的正面形象，大力宣传美国的价值观，维护美国的安全利益。美国的对外广播宣传活动开始于“二战”期间的1940年，1942年正式建立了美国之音广播电台，隶属于美国联邦政府“战时信息局”。1945年“二战”结束后，美国之音属于美国国务院领导，1953年划归美国新闻署管理。1999年美国新闻署撤销后，美国之音置于联邦政府的独立机构——广播理事会领导之下。1970年来，美国之音一直是美国联邦政府的一个对外宣传机构，它的经费完全由美国联邦政府提供，2010年的财政预算为2亿多美元。现在的美国之音与世界范围内的电台和电视台签署有1200个以上的合作协议，每天向美国境外进行44种语言的电台、电视和因特网广播，每周播出的新闻等节目长达1500个小时，全球听众估计达1.23亿人。它在一段时间内广播语言的多少以及每种语言广播时间的长短，是根据美国联邦政府工作的重心和世界形势来决定的。比如在2001年，它广播的语言达53种，有12套电视节目。①

第三节 目标与原则：文化调控制度建设的双重把握

党的十六大以来，中央高度关注和重视文化体制改革问题。党的十六大、十六届三中全会和十六届四中全会连续研究了文化体制改革问题。在中央这三次会议中间的2003年8月，中共中央政治局第七次集体学习的内容安排是“世界文化产业发展状况和中国文化产业发展战略”。胡锦涛同志强调要坚持解放思想、实事求是、与时俱进，根据新形势下社会主义文化建设的特点和规律，按照文化事业和文化产业的发展要求，不断推进文化体制和机制创新，支持和保障文化公益事业，增强文化产业的整体实力和竞争力。中央这样关注和重视文化体制改革的情况在历史上是没有过的，这是加强和改进党对文化领导的最充分体现。在人民群众的文化权益面前，宏观调控和市场机制都是手段，都要为繁荣和发展文化事业和文化产业服务。

① 徐长银：《美国文化管理的特点》，载于《红旗文稿》，2011年第22期。

一、文化调控制度建设的目标体系与基本原则

（一）目标体系

宏观性的文化管理体制问题是整个改革的核心问题，微观性的文化市场主体问题是整个改革的中心环节，两者都是深化文化体制改革的难点和着力点。文化调控制度的目标就是要形成科学有效的宏观文化管理体制与富有效率的文化生产和服务的微观运行体制。

1. 宏观文化管理体制

建立与社会主义市场经济体制相适应的国家宏观文化管理体制，是文化体制改革的首要目标。在文化宏观管理体制上，必须在两个关键环节上取得实质性突破：一是加快转变政府职能，主要是进一步理顺文化行政管理部门与所属文化企事业单位的关系，明确文化行政管理部门的职责，推进政企分开、政资分开、政事分开、政府与市场中介组织分开，使文化行政管理部门实现由办文化为主向管文化为主转变、由管微观向管宏观转变、由直接面向直属单位转为面向全社会，更好地履行政策调节、市场监管、社会管理、公共服务的职能；二是改善文化宏观管理，深化行政管理体制改革，努力提高文化宏观管理能力，改善文化领域宏观管理，要加快文化立法，着力完备文化法律体系，实现宏观管理的法制化，形成科学有效的文化宏观调控体系，实现文化管理的制度化和规范化。

2. 微观文化运行机制

在微观运行机制上，一是围绕重塑文化市场主体，加快推进国有经营性文化事业单位的转企改制，面向市场增强活力、壮大实力；对国有文化企业进行股份制改造，加快实现投资主体多元化；着力推进文化企业结构调整优化，重点培育大批大型文化企业（企业集团），扶持壮大成长性好的中小文化企业；鼓励和引导民营资本通过“非禁即入”方式参与文化产业发展；加快建立完善的现代企业制度、法人治理结构，国有文化企业应尽快建立现代企业制度，打造一批文化领域国有骨干文化企业和战略投资者，大幅度提高中国文化企业

的规模实力和国际竞争力。二是完善文化市场体系。健全和完善各类文化市场，建立统一开放、竞争有序、健康繁荣的现代文化市场体系；构建文化市场准入退出机制，加强文化市场监管和综合执法力度；进一步完善市场中介机构和行业组织，有效提供专业化服务。三是围绕提高服务水平和能力，深化公益性文化事业单位劳动人事、收入分配等制度改革，不断增强活力，最大限度地发挥社会效益。现在，文化体制改革已进入攻坚克难的关键阶段，越是向广度深度推进，越会触及深层次矛盾和问题。要坚持以改革促发展、促繁荣，坚定不移地按照中央确定的方向目标，加大力度、突出重点、全面推进，着力构建充满活力、富有效率、更加开放、有利于文化科学发展的体制机制。

国有经营性文化单位转企改制是培育文化市场主体的重要环节，要顺利推进这个过程，需要解决现行社会保障政策带来的企事业单位待遇不平衡问题。中国目前社会保障体系尚不完善，造成不同系统和不同单位养老待遇的不统一。所以，需要研究、健全和完善改革中的保障政策。

（二）基本原则

文化事业与文化产业政策是国家为指导和调节文化生产活动和经济利益所制定的规则和措施。制定国家文化发展政策，必须首先确定文化发展的基本原则。归纳起来，中国文化发展应遵循的基本原则有以下几点。

1. 以社会效益为主导，以经济效益为基础

文化产品首先是精神产品，是以精神为内容满足人们精神需求的产品，这是文化产业区别于其他产业的本质特征。但文化产品又是以一定的物质载体、以一定的形式为表现的，其物质载体或其表现形式对于文化产品的精神内容而言又具有一定的独立性。人们的文化需求是多层次、多样化的，文化产品的形式与内容往往会发生分离，即一些精神内容不太健康的产品，由于其采用了人们喜闻乐见的形式，或符合某部分人的欣赏价值而具有一定的市场，这时具有经济效益的文化产品就并不一定符合社会效益的要求。同样，当具有社会效益的文化产品或文化服务采用的是不为大众所欢迎或接受的文化形式或物质载体，或只符合少数人的欣赏价值时，这些文化产品或文化服务即会遭到大众的漠视而使其经济效益不高。

文化产业的发展要以经济效益为基础，以社会效益为主导，两者是不相矛盾的。坚持“二为”方向，这是中国文化产业发展的方向。对于弘扬中华民族优秀文化的文化产品和文化服务，要给予政策的和财政的鼓励和支持。国家必须扶持贫困地区的文化发展，通过政策和财政的鼓励和支持，促使文化产业关注贫困地区的文化发展。国家必须坚持文化产业发展以社会效益为主导的原则。

同时，文化产业的发展必须以经济效益为基础，在文化产品的制作和生产中要注意成本效益的核算，要创造群众喜闻乐见的文化产品，要研究市场规律，了解市场需求，把握消费者的文化需求，创造形式多样、层次各异的文化产品。一种文化产品，如果没有市场需求，那么既不能实现经济效益，也无法实现其社会效益。不能认为高雅文化就是经济效益低而社会效益高的文化，而通俗文化就是经济效益高而社会效益低的文化，通俗的、流行的文化比起高雅的、严肃的文化更受欢迎、更有市场，这是符合文化发展的客观规律的。文化产业的社会效益，是指文化的内容、形式必须对社会的进步、发展起积极作用，如提高人民大众文化素质的公共图书馆、博物馆等，这些文化内容与文化形式同样能取得经济效益。但由于要考虑到其所服务的主要对象如学生、农民，如贫困地区，或具有特定的宣传教育任务，必须以低收费或不收费的方式提供服务，这就出现文化产品社会效益与经济效益的冲突。另外，由于高雅严肃文化，其社会需求量较少，经济效益往往比不上通俗文化。这时，经济效益的杠杆会自发地将文化资源引导向经济效益高的文化领域，而使高雅文化产品的制作和生产受到冲击。必须承认，既然存在文化市场，市场规律对于文化市场是同样发挥作用的。文化产业的发展必须依靠市场机制的作用，才能激发起其内在的发展动力，这种动力来源于利益驱动。但是，通过市场机制调动起来的利益追逐动力，会导致文化市场行为的盲目性。作为文化产品的经济效益，在市场经济的条件下，会自发地成为市场主体追求的目标，甚至为达到这一目标而不择手段。而作为文化产品的社会效益，却往往不会自发地成为市场主体追求的目标，要实现文化产品的社会效益，必须依靠市场主体的自学行为。提高甚至强加于文化市场主体对于文化产品社会效益实现的社会责任感，同时对于符合社会效益要求却不能产生较大经济效益那部分文化产业的发展，通过国家政策与财政进行干预和调控，这就是政府对于文化市场的调控作用与责任。

2. 遵循社会主义市场经济规律

市场机制对商品经济发展的巨大推动力已为人类经济发展的历史所证明。为了达到满足广大人民群众的文化需求，必须充分发挥文化市场机制的作用，并通过文化市场的供需调节，及时了解和满足人民的文化需求。文化产业的发展要遵循社会主义市场经济规律的要求。

第一，通过市场机制实现对文化资源的优化配置。精神产品的生产与物质产品的生产一样，其生产过程是劳动者和生产资料的结合，其中同样涉及文化资源的优化配置，必须进行成本、费用和利润的核算，必须考虑在实现社会效益前提下实现经济效益的最大化。利益驱动是生产力发展的“永动机”，要以市场机制激活文化产业发展的内在动力，彻底改变国家养文化、国家办文化的体制。将经营性的文化产业推向市场，是文化产业发展的根本出路。必须改变旧的文化产业发展模式，走出一条符合社会主义市场经济体制要求的文化产业发展道路。改革文化管理体制，逐步实现文化产业民营化，形成投资主体多元化，完善文化产业的融资环境，改善文化产业的流通渠道，通过市场竞争的正常秩序，实现文化产业的优胜劣汰，实现文化资源的优化配置。

第二，将竞争机制引入文化市场。市场经济是竞争型的经济，必须将竞争机制引入精神产品生产领域。文化生产者在竞争的环境下，会激发出极大的创作积极性，并将丰富多样、内容各异的文化产品投入市场竞争。竞争将促使文化商品的生产数量大大增加，文化产品的题材、风格、形式、流派日新月异。但竞争也会带来不正当竞争，国家必须把握市场规律的作用，建立良好的市场竞争秩序，保证文化市场的良性竞争。

第三，把握文化产业发展的市场导向。文化产品一旦进入市场，就意味着接受消费者的检验和评判，又要面临市场规律等各种因素的影响和制约。市场经济价值规律的作用，将会使文化市场主体追逐利益的最大化，而不顾文化产品所肩负的社会效益的要求。因此，遵循市场规律的作用意味着国家必须准确地把握市场的脉搏，通过文化市场管理，制定文化产业政策，对文化产业、文化市场进行管理。在充分发挥市场经济体制作用的同时，一定要吸收西方经济发达国家的经验，牢记国家对市场经济的调控职能。市场机制对文化产业作用的结果，可能在获得巨大经济效益的同时，造成文化资源分配不公、文化产品分配不公，出现文化产品的生产背离社会主义方向和脱离人民大众要求的问题。这种背离将会导致文化市场发展的非社会主义化。因此，国家应通过文化发展政策对文化市场进行调控，而不是放任市场机制的自发调节。

3. 遵循文化产业自身发展规律

既要遵循市场经济的规律，又要充分考虑文化产品生产和文化服务的特点，尊重其自身发展的规律。文化产品具有二重性，作为商品具有商品的属性；作为精神产品，具有意识形态属性。作为产业，必须以产业的方式运作，必须按照市场规律运行；作为文化传播者，它又肩负着文化的传播、思想教化、宣传启迪的功能。这就是精神产品商业化，文化创作产业化所遇到的一对矛盾。这决定了文化产品的生产在文化产业的发展过程中，既要看到文化产品的娱乐性、效益性，又要关注文化产品的教育性、宣传性；既要进行文化产品生产的成本、费用与效益的核算，又要对优秀文化产品的生产进行扶持；既要加强对文化产品和文化服务的质量管理，又要看到精神产品质量标准的非指标化特点，防止对文化产品与文化服务质量要求划一。由于文化产品具有的特殊性，对于文化产业和文化产品特别要加强知识产权的保护。

二、健全以党政责任为主体的宏观调控体系

文化宏观管理主体是指在国家文化管理中主导、支配和决定文化发展方向、性质的组织，在社会的文化活动中履行规划、决策、组织、控制、监督以及传播等职责。探索建立新形势下党委领导有力、政府管理有效、调控适度、运行有序、管人管事管资产相结合的宏观管理体系，以激励创新、发展产业、支持公益为总体思路，通过制度设计和能效开发体现党和政府对文化产业的宏观引领力。

（一）党委领导责任

党委领导，指各级党委要担负起推进文化改革发展的政治责任，管好方向，管好政策，保证党对文化建设的决策落到实处。胡锦涛在庆祝中国共产党成立 90 周年大会上的重要讲话中强调指出：“回顾 90 年代中国的发展进步，可以得出一个基本结论：办好中国的事情，关键在党。”“办好中国的事情，关键在党。”这是被中国近代以来的历史反复证明了的真理。我们党对当今时

代发展趋势和中国文化发展方位、发展需求的科学把握，充分体现了我们党高度的文化自觉和历史责任感，推动中华文化伴随着中华民族伟大复兴实现空前的兴盛繁荣，是当前和今后各级党委领导的政治责任。

1. 中国共产党是中国文化宏观调控的核心主体

中国共产党对国家文化的宏观管理，就是通过制定国家文化方面的总体发展方向和具体的发展战略；通过党的各级组织和党员监督文化政策的具体落实，保证党的意图和主张的实现；通过领导宣传机构，有效宣传党的方针、政策，使之深入人心，以实现党的思想领导并确立国家基本文化价值体系。从这个意义上讲，中国共产党是中国当前文化宏观管理的核心主体。

2. 加强和改进党对文化工作的领导

党委领导应落实在党的核心领导，即政治领导、思想领导和组织领导上，这是确保先进文化前进方向和党对舆论控制力的有力保证。加强和改进党对文化工作的领导，就是要为文化建设提供坚强的政治、思想和组织人才等方面的保证，使中国特色社会主义文化发展道路越走越宽广。建立健全党委统一领导、党政齐抓共管、宣传部门组织协调、有关部门分工负责、社会力量积极参与的工作体制和工作格局，从制度上健全领导机制，形成文化建设强大合力。

提供政治保证，主要是坚持从战略和全局出发，正确制定和不断完善文化建设的方针、政策，以及目标、任务、举措。把文化建设摆在全局工作重要位置，纳入经济社会发展总体规划，与经济社会发展一同研究部署、一同组织实施、一同督促检查。把文化改革发展成效纳入科学发展考核评价体系，作为衡量领导班子和领导干部工作业绩的重要依据。

提供思想保证，主要是坚持马克思主义在意识形态领域的指导地位，坚持社会主义先进文化前进方向。各级党委要深入研究意识形态和宣传文化工作中的新情况新特点，及时研究文化改革发展中重大的理论与现实问题，着力破解制约文化发展的深层次矛盾和问题，牢牢把握意识形态工作主导权，掌握文化改革发展领导权。文化建设的首要问题，是坚持社会主义先进文化前进方向。引导全党全社会坚持马克思主义指导地位，用中国特色社会主义理论体系武装头脑、指导实践、推动工作；坚持发展面向现代化、面向世界、面向未来的，民族的、科学的、大众的社会主义文化；坚持“二为”方向和“双百”方针，在全社会形成积极向上的精神追求；以科学的理论武装人，以正确的舆论引导人，以高尚的精神塑造人，以优秀的作品鼓舞人。坚持以人为本，提高全民族文明素质；增强国家软实力，坚持中国特色社会主义文化发展道路，建设社会主义文化强国，是各级党委推进文化改革发展政治责任的重要内容。

提供组织人才保证，主要是坚持党管干部和党管人才原则，建设好文化领域的领导班子、党的基层组织、干部队伍和党员队伍，建设好宏大的文化人才队伍。文化单位包括事业单位、国有及国有控股企业、非公有制企业和新社会组织等不同类型。中共十七届六中全会《决定》强调，要“结合文化单位特点加强和创新基层党的工作，发挥文化事业单位、国有和国有控股文化企业党组织的领导核心和政治核心作用”。文化事业单位、国有和国有控股文化企业的情况千差万别，要改进党组织的工作方式和活动方式，创新党建工作的方法和手段，要探索创新发挥党委领导作用的载体和途径。积极探索社会主义市场经济条件下加强党对文化企事业单位的领导方式和方法，努力使党组织作用得到充分发挥、党的工作更富实际成效。当前，中国文化体制改革不断深化，文化事业和文化产业加速发展，文化领域的投资主体、组织形式、经营方式等都发生了许多新变化，出现了大量非公有制企业和新社会组织。这对健全党的组织体系、巩固党在文化领域的组织基础，提出了新的课题。因此，必须重视文化领域非公有制经济组织、新社会组织中的党组织建设。

3. 树立科学的文化发展观

推动文化建设和经济建设、政治建设、社会建设协调发展，是坚持中国特色社会主义事业总体布局、实现科学发展的必然要求，是各级党委推进文化改革发展政治责任的又一重要内容。走科学发展之路，就要转变发展方式、提高文化发展的质量和效益。在经济领域，加快经济发展方式转变，是关系改革开放和现代化建设全局的战略部署，是总结历史和现实正反两方面经验作出的战略抉择，是抢占发展制高点、争创发展新优势刻不容缓的重大任务。同样，文化领域也需要通过转变发展方式获得新的发展动力和增长空间。转变文化发展观念，就要重新认识文化的地位和作用。党的十六大报告指出了文化的重要性，强调在当今世界，文化与经济和政治相互交融，在综合国力竞争中的地位和作用越来越突出，文化的力量深深熔铸在民族的生命力、创造力和凝聚力之中。文化发展既是一个目标，也是一个重要的动力和手段，同时也是一个新的经济增长点。要重新认识和解决文化如何发展的问题，最根本的是树立科学的文化发展观，这个科学发展观要从计划经济条件下的文化发展观转变到与市场经济体制相适应的文化发展观上来；要重新认识文化的性质，解决文化的“两重性”问题，既不能用文化所具有的意识形态特殊性否认其产业的共性，也不能用其产业的共性否认其意识形态特殊性，要正确处理好两者之间的关系。

应当把转变文化发展方式作为一件大事来抓，树立长远眼光、系统思维，加强宏观调控、完善政策措施，将发挥政府职能作用和调动社会力量参与结合起来。

（二）政府管理责任

政府即国家行政机关，是国家权力机关的执行机关，它直接从事国家文化等各方面事务的管理，是国家文化宏观管理意志的直接体现者。政府管理，指各级政府要转变职能，履行好政策调节、市场监管、社会管理、公共服务职能，在微观层面上形成富有活力的文化产品生产经营机制。无论文化企业还是文化事业单位，都是具体承担文化创造、生产、经营和服务的实体，必须改变体制不顺、机制不灵、管理不善的现状，通过改革创新，形成富有效率、充满活力，人人奋发向上的生产、经营、服务机制。

1. 政府是文化宏观管理的基本主体

一般来说，政府对于整个社会文化资源如何进行分配拥有决定性权力，这种权力是通过制定和执行与文化相关的各种法律法规实施的。政府通过各项法规，直接影响社会各种文化利益的分配、文化力量的均衡和一定社会阶段文化发展的速度和方向。

从世界各国情况看，多数国家存在政党政治，政党对政府和社会管理都有着或多或少的影响。但所有国家，都必须通过不同形式的政府来进行经济、社会和文化管理。政府管理是世界通用的管理渠道。从政府和社会关系的角度来考查，现代文化行政管理所包含的文化行政机构是以服务社会公共文化利益为目的、行使社会公共权力、由公共财政支持、服从社会公共意志、受社会和公民监督的机构。文化行政机构本身形成一个系统，既包括了政府机构系统（组成部门、办事机构、法定机构、特设机构、监督机构、执行机构等），也包括了大量政府举办或资助的以发展文化事业、提供公共文化服务为目标的事业单位、部分国有文化企业、国有媒体、文化产业的行业协会、文化类慈善机构等等。可以说，在这个文化行政系统中，政府为主体、政府和其他文化领域的公共机构直接或者间接地行使社会公共权力，提供公共文化服务。从上述情况可以看出，政府是文化宏观管理的基本主体。

2. 宏观调控方式的转变

管理者的意图都是希望通过控制总量来实现规范市场、维护市场秩序的目的。近年来，随着社会主义市场经济体制建设的不断深化和依法行政要求的日益强化，文化市场管理的理念和方法也随着发生了许多变化。特别是中央提出科学发展观以来正在出现的一个重要变化，就是文化市场宏观调控方式的转变。这个转变的基本特征是从以行政手段和直接管理为主转移到以经济、法律手段和间接管理为主上来，具体来说体现为从注重文化市场经营单位总量的直接控制转移到对文化市场总量的间接调节。

政府负有经济调节的职能，通过法律、经济、行政手段维护宏观经济的动态平衡。但调节宏观经济总量绝不是直接控制企业数量。企业是投资主体，谁投资、谁决策、谁收益、谁承担风险。经营单位的总量是市场自行调节范围内的事情，如果企业总量确实过多，政府也只能通过间接调控市场来引导投资流向。总之，要以科学发展观为指导，转变政府职能，改进管理理念和方法。

政府管理应强调依法管理，即以法律、法规、政策为依据，根据职能，运用一切合法有效的管理手段，规范市场，建立公平、公正、公开的市场环境。实行依法管理，必须加强文化法制建设，完善地方文化法规。探索建立新型国有文化资产经营管理模式，建立和完善文化企业国有资产评价体系和领导人考核办法，研究制定国有资产出资人制度，把政府管理与法人治理体制结合起来，更好地坚持正确导向和经营方向，更好地确保国有资产保值增值。企业集团运作应体现在市场运作上，即在确保政治属性不变的前提下，把重点放到市场中去，通过市场运作，保证国有资产的保值、增值，为市场提供所需的文化产品和谋求企业的发展壮大。

3. 政府宏观调控与行政管理主要职能

在市场经济的条件下，政府对文化市场的宏观调控与行政管理职能主要体现在以下几个方面：

第一，制定文化产业发展的战略规划。制定国家文化发展的长远规划是政府的重要职责，对于发展文化产业，政府也应从战略角度去考虑。国家应把文化产业发展纳入经济、社会发展的总体规划，确定国家在一定时期文化发展的目标和任务，以及相关的政策措施。

第二，制定文化法律、法规，加强文化法制建设。文化产业必须依法管理、依法经营，国家相关法规的健全与完善极大地影响着文化产业的发展。健全文化法律法规和政策体系，加强文化立法，通过法定程序将党的文化政策逐步上升为法律法规。特别是加入世界贸易组织后，相关法规既是产业发展方向的路标，又是保护和增强本国文化产业及其竞争力的工具。强调法律保障，加快文化立法，制定和完善文化公共服务保障、文化产业振兴、文化市场管理等方面法律法规，提高文化建设法制化水平，依法保障文化改革成果。

第三，监督文化市场，维护文化市场秩序，建立良性竞争的市场环境，为文化企业提供完善和良好的市场服务。

第四，强化政策指导，协调和引导文化产业布局、结构和发展方向。优化文化产业布局，使城乡区域文化均衡发展、协调发展。

第五，通过政策和措施，扶持优秀文化和公益性文化产业的发展壮大。制定和完善扶持公益性文化事业、发展文化产业、激励文化创新等方面的政策。

第六，加强文化行业协会建设，制定行业规范，指导文化产业行业协会，增强文化产业的行业自律，保证文化产业的健康、协调发展。

4. 提高政府的宏观调控能力

长期以来，党对文化工作进行全过程、大一统的管理，政府的文化管理职能虚置，造成党政不分、政企政资政事不分、管办不分，党委部门陷入大量的行政事务，机构重叠，环节繁多，效率低下。在文化事业社会化和市场化程度不高的情况下，这种体制曾经起到过一定的积极作用。但是随着社会主义市场体系的建立，开始显现出既影响文化管理部门职能的有效行使，又束缚文化企事业单位积极性的弊端。

政府部门职责要更加明确，“越位”“缺位”问题要得到有效解决，改变长期以来中国文化主管部门既主管又主办，既当“裁判员”又当“运动员”的局面，积极探索由政企不分、管办合一向政事分开、政企分开转变的新办法。行政主管部门要进一步转变职能，努力实现由“办文化”向“管文化”、微观管理向宏观管理、直接管理向间接管理、系统管理向社会管理的转变，实现从计划经济管理向市场经济管理、从管理政府文化单位向管理全社会文化行业的转变。把文化主管部门从经办文化事业的具体事务中解脱出来，把主要精力放到定政策、做规划、抓监管上来，转到依法行政、社会管理和公共事务上来。如将文化部门直属的经营性文化事业、企业单位，划转到企业集团主管主办，彻底结束政企不分、管办合一的管理模式。政府要着重提高政策调节、市场监管、社会管理和公共服务能力，强化宏观调控、政策引导、依法行政等管理职能，建立科学的文化产业统计指标体系，建立健全文化产业行业协会，加强行业自律，转变工作作风，提高服务水平。

政府树立依法行政的形象，首要的任务是创造公平竞争的文化市场环境。在用“软手段”把好市场准入关和保持市场动态平衡发展的同时，更要用“硬手段”严格执法，及时清除违法者，维护公平的市场竞争环境，不要等到市场混乱到无法收拾时再搞集中治理。只有行政机关严格履行职责，公民、法人和其他组织的权利才能得以实现。

实行政务公开，完善行政审批制度，改进审批方式，压缩行政审批项目，简化办事程式，大大提高行政效率。面对新世纪的社会主义市场体系的发展要求，必须从根本上解决政企不分和管办不分的问题，积极推进政府管理部门与所办企事业单位脱钩，按照政企分开原则，理顺与企业的关系，实现政企分开和管办分离，建立符合现代行政制度和现代市场经济要求的新型政企关系，并尽可能实现从行业管理向社会监管职能的转变。如果这个问题得不到很好的解决，政府的宏观调控能力就难以提高，宏观调控也难以取得令人满意的效果。

5. 加强制度建设，完善和健全责任追究制度

明确并加强政府部门的监督职责，强化问责机制，健全和完善公开透明、严肃高效的监督体系。政府部门不仅要对文化产品的宣传导向进行监督，还要对文化企事业单位占有公共资源的完整和使用效益情况进行监督，实行绩效考核。

没有严格的约束和监督，提供文化产品和文化服务的数量和质量会失去保证，公共资源的完整和使用效益失去保障；没有公正、严格的奖惩，监督和约束会变得脆弱无力。文化事业单位体制改革是一个系统的、长期的工程，既不可能一蹴而就，也不可能一劳永逸；既不能永远在市场外围打转转，更不能简单地向市场一推了之。事业单位改革要与国家的法律制度建设相辅相成。

建立公正、严格的奖惩机制，有效约束和激励通过使用公共资源为社会提供更多、更高质量的文化产品和文化服务。一是通过规定、条例等立法形式，明确奖惩的标准、方法及实施部门；二是在签订的绩效管理合约中，规定奖惩的标准、方法和实施部门。鉴于国有文化单位的资产均为公共资源，实施奖惩时，主要针对有关责任人，尤其不宜对单位本身实施经济奖惩。由于这种奖惩具有较强的针对性，不能替代其他法律法规的奖惩，触犯法律应依法追究刑事责任。

6. 改革政府对文化单位的经费投入和资助方式

财政补助（即国有事业）单位、财政补贴（非国有事业）单位和政策扶持（企业类）单位，在经费投入和资助方面应该采取不同的方式方法。对财政补助单位，根据其承担的任务、目标、事业收入情况等，定期核定其维持正常运行和完成基本任务的经费补助定额，实行定额管理；根据分配的专项任务和市场成本核定补助经费，实行专项管理。对财政补贴类单位，按其承担政府性任务的成本和对收入的影响，分年度给予经费补贴。对企业类单位，从政策上给予扶持，如实行减免税收政策等。

三、发挥市场机制的积极作用

在社会主义市场经济条件下发展文化产业，特别需要充分认识和发挥好市场机制的积极作用。

（一）市场机制对于发展文化的积极作用

在当今时代，市场在文化繁荣发展中的作用越来越明显。长期以来，人们有一种根深蒂固的看法，认为文化事关意识形态安全，担心文化进入市场后，会改变社会主义文化性质，弱化党对文化的领导，引起思想的混乱。在社会主义市场经济条件下，人民群众通过市场进行文化消费、满足文化需求。让文化走向市场，就是把创造的权利、评价的权利、选择的权利交给广大人民；让文化走向市场，就是让实践的检验、群众的检验作为文化发展的标准；让文化走向市场，就是要在市场的大潮中培育出我们自己的合格市场主体，在发展产业和繁荣市场方面发挥主导作用。占领文化市场就是占领意识形态阵地，市场份额越大，服务的群众就越多，正确导向就越能落到实处。现在，文化产品的生产和传播越来越离不开市场，市场越来越成为扩大文化消费、满足文化需求的重要途径。

相当长一段时间以来，在谈到市场在文化发展中的作用时，人们常说常听的一句话就是“发挥市场在资源配置中的基础性作用”。这句从经济领域照搬过来的话，流行了很长时间，并诱发了发展文化产业就是对文化搞产业化的误解。这句话，突出了文化的商品属性，淹没了文化的意识形态属性、审美属性，也没有综合考虑对公益性文化事业、经营性文化产业的统筹兼顾。现在，发挥市场在文化资源配置中的积极作用的表述，为正确认识、充分发挥市场在文化改革发展中的作用，提供了理论支撑、现实指导。

1. 文化市场的特殊性

文化市场是进行文化产品交换的场所。“哪里有社会分工和商品生产，哪里就有市场。”① 文化市场是商品经济社会的必然反映。只是在计划经济时代，文化市场对文化产品的生产不起主导作用；而在市场经济的条件下，文化产品的生产将主要受着市场调节的作用。当精神文化通过现代工业创造提供的载体而大批量生产，并通过商业途径而发行流通时，文化产业化的发展已是大势所趋，文化产品的市场化经营也不可避免。在市场经济条件下，任何事业的发展都必须借助于市场经济运行机制。文化市场是以商品形式向人们提供精神产品和各种有偿文化服务的场所。通过文化市场把文化艺术产品的生产者和消费者联系起来，交换其社会劳动，才能实现文化商品的价值。

第一，文化市场交换的是文化产品，文化市场交换文化产品的同时也进行着精神传播。文化市场上所交换的产品既包括其物质载体，也包括物质载体所承载的精神内容，而且其精神内容往往在文化产品中所占的价值量比其物质载体要大得多，而文化产品的价值主要是由其精神内容决定的。这决定了国家对文化市场的管理不仅是对其物质载体的管理，更主要的是对其物质载体上所承载的精神内容的管理。

① 《列宁全集》第1卷，人民出版社1984年版，第83页。

第二，文化市场的发展受人们物质生活条件的制约。文化产品的消费一般不受市场份额的限制。主要原因是，人们对某一种物质产品的需要往往是有一定的限度的，而人们对精神的需求却是很难有一个量度，文化产品的消费一般是有形无体的，只要人们有消费能力，就具有无限的发展空间，它仅会受人们物质生活水平的限制。人们总是在满足了物质生活的需求时才考虑精神生活的需求，而且随着人们物质生活水平的提高，对精神生活也提出了更大的需求。因此，文化产品的市场具有不断扩大的趋势。

第三，文化市场上交换的文化产品具有无形财产的特征。人们在文化市场上交换的文化产品是以其所承载的精神内容为标的的，而精神内容是无形的，其价值的体现往往与其创作的成本不成比例。当其迎合或满足了人们的某种精神生活的需求时，有时会产生出大大高于其制作成本的价值，而产生巨大的经济效益；反过来，如果文化产品不能迎合大多数人的精神需求，哪怕其创作成本极高，也不一定产生很大的经济效益，尤其是接受人数比较少的高雅文化。

2. 中国文化市场的特点与积极作用

文化市场已成为中国社会主义市场体系中的一个重要组成部分。在文化发展和管理中，市场机制的引入，对中国文化事业的繁荣与发展产生了积极的影响。随着文化体制改革的深入，中国文化市场已显现出三个特点：一是从无偿服务型的文化事业转向经营服务型的文化产业，开始了“以文养文”的历史；二是从封闭型的文化事业向开放型的文化市场过渡，突破了传统观念的束缚，中国文化开始走向世界；三是从“小文化市场”走向“大文化市场”，文化市场的范围日益广泛，内容丰富，这是一种与现代市场经济相联系的开放的大文化市场。中国文化市场坚持社会主义的方向，坚持社会效益与经济效益相统一原则，强调为人民服务，为满足广大人民群众精神文化生活需要服务。

从国内外的文化发展情况看，凡是市场发育较好、市场体系现代化程度较高的地方，文化发展的活力和竞争力也比较强。目前中国文化领域的市场体系建设水平整体上还不够高，文化产品和服务的市场供求机制、价格机制、竞争机制不够健全，文化产品和资本、产权、人才、信息、技术等要素的自由流动还存在许多障碍，市场机制的作用远远没有得到充分发挥。实现文化的繁荣发展，必须积极适应社会主义市场经济发展要求，打破条块分割、地区封锁、城乡分离的市场格局，加快培育大众化文化消费市场，构建统一开放、竞争有序的现代文化市场体系。在文化产品、文化要素的供给和配置上，一定要充分发挥市场的积极作用。即使是那些公共文化产品和服务，包括一些公共文化设施的建设，政府也可以采取招标竞价购买的形式从市场获取，把文化生产和消费从文化系统的“内循环”扩大到市场的“大循环”。不但要完善国内市场，还要关注国际市场，努力掌握国际文化贸易规则和营销策略，统筹国内国际两个市场、两种资源，统筹对外文化交流与对外文化贸易，统筹扩大出口规模与调整出口结构，着力发展外向型文化企业，着力培育中华民族文化品牌，着力加强出口平台和营销渠道建设，进一步加快文化走出去步伐。

（二）充分发挥市场在文化资源配置中的积极作用

文化既然作为资源就涉及对其进行配置和管理的问题。市场经济是迄今为止社会资源配置最为有效的一种经济形式，市场也是文化资源配置的有效经济形式。在社会主义市场经济条件下，文化市场，作为市场体系之一，对文化资源的配置起着积极作用。运用好市场机制，有利于提高资源的使用效率。

1. 市场在文化资源配置中的积极作用

市场以通过经济利益支配文化资源的流向来配置文化资源。为追求经济利益的最大化，总是驱使创造最好效益的部门得到较多的文化资源，而创利较小的部门就只能得到较少的资源，有时甚至得不到。在市场中，社会文化经营者都会从权衡自己切身利益出发，依据市场信息，完成自己的经济计算，作出自己选择文化资源配置的决策。

市场配置文化资源的主要功能表现在：第一，调节资源配置，提高资源的微观效率。在利益动力的驱使下，企业实行动态调节，反馈频率高，决策较为准确，使资源配置率提高。用边际分析方式配置替代平均分析方式配置，以投入与产出的关系数值计量每个单位的产出效率，以最边缘产出为投入的极限点从而达到资源效率最大化。第二，拓宽资源配置的渠道。在市场机制运行中，资源配置不再是纵向的行政渠道，而是横向的社会化的多元化渠道。第三，促进经营者的改革与创新。市场的比较利益规则会准确地反映经营者的经营状况，在比较利益的驱动下，经营者必然要采取新科技，改进经营管理，以推动资源产出率的提高和产品消费率的下降来获得更多的文化资源。

文化市场配置文化资源的市场运行，一是通过价格机制，从市场的横向信息传播获得市场价格尺度，并对照供求状况，以边际分析方式计算资源配置效益；二是通过激励机制，以经营者在文化市场的竞争意识与能力，力求获取经济效益的最大化，激励制定资源配置最优化的决策。自中国文化市场体制形成以来，市场机制的运行使文化资源微观优化配置功能已初步显现出来：一是吸引和激励了社会投资文化事业发展，特别是娱乐业，已基本上靠社会资金建设，这也使国家的投资风险分流；二是培育了文化经营人才，促进了文艺人才的流动；三是拓展了文化商品的流通渠道，加速了文化产品的传播；四是逐步提高了文化产品的质量，注意了文化资源的利用率和产出率。

2. 市场配置文化资源的局限

市场机制自由选择配置文化资源，只有在完全（纯粹）市场状态下，才能使资源得到最优的配置。现实中，由于制度的不完善或信息的不完全，市场对资源的配置是难以达到理想状态的。因而，市场的作用与能力也是有限的。文化资源与自然资源既有相似的属性，又有许多差别。

文化资源的市场配置有着明显的缺陷：一是使文化产品结构单调，文化投资方向盲目化。在经济利益的驱动下，文化经营者使文化资源流向投入少、产出大的产业，特别是那些投资小、收效快的娱乐业，造成娱乐业的高速发展，而其他文化产业，特别是收益小、见效慢的，例如带有公益性的文化产业吸引不到投资，难以发展。二是文化商品（劳动力）价格失衡。有的经营者为了经营效益与文化资源的获得，人为制造市场价格效应，如娱乐业哄抬门票或最低消费价；又如影视演出业炒“星”使其“身价”数百倍地增长。这使市场价格与价值不仅不相平衡，而且还形成向反比例发展的趋势。三是文化生产短期行为严重。由于市场信息的近期性和市场供求预测的短期性，使经营者对文化资源的决策均为短期性，急功近利可谓其显著标志。这也使文化资源得不到充分利用。四是公益文化生存困境化。公益文化一般是只有投入而没有什么经济效益的，纯粹的市场调节中，社会上的经营者没有这方面投资的积极性来分担这一社会公共责任。

3. 市场机制的失灵

纯粹的市场配置文化资源以获取经济利益为第一位，必然会给文化市场配置特殊的文化资源形成很大的缺陷。市场体制的前提，即完全竞争市场状态，这是一种企业自由竞争，没有垄断的状态，市场反映资源供求状况的价格波动能及时达到与边际成本相平衡（没有溢出或外部经济效果）。这只是新古典经济学家运用数学工具作出的抽象理想的“帕累托最优化”效率状态。在现实经济市场中，完全竞争状态是不存在的，市场价格只能大体反映资源的相对稀缺程度。

从信息机制看，在市场交易中所得到的信息具有短促性和局部性，这会导致经营者的短期行为决策；从激励机制看，经营者从市场竞争出发，立足于自身利益的最大获取，这会形成分配上的两极分化，以及社会公共事业的无保障化。另外，市场使文化产品结构简单化，削弱了文化价值的整体性，更不能保证文化的公益性，使文化得以承传和发展。

市场机制配置文化资源失灵的原因，还在于文化资源价值的特殊性。文化产品价值的精神性使文化资源的价格失衡。物质商品的价值规律是，价格以货币形式表现商品价值，商品价值是由生产商品的社会必要劳动时间决定的。正如本章前面所述，文化产品既具有商品属性又具有特殊性，文化商品的特殊性主要是指它具有的精神性。一般来说，文化市场上流通的文化商品的价格并不包含或不能完全包含其精神价值，文化市场流通的文化商品价格仅仅反映了文化商品物质载体部分生产所用的社会必要劳动时间，或部分地反映了精神生产所用的社会必要劳动时间，其精神形态部分是难以用价格来计算的。文化商品的价格与价值失衡。

文化商品价值的滞后性使文化市场供求规律失效。文化市场则因文化产品价值的滞后性，使商品供求之间不能同步。一方面需求力表现为多元化，人们的文化商品需求从低到高呈现不同层次，另一方面文化商品消费不仅受到闲暇时间、经济承受力、年龄的影响，还受到文化程度、思想素质、审美观念的支配。因此，在文化市场其供给只能满足于某一需求层次。拥有某种文化商品的人不能感受到它的潜在价值，而能体验到其潜在价值的人却不拥有。那些层次高，需求量相对较小，在短时期内难以扩大消费面的实际需求或是潜在需求，往往得不到满足。文化资源的价值特性与市场配置的失效可以说是互为因果的，文化资源的价值特性决定了完全靠市场是难以对其进行有效配置的；反过来，纯粹市场机制必定会限制文化价值的充分体现，限制文化的发展。

4. 宏观调控的功能

现有的经济理论和管理理论是对传统的自然资源管理实践的概括和总结，因为文化资源的特殊性，不能完全照搬到文化资源的管理上来。纯粹的文化市场对文化资源的配置能起一定的积极作用，但也显出很大的局限性。所以，正如实物商品市场需要市场和计划的混合经济一样，文化资源也必须有政府计划经济的宏观调控，才能够有效合理地配置。

在计划经济体制下，文化资源是纯粹的以计划机制来配置、由文化行政计划来管理。这种机制特别重视文化资源精神形态和整体性的作用，以社会效益导向和完全非市场形式支配精神生产的文化资源配置。政府计划调控文化市场总体方向和总体结构，使文化生活总供给与总需求实现平衡。在社会主义市场经济体制下，政府宏观调控可以制约价格的异常波动，平衡文化资源的价格，充分实现文化资源的价值。政府调控不仅可以控制市场机制中文化资源价格失衡和供需规律失效，而且能够充分实现文化资源价值的整体性和承传性。政府法规又控制市场竞争的秩序。政府宏观调控可以规定文化的政治思想的价值取向，引导市场文化消费观念的趋向；政府制定专门条例（包括非经济上的）进行奖励或惩罚，减少文化资源在经济上有效配置中的负面精神效应，抑制不良文化产品的生产；政府在市场资源配置效率收入参数的基础上，运用征税手段（累进制所得税、娱乐高消费税）进行收入再分配，或以一种财税直接流转政策，使文化娱乐业的累进税或高消费税有利于公益文化事业及文化事业的全面发展。

5. 实现文化资源的优化配置

文化资源的优化配置应该是社会效益与经济效益的最大化。要从文化资源的物质形态与精神形态相互统一的两方面的投入与产出来核算其价值转换的最大效应，而不能只偏其某个方面。稀缺的文化资源同样是要有实现其价值的价格，使文化资源能在文化产品中得到不低于其机会成本的社会的和经济的效益。

就优化配置资源的一般规律来看，其基本原则是以稀缺的资源去追求产出利益的最大化。首先，稀缺的资源应该表现为有价值。正确的社会计划要求所有的稀缺资源使用应定出适当的会计价格，以确保社会能决定如何以最好的生产方式来生产物品。其次，要以资源在用作何种产品生产中的机会成本值来决定资源在最合适的地点以及最合适的时间被分配到它们最好的用途中去。具体来说，政府宏观调控的目标有：从宏观发展战略上把握资源配置，协调文化发展不平衡，完善文化市场秩序，通过资源配置调整利益关系。

资源的优化配置必须依赖于信息机制和激励机制。文化资源配置优化过程的信息机制必须是在市场供求信息与价格信息基础上的与文化发展战略相结合的信息处理，其激励机制必须是以社会效益与经济效益、整体利益与局部利益的统一为基础对应。文化资源优化配置的内容是与社会文化需求联系在一起的，没有社会文化需求，就不存在文化资源的配置问题。首先，文化资源的配置要与广大人民群众的文化生活需求相适应，即与文化消费的购买力以及知识能力相适应；其次，文化资源的配置与社会整体文化发展需要相一致，即从社会发展需要的角度出发使资源对社会公共文化事业基础设施建设和人才队伍培养发挥作用。

为了实现宏观调控的目标，在政府主导文化市场、调节文化资源配置框架下，政府宏观调控机制为：第一，信息—计划机制。针对市场价格信息瞬时而产生的配置资源波动，制定宏观的文化经济计划，以指导性计划改变市场信息结构，稳定文化市场资源配置的不确定性和调节失灵。第二，竞争—约束机制。政府制定文化市场法律法规，从宏观上调控文化市场的正常运行，使经营者平等竞争文化资源的配置。第三，价格—奖惩机制。政府制定专门条例（包括非经济上的）进行奖励或惩罚，减少文化资源在经济上有效配置中的负面精神效应，抑制不良文化产品的生产。第四，收入—再分配机制。政府在市场资源配置效率收入参数的基础上，运用征税手段（累进制所得税、娱乐高消费税）进行收入再分配。这一税收政策从市场经济体制的整体中体现出来。第五，风险机制—产业结构政策。政府发挥国家财政力量来调整产业（事业）结构。

鉴于文化资源和文化市场的特殊性，文化经济管理体制作为市场经济体制的组成部分，在政府调控和市场调节相结合的框架下，既要以政府宏观调控为主导，也要充分发挥市场在文化资源配置中的积极作用。

四、建立政府管理和市场调节相结合的文化调控体制

改革开放以来，文化体制改革在调整布局、理顺关系、转变职能、改善管理等方面取得了较大进展。但相对于文化事业和文化产业发展的需要而言，相对于整个国家的改革开放进程，特别是就经济体制改革所取得的成就而言，文化体制改革的步子还不够大。关系不顺、效率不高、管理不力、布局结构不够合理、内部机制不够灵活等问题依然存在，构成了束缚文化生产力发展的体制性障碍。当前文化体制改革的重要目的就是要突破束缚文化生产力发展的体制性障碍，进一步理顺党和政府与文化企事业单位的关系，转变政府职能，真正做到政企分开、政事分开，依法管理，充分发挥市场机制积极作用，使整个文化体制与社会主义市场经济体制相适应，是文化体制改革的重要内容之一。积极发展公益性文化事业，大力发展文化产业，深化文化体制改革，既涉及中国对文化事业与文化产业的认识问题，也涉及规范文化市场秩序和管理、改进文化产业的经营活动等问题。对政府文化管理的职能和方式来说，需要建立政府调控和市场调节相结合的文化管理体制。

发展文化事业与文化产业，必须发挥政府的调控监管所起的主导作用。要按照社会主义文化内在精神属性的要求，保护中国文化安全，使中华民族优秀文化在国际文化竞争中占据有利地位。利用外资发展文化产业，一是要注意抵御外来腐朽文化的不良影响，二是要防止外资文化产业对中国文化与政治安全的削弱。文化产业发展的目标，应是促进民族自信心的培育，增进国家的文化竞争力和影响力。对各级政府来说，要通过调控引导，促进社会主流文化即马克思主义为指导的先进文化的发展，提高文化执政能力。要从“办文化”的管理模式向“管文化”的模式转变，以行业管理为主，为文化生产经营活动提供信息指导，提高行政效率和服务水平。要加强政策法规建设，研究制定文化产业发展资金管理办法、民族民间文化保护法、出版法、文化市场管理法、文化产业促进法等，从源头上理顺各种关系。要坚持综合执法，严厉打击文化市场的违法行为，切实保护知识产权，促进文化创新与健康发展。

发展文化事业与文化产业，也要积极发挥市场调节的基础作用。市场调节以市场需求为导向。提供文化产品和服务也要讲效益，讲投入产出，力图做到

以较少投入，更多地生产优秀产品、文化精品。发挥市场调节的积极作用，一是需要建立公平竞争的市场秩序，培育和规范市场体系，制定公平竞争的文化市场规则，保证文化经营主体的市场环境；二是要通过文化设施、文化资源等文化要素市场的建立，引导企业的生产经营活动，提高文化资源的合理配置；三是破除行业壁垒，降低文化市场的进入门槛，促进社会资本进入，实现文化产业主体经营形式的多样化；四是重视对文化经营主体的发展导向，确立真正的市场主体，鼓励各类文化企业在依法经营、照章纳税的前提下，不断扩大投资和发展壮大，逐步形成一批拥有知名品牌和自主知识产权、市场开拓能力较强的文化企业集团，培育和扶持具有中国特色的文化项目和文化品牌，提高中国文化产业的竞争力。

第七章

发展完善文化制度

党的十八大报告指出："文化是民族的血脉，是人民的精神家园。全面建成小康社会，实现中华民族伟大复兴，必须推动社会主义文化大发展大繁荣，兴起社会主义文化建设新高潮，提高国家文化软实力，发挥文化引领风尚、教育人民、服务社会、推动发展的作用。"更加重视文化建设对经济社会发展的促进作用，提高文化建设在构建经济建设、政治建设、社会建设和生态建设五位一体协调发展中的地位和作用，对于全面建设小康社会、构建社会主义和谐社会、实现社会主义现代化、实现中华民族伟大复兴，具有重大而深远的意义。建设和完善文化制度，就是要在党的统一领导之下，明确社会主义文化建设的发展方向，明确限定文化发展的界限，真正发挥文化建设对经济社会发展的推动作用、对社会主义文化大发展大繁荣的推动作用，对中国特色社会主义伟大事业发挥精神支撑和思想引领的作用。

第一节　理论与实践：发展完善文化制度的意义归要

"没有文化的积极引领，没有人民精神世界的极大丰富，没有全民族精神力量的充分发挥，一个国家、一个民族不可能屹立于世界民族之林。物质贫乏不是社会主义，精神空虚也不是社会主义。没有社会主义文化繁荣发展，就没有社会主义现代化。"① 文化制度化建设是中国社会主义文化建设科学化、时代化建设的重要方式。故此，发展完善文化制度成为当前文化建设，乃至社会

① 《中共中央关于深化文化体制改革推动社会主义文化大发展大繁荣若干重大问题的决定》，发表于《人民日报》，2011 年 10 月 26 日。

主义建设的重要课题。将文化建设制度化进程扩展到与社会主义建设密切相关的各个方面，构筑全面深刻的文化体系，唤醒社会主义文化的青春活力，发挥时代文化的生产力作用，最终体现社会主义文化对经济社会发展的推动力和创造力。发展完善文化制度的意义，必将体现在与社会主义经济社会发展密切相关的各个具体方面。

一、进一步推进社会主义先进文化建设

党的十八大报告把“坚持社会主义先进文化前进方向，树立高度的文化自觉和文化自信，向着建设社会主义文化强国宏伟目标阔步前进”作为全面建设小康社会奋斗目标的新要求。具体来看，文化建设就是“走中国特色社会主义文化发展道路，坚持为人民服务、为社会主义服务的方向，坚持百花齐放、百家争鸣的方针，坚持贴近实际、贴近生活、贴近群众的原则，推动社会主义精神文明和物质文明全面发展，建设面向现代化、面向世界、面向未来的，民族的科学的大众的社会主义文化”①。在现实生活中，文化，特别是制度化文化又主要表现为法律、政治制度、宗教教义教规、艺术传统和哲学流派等各个具体的方面。

（一）中国传统文化曾领航世界数千年，也必将进一步焕发新活力

历史上的中国，曾经数次成为世界上最强大的国家之一，领导世界数千年。中国已经进入高度文明的社会形态时，世界上的很多地区仍旧是蛮荒之地。自发现新大陆以来，传统的文明国家，在工业文明中发展起来的新兴国家的隆隆炮声中消失殆尽，所剩无几。中华文明虽然遭遇了危机，却在近现代的危机中创新发展，成功抵御了帝国主义的轮番侵略，以独一无二的社会主义国家形态挺立于世界民族之林。中华文明博大精深，发端于春秋战国时期的诸子百家文化在后世都有影响。有人将中华文化的精髓概括为君子文化、尚贤文化、耻感文化、礼仪文化、忠孝文化、爱国主义。儒家的仁，法家的度，道家

① 胡锦涛：《坚定不移沿着中国特色社会主义道路前进　为全面建成小康社会而奋斗——在中国共产党第十八次全国代表大会上的报告》，发表于《人民日报》，2012 年 11 月 18 日。

的和，佛家的善等等，都在不同领域和不同人群中发挥着促进个人发展和推动社会进步的重要作用。

归结起来看，中华文化，或曰中华文明，同世界上任何文化一样，都在发挥着三方面的功能和作用。一是关于人与自然和社会关系的看法。敬畏自然、天人合一、出世入世、因果报应等都是此类观点的反应。正是在这种观点之下，中国数千年来保持了社会的稳定，高度的文明，更重要的是，自然生态环境得到了较充分的保护和合理科学的开发。二是关于人与人之间关系的看法。中国自古以来就是礼仪之邦，在春秋战国伊始的百家争鸣时期，各学派提出的观点多是从规范人的行为、协调人际关系出发的。以儒家为例，自孔子和孟子所确定的“仁、义、礼、智、信”以来，“正心修身”“克己复礼”等成为中国人处理人际关系的基本规范，这种规范具体到日常生活的各个环节，“非礼勿视，非礼勿听，非礼勿言，非礼勿动”就是其中的典型代表。三是关于处理人与自身关系的看法。这在中国传统哲学中的体现尤为明显。儒家的“慎独”“自省”“正心修身”“修身齐家治国平天下”等扬名海内外。从影响较大的宗教观点来看，佛家强调仁善、道家强调和合，这些都对社会发展起着重要的作用。事实上，除了这些之外，在中华文明中，震动世界的四大发明自不用说，数千年积淀起来的军事、艺术、医药、文化教育、戏曲等更是琳琅满目，令人目不暇接。正是因为有着这样深厚的文化底蕴和文化创新能力，中国才能在新中国成立60多年、改革开放30多年的时间里，跻身世界大国和强国之列。

（二）近现代中国创造了丰富的现代文化，文化建设屡创佳绩

自鸦片战争开始的近现代中国始终面临着两大历史重任；一是求得民族独立和人民解放；二是实现国家的繁荣富强和人民的共同富裕。“1840年鸦片战争以来中国170多年的历史，概括地说就是，我们伟大的祖国经历了刻骨铭心的磨难，我们伟大的民族进行了感天动地的奋斗，我们伟大的人民创造了彪炳史册的伟业。”[①] 特别是在中国共产党成立以来的90多年里，我们胜利领导完

① 胡锦涛：《在庆祝中国共产党成立90周年大会上的讲话》，发表于《人民日报》，2011年7月2日。

成了新民主主义革命、社会主义革命以及改革开放伟大事业。在完成这三件大事的历史进程中，中国共产党与时俱进、实事求是、解放思想，将马克思主义普遍真理同中国社会主义革命、建设和改革的现实相结合，开辟了中国特色社会主义道路，形成了中国特色社会主义理论体系，推动了马克思主义中国化、民族化、大众化历史进程。马克思主义的大众化、民族化和时代化，首先就是马克思主义理论与当时中国文化的结合和融合，是科学马克思主义理论对中国社会现实的把握。这一历史进程，不仅将马克思主义这一科学理论传入中国，形成了以毛泽东思想和中国特色社会主义理论体系为核心的中国化马克思主义。在这一思想体系的指引下，近现代的中国社会还形成了以长征精神、雷锋精神、石油精神、神舟精神、三峡精神等一系列可歌可泣的时代精神。这些文化精华分别代表了那一个时代文化的最高境界。特别是经过改革开放30多年来的积淀，人民日益增长的精神文化需求得到了更好满足，“社会主义核心价值体系建设取得重大进展，马克思主义思想理论建设卓有成效，群众性精神文明创建活动、公民道德建设、青少年思想道德建设全面推进，文化事业生机盎然，文化产业空前繁荣，国家文化软实力不断增强，人们精神世界日益丰富，全民族文明素质明显提高，中华民族的凝聚力和向心力显著增强”①。

（三）弘扬优秀传统文化，推进文化发展繁荣

“物质生活的生产方式制约着整个社会生活、政治生活和精神生活的过程。不是人们的意识决定人们的存在，相反，是人们的社会存在决定人们的意识。……一种是生产的经济条件方面所发生的物质的、可以用自然科学的精确性指明的变革，一种是人们借以意识到这个冲突并力求把它克服的那些法律的、政治的、宗教的、艺术的或哲学的，简言之，意识形态的形式。”② 马克思主义创始人的这一说法，一针见血地揭示了社会文化同经济社会发展之间的辩证关系。按照这一思路，在当前时代，中国特色社会主义建设面临着各种各样的具体困难和挑战，要解决这些问题，文化建设是一个重点突破口。发展完善以文化传播制度、文化产业与产权制度、文化企事业制度、文化开放制度、

① 胡锦涛：《在纪念改革开放30周年大会上的讲话》，发表于《人民日报》，2008年12月19日。

② 《马克思恩格斯选集》第二卷，人民出版社1995年版，第32～33页。

文化调控制度为主要内容的文化制度，对纷繁复杂的社会文化进行清理、整理、规约，并运用科学化规范化的文化理论、文化工具来有针对性地解决当前经济社会发展中的各种问题，发挥文化作为精神力量对经济社会发展的调节和推动作用。当经济社会的发展进入健康有序的平稳状态时，会对文化的发展提供强大的支持和促进推力，文化建设的水平也自然而然上升到新的高度。“建设和谐文化，是构建社会主义和谐社会的重要任务。……必须坚持马克思主义在意识形态领域的指导地位，牢牢把握社会主义先进文化的前进方向，弘扬民族优秀文化传统，借鉴人类有益文明成果，倡导和谐理念，培育和谐精神，进一步形成全社会共同的理想信念和道德规范，打牢全党全国各族人民团结奋斗的思想道德基础。”①

二、进一步促进社会主义核心价值体系建设

社会主义核心价值体系，是社会主义和谐文化建设的核心，既是首要目标，也是首要手段。建设社会主义核心价值体系的成败，关系到社会主义文化建设大繁荣大发展目标的实现。正如党的十八大报告所指出的：“社会主义核心价值体系是兴国之魂，决定着中国特色社会主义发展方向。”②

第一，社会主义核心价值体系是建设社会主义先进文化，进而构建社会主义和谐社会的基础。“社会主义核心价值体系是兴国之魂，是社会主义先进文化的精髓，决定着中国特色社会主义发展方向。”③ 因此，建设社会主义核心价值体系对于推进社会主义文化建设，进而构建社会主义和谐社会，都起着基础性的作用。马克思主义是社会主义核心价值体系的灵魂，为改革开放和现代化建设提供了科学的世界观和方法论。只有毫不动摇地坚持马列主义、毛泽东思想、邓小平理论和“三个代表”重要思想为指导，全面贯彻落实科学发展观，坚持不懈地用马克思主义中国化的理论最新成果指导和谐文化的建设，才

---

① 《中共中央关于构建社会主义和谐社会若干重大问题的决定》，发表于《人民日报》，2006 年 10 月 19 日。

② 胡锦涛：《坚定不移沿着中国特色社会主义道路前进　为全面建成小康社会而奋斗——在中国共产党第十八次全国代表大会上的报告》，发表于《人民日报》，2012 年 11 月 18 日。

③ 《中共中央关于深化文化体制改革推动社会主义文化大发展大繁荣若干重大问题的决定》，发表于《人民日报》，2011 年 10 月 26 日。

能始终保持社会主义和谐社会正确的发展方向。中国特色社会主义的共同理想，就是在中国共产党的领导下，走中国特色社会主义道路，实现中华民族的伟大复兴。这个共同理想，把党的目标、国家的发展、民族的振兴与个人的幸福紧密联系在一起，集中代表了中国工人、农民、知识分子和其他劳动者、建设者、爱国者的利益和愿望，具有强大的感召力和凝聚力。坚定中国特色社会主义的信念，在全社会牢固树立起建设中国特色社会主义、建设富强民主文明和谐的社会主义现代化国家的共同理想，形成社会和谐的强大的凝聚力，为实现全面建设小康社会宏伟目标而努力奋斗。以爱国主义为核心的民族精神是民族文化最本质、最集中的体现，是各族人民团结一心、共同奋斗的价值取向；以改革创新为核心的时代精神，是马克思主义与时俱进的理论品格、中华民族富于进取的思想品格与改革开放和现代化实践相结合的伟大成果。要用民族精神和时代精神凝聚力量、激发活力，让伟大的民族精神和时代精神相互激荡、相互砥砺，以此来壮大我们民族进步的血脉，增强我们国家发展的动力，激励亿万中国人民继往开来，开拓创新，成就伟业。社会主义荣辱观把与社会主义市场经济相适应、与社会主义法律规范相协调、与中华民族传统美德相承接的社会主义思想道德观念有机地融合在一起，把思想道德建设的先进性要求与广泛性要求有机地统一起来，集中体现了社会主义道德规范的基本要求，反映了社会主义的价值取向，为各民族和各阶层的人们在社会主义市场经济条件下判断行为得失提供了基本规范。在建设社会主义和谐社会中，要在全社会大力弘扬社会主义荣辱观，更好地使之成为引领社会风尚的一面旗帜，形成与社会主义核心价值体系相适应的良好社会风尚与和谐的人际关系。

第二，发展完善文化制度，有助于树立社会主义核心价值体系的权威性。同其他任何制度不同的是，文化制度所规范的对象是无形多于有形，看不见也摸不着，却发挥着无可替代的作用。发展完善文化制度，在各种文化产业、文化事业、文化传播和文化创新等环节中，明确马克思主义的根本指导地位不可动摇；在各种文化作品和文艺创作中坚持中国特色社会主义的共同理想，而不是传播资本主义理论指导下的各种腐朽思想；宣传和传播民族精神和时代精神，用民族精神和时代精神来指导社会主义各行业各阶层人民行动；在文化建设中，旗帜鲜明地反对“三俗”，坚持社会主义荣辱观，通过各种文化产品和文化渠道敦促人民群众形成正确的家庭美德、职业道德和社会公德。在与文化事业和文化产业相关的各种场合，旗帜鲜明地宣扬社会主义核心价值体系，传播社会主义文化的精髓，树立社会主义核心价值体系的权威性，确立社会主义核心价值体系在社会主义文化和人们精神生活中的绝对指导地位。发展完善以文化传播制度、文化产业与产权制度、文化企事业制度、文化开放制度、文化调控制度等为主要内容的文化制度，把文化建设当成一个高远的目标来进行追求和要求，必然要树立作为指导思想核心的社会主义核心价值体系的权威性。

第三，发展完善文化制度，有助于提高社会主义核心价值体系的建设效率。社会主义核心价值体系，是对中国传统文化的传承，是对社会主义革命、建设和改革发展历程的高度凝练。同时，社会主义核心价值体系的提出，也有其特殊的现实背景：中国特色社会主义进入转型和纵深发展阶段，面临诸多的挑战，社会主义政治建设、经济建设、文化建设、社会建设以及生态建设等各个方面的建设和发展都面临着各种困难和挑战，任何一方面出现问题，都会影响全局的发展。故此，加强社会主义核心价值体系建设，为社会主义事业的发展提供智力支持和精神引导，已经迫在眉睫。理论是行动的先导，科学的理论才能指导成功的实践。社会主义核心价值体系的理论不会在人们的头脑中自动生成，在社会现实的基础上，采取思想政治教育的方法，将马克思主义、社会主义共同理想、以爱国主义为核心的民族精神、以改革创新为核心的时代精神，以及社会主义荣辱观“灌输”到人们的头脑中去。建设和完善文化制度，不仅能够从制度上厘清和规范社会主义核心价值体系的内容，还能规定建设社会主义核心价值体系所采取的方法和手段。故此，发展完善以文化传播制度、文化产业与产权制度、文化企事业制度、文化开放制度、文化调控制度等为主要内容的文化制度，能够提高建设社会主义核心价值体系在全社会传播的广度和深度，不断推进社会主义核心价值体系建设，进一步发挥其精神引导和智力支持的作用，不断推进社会主义和谐社会的构建。

三、推动文化产业快速发展

文化产业是中国市场经济的重要组成部分，也是推动社会主义文化建设的重要力量。目前的文化产业化发展存在着这样或那样的问题。发展完善文化制度，不仅有利于文化产业化发展，还有利于社会主义经济社会建设，发挥文化产业化促进经济效益和社会效益相统一，最终有利于社会主义和谐社会的构建。

首先，发展完善文化制度有利于文化事业和文化产业的全面协调可持续发展，推动文化建设经济效益和社会效益的有机统一。在《中共中央关于深化文化体制改革推动社会主义文化大发展大繁荣若干重大问题的决定》中，提出了关于文化产业化发展的阶段性目标："文化产业成为国民经济支柱性产业，整体实力和国际竞争力显著增强，公有制为主体、多种所有制共同发展的文化产业格局全面形成"[①]。文化产业化，是市场经济在文化建设领域发挥作用的典型，更是文化事业对经济社会发展发挥精神指引和智力支撑作用的重要体现。改革开放以来，借助科学技术的推动，文化生产和传播的方式得以不断优化，中国的文化产业化发展规模和数量日益庞大。文化产业推动文化事业发展的效果也日益凸显出来。2008 年，北京、湖南、云南、上海、广东成为全国文化产业增加值占 GDP 比重率先突破 5% 的五个省级单位。[②] 中宣部改革办副主任高书生通过政策协调和基层调研，总结了当前中国文化产业化的良好发展趋势：中国文化资源进入到大调整、大整合时期；行业界限越来越模糊，行业融合趋势越来越明显；文化与旅游业、服务业、制造业等产业的结合越来越明显；文化产业发展已经从自发转向自觉。以贵州和广西的民族文化、云南的茶艺和珠宝文化、湖南的娱乐文化等为例，全国各个地方的文化产业发展差异明显、特色鲜明，都在为地方的经济社会发展贡献力量。

其次，发展完善文化制度有利于进一步解决当前文化产业市场缺乏有效监管和法律规范的问题。在看到文化产业一片生机盎然的同时，我们也应该看到由于文化产业过于追求经济利益所引起的负面效应。当前，中国文化产业化的格局是："文化产业规模不大、结构不合理，束缚文化生产力发展的体制机制问题尚未根本解决"。具体来看，"一是文化产业总量水平不高，对国民经济贡献份额偏少；二是总体投入不足，基础设施建设落后；三是市场化水平低，产业集中度和集约化程度都不高；四是文化经营人才短缺，投融资支持体系严重滞后；五是缺乏专项发展规划，产业配套政策不完善；六是文化贸易逆差依

---

① 《中共中央关于深化文化体制改革推动社会主义文化大发展大繁荣若干重大问题的决定》，发表于《人民日报》，2011 年 10 月 26 日。

② 刘忠：《聚焦新兴文化业态》，载于《群众》，2009 年第 12 期。

然很大，文化传播力和影响力有待进一步提高。”① 就增长方式来说，仍然采取粗放型的增长模式。盗版、模仿成为常用的工具，以旅游风景区为例，本来在名人故居、自然名胜等地方，是文化传播的重要场所，借助旅游业和服务业来发展文化事业和文化产业是顺理成章的事情。“中国的风景名胜区资源，名义上属于国家所有，但实际上由各地各级政府相关部门分别管理。无论是政府直接经营，还是授权委托企业经营，政府所得与景区旅游经营收入息息相关。这种权益上的地方化和部门化，加深了市场的无序化。一些地方政府片面追逐GDP增长速度，急功近利，使门票涨价风愈演愈烈。归根到底，是行政力量对旅游市场正常运行的非理性干扰，从而导致了门票价格与价值的背离。”②以此类推，在文化传播、文化产业与产权、文化企事业、文化开放、文化调控等方面，都或多或少地存在这样那样的问题，发展完善文化制度无疑有利于化解这些问题。

最后，发展完善文化制度，有助于推进文化产业进一步健康有序发展。文化产业发展的数量并不代表文化发展的水平，健康有序的文化产业发展，必须符合科学发展观全面协调可持续的要求。建立并发展完善文化制度，有助于调节文化产业畸形发展的问题，有助于协调不同地区之间、不同部门之间文化不成比例发展的问题，有助于在文化发展进程中，坚持可持续发展的原则。例如，在我们作为文化传播主渠道的电视节目中，不仅要选择性地传播外国先进文化，还要积极主动地发掘、宣传和保护传统优秀文化。以免传统文化在洋文化的攻击下失去阵地，抢走消费者。具体来说，我们既要在立法上更加细致，真正将文化产业的发展纳入市场经济体制中来进行科学管理，更要从文化可持续发展的角度，将文化产业提高到精神创造的角度，为文化产业的发展提供更加科学的引导。通过发展和完善以文化传播制度、文化产业与产权制度、文化企事业制度、文化开放制度、文化调控制度等为主要内容的文化制度，遏制目前文化产业发展中的问题。正本清源，抵制金钱逐利性对文化精神纯洁性的污染，是目前文化产业，同时也是文化的发展繁荣最为关键的抓手之一。

---

① 《中国文化产业发展现状》。来源：中华人民共和国文化部，网址：http://www.ccnt.gov.cn/preview/special。

② 《假如李白活在今天》，发表于《人民日报》，2012年6月9日。

四、不断提升文化软实力、增强国家综合国力

“当今综合国力竞争的一个显著特点是文化的地位和作用更加凸显，越来越多的国家把提高文化软实力作为发展战略的重要内容。从一定意义上说，谁占据了文化发展制高点，谁拥有了强大文化软实力，谁就能够在激烈的国际竞争中赢得主动。”① 文化制度建设的重要性，不仅体现在对国内文化发展繁荣方面，更是提高国家文化软实力、增强国家综合国力的重要前提。

第一，文化软实力是综合国力的重要内容。“综合国力竞争的一个显著特点，就是文化的地位和作用更加凸显，经济较量中的文化因素日益突出，越来越多的国家把提高文化软实力作为重要发展战略。……加强国家文化软实力建设，对内增强民族凝聚力和向心力，对外增强国家亲和力和影响力，是全面增强中国综合国力的必然要求，也是实现中国和平发展的战略之举。”② 自哥伦布发现新大陆以来，世界上任何国家都不可避免地被联系成了一个整体，强弱不同、社会性质不同、文化不同的国家开始交往。强国意味着可以占有更多的发展资源，掌握更多的发言权。不同于冷兵器和工业革命后的时代，社会发展到了今天，坚船利炮已经不再是衡量国家强弱的唯一标准。文化创新能力强，文化感染能力强的国家，往往能够在世界上赢得更多的尊重和发展机遇。提高文化软实力成为当前时代国际交往中的一个热点，文化成为一种武器和力量，能够协调不同民族之间的利益，包容不同民族之间的差异。故此，文化成为世界各国重点关注和投入的对象。就中国来说，改革开放以来，党中央一直非常重视文化软实力和中华文化国际影响力的建设。在历年的政府对文化建设的预算中，有相当一部分是专项用于对外文化建设的。地方政府发挥主动性，发掘自身文化资源，打造地区特色和民族特色文化。中央和地方共同打造文化强国，展现了中华传统文化的魅力，发挥了中华文化强大的国际影响力。

第二，中国的文化软实力建设正处在关键时期。中国历史上是文明古国，

---

① 李长春：《关于〈中共中央关于深化文化体制改革推动社会主义文化大发展大繁荣若干重大问题的决定〉的说明》，发表于《人民日报》，2011 年 10 月 15 日。

② 胡锦涛：《在全国宣传思想工作会议上的讲话》，转自中共中央宣传部、中共中央文献研究室：《论文化建设——重要论述摘编》，发表于《人民日报》，2012 年 2 月 24 日。

现在又是世界大国，但并不是世界强国，也不是文化强国。不可否认的是，近现代中国在文化创新和文化对外传播的能力上落后于西方了。改革开放以来，党中央和各级政府逐渐意识到加强文化软实力建设的重要性，采取各种不同措施全面加强文化软实力建设。从中央到地方，都以文化产业化发展为契机，包括不断发展各地区的特色文化，在奥运会、世博会等重大场合推销自己的文化。为了传播中国文化和其他先进的思想，自2004年1月21日在韩国首尔成立第一个孔子学院以来，目前全球的孔子学院数量已经超过了350多个，分布在至少110个国家。孔子学院及其类似国际交往行为的开展，不仅是对外传播先进文化的需要，更是在世界上发挥中国文化实力的需要。据统计，海外华人华侨总数，2007~2008年已达4543万人，2011年底约为5000万人①。数千万的华人华侨分布在世界各地，其中以欧美发达国家占多数。这些华人华侨分布在各国的各行各业，有的甚至是该领域的领军人物。他们的存在，为中华文化的传播发挥了重要作用，使得中华文明能在世界上被认识、熟悉和接受。当前，中国的统一战线工作非常重视发挥华人华侨的重要作用，这是推动文化软实力建设的重要手段。当今世界局势一如既往地呈现出危机与和平共生、竞争与合作共存的状态，中国要在这样纷繁复杂的局势中屹立而不受冲击，并在各种国际事务中掌握话语权甚至是主导权，除了继续加强世界经济第二强国的地位，更重要的就是文化软实力的发挥。

发展完善文化制度，有利于建设文化软实力，进而提高综合国力。“加强国家文化软实力建设，对内增强民族凝聚力和向心力，对外增强国家亲和力和影响力，是全面增强我国综合国力的必然要求，也是实现我国和平发展的战略之举。”② 全面提高综合国力，是世界各国正在努力奋斗的目标。作为综合国力重要组成部分的文化软实力建设，在当前这个以和平和发展为主题的世界格局下显得尤为重要。把发展完善文化制度，明确文化建设的目标，审定文化建设的内容，提倡文化建设的科学方法，在国家的统筹规划中作为一项重要内容，有针对性地发展特色文化，发展对外交流文化，打造中国在世界上的良好国际形象。“提高国家文化软实力、在日趋激烈的综合国力竞争中赢得主动，

---

① 《约5000万：华侨华人总数》，发表于《印尼雅加达国际日报》，2011年12月9日。

② 胡锦涛：《在全国宣传思想工作会议上的讲话》，转自中共中央宣传部、中共中央文献研究室：《论文化建设——重要论述摘编》，发表于《人民日报》，2012年2月24日。

需要进一步从战略上研究部署文化改革发展。”具体来说，我们必须大力弘扬中华优秀传统文化，大力发展社会主义先进文化，从而“不断扩大中华文化国际影响力，形成与我国国际地位相称的文化软实力，牢牢掌握思想文化领域国际斗争主动权，切实维护国家文化安全”。① 除此之外，发展完善以文化传播制度、文化产业与产权制度、文化企事业制度、文化开放制度、文化调控制度等为主要内容的文化制度，不仅有利于国内文化事业的发展，也有利于文化软实力的形成和增强。提高综合国力，有利于使中国能在各种国际竞争中占据优胜地位，在各种国际合作中占据主导权。以目前的趋势来看，世界局势在短期内不会太平，资本主义与社会主义国家间的竞争日趋激烈，民族冲突和宗教冲突愈演愈烈，强国对弱国的压榨有增无减。这些问题的存在，一方面对各个国家包括文化在内的综合国力形成挑战，另一方面也为中国发挥文化软实力解决争端提供了契机。中国自古以来倡导和谐、共富、民族融合、宗教自由，鲜有因文化差异而发生武装冲突的事例存在，在中国数千年的发展历程，尤其是新中国成立以来的60多年间，一直奉行和平共处的基本原则，绝不干涉他国内政。这些都为中国与不同国家之间的交流、交往提供了基本的准则，并赢得了世界各国的尊重。

五、发展和谐文化，构建社会主义和谐社会

发展完善文化制度进而促进经济社会发展，是党和国家兴旺发达的重要经验。中国共产党领导中国人民进行了成功的社会主义革命、建设和改革。在社会主义革命阶段，毛泽东特别重视“革命文化”的建设，“革命文化，对于人民大众，是革命的有力武器。革命文化，在革命前，是革命的思想准备；在革命中，是革命总战线中的一条必要和重要的战线。……革命的文化运动对于革命的实践运动具有何等的重要性”②。作为富有远见的政党，共产党不仅仅满足于为人民夺取政权，而是时时刻刻注意作为社会上层建筑的社会文化的建

① 李长春：《关于〈中共中央关于深化文化体制改革推动社会主义文化大发展大繁荣若干重大问题的决定〉的说明》，发表于《人民日报》，2011年10月15日。

② 毛泽东：《新民主主义论》（1940年1月），《毛泽东选集》第二卷，人民出版社1991年版，第708页。

设。“文化是反映政治斗争和经济斗争的，但它同时又能指导政治斗争和经济斗争。文化是不可少的，任何社会没有文化就建设不起来。”① 在改革开放初期，为了正本清源，使人民群众特别是领导干部树立共产主义理想，树立全心全意为人民服务的意识，树立改革开放的正确思维，邓小平特别强调社会意识形态工作。他说：“没有这种精神文明，没有共产主义思想，没有共产主义道德，怎么能建设社会主义？党和政府愈是实行各项经济改革和对外开放的政策，党员尤其是党的高级负责干部，就愈要高度重视、愈要身体力行共产主义思想和共产主义道德。否则，我们自己在精神上解除了武装，还怎么能教育青年，还怎么能领导国家和人民建设社会主义！”② 由此可见，包括文化制度在内的文化建设对经济社会发展的重要性。历届党和政府也高度重视文化建设。党的十六大以来，文化建设被提到一个新的高度，早在2003年，胡锦涛总书记就曾指出：“一个没有文化底蕴的民族，一个不能不断进行文化创新的民族，是很难发展起来的，也是很难自立于世界民族之林的。要提高发展水平，增强发展后劲，提高群众生活质量，必须高度重视并全面推进文化建设”③。纵观我党革命、改革和建设的历史，发展文化制度，重视文化建设，乃是党和国家兴旺发达的重要经验之一。

发展完善文化制度，有助于促进经济社会又好又快发展。党的十七大报告对促进经济社会又好又快发展提出了新要求：“实现未来经济发展目标，关键要在加快转变经济发展方式、完善社会主义市场经济体制方面取得重大进展。要大力推进经济结构战略性调整，更加注重提高自主创新能力、提高节能环保水平、提高经济整体素质和国际竞争力。要深化对社会主义市场经济规律的认识，从制度上更好发挥市场在资源配置中的基础性作用，形成有利于科学发展的宏观调控体系。”④ 国民经济又好又快发展，不仅仅是经济建设一个领域的

---

① 毛泽东：《关于陕甘宁边区的文化教育问题》（1944年3月22日），《毛泽东文集》第三卷，人民出版社1996年版，第109～110页。

② 邓小平：《贯彻调整方针，保证安定团结》（1980年12月25日），《邓小平文选》第二卷，人民出版社1994年版，第367页。

③ 胡锦涛：《在广东省考察工作结束时的讲话》（2003年4月15日），中共中央宣传部、中共中央文献研究室：《论文化建设——重要论述摘编》，发表于《人民日报》，2012年2月20日。

④ 胡锦涛：《高举中国特色社会主义伟大旗帜　为夺取全面建设小康社会新胜利而奋斗——在中国共产党第十七次全国代表大会上的报告》，发表于《人民日报》，2007年10月25日。

问题，而是民主政治建设、社会主义文化建设和和谐社会建设统一协调发展的问题。科学发展观，社会主义和谐社会，全面小康社会，都不仅仅反映了经济指标，而恰好是政治、经济、文化、社会和生态建设成果的综合体现。这一系列科学发展理念的提出，正是一种先进文化发展精髓的反映。“我们必须抓住和用好中国发展的重要战略机遇期，在坚持以经济建设为中心的同时，自觉把文化繁荣发展作为坚持发展是硬道理、发展是党执政兴国第一要务的重要内容，作为深入贯彻落实科学发展观的一个基本要求，进一步推动文化建设与经济建设、政治建设、社会建设以及生态文明建设协调发展。”① 文化建设不仅是发展的重要内容之一，还是党执政兴国的基本任务之一。离开了文化，社会发展便失去了方向和灵魂。促进经济又好又快发展中的“快”反映了经济发展的速度和数量，“好”则反映了经济发展的质量和效益。要突出“好”的首要地位，要协调“好”和“快”的关系，就需要一种科学的文化理念和文化环境作为支撑。发展和完善文化制度，通过各种渠道传播科学发展的文化理念，就会在全社会营造一种支持科学发展的文化氛围，就会从政府到群众，从中央到地方，全力支持经济又好又快发展。

发展完善文化制度，之所以有助于构建社会主义和谐社会，是因为中国社会总体上是和谐的，但是也存在不少影响社会和谐的矛盾和问题，主要是：“城乡、区域、经济社会发展很不平衡，人口资源环境压力加大；就业、社会保障、收入分配、教育、医疗、住房、安全生产、社会治安等方面关系群众切身利益的问题比较突出；体制机制尚不完善，民主法制还不健全；一些社会成员诚信缺失、道德失范，一些领导干部的素质、能力和作风与新形势新任务的要求还不适应；一些领域的腐败现象仍然比较严重；敌对势力的渗透破坏活动危及国家安全和社会稳定。”② 这些非和谐因素的产生，除了中国正处于并将长期处于社会主义初级阶段这一基本国情的因素外，各种非社会主义思想的蛊惑也是其重要因素。各种非社会主义思潮的存在和传播，与当前的文化生产和传播制度是密切相关的。畅行无阻的传播渠道，能够保证先进文化的及时传

---

① 《中共中央关于深化文化体制改革推动社会主义文化大发展大繁荣若干重大问题的决定》，发表于《人民日报》，2011 年 10 月 26 日。

② 《中共中央关于构建社会主义和谐社会若干重大问题的决定》，发表于《人民日报》，2006 年 10 月19 日。

播；科学的文化产业发展模式，能够实现经济效益与社会效益的统一；规范的文化企事业运行制度，能够创造和生产出引领经济社会发展的先进文化；松弛有度的文化开放制度，既能够宣扬中华文化精髓，又能扬弃外来文化。如果这些方面的文化制度等都如愿得以建立，那么这些先进的文化理念就会及时得以传播，人们的思想意识，思想觉悟也会相应地进一步提升。在和谐文化的影响下，经济社会发展中的许多问题就会得到解决，社会主义和谐社会建设就会更有成效。

发展完善文化制度，有助于实现中国三大时代的阶段性目标。《中共中央关于深化文化体制改革推动社会主义文化大发展大繁荣若干重大问题的决定》高屋建瓴地指出："在新的历史起点上深化文化体制改革、推动社会主义文化大发展大繁荣，关系实现全面建设小康社会奋斗目标，关系坚持和发展中国特色社会主义，关系实现中华民族伟大复兴。"当前，发展中国特色社会主义正处在发展的关键阶段，正肩负着全面建设小康社会、构建社会主义和谐社会、实现社会主义现代化这三大时代重任，或曰阶段性目标的关键时期。在党的十五大报告中，江泽民同志在邓小平"三步走"战略的基础上，提出了新的"三步走"战略："展望新的世纪，我们的目标是，第一个十年实现国民生产总值比2000年翻一番，使人民的小康生活更加宽裕，形成比较完善的社会主义市场经济体制；再经过十年的努力，到建党一百年时，使国民经济更加发展，各项制度更加完善；到世纪中叶建国一百年时，基本实现现代化，建成富强民主文明的社会主义国家。"① 在这里，解决温饱的基本小康社会已经实现，我党又根据不断变化发展的实际因地制宜地调整了发展目标。要构建社会主义和谐社会，推进全面小康社会、实现社会主义现代化这三个逐渐推进的目标，都必须有科学的指导方针和相应的社会文化氛围。就单个目标来说，与阶段性目标相适应的顶层设计的文化理念和具体发展理念必不可少。后一个目标的规划，总是在对前一个阶段的成功上进行理论提升和文化总结的基础上来开展的。从形式上看，这三个阶段性目标是依次递进的，但从理论体系和文化内涵的角度来看，它们又是一脉相承、顺理成章的。故此，创新文化理念，为各阶

① 江泽民：《高举邓小平理论伟大旗帜，把建设有中国特色社会主义事业全面推向21世纪》，发表于《人民日报》，1997年9月19日。

段性的发展目标提供指导并及时凝练提升，也是文化制度建设的重要功能。

第二节　机遇与挑战：发展完善文化制度的境况分析

“中国共产党从成立之日起，就既是中华优秀传统文化的忠实传承者和弘扬者，又是中国先进文化的积极倡导者和发展者。我们党历来高度重视运用文化引领前进方向、凝聚奋斗力量，团结带领全国各族人民不断以思想文化新觉醒、理论创造新成果、文化建设新成就推动党和人民事业向前发展，文化工作在革命、建设、改革各个历史时期都发挥了不可替代的重大作用。”① 时代在发展，社会在进步，传统中国文化正在被不断地挖掘并得到弘扬，先进文化正在被不断地创造和总结提炼。党中央在这个时候做出深化文化体制改革、推动社会主义文化大发展大繁荣的战略部署，既是对过往文化发展成果的及时总结和未来展望，也是在分析当前经济社会发展现实的基础上，做出的科学应对之策。发展完善文化制度，深化文化体制改革，既具有正在极力推进的构建社会主义和谐社会、加强社会主义文化建设、建设社会主义核心价值体系等良好机遇，也面临着信仰缺失、道德失范、诚信缺失、软实力较弱等一系列无法回避的挑战。

一、发展完善文化制度的机遇解析

党的十六届六中全会上做出的《中共中央关于构建社会主义和谐社会若干重大问题的决定》要求，“建设和谐文化，巩固社会和谐的思想道德基础”。具体包括建设社会主义核心价值体系、树立社会主义荣辱观等内容；党的十七大要求“推动社会主义文化大发展大繁荣”，具体包括建设社会主义核心价值体系，增强社会主义意识形态的吸引力和凝聚力；建设和谐文化，培育文明风

① 《中共中央关于深化文化体制改革推动社会主义文化大发展大繁荣若干重大问题的决定》，发表于《人民日报》，2011 年 10 月 26 日。

尚；弘扬中华文化，建设中华民族共有精神家园；推进文化创新，增强文化发展活力；十七届六中全会又专门通过了《中共中央关于深化文化体制改革、推动社会主义文化大发展大繁荣若干重大问题的决定》，要求全力推进社会主义文化建设，推进社会主义文化大发展大繁荣。除此之外，文化基础深厚、党和政府高度重视、社会主义和谐社会建设成就打下的坚实基础等，都是发展文化制度的有利条件。

第一，中国文化基础深厚。这里所谓的文化基础，既包括对数千年中华文明的继承和总结，也包括对近现代以来中国创新文化的凝练。发展完善文化制度并不是一项史无前例的工作，自新中国成立以来，我党一直着力推进包括文化制度在内的文化建设，并且取得了丰硕的成果。改革开放特别是“党的十六大以来，我们党始终把文化建设放在党和国家全局工作重要战略地位，坚持物质文明和精神文明两手抓，实行依法治国和以德治国相结合，促进文化事业和文化产业同发展，推动文化建设不断取得新成就，走出了中国特色社会主义文化发展道路。我们坚持解放思想、实事求是、与时俱进，不断推进马克思主义中国化时代化大众化，……坚持为人民服务、为社会主义服务的方向和百花齐放、百家争鸣的方针，发扬广大人民群众和文化工作者的创造精神，推动优秀文化产品大量涌现，丰富了人民精神文化生活；……我国文化改革发展，显著提高了全民族思想道德素质和科学文化素质、促进了人的全面发展，显著增强了国家文化软实力，为坚持和发展中国特色社会主义提供了强大精神力量”。① 当前，无论是继承中华民族传统文明，还是凝聚先进时代文化，我们都正处于文化发展繁荣期。各种文化相互包容、和谐共处，共同为社会主义建设提供支持。特别是新中国成立以来的60多年间，在马克思主义理论与传统优秀文化理论的共同作用下，中国传统文化融入了社会主义的因素，马克思主义理论在民族化、时代化、大众化的过程中吸收了中国传统文化的精髓。故此，当前以文化传播制度、文化产业与产权制度、文化企事业制度、文化开放制度、文化调控制度等为主要内容的文化制度建设，最重要的就是在深刻把握现实文化条件的基础上，条分缕析，分门别类，使其发挥最大的效用。“实现

① 《中共中央关于深化文化体制改革推动社会主义文化大发展大繁荣若干重大问题的决定》，发表于《人民日报》，2011年10月26日。

中华民族伟大复兴，离不开中华文化繁荣兴盛。建设社会主义文化强国，是时代和人民的呼唤，是广大文艺工作者的共同心愿。蓝图已经绘就，号角已经吹响，以人民为主角，为时代鼓与呼，广大文艺工作者才能进一步奏响发愤图强、艰苦创业、顽强拼搏、再立新功的时代强音，为国家富强、时代进步、人民幸福再立新功。"① 无论是传统中华文化，还是社会主义和谐文化，发展到目前已经极大地为文化制度建设提供了广阔的空间，为建立科学的文化制度提供了良好的契机。

第二，党和政府高度重视。作为马克思主义执政党，中国共产党自成立之初，就高度重视文化建设。在作为社会主义革命成功三大法宝之一的统一战线中，中国共产党之所以能够赢得民主党派的支持，就在于党对文化知识的重视和对知识分子的尊重。"在我们为中国人民解放的斗争中，有各种的战线，也可以说有文武两个战线，这就是文化战线和军事战线。我们要战胜敌人，首先要依靠手里拿枪的军队。但是仅仅有这种军队是不够的，我们还要有文化的军队，这是团结自己、战胜敌人必不可少的一支军队。"② 不仅是军事斗争和军事建设，在社会主义任何一个方面，文化建设都是必不可少的因素。针对近现代以来中华文化发展繁荣落后于西方的现实，毛泽东指出，"中国应该大量吸收外国的进步文化，作为自己文化食粮的原料。"③ 学习外国先进文化也有具体方针："一切民族、一切国家的长处都要学，政治、经济、科学、技术、文学、艺术的一切真正好的东西都要学。但是，必须有分析有批判地学，不能盲目地学，不能一切照抄，机械搬用。"④ 在不同社会意识形态势不两立的五六十年前，以毛泽东为代表的中国共产党人尚能高瞻远瞩。改革开放之后的历届党和政府逐渐把文化建设纳入政府建设的总体规划中，逐渐把建设精神文明同建设物质文明统一起来，坚持两手抓，两手硬，"我们要建设的社会主义国

① 纪念《在延安文艺座谈会上的讲话》发表70周年：《永远为人民放歌》。来源：中华文明网：http：//www.wenming.cn，2012-5-22。

② 毛泽东：《在延安文艺座谈会上的讲话》（1942年5月），《毛泽东选集》第三卷，人民出版社1991年版，第847页。

③ 毛泽东：《新民主主义论》（1940年1月），《毛泽东选集》第二卷，人民出版社1991年版，第706页。

④ 毛泽东：《论十大关系》（1956年4月25日），《毛泽东文集》第七卷，人民出版社1999年版，第41页。

家，不但要有高度的物质文明，而且要有高度的精神文明。所谓精神文明，不但是指教育、科学、文化（这是完全必要的），而且是指共产主义的思想、理想、信念、道德、纪律，革命的立场和原则，人与人的同志式关系，等等。”①

党的十六大以来，在深入贯彻落实科学发展观，构建社会主义和谐社会的总体部署下，文化建设同政治建设、经济建设、社会建设与生态建设并驾齐驱，构成了社会主义建设五位一体的格局。胡锦涛指出；“一部人类社会发展史，是人类生命繁衍、财富创造的物质文明发展史，更是人类文化积累、文明传承的精神文明发展史。人类社会每一次跃进，人类文明每一次升华，无不镌刻着文化进步的烙印。”② 中国特色社会主义是一条举世无双的创新之路，社会主义和谐社会是震动寰宇的重大事件。为此，“面对当今文化越来越成为综合国力竞争重要因素的新形势，我们必须以高度的文化自觉和文化自信，着眼于提高民族素质和塑造高尚人格，以更大力度推进文化改革发展，在中国特色社会主义伟大实践中进行文化创造，让人民共享文化发展成果”③。社会主义发展到今天，文化建设更是被提高到了前所未有的高度，中央专门出台文件《中共中央关于深化文化体制改革、推动社会主义文化大发展大繁荣若干重大问题的决定》，要求深化文化体制改革，推动社会主义文化大发展大繁荣。“深化文化体制改革、推动社会主义文化大发展大繁荣，进一步兴起社会主义文化建设新高潮，对夺取全面建设小康社会新胜利、开创中国特色社会主义事业新局面、实现中华民族伟大复兴具有重大而深远的意义。”④ 发展完善文化制度，是建设社会主义和谐文化，推动社会主义文化大发展大繁荣的题中应有之义。换言之，要建设高度文明的社会主义和谐文化，推动社会主义文化大发展大繁荣，必须依靠发展和完善文化相关制度，从制度保障的角度来加强文化建设，才能取得实实在在的效果。

---

① 邓小平：《贯彻调整方针，保证安定团结》（1980 年 12 月 25 日），《邓小平文选》第二卷，人民出版社 1994 年版，第 367 页。

② 胡锦涛：《在中国文联第八次全国代表大会、中国作协第七次全国代表大会上的讲话》（2006 年 11 月 10 日），引自《十六大以来重要文献选编》下，中央文献出版社 2008 年版，第 751 页。

③ 胡锦涛：《在庆祝中国共产党成立 90 周年大会上的讲话》，发表于《人民日报》，2011 年 7 月 2 日。

④ 《中共中央关于深化文化体制改革推动社会主义文化大发展大繁荣若干重大问题的决定》，发表于《人民日报》，2011 年 10 月 26 日。

第三，社会主义和谐社会建设为文化制度建设打下的坚实基础。发展完善文化制度建设，是社会主义文化建设的关键环节。包括文化制度在内的社会主义文化建设，不仅仅是文化本身的事情，而是与其相关联的政治建设、经济建设、社会建设与生态建设构成的整体格局中的一个环节。自党的十六大以来，中国特色社会主义全面进入贯彻落实科学发展观，构建社会主义和谐社会的阶段性攻坚阶段。在改革开放30余年的基础上，“我们始终以改革开放为强大动力，在新中国成立以后取得成就的基础上，推动党和国家各项事业取得举世瞩目的新的伟大成就”。具体来说，经济上坚持以经济建设为中心，国家综合国力迈上新台阶；着力保障和改善民生，人民生活总体上达到小康水平；大力发展社会主义民主政治，人民当家做主权利得到更好保障；大力发展社会主义先进文化，人民日益增长的精神文化需求得到了更好的满足；大力发展社会事业，社会和谐稳定得到巩固和发展。总而言之，“改革开放的伟大成就，是全党全国各族人民团结奋斗的结果。”“30年的伟大成就，为我们党、我们国家、我们人民继续前进奠定了坚实基础”①。发展完善文化制度，直观上来讲，既同文化有关，属于文化建设的范畴，也与制度相连，需从各种建设的角度来切入。无论是文化建设，还是政治建设，都与社会建设的各个方面密切相关。党的十六大以来，在科学发展观的指引下，构建社会主义和谐社会的进程正在稳步前进，中国特色社会主义共同理想更加坚定。在政治建设、经济建设、文化建设和社会建设等各个方面都取得了卓越的成就，这就为发展和完善文化制度奠定了良好的基础，创造了和谐的文化氛围。

二、发展完善文化制度面临的挑战解析

《中共中央关于深化文化体制改革推动社会主义文化大发展大繁荣若干重大问题的决定》指出，中国文化领域正在发生广泛而深刻的变革，推动文化大发展大繁荣既具备许多有利条件，也面临一系列新情况新问题。目前，文化建设同政治、经济和社会建设之间发展并不是完全地协调，表现为中国文化发展同经济社会发展和人民日益增长的精神文化需求还不完全适应，这种问题和

① 胡锦涛：《在纪念改革开放30周年大会上的讲话》，发表于《人民日报》，2008年12月19日。

矛盾主要表现为："一些地方和单位对文化建设重要性、必要性、紧迫性认识不够，文化在推动全民族文明素质提高中的作用亟待加强；一些领域道德失范、诚信缺失，一些社会成员人生观、价值观扭曲，用社会主义核心价值体系引领社会思潮更为紧迫，巩固全党全国各族人民团结奋斗的共同思想道德基础任务繁重；舆论引导能力需要提高，网络建设和管理亟待加强和改进；有影响的精品力作还不够多，文化产品创作生产引导力度需要加大；公共文化服务体系不健全，城乡、区域文化发展不平衡；文化产业规模不大、结构不合理，束缚文化生产力发展的体制机制问题尚未根本解决；文化走出去较为薄弱，中华文化国际影响力需要进一步增强；文化人才队伍建设急需加强。推进文化改革发展，必须抓紧解决这些矛盾和问题。"任何事物都是矛盾的对立统一体，中国是世界上最大的发展中国家和最大的社会主义国家，人口总量也高居世界第一。故此，中国经济社会发展中存在这样或那样的问题，是正常的、必然的。直面这些问题，并对它们进行深入的分析，是解决问题的唯一途径。

（一）文化规范不严所引发的文化无序问题

改革开放以来，受到欧洲文化产业化思潮的影响，恰逢中国正在大力推行市场经济和社会主义精神文明建设，文化产业化逐渐成为中国促进国民经济发展和精神文明发展的重要手段。不可否认，在改革开放之初，文化产业化的发展对于解放思想，丰富人们的精神生活，增强对外开放的本领，以及促进经济发展起到了积极的作用。但由于缺乏方向性的引导，受到国外文化及其产品的冲击等方面的因素，中国的文化产业化逐渐显示出其问题，主要体现在以下两个方面。

第一，错误政绩观导致文化产业化发展的问题。文化产业化，顾名思义，就是将文化发展纳入市场经济的轨道，将竞争引入文化建设中来。在中国目前的政治体制中，见效慢、成果不明显的单纯文化建设并不能为政府官员的升迁提供资本，但如果利用文化为契机，使文化特色成为发展产业增加收入的手段，则地方政府和官员会受到上级的肯定，官员有更多的机会得到升迁。一方面，文化的发展需要产业的推动；另一方面，官员的升迁需要政绩来体现。在这样的背景下，"文化搭台、经济唱戏"成为地方政府发展经济的法宝，成为地方官员显现政绩的首要选择。"形形色色、名目繁多的各种文化节等节会活动层出不穷，各地想方设法打起文化的招牌，以吸引眼球，凝聚人气，招商引资，发展经济，似乎也收到了一定的效果。[①]”但是，组织混乱、唯利是图的文化产业活动使得文化难免处在一种尴尬的位置。“原本文化是主体，实则不过承担了搭台的功能。真正唱戏的是经济，台上的主角常常是官员和大款。表面上文化很风光，实则迷失了；表面上被抬高了，实则被贬低了。文化被异化了，变味了，弄得不伦不类。戏终人散，文化也自然被抛弃了，很是可怜而没趣。一些被迫参与其中的文化工作者也觉得很别扭，甚至很伤自尊。”[②]为了追求政绩而夸大其词地或者片面地将文化产业化，不仅没有起到保护、宣传和创新文化的作用，反而破坏了文化发展的环境和规律，会污染和阻碍文化的发展。

第二，功利化文化产业化导致文化堕落的问题。由于受新中国成立以来相当一段时期计划经济和文化禁锢的影响，市场经济支配下的文化产业化的发展策略，在大力宣传先进文化的同时，出现了过度的文化宣传，过多的文化产品……造成文化产业化的各种问题，好像打开了腐朽文化的潘多拉魔盒，许多腐朽的堕落的文化乘虚而入，非但没有真正发展和创新了文化，反而严重地污染了文化环境。从事文化产业化的相关企事业单位，在金钱万能的指挥棒下，不加选择地发展和宣传各种文化，最终导致部分文化的堕落，而不是促进文化的发展。这些腐朽堕落的文化主要表现为虚无主义的文化、技术主义的文化以及享乐主义文化等。具体来看，在文化产业化的过程中，往往为图经济效益而忽视社会责任，不加良莠地宣传各种反映错误人生观和世界观的文化，嘲笑人们的理想，奉行明星偶像崇拜，这是文化的虚无主义化或虚无主义的文化；当代科学技术的发展，为文化产品的大规模生产成为可能，使文化的虚拟化、过度包装化也成为常事，特别是依靠科学技术的发展，网络等虚拟世界的存在显得尤为明显并且吸引越来越多的人沉迷其中，实质上这种文化的背后是唯利是图的经济利益，这是文化的技术主义化。同物质产品一样，文化也是一种消费品，能够满足人们的精神需要。随着物质条件的极大改善，人们有更多的精力投入到精神产品上来，这也为各种享乐主义文化的盛行提供了土壤。当前，网络和电视节目中充斥着各种数不胜数的娱乐信息，引导人们去娱乐、去消费，

①② 刘成友：《文化搭台，谁来唱戏?》，发表于《人民日报》，2006年1月24日。

同娱乐一样，色情和暴力也能带给人们以快感，麻醉人们的神经。当前，相亲类节目“非诚勿扰”“为爱向前冲”“我们约会吧”在盛行的同时，也受到有识之士的严肃批评。我们认为，把爱情和婚姻等关乎人生幸福的大事像售卖商品一样来处理，是娱乐至上、娱乐至死的真实写照。这就是文化部分产业化发展所带来的娱乐主义化与拜金主义化问题。

第三，政府对文化产业化发展监管不规范的问题。如上文所述，改革开放以来，尤其是党的十六大以来，中国文化事业的飞速发展主要取决于政府成功的文化产业政策和对公共文化服务的支持。但是，面对如此复杂的监管对象，“政府在推动文化产业的发展方面所承担的角色和发挥的作用还不够清晰明确，往往交织在公共文化服务职责与文化产业发展职责之间，不能很好地分清两者在管理思路、行政手段和政策措施等方面的根本不同，在中央层面存在着比较大的行业交叉和多头管理。政府行政管理在文化产品的内容审查上，……伤害了公众的文化消费权益，不利于文化产品正面价值功能的发挥”①。这样的文化产业化发展方式必然导致如下三个后果：粗放式的文化产业增长方式。其重点不是放在内容创意而是放在生产制作，主要依托地方不可移动的物质文化资源，以发展文化旅游作为主要的突破口，还处在文化产业发展的初级阶段；文化产品的人文内涵低下，大量生产出的是低俗的、格调庸俗的文化产品；伤害文化价值内涵和人文品格，降低文化产品的价值追求，忽略了文化消费过程中所产生的审美体验和人生价值；文化产业的效益实现单一，主要原因是依托了文化产业园区和基地以及所谓产品规模化生产的大工业化模式，带来规模经济和范围经济，实现综合效益，却因缺乏文化创新而丧失了持久的动力。

（二）文化非均衡发展引发的文化发展差异问题

东西部地区之间文化发展的差异。东西差距、城乡差距是中国文化建设非均衡发展的典型表现。文化建设的东西差距，是东西部政治、经济、文化和社会建设差距的直接反映。东部地区在政治经济、社会文化等方面的发展，已经与欧美发达国家无异，而西部地区的经济社会发展还与东部存在不小的差距。

---

① 向勇：《中国文化产业政策的现状与趋势》，发表于《中国科学报》，2012 年 6 月 4 日。

单就文化建设来讲，无论是文化建设投入、人才、资源，还是文化建设的效果和影响力，东西部地区之间的差异都不是同日而语的。东部长期处在改革开放对外交流的前沿，受西方先进文化的影响和冲击比较大，也容易借助基础雄厚的经济社会发展条件创新文化。西部地区由于受到自然条件恶劣和经济条件相对较差的影响，文化传播的速度慢，文化普及的范围小，文化创新的动力更是不足，甚至因为缺乏关注和支持，民族特色资源尚未充分开发出来。

城乡之间文化发展的差距。无论谈到社会主义和谐社会建设的任何一个方面，城乡差别、东西差别以及工农差别，是中国在社会主义初级阶段无法回避的三个发展差距。鉴于社会文化对社会现实反映的多样性和先导性，中国文化建设在城乡之间的差别更加明显。城市积聚了大多数的社会文明、大多数的资源和人才，城市的发展日益趋向现代化。但是，在广大的乡村，由于劳动力转移，经济社会发展本身就落后，农村的文化建设比较而言是落后的，甚至是停滞不前的。仅从直观来看，在一些国际化大都市，甚至是二、三线的中大型城市，人们之间的文明习惯、消费模式等已经趋于模式化。而农村文明和文化，却随着劳动力的大量外出而迅速衰落。许多所谓的现代文明、欧美风尚在广大农村完全没有市场，而被所谓高雅的城市人视为过时的东西，却在广大农村盛行。

精英与大众文化层次的差距。2012 年，民意代表、公共知识分子等成为网络热词，然而调查显示，大多数的人们对目前所谓的民意代表、公共知识分子的认同度比较低，并不认为他们能够代表公众民意，引领社会发展方向。在个别调研机构组织的调研中，甚至出现将公务员和知识分子列为社会最不讲诚信的群体之一，代表和引领社会文化的知识分子群体尚且如此，整个社会的文化从业者的可信度可见一斑。由此可见，当前社会精英所代表的文化至少部分是脱离人民群众期待的。此外，文化精英在文化的消费方面无疑具有优越性。大学教授、文学家、艺术家和其他文化专业人士与普通的人民大众相比，有条件享受到相对较高层次的文化，普通大众只能通过电视、电影、报刊等传统方式接受文化传播。文化消费的“贫富差距”显而易见。

（三）敌对势力的文化入侵引发的文化安全问题

国际敌对势力的文化入侵而引发的文化安全问题在当今是有目共睹的。

“当今世界正处在大发展大变革大调整时期，当代中国正在新的历史起点上向着新的奋斗目标迈进，文化的作用更加广泛而深刻……而我们必须清醒地看到，国际敌对势力正在加紧对中国实施西化、分化战略图谋，思想文化领域是他们进行长期渗透的重点领域。我们要深刻认识意识形态领域斗争的严重性和复杂性，警钟长鸣、警惕长存，采取有力措施加以防范和应对。”① 胡锦涛一针见血地揭露了国际敌对势力试图通过传统的政治、经济等常规手段之外的非常武器来对中国的国家统一和文化安全造成破坏。诚然，放眼望去，越来越多的人使用苹果产品，身穿欧美名牌，沉迷在欧美生产的网络游戏中，看的是欧美剧场，张口闭口都是欧美腔调。欧美成为了时尚，成为争相膜拜的对象，似乎不跟欧美时尚沾边便是落伍。事实上，以美国为首的西方列强就是通过文化侵略的手段，片面宣传资本主义的优越性，过于放大社会主义的问题，通过各种文化产品和文化交流渠道，来蛊惑我们的下一代，销蚀他们的爱国主义情怀和共产主义理想。不仅如此，面对强势的欧美资本主义文化，中国传统文化的群众基础、经济基础等都受到严重影响。目前，在中国相当部分人群中存在的享乐主义、个人主义、拜金主义等消极思想，无不是受欧美资本主义文化侵蚀而产生的。

国内文化糟粕沉渣泛起的问题。近年来，随着反腐倡廉力度的进一步加强，曝光了贪官各种千奇百怪的思想和行为：修祖坟、看风水、请大仙、包二奶……作为高级官员的精英分子尚且如此，国内文化糟粕的抬头由此可见一斑。每每一打开电视，各个电视台都在热播各种各样的宫廷剧、后宫戏，里面描述了封建社会的太平盛世和歌舞升平，正如某电视主题曲演唱的那样：“真想再活五百年”。近年来，随着人们物质生活条件的改善，人们有更多的时间和精力用于消遣，以往被视为封建文化糟粕的东西得以再次抬头。最近几年来，各地的黄赌毒现象屡禁不止，屡次的扫黄打非行动斩获颇丰。此外，黄金、珠宝等奢侈品消费总量，中国已经跃居世界前列。当一部分人还为温饱而发愁的时候，有的人却在为时尚血拼。此外，否定历史，否定共产党的领导地位，否定毛泽东功绩的言论层出不穷。反毛泽东、反社会主义的思潮接踵而

① 胡锦涛：《坚定不移走中国特色社会主义文化发展道路，努力建设社会主义文化强国——胡锦涛同志在党的十七届六中全会第二次全体会议上讲话的一部分》，载于《求是》，2012 年第 1 期。

至，这些行为看似平常，但久而久之，就会对中国的文化建设形成一定的伤害。新中国成立以来，共产主义理想在共同富裕的现实中被逐渐加强，而一部分人却在资本主义思想和传统封建帝王思想的影响下，精神世界日益空虚，为文化糟粕沉渣泛起创造了条件。这些消极文化的存在，势必阻碍了社会主义和谐文化建设，更会影响社会主义和谐社会的构建。

第三节　对策与建议：发展完善文化制度的路径探讨

“中华民族伟大复兴必然伴随着中华文化繁荣兴盛。”全面小康社会的建成、社会主义和谐社会和社会主义现代化等阶段性发展目标的实现，中国特色社会主义道路的成功，社会主义理想的最终实现，中华民族的伟大复兴……这一项项伟大的事业，必然伴随着中华文化的大发展大繁荣。“在新的历史起点上深化文化体制改革、推动社会主义文化大发展大繁荣，关系实现全面建设小康社会奋斗目标，关系坚持和发展中国特色社会主义，关系实现中华民族伟大复兴。我们要准确把握中国经济社会发展新要求，准确把握当今时代文化发展新趋势，准确把握各族人民精神文化生活新期待，增强责任感和紧迫感，解放思想，转变观念，抓住机遇，乘势而上，在全面建设小康社会进程中、在科学发展道路上奋力开创社会主义文化建设新局面。”① 发展和完善文化制度，是社会主义文化建设的重中之重，是建设文化强国的关键环节和重要突破点。发展完善文化制度，就是要充分利用现有的优势条件，有针对性地解决文化发展的问题。这就要求我们解放思想、实事求是、与时俱进，从全局立意，从小处着手，以一种史无前例的勇气和视野，努力将中国建设成为社会主义文化强国。

---

① 《中共中央关于深化文化体制改革推动社会主义文化大发展大繁荣若干重大问题的决定》，发表于《人民日报》，2011 年 10 月 26 日。

一、不断推进社会主义核心价值体系的建设

社会主义核心价值体系是什么？为什么要建设？怎样建设？这是当前社会主义文化建设首先要搞清楚的重大理论问题和实践问题。社会主义核心价值体系，是对中国特色社会主义理论高度的凝练和科学总结，推进社会主义核心价值体系建设，是社会主义革命、建设和改革的成功经验，也是加强社会主义文化建设的最重要的指导原则。社会主义中国的缔造者毛泽东早就指出，包括文艺在内的社会主义文化建设，“领导我们事业的核心力量是中国共产党。指导我们思想的理论基础是马克思列宁主义。”① “马克思列宁主义是一切革命者都应该学习的科学，文艺工作者不能是例外。”② “马列主义的基本原理在实践中的表现形式，各国应有所不同。在中国，马列主义的基本原理要和中国的革命实际相结合”③。

第一，社会主义核心价值体系，是对中国特色社会主义道路的理论概括。“建设和谐文化，是构建社会主义和谐社会的重要任务。社会主义核心价值体系是建设和谐文化的根本。……马克思主义指导思想，中国特色社会主义共同理想，以爱国主义为核心的民族精神和以改革创新为核心的时代精神，社会主义荣辱观，构成社会主义核心价值体系的基本内容。”④ 社会主义核心价值体系，社会主义文化，中国特色社会主义理论体系……中国特色社会主义在形成和发展的过程中，形成了各种各样的理论总结。在这些不同的科学理论中，唯有社会主义核心价值体系，高度概括了这些形成于不同时期的理论成功，在中国特色社会主义的任何发展阶段，都具有高度的指导意义。换言之，马克思主义指导思想、中国特色社会主义共同理想、以爱国主义为核心的民族精神和以

---

① 毛泽东：《为建设一个伟大的社会主义国家而奋斗》（1954 年 9 月 15 日），《毛泽东文集》第六卷，人民出版社 1999 年版，第 350 页。

② 毛泽东：《在延安文艺座谈会上的讲话》（1942 年 5 月），《毛泽东选集》第三卷，人民出版社 1991 年版，第 852 页。

③ 毛泽东：《同音乐工作者的谈话》（1956 年 8 月 24 日），《毛泽东文集》第七卷，人民出版社 1999 年版，第 78 页。

④ 《中共中央关于构建社会主义和谐社会若干重大问题的决定》，发表于《人民日报》，2006 年 10 月19 日。

改革创新为核心的时代精神、社会主义荣辱观是对社会主义发展历程最高层次的概括和凝练，也是对社会主义未来发展方向的科学规划。马克思主义指导思想，自中国共产党成立以来，就一直是我党不可动摇的根本指导思想；中国特色社会主义共同理想，是对马克思主义科学社会主义理论的继承，是对中国特色社会主义发展趋向的预测；以爱国主义为核心的民族精神，是对中国数千年优秀传统文化的继承，以改革创新为核心的时代精神，是对新中国成立以来，尤其是对改革开放光辉历程的特征的高度概括，“新时期最鲜明的特点是改革开放”、“新时期最显著的成就是快速发展”、“新时期最突出的标志是与时俱进”；社会主义荣辱观，是贯彻依法治国与以德治国相结合重要举措，是建立社会诚信的基本条件。

第二，建设社会主义核心价值体系，是社会主义革命、建设和改革的成功经验。社会主义核心价值体系，是中国共产党在领导中国人民在社会主义革命、建设和改革进程中成功经验的总结，也是对当前构建社会主义和谐社会指导思想的高度凝练。在党的十六大之前，虽然没有社会主义核心价值体系的提法，我党却一直毫不动摇地坚持和建设社会主义核心价值体系。“在现时，毫无疑义，应该扩大共产主义思想的宣传，加紧马克思列宁主义的学习，没有这种宣传和学习，不但不能引导中国革命到将来的社会主义阶段上去，而且也不能指导现时的民主革命达到胜利。”① 作为中国特色社会主义的奠基人，毛泽东及其同时代人，用许多生动朴实的语言，阐述了社会主义核心价值体系的许多内容。强调“物质文明建设和精神文明建设两手抓，两手都要硬”的邓小平，实际上详细阐述过社会主义而核心价值体系的主要内容，“中国人民有自己的民族自尊心和自豪感，以热爱祖国、贡献全部力量建设社会主义祖国为最大光荣，以损害社会主义祖国利益、尊严和荣誉为最大耻辱。”② “要教育全党同志发扬大公无私、服从大局、艰苦奋斗、廉洁奉公的精神，坚持共产主义思

① 毛泽东：《新民主主义论》（1940 年 1 月），《毛泽东选集》第二卷，人民出版社 1991 年版，第 706 页。

② 邓小平：《中国共产党第十二次全国代表大会开幕词》（1982 年 9 月 1 日），《邓小平文选》第三卷，人民出版社 1993 年版，第 3 页。

想和共产主义道德。”① “对马克思主义的信仰，是中国革命胜利的一种精神动力。”② “我们建立的社会主义制度是个好制度，必须坚持。我们马克思主义者过去闹革命，就是为社会主义、共产主义崇高理想而奋斗。现在我们搞经济改革，仍然要坚持社会主义道路，坚持共产主义的远大理想，年轻一代尤其要懂得这一点。”③ 党的十六大以来，逐渐将这些思想进行提升和提炼，总结为社会主义核心价值体系。应该坚持什么，不应该坚持什么，是在长期的社会主义实践中总结出来的，因而既是对过往的总结，也是对未来的指引。

第三，建设社会主义核心价值体系，是发展完善文化制度，加强社会主义文化建设的根本方略。胡锦涛在党的十七大报告指出，关于推动社会主义文化大发展大繁荣的首要任务就是“建设社会主义核心价值体系，增强社会主义意识形态的吸引力和凝聚力”。④ 把建设社会主义核心价值体系作为推动社会主义文化大繁荣大发展的首要任务和根本前提。胡锦涛在《庆祝中国共产党成立 90 周年大会上的讲话》中，进一步指出，“发展社会主义先进文化，必须把社会主义核心价值体系建设融入国民教育、精神文明建设和党的建设全过程。”⑤ 建设社会主义核心价值体系，始终贯穿国民教育和精神文明建设的主线，马克思列宁主义、毛泽东思想和中国特色社会主义理论体系等科学理论是武装全党、教育人民的精神武器，中国特色社会主义共同理想凝聚人心、凝聚力量、激发斗志；社会主义核心价值体系还能引领社会思潮，包容多样文化，抵制和批判各种错误和腐朽思想的影响。社会主义文化建设，社会主义文化的大发展大繁荣，需要有主线来统筹，有精神来统领，这就是社会主义核心价值体系。发展完善文化制度，以及其他与文化相关的制度建设，都必须建设社会主义核心价值体系，这是根本原则，不能动摇。在社会主义核心价值体系的统筹下，文化的制度建设才能够充分调动各方面的资源，发挥实际的效果。因

---

① 邓小平：《贯彻调整方针，保证安定团结》（1980 年 12 月 25 日），《邓小平文选》第二卷，人民出版社 1994 年版，第 367 页。

② 邓小平：《建设有中国特色的社会主义》（1984 年 6 月 30 日），《邓小平文选》第三卷，人民出版社 1993 年版，第 63 页。

③ 邓小平：《政治上发展民主，经济上实行改革》（1985 年 4 月 15 日），《邓小平文选》第三卷，人民出版社 1993 年版，第 116 页。

④ 胡锦涛：《高举中国特色社会主义伟大旗帜 为夺取全面建设小康社会新胜利而奋斗——在中国共产党第十七次全国代表大会上的报告》，发表于《人民日报》，2007 年 10 月 25 日。

⑤ 胡锦涛：《在庆祝中国共产党成立 90 周年大会上的讲话》，发表于《人民日报》，2011 年 7 月 2 日。

此，“必须强化教育引导，增进社会共识，创新方式方法，健全制度保障，把社会主义核心价值体系融入国民教育、精神文明建设和党的建设全过程，贯穿改革开放和社会主义现代化建设各领域，体现到精神文化产品创作生产传播各方面，坚持用社会主义核心价值体系引领社会思潮，在全党全社会形成统一指导思想、共同理想信念、强大精神力量、基本道德规范”①。

二、增强文化对外传播的力度

“当今世界正处在大发展大变革大调整时期，世界多极化、经济全球化深入发展，科学技术日新月异，各种思想文化交流交融交锋更加频繁，文化在综合国力竞争中的地位和作用更加凸显，维护国家文化安全任务更加艰巨，增强国家文化软实力、中华文化国际影响力要求更加紧迫。”②为此，我们一方面要在国内加强文化建设，着力发掘和打造文化品牌，一方面还要积极拓展对外交流渠道，把中国的文化品牌打出去，在世界文化格局中占据更大的分量，赢得更多的国际认同，形成一种全方位的支持。文化制度建设和完善，就是要与时俱进地制定相关举措，规定应该做什么，不应该做什么，为国内文化品牌的打造指明方向，为对外文化的宣传着力。国内品牌的打造与对外宣传双管齐下，方能打造中国强大的文化软实力。

（一）对内着力文化品牌的打造

“社会主义先进文化是马克思主义政党思想精神上的旗帜。面对当今文化越来越成为综合国力竞争重要因素的新形势，我们必须以高度的文化自觉和文化自信，着眼于提高民族素质和塑造高尚人格，以更大力度推进文化改革发展，在中国特色社会主义伟大实践中进行文化创造，让人民共享文化发展成果。”③ 文化和文化制度都属于社会意识形态的范畴，表面看来是一种无形的东西，事实上，文化作为对社会现实的超前反映，是具有一定的发展规律和特

①② 《中共中央关于深化文化体制改革推动社会主义文化大发展大繁荣若干重大问题的决定》，发表于《人民日报》，2011 年 10 月 26 日。

③ 胡锦涛：《在庆祝中国共产党成立 90 周年大会上的讲话》（2011 年 7 月 1 日），发表于《人民日报》，2011 年 7 月 2 日。

点的。中国的民族文化和传统文化相当丰富，如果抓住某一领域民族特色或传统特色的文化，将其当做文化产品、文化精品来打造，必然能够树立品牌，发挥影响。当前，一方面，党和国家要高度重视，从全局出发，统筹规划，制定相关的政策措施，有针对性地专门出台文化发展战略和制度，掀起推动文化发展繁荣的热潮；另一方面，各地方政府，各文化团体，要充分发挥本地区、本团体的主动性创造性，挖掘和宣传本地区的民族文化特色和传统文化特色，在全国形成一种百花齐放、百家争鸣的活跃氛围，各个地方的文化发展了，形成互相之间的竞争态势和交流学习态势，则有利于地区品牌、国家品牌的打造。当前，在全国的许多地方，文化品牌千篇一律的现状没有得到根本改变，有的地方热衷于寻根祭祖等文化平台打造，有的地方争抢名人故里，甚至不惜搞恶俗文化，山东两县争夺潘金莲故里、追寻西门庆的祖籍，江苏淮安开建南北分界线等做法，都是拜金主义的利益在作祟。这种文化打造，非但没有弘扬特色文化，甚至还污染了地方特色文化，是不可取的。当前，在建设社会主义核心价值体系的过程中，“要全面认识祖国传统文化，取其精华、去其糟粕，古为今用、推陈出新，坚持保护利用、普及弘扬并重，加强对优秀传统文化思想价值的挖掘和阐发，维护民族文化基本元素，使优秀传统文化成为新时代鼓舞人民前进的精神力量。……加强国家重大文化和自然遗产地、重点文物保护单位、历史文化名城名镇名村保护建设，抓好非物质文化遗产保护传承。深入挖掘民族传统节日文化内涵，广泛开展优秀传统文化教育普及活动。……共同弘扬中华优秀传统文化”①。

（二）对外加强文化软实力的宣传力度

“当今时代，文化在综合国力竞争中的地位日益重要。谁占据了文化发展的制高点，谁就能够更好地在激烈的国际竞争中掌握主动权。人类文明进步的历史充分表明，没有先进文化的积极引领，没有人民精神世界的极大丰富，没有全民族创造精神的充分发挥，一个国家、一个民族不可能屹立于世界先进民

① 《中共中央关于深化文化体制改革推动社会主义文化大发展大繁荣若干重大问题的决定》，发表于《人民日报》，2011 年 10 月 26 日。

族之林。”[①] 包括文化制度建设在内的文化建设，对于国内建设共识的形成，对于改革开放的进一步深入，对于转变经济发展方式，对于构建社会主义和谐社会，都起着方向性的引导作用。从国际局势上来看，“当今世界正处在大发展大变革大调整时期，世界多极化、经济全球化深入发展，科学技术日新月异，各种思想文化交流交融交锋更加频繁，文化在综合国力竞争中的地位和作用更加凸显，维护国家文化安全任务更加艰巨，增强国家文化软实力、中华文化国际影响力要求更加紧迫”[②]。文化软实力，是综合国力的重要内容，新加坡、韩国、中国香港、中国台湾等地之所以能在“二战”后迅速崛起，并非因其广阔的国土和众多的人口，而是继承传统文化之上的有效创新，经济上成为快速发展的“亚洲四小龙”，在文化上也成为全球各国争相学习的典范，终于在地区性和国际性舞台上占据了一席之地。中国并非没有形成文化品牌，而是缺乏宣传。在当前的一些资本主义国家，对中国的认识还停留在数百年前，比如有的人到欧洲稍微偏远的城市，有人见到中国人还打听，中国人是否依然留长辫子。大陆到台留学观光的人也屡被问到，中国人是否还穿统一制式的衣服。这些荒谬看法的存在，从侧面反映了中国文化宣传力度还远远不够。当前中国的对外宣传，既要有中国传统优秀文化，还要有社会主义建设成就，特别是改革开放30多年的成就；既要有传统的文化遗产，也要有现代创新文化；既要反映主流意识形态，又要倡导多元文化。总之，要让世界感受到中国的正面存在，消除世界人民认为中国落后和愚昧性的错误观点。在各种国际政治经济组织中，中国要有声音、要有话语权。在国际重大经济政治事件中，中国要有明确的表态和话语权。当然，对外文化宣传并不是单向度的，而是一种文化互动行为，当我们在向外宣传文化特色的时候，同时也要注意学习国外的先进文化来为我所用，还要及时地获取反馈信息，在为文化宣传作进一步的改进的同时，创新中国文化，推动中国优秀文化的发展繁荣。

---

① 胡锦涛：《在中国文联第八次全国代表大会、中国作协第七次全国代表大会上的讲话》（2006年11月10日），《十六大以来重要文献选编》（下），中央文献出版社2008年版，第752页。

② 《中共中央关于深化文化体制改革推动社会主义文化大发展大繁荣若干重大问题的决定》，发表于《人民日报》，2011年10月26日

三、坚持古为今用、洋为中用

中国数千年来积累了丰富的文化资源，成为当前文化建设的重要内容。在近现代的历史进程中，西方资本主义文化迅速崛起，成为后起之秀，值得我们学习和效仿。这些来自古今中外的文化资源，构成了中国当前文化建设的主要内容。发展和完善文化制度，就是要以这些文化为内容。但是，并非所有的传统中国文化和所有的外国文化都是精华，我们要有选择地继承和学习，坚持古为今用、洋为中用的基本原则和基本方法。

（一）古为今用，正确处理文化继承和创新的关系

毛泽东是中华文化和中外文化的集大成者，对待不同的文化类型，他始终坚持兼收并蓄的方针。他曾经指出，对待外国文化，“中国应该大量吸收外国的进步文化，作为自己文化食粮的原料”。[①] 对待中国文化，“清理古代文化的发展过程，剔除其封建性的糟粕，吸收其民主性的精华，是发展民族新文化提高民族自信心的必要条件；但是决不能无批判地兼收并蓄”。[②] 邓小平特别强调改革创新，“一个党，一个国家，一个民族，如果一切从本本出发，思想僵化，迷信盛行，那它就不能前进，它的生机就停止了，就要亡党亡国”。[③] 以文艺创作为例，他说：“文艺工作者还要不断丰富和提高自己的艺术表现能力。所有文艺工作者，都应当认真钻研、吸收、融化和发展古今中外艺术技巧中一切好的东西，创造出具有民族风格和时代特色的完美的艺术形式”。[④] 中国是个历史悠久的文明古国，中国的优秀传统文化，对中国数千年的发展起到了重要作用，也为中国社会主义事业的发展提供了强劲动力。现实中，对传统优秀文明继承得好的地方，社会就会进步和谐，例如中国自孔孟以来一直坚持

---

① 毛泽东：《新民主主义论》（1940 年 1 月），《毛泽东选集》第二卷，人民出版社 1991 年版，第706 页。

② 同上书，第 707 ~708 页。

③ 邓小平：《解放思想，实事求是，团结一致向前看》（1978 年 12 月 13 日），《邓小平文选》第二卷，人民出版社 1994 年版，第 143 页。

④ 邓小平：《在中国文学艺术工作者第四次代表大会上的祝词》（1979 年 10 月 30 日），《邓小平文选》第二卷，人民出版社 1994 年版，第 212 页。

的有教无类教育思想，“仁、义、礼、智、信”等做人思想等等。具体到文化制度，中国自汉唐以来的科举制度，国子监、太学等机构的存在，都曾经为中国的文化传承做出了不可磨灭的贡献。

文化缘于人类社会，只要有人类社会就会有文化存在，有的是始终不变的，有的则必须根据社会发展的变化而做出调整。例如，古语曰：“父母在，不远游”，但是当前经济社会的发展要求人们不得不远游，求学和工作，随着交通、通信技术、医疗卫生条件的改善，人与人之间的距离在缩小，暂时远离父母也能够尽到赡养父母的职责。经济基础决定上层建筑，文化的创新与现实经济社会的发展是脱离不开的，文化对经济社会的这种反映还具有先导性，故此重视文化创新，发挥文化对经济社会发展的基础作用，是当前发展完善文化制度的重要方向。文化创新，并不是标新立异，也不是粗制滥造，更不是拿来就用，而必须是立足于当前的经济社会发展条件。对社会发展没有促进作用的文化，就不是先进的文化，更谈不上创新的文化。

（二）洋为中用，正确处理引进来和走出去的关系

“我们的方针是，一切民族、一切国家的长处都要学，政治、经济、科学、技术、文学、艺术的一切真正好的东西都要学。但是，必须有分析有批判地学，不能盲目地学，不能一切照抄，机械搬用。”① 新中国成立不久的第一个五年计划时期，深刻感受到中外文化技术差距的毛泽东就如何对待国外先进文化表明了鲜明的立场：有选择地学习引进。改革开放的总设计师邓小平是“洋为中用”的典型代表，改革开放便是这一策略的最佳例证。正是由于改革开放的伟大决策，正是在改革开放的大力推动下，“我们伟大的祖国迎来了思想的解放、经济的发展、政治的昌明、教育的勃兴、文艺的繁荣、科学的春天……中国人民大踏步赶上了时代潮流，稳定走上了奔向富裕安康的广阔道路，中国特色社会主义充满蓬勃生机，为人类文明进步作出重大贡献的中华民族以前所未有的雄姿巍然屹立在世界东方。”② 改革开放的进程中，我们引入发达国家的资金、设备，还引进了技术、管理，以及文化、艺术等优秀的东

---

① 毛泽东：《论十大关系》（1956年4月25日），《毛泽东文集》第七卷，人民出版社1999年版，第41页。

② 胡锦涛：《在纪念改革开放30周年大会上的讲话》，发表于《人民日报》，2008年12月19日。

西。正是受到资本主义强国优秀文化的影响和启发，中国的经济社会发展才发生了翻天覆地的变化。

今后，中国改革开放政策将继续向纵深推进，继续学习和引进资本主义文化是必然的选择。“我们是当今世界最大的社会主义国家，必然会长期面对各种敌对势力在意识形态领域的渗透活动。对这一点，全党同志特别是宣传思想战线的同志必须保持高度警觉，做到警钟长鸣。我们必须始终坚持和不断巩固马克思主义在我国意识形态领域的指导地位，坚持在解放思想中统一思想，坚持用发展着的马克思主义指导改革开放和现代化建设，不断巩固全党全国人民团结奋斗的共同思想基础，为实现全面建设小康社会的宏伟目标提供强大精神动力。”① 总结改革开放30多年来的成功经验和教训，我们在引进西方优秀文化的同时，要注意“筛选”，将那些糟粕文化、腐朽文化挡在国门之外。中央和地方的文化建设主管机构要特别注意这一问题，拜金主义、享乐主义、无政府主义等消极文化会阻碍中国构建社会主义和谐社会的努力。更为严重的是，在当前波澜迭起的国际局势中，帝国主义亡我之心不死，往往会披着文化的外衣，向我传播资本主义意识形态。我们一定要强化坚定自己的共产主义信仰，辨明是非，坚决抵御资本主义意识形态对中国的入侵和分化图谋。同时，作为文明古国和文化创新大国，我们应该充分发掘总结自己的优秀文化，打造文化名牌，主动加强对外文化交流，在各种文化交流场合发出自己的声音，设置越来越多的文化交流年或文化交流节，继续在国外的学校机构中设立大规模的孔子学院或类似的对外文化传播机构，从硬件上来推进中国文化走向世界。当然，纵观人类文明史，只有那些真正体现当时时代，反映社会发展前进方向的文化，才会受到人们的拥戴并主动传播。中华文化软实力对传统文明继承和创新，完全可以打造中国的文化品牌，最终吸引世界各国来此取经，真正发挥文化软实力的品牌效应。

四、文化产业和文化事业并举

文化是民族的血脉，是人民的精神家园。“没有文化的积极引领，没有人

① 胡锦涛：《在全国宣传思想工作会议上的讲话》（2003年12月5日），中共中央宣传部、中共中央文献研究室：《论文化建设——重要论述摘编（二）》，发表于《人民日报》，2012年2月21日。

民精神世界的极大丰富，没有全民族精神力量的充分发挥，一个国家、一个民族不可能屹立于世界民族之林。物质贫乏不是社会主义，精神空虚也不是社会主义。没有社会主义文化繁荣发展，就没有社会主义现代化。”① 在《中共中央关于深化文化体制改革推动社会主义文化大发展大繁荣若干重大问题的决定》中指出了文化建设必须遵循的重要方针，其中，“坚持以人为本，贴近实际、贴近生活、贴近群众，发挥人民在文化建设中的主体作用，坚持文化发展为了人民、文化发展依靠人民、文化发展成果由人民共享，促进人的全面发展，培育有理想、有道德、有文化、有纪律的社会主义公民。”②文化发展，文化建设，自始至终都是为了人民群众。文化产业的推动，目的也在于促进文化事业更加向前发展。当前，文化产业是推动文化建设的重要举措，也是促进经济发展的重要力量。发展完善文化制度，推进社会主义文化大发展大繁荣，必须坚持文化产业和文化事业并举的方针，既不能因为文化产业的弊端而因噎废食，也不能忽视人民和社会的需求片面追求文化产业带来的经济利益。

（一）遵循市场运行规律，重视文化建设的经济效益

按照全面建设小康社会的目标，到2020年，“适应人民需要的文化产品更加丰富，精品力作不断涌现；文化事业全面繁荣，覆盖全社会的公共文化服务体系基本建立，努力实现基本公共文化服务均等化；文化产业成为国民经济支柱性产业，整体实力和国际竞争力显著增强，公有制为主体、多种所有制共同发展的文化产业格局全面形成”③。文化产业在经济总量中的比重正在逐年攀升，甚至成为一些地方财政的首要来源，文化发展带动经济增长的影响作用也在日益增强。当前，中国正处在经济社会发展转型，经济结构调整的关键时期，相比较传统的劳动密集型、资源密集型产业来说，文化产业具有更大的优势，能够在推动改革开放向纵深发展、转变产业结构中成为首选。因而，继续推动文化产业化，重视文化产业的经济效益，是我们要一以贯之毫不动摇的政策。当前，我们要继续对文化产业给予扶持，给予政策倾斜、税收优惠以及资金投入等各个方面的举措，争取使文化产业的发展成为促进中国经济社会发展

①②③ 《中共中央关于深化文化体制改革推动社会主义文化大发展大繁荣若干重大问题的决定》，发表于《人民日报》，2011年10月26日。

的一个重要增长点。

在文化产业的发展方面，我们有着文化资源丰富和文化产品市场广阔等优势。欧美资本主义国际发展文化产业的经验也值得我们学习。因而，发展文化产业，依靠发展文化产业来进一步促进经济社会发展的转型，不啻为一种现实的最佳选择。“发展文化产业是社会主义市场经济条件下满足人民多样化精神文化需求的重要途径。必须坚持社会主义先进文化前进方向，坚持把社会效益放在首位、社会效益和经济效益相统一，按照全面协调可持续的要求，推动文化产业跨越式发展，使之成为新的经济增长点、经济结构战略性调整的重要支点、转变经济发展方式的重要着力点，为推动科学发展提供重要支撑。”① 具体来说，要构建现代文化产业体系，形成公有制为主体、多种所有制共同发展的文化产业格局；推进文化科技创新，并进一步扩大文化消费。

（二）尊重人民主体地位，发挥文化成果的社会效益

“文艺是不可能脱离政治的。任何进步的、革命的文艺工作者都不能不考虑作品的社会影响，不能不考虑人民的利益、国家的利益、党的利益。”② 文化是人类社会的特有产物，文化是对各个阶段经济社会发展成就的总结，是对未来社会发展方向的提炼。我党确立的“百花齐放、百家争鸣”的文化发展方针，就是充分考虑到人民群众文化需求的多样性和文化创造能力的多样性的结果。文化的发展，必须要有广大人民群众的参与。文化的成果，也必须要有广大人民群众来检验和鉴定。文化的成就，同经济建设的成就一样，也必须要由人民群众来共同享受。文化建设成果还与经济建设成果的消耗不一样，文化成果的消耗，参与的人越多，则影响范围越大，创造的新产品也就越多。由人民群众来参与和享受文化建设，能够充分调动人民群众的积极性、主动性和创造性。“建设有中国特色社会主义的文化，就是以马克思主义为指导，以培育有理想、有道德、有文化、有纪律的公民为目标，发展面向现代化、面向世

---

① 《中共中央关于深化文化体制改革推动社会主义文化大发展大繁荣若干重大问题的决定》，发表于《人民日报》，2011 年 10 月 26 日。

② 邓小平：《目前的形势和任务》（1980 年 1 月 16 日），《邓小平文选》第二卷，人民出版社 1994 年版，第 256 页。

界、面向未来的，民族的科学的大众的社会主义文化。”①

故此，我们发展文化产业的前提，是要明确文化发展的目标是“全心全意为人民服务”，发展文化既要注重经济效益，也不可以利欲熏心，忽视人民群众的需要。更不能为了追求暴利而忽视人民的需求，甚至扭曲文化发展的价值和方向，向人民传播腐朽消极的文化。中国共产党是先进文化的代表，也是社会主义先进文化的引领者，要把人民培养成高素质的“四有”新人，要“牢牢把握中国先进文化的发展趋势和要求，坚持以马克思列宁主义、毛泽东思想、邓小平理论为指导，立足于建设有中国特色社会主义的实践，着眼于世界科学文化发展的前沿，不断发展健康向上、丰富多彩的，具有中国风格、中国特色的社会主义文化，满足人民群众日益增长的精神文化需求，引导广大人民群众从思想上精神上正确武装和不断提高起来。”② 事实上，真正先进积极的文化，是既能满足经济效益，又能满足社会效益的。因为只有那些符合人民文化发展需要，满足人民文化发展需求的文化产业才有群众来支持和促进发展，而人们极大的文化需求和多样化的要求，又促进了文化产业规模的扩大和效益的增长。满足人民基本文化需求是社会主义文化建设的基本任务。“必须坚持政府主导，按照公益性、基本性、均等性、便利性的要求，加强文化基础设施建设，完善公共文化服务网络，让群众广泛享有免费或优惠的基本公共文化服务。”③ 具体来说，要构建不断完善的公共文化服务体系，重点推进西部地区和少数民族地区文化传播基础设施的建设；发展现代文化传播体系，要建设优秀传统文化传承和传播体系。重视农民的精神文化生活和农村的精神文明基础设施建设，加快城乡文化一体化均衡化发展。

五、坚持党对文化舆论的控制和引导

“掌握思想领导是掌握一切领导的第一位”④ “我们干的是社会主义事业，

① 江泽民：《高举邓小平理论伟大旗帜，把建设有中国特色社会主义事业全面推向二十一世纪》（1997 年 9 月 12 日），《江泽民文选》第二卷，人民出版社 2006 年版，第 17 ~ 18 页。

② 江泽民：《在庆祝中国共产党成立八十周年大会上的讲话》（2001 年 7 月 1 日），《江泽民文选》第三卷，人民出版社 2006 年版，第 276 ~ 277 页。

③ 《中共中央关于深化文化体制改革推动社会主义文化大发展大繁荣若干重大问题的决定》，发表于《人民日报》，2011 年 10 月 26 日。

④ 《毛泽东邓小平江泽民论思想政治工作》，学习出版社 2000 年版，第 2 页。

最终目的是实现共产主义。这一点，我希望宣传方面任何时候都不要忽略。”① “新闻舆论处在意识形态领域的前沿，对社会精神生活和人们思想意识有着重大影响。”“做好新闻宣传工作，关系党和国家工作全局，关系改革和经济社会发展大局，关系国家长治久安。”② 因此，“必须坚持党性原则，牢牢把握正确舆论导向”③。加强党对社会舆论的引导，必须“坚持以人为本，是做好新闻宣传工作的根本要求”。④《中共中央关于深化文化体制改革推动社会主义文化大发展大繁荣若干重大问题的决定》也强调指出：“舆论导向正确是党和人民之福，舆论导向错误是党和人民之祸。要坚持马克思主义新闻观，牢牢把握正确导向，坚持团结稳定鼓劲、正面宣传为主，壮大主流舆论，提高舆论引导的及时性、权威性和公信力、影响力，发挥宣传党的主张、弘扬社会正气、通达社情民意、引导社会热点、疏导公众情绪、搞好舆论监督的重要作用，保障人民知情权、参与权、表达权、监督权。”⑤ 具体来看，加强党对社会舆论的引导，需从坚持党管舆论、坚持“以人为本”、坚持“正面报道为主”等三个方面的基本原则入手。

（一）坚持党管舆论的基本原则

党作为整个新闻传媒等社会舆论的唯一引导者，首要任务是引导各类传媒坚持党性原则，树立为全心全意为人民服务的根本理念，在党的各类媒体上，唱响主旋律，服务于全党工作的大局。做好正面宣传，用正面积极的思想舆论占领网络、报刊等主流媒体阵地，坚持实事求是和客观公正的原则，用正确舆论引导广大网民、读者、粉丝，形成昂扬向上、团结奋进的舆论氛围。党管媒体的原则不但体现在对党报，对报纸、新闻报道和杂志等传统媒体的领导上，更要体现在对如网络、博客等能影响社会舆论的所有新兴媒体的管理上。在社会主义社会，无论什么性质的媒体，都必须坚持党的领导，必须坚持“以人为本”，只有这样，才能真正体现党的意志，代表人民的利益。坚持党引导社

---

① 邓小平：《一靠理想二靠纪律才能团结起来》（1985 年 3 月 7 日），《邓小平文选》第三卷，人民出版社 1993 年版，第 110 页。

②③④ 胡锦涛：《在人民日报社考察工作时的讲话》，发表于《人民日报》2008 年 6 月 21 日。

⑤ 《中共中央关于深化文化体制改革推动社会主义文化大发展大繁荣若干重大问题的决定》，发表于《人民日报》，2011 年 10 月 26 日。

会舆论的基本原则，实际上也就坚持了在新闻等社会舆论领域坚持“以人为本”和“正面报道为主”的方针，真正实现了党对社会舆论的引导。各级党组织要充分发挥作用，在积极引导社会舆论的同时，牢牢把握舆论管控的力度。具体来说，“以党报党刊、通讯社、电台电视台为主，整合都市类媒体、网络媒体等宣传资源，……加强和改进正面宣传，加强社会主义核心价值体系宣传，加强舆情分析研判，加强社会热点难点问题引导，……加强和改进舆论监督，推动解决党和政府高度重视、群众反映强烈的实际问题，维护人民利益，密切党群关系，促进社会和谐。……真实准确传播新闻信息，自觉抵制错误观点，坚决杜绝虚假新闻”①。

（二）坚持“以人为本”

胡锦涛在人民日报社考察时指出，“坚持以人为本，是做好新闻宣传工作的根本要求。”在新闻工作中坚持以人为本，就是“要坚持把实现好、维护好、发展好最广大人民的根本利益作为新闻宣传工作的出发点和落脚点，坚持贴近实际、贴近生活、贴近群众，把体现党的主张和反映人民心声统一起来，把坚持正确导向和通达社情民意统一起来，尊重人民主体地位，发挥人民首创精神，保证人民的知情权、参与权、表达权、监督权”②。“以人为本”是贯彻落实科学发展观的核心，也是党领导的舆论工作的核心。在党引导社会舆论中坚持“以人为本”，就是要摒弃单一化，改变单一压制和灌输的方式，采取多样化的引导。坚持以人为本，更要发挥党在社会舆论传媒中主导地位的优势，揭露社会弊端，关注社会现实问题，引领社会思潮，引导社会舆论，在这一过程中贯彻党的执政思想，引导人民群众形成正确的思想。同时，在社会舆论领域，还要带头解放思想、与时俱进，甘当组织者，主动采取各种现代化的传媒工具，开展活动，宣传先进事迹，提倡先进文化，把各种传媒作为思想宣传教育的主阵地。

---

① 《中共中央关于深化文化体制改革推动社会主义文化大发展大繁荣若干重大问题的决定》，发表于《人民日报》，2011 年 10 月 26 日。

② 胡锦涛：《在人民日报社考察工作时的讲话》，发表于《人民日报》，2008 年 6 月 21 日。

（三）坚持“正面报道为主”的方针

“我们所说的‘正面’，所说的‘为主’，就是要着力去宣传报道鼓舞和启迪人们发展社会生产力的东西，鼓舞和启迪人们坚持四项基本原则、坚持改革开放的东西，鼓舞和启迪人们加强社会主义民主和法制建设的东西，鼓舞和启迪人们推进社会主义精神文明建设的东西，鼓舞和启迪人们热爱伟大祖国和弘扬民族文化的东西，鼓舞和启迪人们维护国家统一和民族团结的东西，鼓舞和启迪人们为推动世界和平与发展而斗争的东西。总之，一切鼓舞和启迪人们为国家的富强、人民的幸福和社会的进步而奋斗的新闻舆论，都是我们所说的正面，都应当努力加以报道。”① 坚持正面报道为主的方针，不是一味地唱高调、唱赞歌、报喜不报忧，对阻碍社会发展的现实问题视而不见，在报道正面题材的同时，也要有选择地报道负面题材，并根据负面报道的特征有针对性地进行关怀或打击。在反腐倡廉这一长期活动中，一方面我们要树立典型，通过这些正面的、积极的活动来引导社会舆论，营造廉洁公正的社会气氛；同时，我们也要及时、充分报道反腐倡廉的进展，开展各种教育和学习活动，通过对这些社会弊端的揭露、批判和反省，来引导社会舆论，营造全民反腐、惩恶扬善的积极文化氛围。

① 《新闻工作文献选编》，新华出版社 1990 年版，第 206 页。

参考文献

[1]《马克思恩格斯全集》第1卷，人民出版社1995年版。
[2]《马克思恩格斯全集》第39卷，人民出版社1974年版。
[3]《马克思恩格斯全集》第40卷，人民出版社1982年版。
[4]《马克思恩格斯全集》第43卷，人民出版社1982年版。
[5]《马克思恩格斯全集》第6卷，人民出版社1961年版。
[6]《马克思恩格斯文集》第一卷，人民出版社2009年版。
[7]《马克思恩格斯文集》第二卷，人民出版社2009年版。
[8]《马克思恩格斯选集》第一卷，人民出版社1995年版。
[9]《马克思恩格斯选集》第二卷，人民出版社1995年版。
[10]《马克思恩格斯选集》第四卷，人民出版社1995年版。
[11]《列宁全集》第1卷，人民出版社1984年版。
[12]《列宁选集》第四卷，人民出版社1995年版。
[13]《列宁专题文集：论无产阶级政党》，人民出版社2009年版。
[14]《毛泽东文集》第一卷，人民出版社1993年版。
[15]《毛泽东文集》第三卷，人民出版社1996年版。
[16]《毛泽东文集》第六卷，人民出版社1999年版。
[17]《毛泽东文集》第七卷，人民出版社1999年版。
[18]《毛泽东选集》第二卷，人民出版社1991年版。
[19]《毛泽东选集》第三卷，人民出版社1991年版。
[20]《毛泽东选集》第四卷，人民出版社1991年版。
[21]《邓小平年谱（1975～1997）》（上），中央文献出版社2004年版。
[22]《邓小平文选》第二卷，人民出版社1994年版。
[23]《邓小平文选》第三卷，人民出版社1993年版。

[24]《江泽民文选》第一卷，人民出版社 2006 年版。

[25]《江泽民文选》第二卷，人民出版社 2006 年版。

[26]《江泽民文选》第三卷，人民出版社 2006 年版。

[27] 胡锦涛：《高举中国特色社会主义伟大旗帜，为夺取全面建设小康社会新胜利而奋斗》，人民出版社 2007 年版。

[28] 胡锦涛：《在庆祝中国共产党成立 90 周年大会上的讲话》，人民出版社 2011 年版。

[29]《改革开放三十年重要文献选编》（下），中央文献出版社 2008 年版。

[30]《新中国成立以来重要文献选编》第 19 册，中央文献出版社 1998 年版。

[31]《十二大以来重要文献选编》（下），人民出版社 1986 年版。

[32]《十六大以来重要文献选编》（上），中央文献出版社 2005 年版。

[33]《十六大以来重要文献选编》（下），中央文献出版社 2008 年版。

[34]《十七大以来重要文献选编》（上），中央文献出版社 2009 年版。

[35]《十三大以来重要文献选编》（下），人民出版社 1993 年版。

[36]《十三大以来重要文献选编》（中），人民出版社 1991 年版。

[37]《十四大以来重要文献选编》（上），人民出版社 1996 年版。

[38]《十四大以来重要文献选编》（中），人民出版社 1997 年版。

[39]《十一届三中全会以来重要文献选读》（下），人民出版社 1987 年版。

[40]《毛泽东邓小平江泽民论思想政治工作》，学习出版社 2000 年版。

[41]《新闻工作文献选编》，新华出版社 1990 年版。

[42] 埃德温·埃默里、迈克尔·埃默里：《美国新闻史》，新华出版社 1982 年版。

[43] 爱德华·萨义德：《文化与帝国主义》，李馄译，生活·读书·新知三联书店 2003 年版。

[44] 大卫·赫斯蒙德夫：《文化产业》，张菲娜译，中国人民大学出版社 2007 年版。

[45] 道格拉斯·C·诺斯：《制度、制度变迁与经济绩效》，刘守英译，

上海三联书店 1994 年版。

[46] 丁茂战主编:《我国政府社会事业治理制度改革研究》，中国经济出版社 2006 年版。

[47] 凡勃伦:《有闲阶级论》，蔡受白译，商务印书馆 1964 年版。

[48] 费孝通:《从反思到文化自觉与交流》，载于《读书》，1998 年第 11 期。

[49] 费孝通:《反思·对话·文化自觉》，载于《北京大学学报》，1997 年第 3 期。

[50] 冯颜利:《全球化与苏南新文化》，中央文献出版社 2007 年版。

[51] 郭庆光:《传播学教程》，中国人民大学出版社 2003 年版。

[52] 哈贝马斯:《交往与社会进化》，重庆出版社 1989 年版。

[53] 哈里斯:《文化·人·自然》，浙江人民出版社 1988 年版。

[54] 黑格尔:《哲学史讲演录》第 1 卷，贺麟、王太庆译，商务印书馆 2004 年版。

[55] 吉姆·麦奎根:《重新思考文化政策》，何道宽译，中国人民大学出版社 2010 年版。

[56] 贾明:《现代性语境中的大众文化》，上海人民出版社 2007 年版。

[57] 江蓝生、谢绳武主编:《2001—2002 年中国文化产业蓝皮书》，社会科学文献出版社 2002 年版。

[58] 康芒斯:《制度经济学》，商务印书馆 1962 年版。

[59] 肯尼思·麦克利主编:《人类学思想的主要观点:形成世界的观念》，查常平等译，新华出版社 2004 年版。

[60] 李善荣:《文化学引论》，西北大学出版社 1996 年版。

[61] 李晓东:《全球化与文化整合》，湖南人民出版社 2003 年版。

[62] 联合国教科文组织、世界文化与发展委员会:《文化多样性与人类全面发展——世界文化与发展委员会报告》，广东人民出版社 2006 年版。

[63] 刘易斯·A·科瑟著:《社会学思想启蒙》，中国社会科学出版社 1990 年版。

[64] 罗尔斯著:《正义论》，何怀宏等译，中国社会科学出版社 2002 年版。

［65］尼尔·麦考密克、魏因·贝格尔：《制度法论》，中国政法大学出版社 1994 年版。

［66］塞缪尔·亨廷顿著：《文明的冲突与世界秩序的重建》，周琪等译，新华出版社 1998 年版。

［67］沙健孙：《正确对待西方思想理论》，发表于《光明日报》2005 年 4 月 27 日。

［68］沈洪波：《全球化与国家文化安全》，山东大学出版社 2009 年版。

［69］斯塔夫里阿诺斯：《全球通史：1500 年以后的世界》，吴象婴等译，北京大学出版社 2006 年版。

［70］唐任伍、赵莉：《文化产业：21 世纪的潜能产业》，贵州人民出版社 2004 年版。

［71］徐长银：《美国文化管理的特点》，载于《红旗文稿》，2011 年第 22 期。

［72］徐双敏主编：《公共事业管理概论》，北京大学出版社 2007 年版。

［73］约瑟夫·奈：《权力的未来》，王吉美译，中信出版社 2012 年版。

［74］云杉：《文化自信：传承、开放与超越》，载于《红旗文稿》，2010 年第 15 期。

［75］詹姆斯·W·凯瑞著：《作为文化的传播》，丁未译，华夏出版社 2005 年版。

［76］詹姆斯·库兰：《大众媒介与社会》，杨击译，华夏出版社 2006 年版。

［77］张晓明、胡慧林、章建刚：《2007 年中国文化产业发展报告》，社会科学文献出版社 2007 年版。

［78］赵勇：《整合与颠覆：大众文化的辩证法》，北京大学出版社 2005 年版。

［79］郑杭生：《社会学概论新编》，中国人民大学出版社 2003 年版。

［80］周鸿铎：《文化传播学通论》，中国纺织出版社 2005 年版。

［81］庄晓东：《文化传播：历史、现实和未来》，人民出版社 2003 年版。

［82］Adorno，T. W.，M. Horkheimer，The cultural industry：Enlightenment as mass deception，London：Edward Arnold，1977.

[83] Andrew Edgar, Habermas: The Key Concepts, New York, Routledge, 2006.

[84] Anthony Giddens: The Consequences of Modernity, California: Stanford University Press, 1990.

[85] Howkins: The Creative Economic: How people make money from ideas, London: Allen Lane, 2001.

[86] Towse: The Industries Plans in Tasmanin States, Tasmania Together, 2002.

后　记

本书是《中国特色社会主义“五位一体”的制度建设丛书》中的一本。非常感谢该丛书主编程恩富老师将本书交予我们撰写。

本书的分工如下：冯颜利负责全书提纲的设计、专家咨询，并完成第一、四、七章的撰写，以及全书的统稿、修改和定稿。任映红撰写第二、五章初稿。张小平撰写第三、六章初稿。苏州大学任政、杨炯，长江师范学院吴兴德与上海财大张朋光协助冯颜利在初稿写作与统稿修改上做了大量工作。

衷心感谢各位专家在咨询中提供的帮助，他们是中央党史研究室副主任李忠杰教授；中国社科院荣誉学部委员、哲学所原所长陈筠泉老师；中国社科院学部委员、哲学所原所长李景源老师；中国社科院哲学所副所长孙伟平研究员等。

出版在即获悉《中国特色社会主义“五位一体”的制度建设丛书》项目被列入国家出版基金资助项目，甚是高兴。感谢经济科学出版社策划出版《中国特色社会主义“五位一体”的制度建设丛书》。在当今专著出版困难且大多需要作者自掏腰包的情况下，经济科学出版社不仅免费出版该丛书，而且对每本书进行前期资助，还为每位作者提供在写作中需要的且是贵出版社出版的专著，本人就受益几十本专著。这种高瞻远瞩、尊重知识的精神令人肃然起敬。

本书在撰写过程中引用了大量前人的研究成果，在此表示衷心的感谢！由于本书是国内探讨中国特色社会主义文化制度研究的第一本专著，书中定有不少值得商榷的地方，敬请学界同仁批评指正。

冯颜利

2013年4月

于北京海淀清河小营美和园